经济学
读书笔记

厉以宁 著

中国大百科全书出版社

图书在版编目（CIP）数据

经济学读书笔记/厉以宁著 . —— 北京：中国大百
科全书出版社，2024.6
ISBN 978-7-5202-1511-4

Ⅰ . ①经… Ⅱ . ①厉… Ⅲ . ①经济学－文集 Ⅳ .
① F0-53

中国国家版本馆 CIP 数据核字（2024）第 068182 号

出 版 人	刘祚臣
策 划 人	曾　辉
责任编辑	曾　辉
责任校对	齐　芳
责任印制	李宝丰
封面设计	末末美书
出版发行	中国大百科全书出版社
地　　址	北京市阜成门北大街 17 号
邮政编码	100037
电　　话	010-88390969
网　　址	www.ecph.com.cn
印　　刷	北京汇瑞嘉合文化发展有限公司
开　　本	710 毫米 × 1000 毫米　1/16
印　　张	37
字　　数	458 千字
版　　次	2024 年 6 月第 1 版
印　　次	2024 年 6 月第 1 次印刷
书　　号	ISBN 978-7-5202-1511-4
定　　价	128.00 元

目录

宏观经济学的产生和发展 / 001

第一编 凯恩斯经济学

美国罗斯福"新政"的经济理论依据 / 025

凯恩斯《就业、利息和货币通论》五十年 / 050

希克斯对凯恩斯经济学说的解释和评论 / 061

萨缪尔森《经济学》剖析 / 082

第二编 西方经济与流派

当代西方经济思潮 / 145

"自然失业率"假说与货币学派的就业对策 / 171

失业与通货膨胀理论的提出 / 196

爱德温·坎南和伦敦学派的形成 / 205

维克赛尔和瑞典经济学传统 / 237

合理预期学派关于就业问题的基本论点 / 269

评加尔布雷思的《经济学和公共目标》

  ——加尔布雷思《经济学和公共目标》中译本序言 / 284

当代西方宏观福利理论述评 / 302

从传统西方福利经济学到新福利经济学 / 316

熊彼特的创新理论及其演变 / 360

罗斯托的经济成长阶段论 / 391

关于消费经济学的几个问题 / 435

关于比较经济学的几个问题 / 460

西方经济学家关于长期就业趋势的论述 / 495

关于发展中国家就业问题的研究 / 511

第三编 国际金融学说

《国际金融学说史》导言 / 531

早期国际金融学说的性质和特征 / 544

19 世纪后半期至 20 世纪 30 年代西方的国际金融研究 / 549

现代国际金融学说概述 / 557

宏观经济与微观经济协调的理论对我国经济体制改革的

参考意义 / 573

后记 / 583

宏观经济学的产生和发展

引自《江汉论坛》1980 年第 2 期。

在资产阶级经济学中采取总量分析方法，以整个国民经济活动为研究对象的，称作宏观经济学。这有别于采取个量分析方法，以单个经济单位、单个市场的经济活动为研究对象的微观经济学。

从经济学说史的角度来看，以整个国民经济活动作为研究对象的资产阶级经济学说，大体上经历了四个阶段。

第一阶段，从 17 世纪中期到 19 世纪中期，可称为早期宏观经济学阶段，或古典宏观经济学阶段。第二阶段，从 19 世纪晚期到 20 世纪 30 年代，即从早期宏观经济学到凯恩斯宏观经济学产生这一段时期。第三阶段，以 1936 年 J. 凯恩斯《就业、利息和货币通论》一书的出版作为起点，到 20 世纪 60 年代。这是现代宏观经济学产生和发展的时期。第四阶段，20 世纪 60 年代以后，是现代宏观经济学进一步发展和演变的时期。

一、早期宏观经济学阶段

资产阶级宏观经济学的历史可以追溯到 17 世纪中期，即 W. 配第进行著述的时期。[①]

　　配第在 17 世纪 60 年代所著的《赋税论》中，就已对人口、财产和劳动收入同一国财政收支的关系进行了理论上的考察。他在 70 年代所著的《政治算术》中，不仅分析了国民财富的构成及其增长的原因，而且还对不同国家的国民财富的差异做了比较。从理论上说，配第的研究课题是属于资产阶级宏观经济学范围之内的。从经济统计方法上看，配第还对英国国民收入进行了第一次估算，他把劳动收入与财产收入、租金收入之和作为国民收入，并用国民消费之和来表示国民收入的去向。尽管这种估算由于漏去了国民储蓄而存在严重的不足，但它仍然可以被看成是在资产阶级经济学中对总量分析方法的最早的运用。

　　亚当·斯密的《国富论》，在更广泛的领域内探讨了国民财富的形成和增长问题。尤其是在该书第二篇《论资财的性质及其积累和用途》和第五篇《论君主或国家的收入》中，亚当·斯密既分析了整个社会的总资财、全体国民的资财的积累和增殖，又分析了个人收入之和与国民纳税能力之间的关系，以及后者同政府收入与支出之间的关系。在有关国民财富的研究中得出了这样的结论：国民实际财富的大小并不取决于其总收入的大小，而取决于其纯收入的大小。亚当·斯密所进行的这些总量分析，受到了后来的资产阶级经济学家的重视。

　　D.李嘉图也考察了国民财富增长问题（《政治经济学及赋税原理》，第二十章）、总收入与纯收入问题（同前，第二十六章）。对于货币流通量变动与物价水平变动之间关系的论述是特别值得注意的。李嘉图作为当时英国资产阶级经济学界通货学派的主要代表人物，认为缺少无限兑现条件的银行券的过度发行会造成银行券贬值，从而引起物价上涨和英

---

　　① 哈里·兰德雷斯在《经济理论史》（1976 年版）中认为最早研究宏观经济问题的是重商主义者。这种看法不恰当，因为重商主义者只停留在现象的观察上，未能做出深刻的理论概括。

镑汇价下跌。这个问题正是宏观经济学所要考察的重要课题之一。

在法国，P.布阿吉尔贝尔从税收和物价水平的角度对国民经济进行了探讨。他在 17 世纪末和 18 世纪初所著的《法兰西的详情》《谷物论》《论财富、货币和租税的性质》等著作中，指出国民消费支出的不足与国家财政收入减少之间存在着依存关系，并认为一国收入的增长与消费的增加成正比例，而与金银铸币数量的增加没有直接联系。

W.魁奈在《经济表》中对社会总资本再生产和流通过程的分析，是古典式的总量分析的典型例子。[①]他把整个社会成员划分为三个阶级，即生产阶级、土地所有者阶级、不生产阶级，采取固定价格，考察"年预付"（流动资本）、"原预付"（固定资本）、"纯产品"（剩余价值）三个经济总量之间的关系。这实际上是对一定时期内社会商品流通总量和货币流通总量，对社会总产品和总收入，以及对社会生产两大部门（工业和农业）之间的交换关系做了宏观静态的分析。因此，资产阶级经济学界有人把魁奈称作凯恩斯式宏观经济学的先驱。

魁奈之后，A.杜尔哥也考察了资本主义社会各阶级的收入及其与总收入变动之间的关系。杜尔哥还对社会总资本及其各个组成部分的变动、一国总财富的计算、利息率水平对国民储蓄和投资（尤其是对土地的投资）的作用进行了考察。这些都应当看作是杜尔哥在考察整个国民经济活动方面的成就。

总之，在古典学派和重农学派的著作中，可以清楚地看到资产阶级经济学家很早就已经把整个国民经济活动当作研究对象了，并且可以清楚地看到他们很早就已经运用了总量概念，采取了全社会加总数和平均数的研究方法来进行分析。尽管如此，我们仍认为有必要指出，早期的

---

① J.熊彼特在《经济分析史》（1954 年版）中认为理查·康替龙是早期宏观经济分析史上一个重要人物。他认为宏观经济学说发展的线索是：配第—康替龙—魁奈。

资产阶级宏观经济学，与 19 世纪晚期以后的各种资产阶级宏观经济学，在理论上和方法上有着一些重要区别。

第一，在古典学派和重农学派那里，宏观经济研究和微观经济研究的划分是不明确的，这两个领域的研究当时还谈不上有什么分工。配第、亚当·斯密和李嘉图不仅研究了国民收入、国民财富、货币流通总量等问题，而且也研究了微观经济学领域内的价值和分配问题，即使是魁奈，也对微观经济学领域内的"纯产品"问题进行了细致的探讨。[①]

第二，古典经济学家虽对某些经济总量进行了分析，但与以后资产阶级宏观经济学所进行的总量分析仍有一个显著的区别，即后者是建立在边际增量分析基础上的。19 世纪 70 年代起，在资产阶级经济学中边际概念得到了广泛的应用。运用边际概念来分析总量及其增量的变动，几乎是以后资产阶级宏观经济学的研究者们的共同特点。

第三，宏观经济学的研究假定个量为已知条件。个别价值的确定是当作既定前提被接受下来的。19 世纪 70 年代以后，以边际效用价值论为依据的庸俗价值论在资产阶级经济学中占据了主导地位。后来的宏观经济学也就把边际效用价值论作为自己的微观经济学基础或分析的出发点。这与古典经济学家们对整个国民经济活动进行分析时基本上坚持劳动价值论的情况是不同的。

第四，与此有联系的是，19 世纪晚期以后宏观经济学的发展是与资产阶级经济学庸俗均衡理论的发展不可分的。无论是局部均衡分析还是一般均衡分析，都运用了力学中的均衡概念，即认为市场上各种经济力量起作用的结果，将会形成某种均衡状态。后来的宏观经济学从假设的均衡条件出发，探讨总量均衡的形成与条件，或分析从一次总量均衡

---

① 熊彼特在《经济分析史》（1954 年版）中就曾经指出，魁奈和李嘉图的宏观经济分析是与微观经济分析"结合"的：魁奈用微观理论来补充他的宏观理论，李嘉图则从微观理论推导出有关的经济总量的活动。

到另一次总量均衡的变动原因，或考察从均衡到失衡，再从失衡到均衡的连续变动的过程。因此，19世纪末期A.马歇尔和L.瓦尔拉关于均衡的分析也就成为此后宏观经济学发展的理论前提之一。

由此可见，古典经济学家对国民经济活动的考察和对国民收入、国民财富等经济总量的分析，虽然对以后宏观经济学的产生有一定的影响，但对以后宏观经济学的发展有着直接影响的，则是19世纪末产生和发展起来的边际增量分析方法，以及庸俗经济学的边际效用价值理论和均衡理论（包括局部均衡理论和一般均衡理论）。

二、从19世纪晚期到20世纪30年代的宏观经济学

随着资本主义从自由竞争阶段向垄断阶段的过渡，为了适应资产阶级解释频繁的经济危机产生原因的需要，资产阶级宏观经济学进入了一个新的发展阶段。资产阶级经济学家们对整个国民经济活动的研究，当时主要集中于对经济周期波动的解释上。在他们的著作中，出现了许多种对经济周期的解释，也就是说，形成了许多种宏观经济学说。其中，对以后的资产阶级经济学说有较大影响的是这样几种宏观经济理论：瑞典经济学家的动态均衡理论，熊彼特的经济发展理论，英国和美国经济学家的货币数量理论等。此外，还应当提到美国经济学家W.密契尔等人对国民收入和经济周期的研究。[1]

---

① 在20世纪30年代，由于经济计量学的发展及其被应用于经济周期的研究，宏观经济学方法上有显著的变化，即它的数学化。熊彼特在《经济分析史》（1954年版）中，特别推崇荷兰经济学家J.丁伯根的著作。这种方法与密契尔的统计归纳方法很不相同。

（一）瑞典经济学家的动态均衡理论

瑞典经济学家 G. 缪尔达尔和 E. 林达尔等人在 20 世纪 20 年代末和 30 年代初采取总量分析方法考察了资本主义国民经济的运动。他们的宏观经济理论的特色是把总量分析与动态过程分析结合在一起，形成了宏观动态均衡理论。[①] 瑞典经济学家这一理论的基础是奥国学派的边际效用价值理论和洛桑学派的一般均衡理论。缪尔达尔和林达尔学说的先驱者则是 19 世纪末 20 世纪初的瑞典经济学家 K. 维克赛尔。他们对维克赛尔理论做了进一步发展。

维克赛尔用货币利息率（指市场利息率）和自然利息率（指投资与储蓄均衡所要求的利息率，即同新创造的资本的预期收益相适应的利息率）的一致与否来说明均衡状态的达到与破坏。缪尔达尔在评论维克赛尔的均衡条件时认为，不能把静态作为分析的起点，因为这样的均衡分析忽略了从这一均衡到另一均衡的时间因素。缪尔达尔提出要把时点和时期分开，即在任何一定时点上的均衡是暂时的，从一个均衡到另一个均衡的移动则是长期的、不间断的，如对经济总量，其中包括储蓄、投资经济学家的货币数量理论等。

此外，30 年代初，挪威经济学家 R. 弗里希也同瑞典经济学家一起发展了宏观动态均衡理论。[②] 所以宏观动态均衡理论可以看成是北欧经济思想的特征。

---

① 在这里，还应当加上瑞典经济学家 E. 伦德堡。熊彼特认为，尽管伦德堡所著《经济扩展理论研究》一书出版于 1937 年，即比凯恩斯的《就业、利息和货币通论》晚一年，但它显然不是受凯恩斯的影响，而是继承了瑞典经济学的传统思想而写成的。参看熊彼特的《经济分析史》，1954 年版。

② "宏观经济学"（macroeconomics）这个术语就是弗里希提出的。

（二）熊彼特的经济发展理论

在宏观经济学的发展过程中，原籍奥地利的美国政治经济学家熊彼特的学说是单独的一支。从理论渊源上说，熊彼特的学说的基础同样是奥国学派的边际效用价值理论和洛桑学派的一般均衡理论。熊彼特也认为静态均衡分析是有缺陷的，应代之以动态均衡分析。但熊彼特学说中的一个重要特点是他受到新历史学派的多元历史观的影响，他把自己的宏观动态理论同制度－历史分析结合起来，大大加强了其中的社会学因素。在理论的表述方面，他的学说的核心部分是创新学说。他运用"生产要素的新的组合"（创新）这一概念来解释经济周期的波动和社会的经济发展。而在熊彼特学说中，创新又同"创新者"（即企业家）概念不可分割，企业家是指有眼光、有能力，敢于冒风险以实现创新的人，他们除了受追求最大限度利润这一动机支配外，还受到一种文化的、精神的力量（"事业心""荣誉感""成功的欲望"等）的支配。这样，熊彼特学说往往被看成是属于"经济社会学"范畴的研究，他本人有时也被列入"制度主义者"的行列。[①]

但熊彼特的宏观经济理论仍然是属于"正统的"资产阶级庸俗经济学范围，因为他认为资本主义经济能够自行调节，恢复均衡。他指出：创新就是使资本主义经济从均衡走向失衡，又从失衡恢复均衡的力量。

在熊彼特看来，由创新引起的模仿，使经济走向繁荣，一旦盈利机会消失，经济便走向衰退。繁荣和衰退的交替构成经济周期，它们是周期中两个基本阶段。由过度投资、失误、投机引起的破坏，使得在衰退之后又出现一个病态的失衡阶段——萧条，为了医治病态而有必要出现一个调整阶段——复苏，它们是周期中两个非基本的阶段。四个阶段的循环周

---

① 克雷门斯、多迪：《熊彼特体系》，1986 年版；普列斯顿：《公司和社会：模式的探讨》，载《经济学文献杂志》，1975 年 6 月。

而复始，资本主义经济就是在这个经济运动过程中前进。这就是熊彼特宏观经济理论的要点。

（三）英国和美国一些经济学家的货币数量理论

宏观经济学发展的另一支是 20 世纪初期英美两国庸俗经济学家关于货币流通数量与物价水平相互关系的研究。在英国，代表人物是马歇尔和 A. 庇古。凯恩斯在 1930 年前关于货币理论的著作（1923 年的《货币改革论》和 1930 年的《货币论》）继承的是马歇尔和庇古的传统。在美国，主要代表人物是 I. 费雪。

费雪的主要著作《货币的购买力》出版于 1911 年。他提出了一个交易方程式，即 $MV = PQ$。其中，M 代表流通中的货币数量，V 代表货币流通速度，P 代表物价水平，Q 代表以实物计量的商品和劳务总量，PQ 表示以货币计量的国民生产总值，把 $MV = PQ$ 公式变形为 $M = \dfrac{PQ}{V}$，那就更清楚地看出所要考察的有关经济总量变动的依存关系了。假定 V 不变，货币数量的增加与国民生产总值的增加成正比；假定 V 和 Q 都不变，那么货币数量的增减将引起物价水平同比例的升降。

庇古 1917 年在《经济学季刊》上发表《货币的价值》一文，马歇尔在 1922 年出版了《货币信用与商业》一书。他们关于货币流通数量的表述反映于剑桥方程式中，即 $MP = KR$。其中，M 代表货币流通量，P 代表以实物单位表示的货币价格（即商品价格的倒数），R 代表总资源，K 代表公众决定以货币形式持有的资源占总资源的比例。假定 K 和 R 都不变，把 $MP = KR$ 公式变形为 $M = \dfrac{KR}{P}$，那就可以清楚地看出有关经济总量变动之间的关系。由于 P 在这里是商品价格的倒数，所以货币数量直接影响物价水平：货币数量与 P 成反比例变化，与物价水平成正比例变化。

1930 年以前，凯恩斯正是从剑桥方程式出发，提出自己的货币理论的。他在《货币论》中表述的基本交换方程式是：

$$P = \frac{E}{O} + \frac{I'-S}{R} \qquad （1）$$

$$P = W_1 + \frac{I'-S}{R} \qquad （2）$$

其中，P 代表消费品价格水平，O 为产量，E 为单位时间内的货币收入，R 为消费者购买的物品数量，W_1 为平均每个单位生产量的收入，I' 为新投资的生产成本，S 为储蓄。根据这些公式，$I'-S$ 的数值具有关键意义，这是因为：在 $\frac{E}{O}$ 或 W_1 不变的情况下，P 与 R 成反比例变化，与 $I'-S$ 成正比例变化；假定 R 不变，那么决定 P 的基本变量就是 $I'-S$。

从有关货币问题的这些论述来看，无论是费雪、马歇尔、庇古还是 1930 年前的凯恩斯，都对宏观经济学的发展起了重要的作用。

（四）美国经济学家对国民收入及其变动的研究

在国民收入研究领域内，对宏观经济学的发展起过重要作用的，首先是美国经济学家密契尔及其助手们。密契尔在 20 世纪初对经济周期波动进行了分析，他对于国民收入及其变动的研究就是与对经济周期的分析紧密联系在一起的。

密契尔是一个制度主义者，但在对经济周期的分析中，他并不像某些制度主义者那样去建立一个解释资本主义演变进程的理论体系，而主要是在方法上强调经验统计的重要性，力求根据统计结果归纳出自己的论点，以反对"正统的"资产阶级庸俗经济学的逻辑推理方法。就总量分析这一点而言，他强调时间数列的重要性，着重动态的研究，既反对静态分析，也反对均衡概念。这是密契尔学说的特色。

在密契尔看来，变化中的利润水平对经济周期波动有决定性的影响，经济繁荣中包含着萧条的因素，萧条中又包括繁荣的因素。但这种论断是从国民收入等总量指标的经验统计中得出的，所以密契尔与当时其他研究经济周期的资产阶级经济学家的区别在于：密契尔并不把微观经济学的某些假定或论点作为已知的前提，他的宏观经济学研究是纯粹宏观的或经验的，是没有微观经济学基础的。

密契尔及其助手们对国民收入资料的统计工作本身虽然还不等于宏观经济学的研究，但它不仅与密契尔的经济周期学说的形成有关（这一学说是属于宏观经济学范畴的），而且与 30 年代中期以后现代宏观经济学的产生和发展有关。

三、现代宏观经济学的产生和发展

1936 年凯恩斯的《就业、利息和货币通论》的出版是现代宏观经济学产生的标志。现代宏观经济学与 20 世纪 30 年代前的宏观经济学的一个显著的不同点在于：它所研究的是国民收入的变动及其与就业、经济周期波动、通货膨胀等的关系，因此它又被称作收入分析；不仅如此，它通过收入分析所得出的论断是资本主义经济的自动调节不可能实现充分就业均衡，并且在通常情况下出现的是小于充分就业的均衡。而 20 世纪最初 30 年的宏观经济学，则或者只限于对货币数量和利息率水平的分析，而不涉及国民收入水平的决定问题；或者维持着资本主义经济和谐的传统观点，把经济周期中阶段的更替看成是经济中自发力量调整的结果。对于 30 年代空前严重的资本主义经济危机，以往的那些宏观经济学既然被认为不可能提供一套有助于使资产阶级政府摆脱困境的对策，于是以凯恩斯的有效需求理论为代表的现代资产阶级宏观经济学便应运而生。

凯恩斯的有效需求理论研究总供给价格和总需求价格之间的均衡关系。尽管马歇尔在市场均衡问题上考察的是单个商品需求价格和供给价格之间的关系，从而进行的是个量分析，但他关于均衡价格的庸俗经济学概念仍被凯恩斯继承了下来。凯恩斯依据这种对均衡关系的解释，表述了由总供给价格和总需求价格达到均衡状态时的总需求量来决定总就业量的论点。但在理论上，凯恩斯对于庸俗经济学传统却有一个重大的"突破"，即认为由于边际消费倾向、资本边际效率、流动偏好这些基本心理因素的作用，在通常情况下总需求价格是小于总供给价格的，而市场机制却没有力量使总需求价格大到与总供给价格相等的地步，这样就出现了小于充分就业的均衡，亦即出现了萧条和大规模失业现象。凯恩斯从自己的有效需求不足和市场机制无法使经济达到充分就业均衡的论断，推导出必须依靠国家干预才能使资本主义经济恢复稳定的政策性结论。

凯恩斯的《就业、利息和货币通论》只是为宏观经济学的发展提供了一个新的起点。在20世纪30年代空前严重的资本主义经济危机条件下，凯恩斯作为垄断资产阶级的代言人和谋士，主要关心的是如何消除大规模失业的问题。因此他认为进行短期的、比较静态的总量分析就可以达到这一目的了。他考察的是小于充分就业时的情况。由于小于充分就业，供给是过剩的，资源是闲置的，如果通过刺激投资和消费，提高总需求，增加就业，那么闲置的资源就将得到利用。从小于充分就业到充分就业的过程中，在他看来不会发生供给不足的问题。所以他在分析时假定供给不变，假定社会上有足够的资源可以满足扩大了的投资和消费的需要。

在凯恩斯的某些追随者看来，这样一种短期的、比较静态的总量分析显然是不够的。[①]从 20 世纪 30 年代末起，他们主要从三个不同方面补充和发展了凯恩斯的宏观经济学。

（一）投资函数理论的发展，各种经济增长模型的出现

为把凯恩斯的短期比较静态分析发展为长期动态分析，凯恩斯的追随者从 "收入等于消费加投资之和" 这一基本公式出发，考察了投资与收入的关系。这一投资函数理论的发展，被认为是凯恩斯主义宏观经济学的最重要 "成就"。A.汉森和 P.萨缪尔森等人对乘数和加速系数交织作用的分析，又被认为是投资函数理论早期发展中的最重要 "贡献"。凯恩斯本人分析了乘数的作用，即一定量的投资变动给国民收入带来的影响，要比投资量实际变动本身大得多。凯恩斯的追随者分析了加速系数的作用，即一定量的收入变动将会反作用于投资，使投资随着收入变动的比率而发生变动。而乘数和加速系数的交织作用，则指一定量的投资变动将引起收入的变动，而收入变动的比率又引起投资的变动，据说这样就可以根据已知的国民收入数字计算出下一期的国民收入了。

经济增长论是投资函数理论的进一步引申。凯恩斯关于国民收入既等于消费与投资之和，又等于消费与储蓄之和的论点，实际上成为凯恩斯主义者提出的各种经济增长模型的理论依据。收入（产量）增长率、储蓄在收入中的比率、资本与产量的比率，成为三个基本的经济变量。R.哈罗德和 E.多马提出的经济增长模型的中心论点就是，收入（产量）增长率等于储蓄在收入中所占比率除以资本与产量的比率，或乘以产量

---

① 琼·罗宾逊等人为此推崇波兰的卡莱茨基在 20 世纪 30 年代的一些作品，认为就在凯恩斯进行短期比较静态总量分析的同时，卡莱茨基也循着同一条途径进行国民收入变动与物价、就业等总量变动之间的关系的研究，但卡莱茨基的方法却是动态的宏观经济学方法。例如卡莱茨基所著《宏观动态的经济周期理论》（载《经济计量学》杂志，1935 年 7 月）一文就是他采取动态方法进行类似于凯恩斯的研究的一个例证。

与资本的比率。换言之，要使每一期的经济都保持均衡增长，就应当按照储蓄增量在收入增量中所占比率同产量与资本的比率二者所确定的经济增长率，计划安排投资的数量。T.斯旺、R.索洛、J.米德提出的经济增长模型，在根据上述三个基本的经济变量之间的关系来说明经济增长率方面，与哈罗德和多马的理论并没有原则性的区别。不同的是：它假定资本和劳动这两个生产要素可以互相替换，并能按可变的比例结合；它还假定在任何时候，资本和劳动这两个生产要素都得到充分利用。这样，在哈罗德和多马看来，充分就业均衡增长的条件的满足是偶然的，而在斯旺、索洛、米德看来，可以通过调整资本与产量的比率来满足充分就业均衡增长条件的要求，因此资本主义经济增长的前景是乐观的，均衡增长是可以指望的。

（二）消费函数理论的发展

凯恩斯在分析消费与收入之间的关系，也就是在论述消费函数问题时，认为消费支出与收入之间保持稳定的函数关系，消费将随收入水平上升而增加，但不如收入增加得那样多。凯恩斯的追随者们认为，要使凯恩斯的消费函数理论趋于"完善"，一方面要把消费同个人可支配收入（即个人纳税后收入）联系起来考察，而不能像凯恩斯那样把消费同国民收入联系起来考察，另一方面必须把收入概念扩展到未来的持久收入（预期收入）和相对收入，而不能像凯恩斯那样局限于绝对收入。消费函数理论的这种发展，被认为有助于通过对消费、储蓄和收入的经验统计资料的分析和研究，对消费活动和市场前景进行预测，然后根据预测结果进行调节。尽管凯恩斯的追随者们同凯恩斯一样，抹杀消费的阶级性，否认资本主义基本矛盾的存在及其作用，但他们对消费函数和市场预测理论的这种发展，仍被认为是凯恩斯主义宏观经济学的重要发展之一。

在凯恩斯以后的消费函数理论中，影响最大的是 J.杜生贝的相对收入假定和 M.弗里德曼的持久收入假定。在杜生贝的假定中，消费支出由于受到过去收入和消费水平的影响，消费支出的变化往往落后于收入的变化，并且个人消费支出还要受到周围的人的消费支出的影响，因此收入分配方面的相对地位也将影响消费与收入之间的关系。在弗里德曼的假定中，消费分为"一时消费"和"持久消费"，收入也分为"一时收入"和"持久收入"。"一时收入"和"一时消费"之间、"一时收入"和"持久收入"之间、"一时消费"与"持久消费"之间都不存在稳定的比例，只有"持久收入"和"持久消费"之间才存在着一定的比率，而这个比率又依赖利息率、消费者总财产等因素而变动。这样，把预期的持久性收入估计在内，消费支出在一定时期将大于现期收入。这些论点都被看成是市场前景预测的重要理论依据。

（三）从封闭经济模型发展为开放经济模型

凯恩斯在《就业、利息和货币通论》中提出的宏观经济模型是一个假想的封闭经济模型。一国对外经济关系被撇开了。这种封闭经济模型在现实的资本主义世界是不存在的。凯恩斯为了从理论上说明增加一定量投资就可以增加就业量，所以选择了较简单的封闭经济模型着手分析。在凯恩斯的追随者们看来，这种分析显然是不够的。于是 F.马柯洛普、罗宾逊等人力图把凯恩斯的模型扩展为开放经济模型。

马柯洛普提出，把乘数原理运用于一国的对外贸易将表明，出口越多，国民收入增加越多，而且国民收入的增加将因乘数的作用而比原来的净增加大得多；反之，进口越多，越不利于国民收入的增加（即引起国民收入减少），而由于乘数的作用，国民收入的减少也要比原来的净减少大得多。罗宾逊得出类似的结论，即认为贸易顺差有利于增加国内就业，贸易逆差则有着相反的结果，乘数的作用使就业的增减都会发生非常大的变动。

在有关资本输出和输入问题上，马柯洛普认为，那种认为资本输出会妨碍国内投资，从而妨碍国民收入的论断是没有根据的，因在一国储蓄倾向较高而国内投资机会又不足时，资本输出并无不利影响，而一旦资本输出带动出口，将引起国民收入增加和就业量扩大。

凯恩斯的追随者们的这些论点，完全符合各国资产阶级对外扩张的需要。它们自然而然地成为资产阶级政府制定对外经济政策的依据。

四、现代宏观经济学的进一步发展和演变

以凯恩斯的《就业、利息和货币通论》为标志的现代资产阶级宏观经济学产生后，20 世纪 30 年代以前出现的各种宏观经济理论并未销声匿迹。它们在长时期内仍与凯恩斯经济学平行地发展着，但与凯恩斯经济学相比，它们的影响要小得多。凯恩斯经济学成为当代资产阶级经济学中的新正统派，它在第二次世界大战结束以后大约保持了 20 年的极盛时期。60 年代后期起，由于资本主义世界出现了通货膨胀、失业、资源供给紧张、收入分配失调等多种并发症，凯恩斯的宏观经济理论被认为不足以解释如此错综复杂的"病情"，更被认为无法提供足以应付如此困难的经济情况的对策，于是在宏观经济学领域内至少发生了四个方面的重要变化：非凯恩斯派宏观经济学的"复兴"；凯恩斯派宏观经济理论带有对供给的分析和规范经济学的色彩；凯恩斯派宏观经济学和非凯恩斯派宏观经济学在某些方面互相渗透和影响；宏观经济学与微观经济学之间的"结合"问题受到了重视。

（一）非凯恩斯派宏观经济学的"复兴"

在凯恩斯宏观经济学产生和发展起来后，非凯恩斯派宏观经济学虽然仍旧发展着，但其影响小得多，在20世纪30年代末至四五十年代尤其如此。[①]这种情况在60年代后，特别是70年代以后有很大变化。其中最突出的例子就是货币数量理论的"复兴"——以现代货币数量理论为基础的货币主义逐渐成为凯恩斯经济学的有力挑战者。

货币主义的学说源于费雪的货币数量论和芝加哥大学经济自由主义传统。按照费雪的货币数量论，在货币流通速度和商品、劳务生产总量不变的条件下，物价水平随货币流通量的增减而成同比例的升降，因此当局只要通过对货币数量的控制，就可以控制物价水平，防止通货膨胀。按照芝加哥传统观点，市场机制的调节作用是维持资本主义经济稳定的保证，国家的调节（包括对货币量的调节和对商业银行信贷活动的调节）只是在承认和保证市场机制起主要作用的前提下的辅助手段。货币主义最重要人物弗里德曼正是依据费雪和芝加哥大学传统观点，从20世纪50年代中期起对货币数量理论做了新的论述。根据弗里德曼的现代货币数量理论，货币被视为唯一重要的因素，货币数量的变动既影响物价水平，也影响商品和劳务的生产量以及国民收入；至于通货膨胀，不仅被看成是纯粹货币现象，而且被认为是国家干预破坏市场机制作用的后果。货币主义反对凯恩斯主义的需求管理，提出有计划地稳定货币供应量增长率（即按照国民收入增长率有比例地增加货币供应量）的政策主张。

货币主义作为一种非凯恩斯派宏观经济学的理论，它的政策主张比

---

① 除了前面已提到过的几种非凯恩斯派宏观经济学外，熊彼特在《经济分析史》（1954年版）中还特地提到了德国经济学家卡尔·弗尔的研究。弗尔所著《货币创造与经济危机过程》一书（1937年版）的论点是独立研究出来的，它在德国和丹麦有影响。

凯恩斯主义的政策主张要简单得多。它的理论和政策主张属于经济自由主义思潮。因此，货币主义的发展及其对凯恩斯主义的挑战，表明当代资产阶级经济学中经济自由主义思潮的抬头，表明国家干预主义思潮的影响范围的缩小。

除货币主义而外，瑞典经济学家的宏观经济学自 20 世纪 60 年代以后也开始"复兴"。新一代的瑞典经济学家中的重要代表是 A.林德白克。他和其他北欧经济学家一起，在总量分析的基础上对国民经济进行结构分析，对依靠世界市场的资本主义国家的通货膨胀的原因及其对策提出了既不同于凯恩斯主义，又不同于货币主义的解释。林德白克还根据社会民主主义理论，对国有化、福利国家、市场经济三者结合的"混合经济模型"进行了考察。这是当前非凯恩斯派宏观经济学的又一个动向。

60 年代以后非凯恩斯派宏观经济学的发展也包括了长周期理论的"复兴"。熊彼特用创新活动作为解释的周期理论近年来受到较大的注意。这一点与石油价格上涨、能源供给紧张、电子工业新技术被广泛推广密切有关。一些资产阶级经济学家认为只有用长周期（包括熊彼特所阐释的 N.康德拉季耶夫的 55 年长周期，以及 S.库兹涅茨提出的 20 年长周期）才能说明战后的经济波动，才能预测未来的经济增长和变化。

（二）凯恩斯派宏观经济理论对供给问题和规范经济学问题的强调

凯恩斯本人的宏观经济分析只限于短期分析，他假定总供给是不变的。在凯恩斯的追随者把凯恩斯理论动态化、长期化时，不仅从总需求方面对凯恩斯的理论做了补充，而且还分析了总供给的变化。例如，哈罗德和多马都谈到了投资在创造需求的同时，也扩大了生产能力，所以本期均衡时的投资为下期造成了新增添的生产能力是否得到利用的问题。斯旺、索洛、米德在提出自己的经济增长模型时，一方面考虑当资本边际产品是正数，平均每个工人所装备的资本数量增加时，平均每个工人的产量也会增加；另一方面考虑在技术进步条件下，经济增长不仅取决于资本积累率，而且取决于劳动力增长率、资本和劳动对产量增长的相对作用的权数，取决于技术变动的速度。

进入 20 世纪 70 年代后，由于世界能源供给和原料供给问题日益突出，宏观经济分析中的供给分析的重要性也日益得到承认。L.克莱因等人所进行的资源供给和价格波动的长期分析就是一个典型的例子。克莱因根据世界石油产量及其供给价格变化、世界煤炭产量及其供给价格变化等因素，研究了这些因素对一个燃料进口国就业、贸易差额和其他各种商品价格的影响，并由此探讨可能引起的对燃料出口国的反作用。这种研究反映了宏观经济学的新的发展趋势。

在凯恩斯的《就业、利息和货币通论》中，除第二十四章《略论"通论"可以引起的社会哲学》采用规范经济学的分析方法（即讨论"应该是什么"之类的价值判断问题）之外，全书主要部分采取实证经济学的分析方法（即说明"是什么"之类的问题）。凯恩斯的追随者很明显地分为两类：一类凯恩斯主义者在进行总量分析时，只着重实证经济学的分析与说明，而把价值判断问题撇在一边。哈罗德和多马、斯旺和索洛等人对经济增长的研究，都不讨论经济增长的福利含义。另一类凯恩斯主义者则认为，凯恩斯理论的要点正是在第二十四章中，据说凯恩斯在那里提出了资本主义社会中收入分配不均的现象和食利者阶级最终消失的趋势。N.卡尔多、罗宾逊等人循着这样一个方向来研究经济增长，得出了经济增长率越高，国民收入中作为工资收入归于工人的份额越低的论断，从而认为高投资率、高增长率在社会学意义上并不值得向往。他们的结论带有浓厚规范经济学的色彩。

20 世纪 70 年代，凯恩斯宏观经济理论中的规范经济学色彩进一步加强。不仅后一类凯恩斯主义者是这样，甚至前一类凯恩斯主义者也是这样。例如 J. 托宾就提出了建立宏观福利经济学的任务，主张探讨通货膨胀和充分就业的福利含义；索洛从资源供给的角度分析经济增长的价值判断；A. 奥肯表示不能只实行调节总需求的经济政策，还要研究这些经济政策的运用究竟在何种程度上符合经济学中的一定的伦理标准。这些虽然还只是初步的分析和设想，但加强对规范经济学问题的研究看来已成为凯恩斯主义者的一致的趋向。

（三）凯恩斯派宏观经济学和非凯恩斯派宏观经济学的互相渗透

20 世纪 60 年代起，凯恩斯主义和货币主义之间的论战越来越激烈。尽管两派都是资产阶级庸俗经济学，都采取总量分析，但由于各自的理论基础和政策主张不同，因此它们之间的分歧是不容忽视的。经过较长时期的争论，尤其是在经过 1973 年经济危机，凯恩斯主义的反危机措施破产之后，凯恩斯派的一些经济学家逐渐察觉到货币主义有某些可供汲取的东西。货币主义的一些经济学家也有类似的认识。这就为双方在某些问题上的接近和互相渗透创造了前提。而在凯恩斯主义、货币主义和瑞典经济学家的经济理论之间，虽然不像凯恩斯主义与货币主义之间发生过那样激烈的争论，但理论和政策主张仍有差异。近年来，在面临着严重的资本主义经济多种并发症的情况下，为了寻找"医治"某些病症的"有效"处方，它们之间也互相影响和吸收。在一部分经济学家中，对下述四个问题大体上形成了比较接近的看法。

一是关于货币因素的重要性。货币主义一直强调这样一点。瑞典学派虽然不以货币数量理论为理论基础，但它向来重视货币和利息率的作用。凯恩斯派强调收入因素的重要性，认为"货币也重要"。但目前，部分凯恩斯主义者提高了对货币作用的评价，并加强了对货币政策的效应的认识。

二是关于对失业问题顽固性的理解。按照凯恩斯学说的解释，小于充分就业是需求不足的后果，只要提高收入水平，失业问题并不是不能解决的。瑞典学派的看法与此接近。但货币主义却认为经济中存在着自然失业率，即存在一个不易被化掉的失业的"硬核"，从而断言提高收入水平的效果有限。目前，包括凯恩斯主义者和瑞典经济学家在内的许多人都承认现阶段资本主义社会中失业问题是顽固的、不易解决的，传统的就业政策不能收到预期的效果。"结构性失业"论几乎被他们一致同意。于是人力政策被提到重要的位置上。[1]

三是关于国家长期规划的作用。货币主义强调市场机制的作用，反对国家调节；凯恩斯主义一向着重于需求管理，亦即着重于短期的调节措施；瑞典学派从 20 世纪 30 年代起就认为中央计划调节是有用的，主张计划调节和市场调节配合。近年来，包括一部分货币主义者在内，人们普遍重视国家长期规划的作用，认为在资源供给紧张、失业问题难以解决而通货膨胀又在持续的情形下，如果没有国家通过长期规划来调节，市场机制的作用是有局限性的。

四是关于浮动汇率问题。浮动汇率制的运用实际上就是充分发挥外汇市场上的自发调节作用。这原来是货币主义的主张。凯恩斯主义者中许多人是一向主张维持固定汇率制度的。经过 1973 年经济危机后，资产阶级经济学家在汇率问题上的看法逐渐接近，目前，已有较多的人（包括凯恩斯主义者）认为浮动汇率制或介于浮动汇率制与固定汇率制之间的某种比较自由的汇率制是可行的。

当然，在这些问题上的彼此接近还不等于说各派资产阶级经济学家在整个理论和政策主张上的分歧已经消失。凯恩斯主义所代表的国家干预主义思潮和货币主义所代表的经济自由主义思潮的界限仍然是清楚可

---

① 桑托梅洛、希特尔：《通货膨胀和失业交替文献述评》，载《经济学文献杂志》，1978 年 6 月。

见的，二者之间的论战仍将继续下去。

（四）宏观经济学的微观经济学基础问题

进入 20 世纪 70 年代后，由于资本主义经济中失业、通货膨胀、经济停停走走、收入分配和资源配置失调等多种病症并发，单纯的宏观经济理论被认为解释不了多种病症并发的原因，也提供不出有效的对策。于是宏观经济学与微观经济学相"结合"的问题被提到显著的地位。

凯恩斯主义和货币主义都是宏观经济理论。它们把微观经济理论所探讨和得出的某些"原理"当作既定的前提加以接受。例如价值形成问题、收入分配的依据问题等，并不包括在它们的理论之中。

由于凯恩斯经济学中缺少自己的价值理论和分配理论，因此这被认为是凯恩斯经济学的不足。萨缪尔森早就提出了新古典综合论，即用新古典经济学的微观理论作为凯恩斯的宏观经济学的补充。在这里，边际效用价值理论和边际生产力分配理论成为凯恩斯宏观经济学的微观基础。但卡尔多、罗宾逊认为，这样一来，凯恩斯的宏观经济学就被置于错误的基础上了，它也就不可能正确解释资源配置和收入分配之所以失调了。卡尔多、罗宾逊提出，要从李嘉图的价值理论和分配理论中去寻找宏观经济学的基础，要承认价值本身有客观的、物质的基础，承认分配问题不能脱离特定历史条件和所有权因素来考察。凯恩斯宏观经济学的微观理论基础何在？是以新古典派对价值和分配的解释，以均衡理论为基础，还是以李嘉图对价值和分配的解释，以历史和制度的理论为基础？这个问题涉及凯恩斯主义中两大分支——新古典综合派和新剑桥学派之争。看来这个争论在 80 年代仍将继续进行。

货币主义者也提出了货币主义宏观经济理论的微观经济学基础问题。这是所谓第二代通货膨胀研究者对弗里德曼等人的学说的补充和发展。①这里遇到的一个重要问题是人们的预期的形成与市场信息之间的关系，而市场信息的获得不仅需要代价（成本），而且难以充分。因此，只分析宏观经济学领域中的货币流通总量和利息率水平，不分析微观经济学领域中的人们对工资和价格变动的预期、市场信息的传递方式，在第二代通货膨胀研究者看来，那是显然不够的。

在宏观经济学与微观经济学相"结合"的问题上，J.希克斯循着一条"独立的"道路行进。他既不同于凯恩斯主义者，又不同于货币主义者。早在20世纪30年代，他在《价值与资本》一书中就着手于宏观经济学与微观经济学"结合"的最初尝试。他从市场交换和生产的一般均衡得出了资本累积的增加与减少的规律现象，再从资本累积的增加与减少推论经济周期周而复始的原因。在他的理论中，微观理论和宏观理论是"一致的"，两者都是庸俗经济学的货色。70年代，他仍然根据自己的解释，以两种价格体系（弹性价格和固定价格）的并存来说明通货膨胀和失业并发的原因，并由此指出凯恩斯主义因缺少两种价格的概念而陷于困难境地。

总之，资产阶级经济学家目前正从不同的角度来研究宏观经济学与微观经济学相"结合"的问题，他们指望通过这种研究，就可以为宏观经济学找到新的出路。这当然是不可能做到的。

---

① 赫尔姆特·弗里奇：《通货膨胀理论，1963—1975年："第二代"概述》，载《经济学文献杂志》，1997年12月。

第一编

凯恩斯经济学

美国罗斯福"新政"的经济理论依据

引自《外国经济思想史讲座》，中国社会科学出版社，1985 年版。

    1929—1933 年发生的资本主义世界经济危机是历史上空前严重的经济危机。它延续的时间很长，并且几乎席卷了所有的资本主义国家。这次经济危机的一个显著特点是工业危机、农业危机、金融危机交织在一起，经济危机、政治危机并发。危机急剧地加深了资本主义固有的各种矛盾，激化了阶级斗争。在美国，1930 年 3 月举行了全国规模的失业工人大示威，参加者多达 125 万人。在纽约的示威游行中，失业工人举着"不愿饿死，起来斗争"的标语。1931 和 1932 年，在美国接连举行了两次全面性的反饥饿大进军。1700 万失业大军的存在成为美国的头号政治问题。与此同时，美国许多地方还发生了小农场主、佃农和农业工人的示威和抗议活动。当时美国到处流行着一句口头禅"革命就在转弯处"，这句话反映了美国国内的实际状况。在高涨的阶级斗争形势下，垄断资产阶级感到惊慌失措。"大资本家开始储藏蜡烛，因为他们认为革命者首先将占据发电厂。垄断资本家的太太都买下大批罐头食品，藏在家里。随便什么事情都有发生的可能，因为整个国家已当着他们的面，在分崩离析了。"[①]

[①]　明顿、司徒尔特著，包玉珂译：《繁荣与饥馑的年代》，生活·读书·新知三联书店，1957 年版，第 380 页。

1933 年就任美国第三十二届总统的 F.罗斯福，正是在危机最严重的时刻上台的。他和他的政府面临的首要任务，就是力图使美国政治和经济摆脱危机的困境，维持垄断资产阶级在美国的统治。他以实行"新政"为标榜。在 1932 年 7 月竞选过程中，他公开声称："我向你们保证，也向我自己保证，美国人民今后一定可以有一种新政。"就任总统后，为了实行"新政"，罗斯福要求国会给更大的行政权力，以加强政府对经济的干预。"新政"实质上是一系列工业、农业、财政、金融、对外经济的政策措施的总称，其基本精神是运用资产阶级国家政权的力量来"调节"国民经济，应付经济危机。

罗斯福"新政"的经济理论依据是什么呢？以往流行于西方经济学界的一种看法是：罗斯福"新政"是凯恩斯经济学说的具体运用，凯恩斯经济学说是罗斯福"新政"的理论基础。尽管这种说法一直受到某些经济学说史研究者的怀疑（例如，他们提出凯恩斯的《就业、利息和货币通论》出版于 1936 年，罗斯福在实行"新政"之初并未接受过凯恩斯的建议，等等），但究竟什么是罗斯福"新政"的经济理论依据，这个问题并未被正面回答。20 世纪 70 年代，经过一些美国经济学家的重新探讨，一些人认为美国芝加哥大学、哥伦比亚大学的一些经济学家作为罗斯福"新政"的建议者，当时起了重要的作用。我觉得这种观点是可信的。

下面从三个方面来考察罗斯福"新政"的经济理论依据问题。

一、美国经济学家关于财政干预和赤字财政政策的论述

在美国，资产阶级运用国家政权的力量来应付资本主义经济危机，并不是从罗斯福"新政"时期才开始的。19 世纪后半期的几次经济危

机和 1920—1921 年经济危机期间，美国政府都采取过提高关税率的做法。当时，资产阶级政府企图依靠提高进口税率来减少国外商品进入美国市场的数量，以缓和国内的生产过剩。1907 年经济危机后，美国政府于 1913 年通过建立联邦储备系统来调节国内的货币流通量和信贷数额，即一方面以放款和再贴现业务协助商业银行渡过危机时期的困难处境，另一方面以在公开市场买进或卖出政府债券的办法来控制货币流通量，影响市场利息率和物价水平。罗斯福的前任 H. 胡佛执政时（1929—1933），在应付 20 世纪 30 年代经济危机方面基本上仍然沿用过去的传统措施，包括提高关税率（1930 年通过贺莱－斯莫特关税法，使平均进口税率比 1922 年关税法规定的平均进口税率提高 15%），扩大联邦储备银行放款范围，实行减少抵押品的低利贷款等措施。在空前严重的 30 年代经济危机条件下，这些传统的反危机措施并未收到资产阶级政府预期的效果。

经济危机的空前严重和传统反危机措施的无效，使得一些美国资产阶级经济学家着重思考这样一个问题，即怎样才能抑制危机，使美国国内经济状况好转？经济学界显然存在着两种对立的观点。

以哈佛大学教授 F. 陶西格为代表的资产阶级经济学"正统派"仍然坚持经济自由主义的传统。在他们看来，资本主义经济通过市场调节而自动实现充分就业均衡的信条仍然是不可改变的，政府原则上不必干预私人经济活动，私人经济有能力在市场竞争中恢复原来的生气。如果说国家需要采取某些措施的话，那么诸如保护关税、联邦储备系统对货币流通量和贴现率的调节，再加上适当的社会救济措施，就已经足够了。至于运用国家财政手段来调节经济的主张，则被看成是弊多利少的。据说，公共投资不仅会排挤私人投资，挫伤私人经营的积极性，而且会造成巨大的浪费。

然而，以芝加哥大学教授 J. 怀纳、P. 道格拉斯、S. 列兰、F. 奈特，哥伦比亚大学教授 J. 小克拉克、A. 盖伊尔、R. 特格维尔等人为代表的另一批资产阶级经济学家则公开提出，在如此尖锐的经济危机形势下，国家对经济的直接干预已是不可避免的事情，而且在谈到国家干预时，首先是要利用财政手段。财政调节比其他任何干预更为必要。

（一）怀纳的观点

怀纳在 1931 年曾经批评"正统派"在财政理论方面的所谓"稳健原则"。怀纳认为，"稳健原则"的中心思想是多收税，少支出，维持财政平衡，清偿政府债务，如果按照这种"稳健原则"去做，那么经济只可能被维持在很低的水平上。怀纳说道："当商业活动正在衰退，或者正处于停滞和低水平之时，如果把国民经济当作一个整体并从这个观点来看，那么减少课税和使财政保留赤字，与其说是一种不稳健的政策，还不如说是稳健的政策。"①

怀纳认为，财政手段主要是指对政府收入的运用。他指出，政府的支出来自它的收入，而政府的收入可能来自三个途径。一是从课税来的，如果政府不课税和不把这笔钱用掉，那么这笔钱很可能留在私人手中作为储蓄或窖藏，对经济不发生作用。二是向社会借来的，如果政府不借钱和不把这笔钱用掉，那么社会上的这笔资金不一定会用于投资。三是扩大银行信用而来的，如果不扩大银行信用，那么经济中不会增加这笔政府支出。怀纳由此断言，在经济萧条时，如果社会上的投资不充足，而政府又不设法动员这笔资金作为投资或支出，经济就不可能好转。正因为怀纳早在 1931 年就提出了运用财政手段来刺激经济的主张，所以他在 1936 年评论凯恩斯的《就业、利息和货币通论》一书时这样写道：运用财政措施调节经济的模式，"可能是凯恩斯的一个发现，但

---

① J. 戴维斯：《新经济学和旧经济学家们》，衣阿华大学出版社，1971 年版，第 40 页。

我至少早在 1931 年就已利用了，并且我不认为我是从凯恩斯那里得到它的"①。怀纳不仅承认自己当时就有这种经济观点，而且认为这种经济观点在芝加哥大学是很普遍的。怀纳写道："这种思想当时在我们的学院环境中是经常遇见的，我想不起我的芝加哥大学的同事当中谁会有什么不同意见，或者他们需要从凯恩斯那里或从我这里学习它。"②

（二）道格拉斯的观点

道格拉斯同怀纳一样，是芝加哥大学中积极主张用财政手段来应付经济危机的理论界代表人物之一。道格拉斯提出，萧条时期，政府应当依靠对公共工程的投资来活跃经济。关于这种思想，他在一本题为"控制萧条"的著作中做了这样的阐述。他写道："政府在萧条时期增加它的支出，不仅仅是为了救济，而且也是为了公共工程的需要。政府的这种措施将有助于抵消私人商业的衰落。"③公共工程支出的经费来自何处呢？道格拉斯认为有三种办法，即课税、增加政府债务、发行国库券或纸币。但他接着指出，这三种办法中，后两种办法的好处是明显的，因为它们可以扩大购买力，从而增加就业。第一种办法（课税）则无助于经济的恢复，因为它只不过引起购买力的转移，而不是增加购买力，所以"整个说来，在萧条时期，课税这种办法不如其他两种筹集资金的办法"。④

道格拉斯在论述政府的财政政策时，反对"正统派"的维持年度财政平衡的主张。道格拉斯说道：如果要维持财政平衡的话，那就应

---

①　怀纳：《关于我在 1936 年对凯恩斯〈通论〉的书评》，载戴莱卡契曼编：《凯恩斯的〈通论〉：三十年的报告》，1964 年版。

②　同上。

③　道格拉斯：《控制萧条》，1930 年版。

④　同上。

从整个经济周期来看，"事实上不需要、也确实不应该一年一年都保持平衡"。[1]他论证道：萧条时期为了进行公共工程建设，赤字是必不可少的，"而当恢复繁荣时，政府的收入将会增加，用于救济和公共工程的政府支出将迅速减少。这时，财政盈余就会代替以前的赤字，这笔财政盈余将用来偿还出售的债券或在萧条时期可能被发行的无利息负担的国库券"。[2]

道格拉斯这种要从整个经济周期的角度来维持财政平衡的主张，在当时芝加哥大学环境中绝不是个别人的主张。除了上面提到的怀纳以外，芝加哥大学另一位教授列兰也持有类似的看法。1932年10月24日，列兰在题为"政府如何才能最好地应付金融危机"的一篇演说中指出：政府的支出应当同经济周期相配合，如果萧条时期政府收入不足，那就应当依靠借款来筹集资金。他认为，每年平衡财政预算的做法是一种不考虑经济状况的做法，这种做法是错误的。[3]

（三）奈特的观点

芝加哥大学教授奈特是另一位强调财政干预必要性的著名经济学家。1932年4月20日，参议员R.华格纳写信给当时美国有影响的经济学家和企业家，呼吁他们支持一项靠发行长期债券来进行公共工程建设的方案。奈特的回信说得十分明确："就我所知，经济学家们完全同意这一点，即在这样的时期，政府应当尽可能多支出和尽可能少收税——并把这笔开支用到最适宜的方面去，以及用它们来缓和萧条。"[4]奈特显然赞同公共工程的主张。正因为如此，所以在凯恩斯出版《就业、利息

---

[1] 道格拉斯：《控制萧条》，1930年版。
[2] 同上。
[3] 戴维斯：《新经济学和旧经济学家们》，衣阿华大学出版社，1971年版，第13—14页。
[4] 同上，第16页。

和货币通论》一书后，奈特对凯恩斯的"用通货膨胀作为应付萧条和失业的处方"这一想法是肯定的。同时，奈特并不认为凯恩斯使得经济理论"革命化"，而认为凯恩斯理论的特点主要在于论证了"通货膨胀是萧条和失业的处方"。[1]

（四）小克拉克的观点

哥伦比亚大学教授小克拉克与芝加哥大学中那些主张运用财政手段进行干预的经济学家们持有相同的看法。1934 年他出版的《经济周期的战略因素》和 1935 年他出版的《计划公共工程的经济学》这两本书，详细地讨论了国家政权对经济生活进行直接调节，尤其是用财政手段进行调节的必要性和途径。

在《经济周期的战略因素》中，小克拉克认为不能把影响生产的因素与影响消费的因素截然分开，因为这两类因素是互相影响的。他写道："消费者购买的大量减少是一切周期的共同特征，这主要是由于消费者收入的实际收缩而引起的，而这亦来自在这以前的一般就业的不足和工业生产的普遍下降。"[2]小克拉克把萧条的发生过程归结为以下这些连锁反应的过程，即消费支出增长率的下降引起就业和生产量增长率的下降，这就造成下一轮收入的减少和消费支出的减少，从而引起投资的更大幅度的减少等；而繁荣的发生过程则与此相反，即消费支出增长率的上升引起就业和生产量增长率的提高，引起收入增加和消费支出增加，再引起投资增加等。他在指出收入与支出之间的相互作用后，得出了这样的结论："消费增长率的变动会引起由此导致的生产者支出的实际的上升和下降。由于每一笔支出都构成另外某个人的收入，结果就是

---

① 奈特：《失业与凯恩斯先生在经济理论中的革命》，载《加拿大经济与政治科学杂志》，1937 年 2 月。

② 小克拉克：《经济周期的战略因素》，1934 年版。

收入的普遍波动和消费者此后支出的相应的波动。这样，微小的动荡将会自己成倍地增大。"①

那么应当怎样来对付萧条呢？小克拉克根据自己对收入和支出的相互影响的分析，认为重要的不是设法去控制消费支出，而是控制消费者的收入，运用财政手段来进行公共工程建设则被认为是萧条时期控制消费者收入的重要手段。小克拉克与芝加哥大学教授们的看法一样，认为公共工程的扩大与减少要随着私人投资的变动而调整，在私人投资增多时减少公共工程开支，在私人投资减少时则扩大公共工程开支。他认为这样就可以维持一定的消费者收入，使经济处于稳定之中。

在《计划公共工程的经济学》中，小克拉克着重分析了公共工程的经济后果，以证实运用财政手段来调节经济的必要性。他指出，公共工程可以在创造就业（包括初次就业和次一级就业）方面发挥巨大的作用。②

初次就业。这是指在进行公共工程建设的地点的工人就业，以及为公共工程供应原料和提供其他劳务方面的工人的就业。前一类工人就业是公共工程的直接影响的结果。后一类工人就业是公共工程的间接影响的结果。

次一级就业。这是指因进行公共工程而获得收入的人的各种支出所引起的就业。例如，进行公共工程后，政府的支出转化为私人的工资收入、利润收入、利息收入和租金收入，这些收入又转化为私人支出，它们促成了更多的人就业。

小克拉克的上述分析被认为与凯恩斯稍后在《就业、利息和货币通论》中的分析十分接近。

---

① 小克拉克：《经济周期的战略因素》，1934年版。
② 小克拉克：《计划公共工程的经济学》，1935年版。

至于扩大公共工程支出的来源，小克拉克提出这样的主张：首先依赖通货膨胀性的政府举债，其次才依靠政府课税，并且他认为这些都应当以不减少私人投资支出为条件。小克拉克写道："在严重的萧条时期，用于公共工程的资金应当是以借债方式取得的，这种借债不会被占用，否则就可能成为被工业所使用的资本。"[①]

（五）盖伊尔的观点

哥伦比亚大学的另一位经济学家盖伊尔在 1935 年出版了《繁荣与萧条中的公共工程》一书。他在书中提出了利用公共工程作为经济稳定器的概念。他的中心思想是：在萧条时期，私人投资少了，政府应当多投资于公共工程，而到了繁荣时期，私人投资多了，政府就应当少投资于公共工程方面。把公共工程作为经济稳定器的想法，是与财政支出在整个经济周期内保持平衡的想法密切相关的，因为按照盖伊尔的论述，萧条时期政府收入减少，但公共工程支出却要增加，财政就会有赤字，这要等到繁荣时期，政府收入增加了，公共工程支出减少了，财政有了盈余的时候，才能予以补偿。

盖伊尔在财政政策的作用方面的观点，与芝加哥大学的经济学家们的观点，以及与小克拉克的观点十分接近。盖伊尔也主张用政府举债的办法作为筹集公共工程经费的手段。但他做了进一步的论述，即指出了公共工程的名义上的成本和实际上的成本的不一致。所谓名义上的成本，是指为建设公共工程所花费的总费用。所谓实际上的成本，是指从建设公共工程所花费的总费用中还要扣除两笔费用：一笔是政府少发出的失业津贴或救济，因为一部分失业者被吸收到公共工程建设中来了，另一笔是政府增加的税收，因为公共工程的建设将使总收入增加，从而

---

① 小克拉克：《计划公共工程的经济学》，1935 年版。

政府可以多收一些税。这样，公共工程的实际成本是较少的。盖伊尔由此论证了在萧条时举办公共工程的有利性。

从芝加哥大学的经济学家和小克拉克、盖伊尔关于财政政策的分析中可以清楚地察觉到，他们实际上已经表述了投资乘数、内在稳定器、补偿性财政政策的概念。

（六）特格维尔和华莱士的观点以及经济学界对罗斯福的影响

哥伦比亚大学的另一位经济学家特格维尔，是美国罗斯福"新政"时期的有影响人物。他不仅从事教学、著述，而且直接参加了政务活动。20年代后期，他曾强烈地批评柯立芝和胡佛政府所采取的听任资本主义市场经济充分发挥作用的政策，并预言这种政策可能给美国经济带来一场灾难。30年代经济危机爆发后，他是坚决主张国家采取直接干预措施的经济学界代表人物之一。他不仅要求运用财政手段，甚至主张在美国实行计划经济，管制私人贸易。在财政政策主张上，特格维尔的最显著的特点是要求运用国家的财政拨款来调节美国的农业生产和实现美国的农业电气化。其中包括由政府发放津贴以鼓励农场主缩小耕地面积，由政府投资在美国进行大规模的水土保持工作，以及在政府扶植下建立新的农业居民区等。在这方面，他与著名的农业杂志的编辑、农业经济学家、农业改造论者H.华莱士密切配合，向罗斯福提供了各种改革经济的方案，成为"新政派"的重要代表人物。

此外，哥伦比亚大学的教授A.贝利、R.莫利也与特格维尔持有相同的看法，即要求政府运用财政手段来干预美国经济，特别是加强政府对农业的管制和对私人贸易的调节。

当然，在罗斯福"新政"时期，建议国家采取干预措施和运用财政政策是流行于美国经济学界和政界的一股思潮。除芝加哥大学和哥伦比亚大学的教授以外，还有许多知名的学者和政治活动家也赞成这样一些做法。但在当时美国理论界最有影响的，是上面提到的这些芝加哥大学和哥伦比亚大学的教授，以及与特格维尔有密切关系的华莱士。

主张财政干预的经济学家们在 30 年代经济危机期间到处发表演说，撰写文章和书籍，向政府递交建议书，以使自己的政策主张得以实现。例如 1932 年，美国 10 所大学和布鲁金斯学会的 24 名著名经济学家曾联名向美国总统胡佛提出一系列建议。这些建议包括：

①建议修改联邦储备法，授权联邦储备局在当前紧急状况下适机利用联邦政府债券支持联邦储备券。

②建议联邦储备银行运用公开市场买卖政府债券的措施，以增加商业银行的流动资金，并使政府得以筹集所需要的资金。

③建议复兴金融公司大胆地支持商业银行。

④建议加强公共工程计划和公共服务计划，以解决失业问题。

⑤建议减少或取消各国政府之间的债务，将之作为复兴世界工业和贸易的一个重要步骤，并希望通过这种措施来重建美国的经济繁荣。

⑥建议美国同其他国家订立相互降低关税和取消其他各种限制国际贸易开展的规定的协议。

这些建议当时在美国政界引起了强烈反响，对以后的政策制定起了重要的作用。而在提出上述建议的 24 名著名经济学家中，就有 12 名是芝加哥大学的教授，包括怀纳、奈特、H.舒尔茨、L.明兹、H.西蒙斯等。

至于直接参与罗斯福政府的经济决策活动的，则有特格维尔、莫利、贝利等人，他们在罗斯福竞选时期和罗斯福执政后，为罗斯福筹划经济政策。通常所说的罗斯福"新政"的智囊团，就包括了特格维尔、莫利、贝利等哥伦比亚大学的教授在内。特格维尔的《工业纪律和统治艺术》（1933 年）和《为民主制度而斗争》（1935 年）这两本书，被认为是罗斯福"新政"的经济政策主张的"辩护性著作"，实际上也就是通过国家对经济实行直接调节（包括运用财政手段进行调节）的理由的说明书。

在罗斯福"新政"时期，特格维尔先推荐华莱士当了农业部长，特格维尔本人担任过农业部部长助理、农业部次长职务，并且还担任一些公共工程的主管部门的职务。莫利则一度担任了助理国务卿。当时芝加哥大学教授们的一些建议，据芝加哥大学教授列兰的叙述就是通过特格维尔和另一些接近罗斯福的人送交给罗斯福的。[①]

总之，从上面所说的这些情况可以清楚地了解到，罗斯福"新政"主要是受当时美国社会上要求政府干预经济的芝加哥大学和哥伦比亚大学经济学家的影响。

二、凯恩斯与罗斯福"新政"的关系

（一）1936 年以前的凯恩斯观点

凯恩斯在 20 世纪 20 年代，是以研究货币理论问题著称的经济学家。他在这一时期内的两部货币经济学的重要著作（1923 年的《货币改革论》和 1930 年的《货币论》），基本上遵循庇古的剑桥学派货币理论，以货币数量与物价水平之间的关系作为考察对象，得出通货管理的政策主张。资本主义经济通过市场运动而自行达到充分就业均衡的剑桥学派基本原理，当时还不曾受到凯恩斯的否定。凯恩斯的通货管理的主张只限于用国家在货币流通领域内来调节经济，而不涉及整个资本主义经济的稳定性以及用财政手段来干预经济的问题。虽然在 1929 年，凯恩斯曾与 H. 亨德森合写了《劳合·乔治做得到吗？》这本小册子，把

---

① 戴维斯：《新经济学和旧经济学家们》，衣阿华大学出版社，1971 年版，第 152 页。

公共工程支出看作可以在经济中引起一系列连锁反应的有利于缓和失业的主张，但凯恩斯对财政政策的作用的论证远不是充分的，因为他这时既没有乘数概念，也没有对收入与消费支出之间的关系进行较深入的分析。不仅如此，在财政政策与货币政策的相对重要性方面，这时的凯恩斯仍是着重于货币政策的稳定经济的作用，而把财政政策的作用放在次要的地位。

1931年6—7月，凯恩斯出席了在美国芝加哥大学召开的哈里斯基金圆桌会议，在会上同主张运用财政措施调节经济的美国资产阶级经济学家们交换了有关应付当时的经济危机的看法。凯恩斯与芝加哥大学教授明兹讨论了这样一个问题：明兹认为，要解决失业和萧条问题，主要应依靠公共工程政策，而不是依靠货币政策；凯恩斯认为，用货币政策（如降低利息率）来平衡储蓄和投资，是可靠的政策措施。

会议记录中有相关记载。

明兹先生说："我想暂时回过来谈谈降低利息率和公共工程的相对重要性问题。我了解您的论证，您是要降低利息率，以便引起储蓄和投资之间的相等。事实上，如果不是通过降低利息率，而是通过增加工商企业的收益率，从而增加投资率，甚至在目前的利息率的情况下，公共工程不也会造成大体上相同的结果吗？"

凯恩斯先生说："当然如此，所以我是赞成兼用公共工程的……在使得利息率下降的同时应利用公共工程计划作为补充。公共工程计划本身会增加企业利润，从而会使人们摆脱那种异乎寻常的不愿借钱的困境。我担心的是把它当作唯一的救济办法。我担心，它的作用发挥出来后，到了末尾，除非我们决定再采取进一步的十分明确的行动，否则我们不得不返回我们原来的出发点。"[1]

---

① 赖特编：《失业是一个世界性问题》，1931年版。

凯恩斯显然是对公共工程计划的长期效果缺乏信心。他认为公共工程不如货币政策那样有效。他甚至还顾虑实行公共工程计划会导致社会主义。他说:"我认为政府的行动在短期内是重要的,而中央银行的行动则是在长期内具有重要性。我们可能是不打算要社会主义的,但如果我们要为某种程度的社会主义做准备,那么我将修改我的措施。除非我们准备要有比迄今我们已有的多得多的社会主义的东西,否则就要肯定地限制政府所能够采取的做法。"[1]

不仅如此,凯恩斯还认为如果要实行公共工程的话,那么这在较大程度上适合英国的情况,而不适合美国的情况。他是这样加以论证的:"我感到,关于实行公共工程的理由,在美国要比在英国小得多。在英国,我过去曾长时间强烈鼓动实行一项公共工程计划,我的理由是:我们是国际体系的中心,不可能运用利息率,因为如果我们试图迫使利息率下降,那就会贷出太多的钱,于是我们的黄金会流失。在英国实行政府的计划的好处在于:不管世界利息率是多少,也不管投资的收益有多大,政府总能够借到钱。"[2]

他接着说:"在美国,你们没有那样一类问题。在这里,你们能够像在一个封闭体系里那样进行活动,并且我认为,迄今为止你们的一切论证多半是建立在封闭体系的假定之上的。对于这样一种体系,我想把运用长期利息率的方法当作首要的方法。"[3]

凯恩斯的这一番论证表明,当时他和芝加哥大学、哥伦比亚大学那些主张在美国运用财政政策来调节经济的教授们在政策主张上是不一样的。1931 年的凯恩斯还不是一个"凯恩斯主义者"。

凯恩斯本人的经济观点处于逐渐变化的过程中。1933 年,凯恩斯

---

[1] 赖特编:《失业是一个世界性问题》,1931 年版。

[2] 同上。

[3] 同上。

在《走向繁荣之路》一书中，加强了对财政政策的作用的肯定程度，因为这时凯恩斯采取了卡恩在《国内投资与失业的关系》（载《经济学杂志》1931年6月）一文中所表述的乘数概念，从而对公共工程计划在缓和失业、恢复经济方面的重要性有了进一步的认识。《走向繁荣之路》是凯恩斯从剑桥学派的货币经济学家向自己在《就业、利息和货币通论》中提出的独立经济学体系过渡中的重要的一步。这是历来研究凯恩斯经济学说形成史的人们所公认的。但很难说凯恩斯1933年的这本著作究竟对美国罗斯福"新政"的实施有什么影响。正如前面已经提到的，当时与凯恩斯在《走向繁荣之路》中表述的观点相同的美国资产阶级经济学家，远不止怀纳、道格拉斯、小克拉克几个人，而是芝加哥大学、哥伦比亚大学中的相当一部分人。

1934年6月，在罗斯福任职一年零三个月之后，凯恩斯又去美国，并会晤了罗斯福，向罗斯福陈述了自己的经济政策主张。但这次会晤并没有对罗斯福产生什么影响。戴维斯在分析凯恩斯当时不可能影响罗斯福的原因时，曾提出这样的解释：第一，这是因为罗斯福把凯恩斯看成是一个为英国利益效劳而无助于美国的英国人；第二，罗斯福并不了解凯恩斯的理论。[1]这种解释有一定的道理，但是不够全面。应当认为，罗斯福在他竞选美国总统并刚就任美国总统时，就已经形成了他自己的一个经济政策制定的核心机构，参加这个核心机构的是主张国家直接调节经济的美国资产阶级经济学家们。因此，罗斯福用不着等到1934年6月与凯恩斯会晤时再来接受凯恩斯关于国家调节经济的劝说。

---

[1] 戴维斯：《新经济学和旧经济学家们》，衣阿华大学出版社，1971年版，第151页。

（二）凯恩斯经济学说在美国的传播

1936 年凯恩斯的主要著作《就业、利息和货币通论》一书出版了。至此，凯恩斯的宏观经济理论成为一个完整的体系，凯恩斯的经济政策主张（包括财政政策和货币政策）才得到具有凯恩斯理论特色的系统解释。这就是通常所说的"凯恩斯革命"。"凯恩斯革命"既包括以有效需求学说为基础的一套解释资本主义经济均衡关系的新理论，也包括以调节总需求作为特色的一系列政策措施。

凯恩斯的《就业、利息和货币通论》对美国的影响是通过美国东部的麻省理工学院和哈佛大学而传播开的。这里的一批青年经济学家在读到凯恩斯的著作之后，马上被它吸引住了，因为他们在课堂上所学的，是正统的马歇尔经济学说。于是他们竭力为凯恩斯理论在美国的传播而效劳。然而对美国政府来说，凯恩斯理论远不是那样受到重视。负责制定经济政策的罗斯福政府的"智囊团"中，并没有哪一个经济学家把《就业、利息和货币通论》的出版看得那么认真。他们被"新政"时期日常进行的行政事务缠住了，被错综复杂的经济问题（农业问题、社会保障问题、劳资关系问题、美国对外经济关系等）缠住了，他们没有从理论上去思考凯恩斯的这部著作究竟在哪些方面不同于他本人以往的著作，以及在哪些方面不同于芝加哥大学、哥伦比亚大学的经济学家们当时所发表的一些鼓吹国家直接调节经济的著作。所以凯恩斯这部著作的出版，如果说的确在美国引起了巨大的反响的话，那么这种影响主要是在东部的大学范围内扩散开，而并非对美国政府和经济政策制定部门立即产生影响。

但罗斯福周围负责经济事务的官员中，有两个人较早地受到凯恩斯经济理论的影响。一个是 H. 埃克尔斯。他生于犹他州，早年从事银行活动，并对货币理论问题做过一些研究。罗斯福"新政"时期，他是联邦储备局局长（1934—1936）、联邦储备银行理事会主席（1936 年以后）。他是同意凯恩斯的理论和政策主张的。另一个是 L. 古里。他原籍苏格兰，早年毕业于伦敦经济学院，1925 年来到美国，1931 年在哈佛大学取得博士学位。他曾在哈佛大学任讲师，后来到其他大学任教授。他在 1934 年出版了《美国货币的供给与管理》一书，主要论述通过通货管理调节经济的一些理论问题。罗斯福"新政"时期，他受财政部部长聘请，担任过顾问、高级经济专家一类的职务，以后又担任过罗斯福的行政助理和私人经济顾问。J. 加尔布雷思在《凯恩斯怎样来到美国》一文中，就把埃克尔斯和古里二人看成在华盛顿传播凯恩斯理论的关键性的人物。[①]

1938 年，在凯恩斯理论传播于美国的历史过程中发生了一件重要的事情，这就是 A. 汉森从明尼苏达大学来到了哈佛大学。在大学环境中，信仰凯恩斯学说的原来是一批青年经济学家，而这些青年经济学家在著名大学的讲坛上还没有什么号召力，起不了多大的作用。以哈佛大学来说，当时它仍是"正统派"经济学家的阵地，而凯恩斯经济学则被当作非"正统"的或反"正统"的学说来看待。汉森这时已经是五十岁的老经济学家、名教授了。特别是，汉森原来是不同意国家采取财政手段来调节经济的。在凯恩斯的《就业、利息和货币通论》刚出版时，汉森还在书评《凯恩斯先生论就业不足的均衡》（发表于《政治经济学杂志》1936 年 10 月）中表示异议。但汉森很快转变过来，他放弃了自己原来的观点，一下子成为凯恩斯理论的积极支持者、解释者和宣传者。汉森来到哈佛大学后，不仅在讲坛上讲授凯恩斯理论，而且到公共行政管理研究院去讲授经济政策的专题课。美国政府中一些官员经常向汉森请教，并从汉森那里学到了凯恩斯经济学的基础知识。这对于凯恩

[①] 　米洛、凯恩斯：《关于凯恩斯的论文集》，剑桥大学出版社，1975 年版，第 134—135 页。

斯经济学在美国的传播，确实起了促进作用。

至于罗斯福本人，据特格维尔回忆，也许直到 1939 年，才从埃克尔斯那里了解到凯恩斯的经济理论。1939 年在无线电广播中，埃克尔斯同参议员 H.伯德就财政政策的理论问题进行了辩论。埃克尔斯所依据的就是凯恩斯的理论。罗斯福听了这场辩论后打电话对埃克尔斯说："你把问题讲得这样简单，甚至连我也能懂得它。"[①]但 1939 年实际上已是"新政"结束的时候了。

这一切都表明，不能把凯恩斯经济学说成是美国罗斯福"新政"的经济理论依据，不能认为美国政府是受凯恩斯经济学的影响而在 20 世纪 30 年代实行国家直接调节经济的措施的。

三、"新政派"经济学家的理论特色

（一）"新政派"不是一个严谨的概念

虽然"新政派"经济学家在凯恩斯的《就业、利息和货币通论》一书出版以前，就已经主张资产阶级国家政权运用财政手段来调节经济，但为什么后来的凯恩斯经济学会逐渐成为资产阶级经济学中的"新正统"，而"新政派"经济学家的论述却没有得到这种"荣幸"呢？为什么凯恩斯的《就业、利息和货币通论》一书的出版被资产阶级经济学界看成是经济理论中的一场"革命"，而"新政派"经济政策建议的提出及其付诸实施，却未被当作资产阶级经济学中的"革命"呢？为了说明这一点，我们认为有必要了解一下美国资产阶级经济学家中那些支持罗斯福"新政"和为罗斯福政府制定经济政策的人物的理论特色。

---

① 戴维斯：《新经济学和旧经济学家们》，衣阿华大学出版社，1971 年版，第 152 页。

陈岱孙教授指出："'新政派'从来不是一个严谨的概念。它兼容并包，吸收了以各种不同的经济理论作为依据的、反对自由放任主义的资产阶级经济学家，其中也包括一些制度经济学家。"[①]国家干预主义和财政调节论是 20 世纪 30 年代资产阶级经济学界和政界所流行的思潮。持这种观点的人包括了持有不同的经济观点和经济学分析方法的资产阶级经济学家。至少可以区分出三种不同类型的经济学家。第一类是 30 年代芝加哥学派的经济学家。第二类是制度经济学家，特格维尔、小克拉克、贝利等人就是当时制度经济学的代表人物。第三类则是华莱士这样的经济学家。华莱士并不是从事一般经济理论研究的，很难说他究竟隶属于哪一个学派，但他却是代表农场主利益的，是要求国家保护农业和农场主的有激进色彩的经济学家。他在自己主编的《华莱士农民》杂志上撰写的文章，在 1934 年出版的《美国必须选择》一书，以及在 1937 年出版的《工艺、股份公司和普遍福利》一书，反映了他的一些独特的见解，即认为美国力量的源泉在于自食其力的劳动者，农业是美国经济的命脉，苏联是美国在经济方面可供学习的对象，反垄断和国家有计划地管理经济是拯救美国的当务之急。华莱士的经济主张实际上是一个大杂烩，然而罗斯福在制定经济政策，特别是农业政策时，确实也采纳了华莱士的一些意见。

关于华莱士，我们不准备在这里较深入地进行分析，因为他不是一般经济理论的研究者。我们只准备谈一谈 20 世纪 30 年代芝加哥学派的理论特色和 20 世纪 30 年代制度经济学家的理论特色。

---

① 陈岱孙：《〈论加尔布雷思的制度经济学说〉序》，载厉以宁：《论加尔布雷思的制度经济学说》，商务印书馆，1979 年版，第 10 页。

（二）20 世纪 30 年代芝加哥学派的特色

关于 30 年代的芝加哥学派，弗里德曼和罗宾逊如今从不同的角度对它的观点做了评论。弗里德曼在《货币理论和亨利·西蒙斯的政策》（载《法律和经济学杂志》1967 年 10 月）一文中指出，30 年代的芝加哥学派在大萧条的原因、货币政策的重要性，以及广泛依靠财政政策的必要性三个方面，与凯恩斯经济学的看法显然是十分相似的。他还认为，正是由于这种相似性，所以 30 年代的芝加哥学派与当时反对凯恩斯经济学的哈佛大学经济学家和伦敦学派代表人物不同，他们比较容易接受凯恩斯的理论。可见，按照弗里德曼的分析，30 年代芝加哥学派的观点与凯恩斯的观点的差别是不明显的。罗宾逊在《经济理论的第二次危机》（载《美国经济评论》1972 年 5 月）一文中则认为，30 年代的芝加哥大学仍是"正统派"的经济学阵地。她指出，"正统派"对大萧条的原因的解释主要是：由于工资水平过高，雇主不愿雇用工人，于是造成了大规模失业。罗宾逊以西蒙斯为例，说明这种"正统派"的观点仍是芝加哥大学的观点，因为西蒙斯坚持萧条有两个原因：一个原因是工会的存在，它拒绝让工资下降；另一个原因则是商业银行听任货币数量的膨胀和紧缩，给经济造成了麻烦。

弗里德曼和罗宾逊各自抓住了 30 年代芝加哥学派的部分观点，而忽略了它的另一部分观点。因此，他们两人的评论都有片面性，都不足以说明 30 年代芝加哥学派的理论与凯恩斯在《就业、利息和货币通论》一书中所做的论证的异同。我认为，应当这样看待这个问题：30 年代芝加哥学派的理论与凯恩斯经济学确有相似之处，这表现在要求国家干预经济，主要依靠财政政策，并认为财政赤字在萧条时期是必要的；但另一方面，30 年代芝加哥学派的理论与凯恩斯经济学之间也确有不同，这表现在 30 年代的芝加哥学派并未从理论上摒弃传统的萨伊定律，并未摆脱旧的货币数量论的束缚，也没有用收入决定论和国民收入均衡概念来解释经济的波动。更重要的是，它缺少一个可以作为自己的政策建议的理论基础的有效需求学说。尽管熊彼特对凯恩斯经济学始终持有不同的观点，但他在《从马克思到凯恩斯的十大经济学家》中对凯恩斯的这段评论还是很可以说明问题的。熊彼特认为：凯恩斯的《就业、利息和货币通论》的主要一点是摒弃了统治了资产阶级经济学一百五十年的萨伊定律，摆脱了他自己曾经信奉过的旧货币数量论，提出国民收入均衡的宏观静态分析方法，建立了有效需求学说。用熊彼特的话来说，凯恩斯"坚决地割断自己和这只被遗弃的船的联系，勇敢地从事另一努力，他生平最伟大的努力……当他一做到这一点——在 1935 年 12 月——他就穿上了新的盔甲，拔出他的利刃，重新进入战场，勇敢地宣称他将领导经济学家摆脱持续一百五十年的错误，进入上帝赐予的真理之国"。[①] 30 年代的芝加哥学派却没有做到这一点。

正因为如此，所以像西蒙斯这样著名的芝加哥学派代表人物一方面主张国家调节经济，另一方面却又把工资过高说成是萧条的原因。例如 1936 年西蒙斯在评论凯恩斯经济观点时，曾在《凯恩斯关于货币的意见》（载《基督教世纪》1936 年 7 月 22 日）一文中指出，问题不在于传统经济理论本身，而在于对传统经济理论的运用不当，所以凯恩斯应该只批判那种糟糕地运用传统经济理论的情况，而不应把传统经济理论本身作为批判的对象。西蒙斯担心《就业、利息和货币通论》一书有可能成为"法西斯运动的经济圣经"（The Economic Bible of A Fascist Movement）。也正因为如此，所以像怀纳这样著名的芝加哥学派代表人物既承认赤字财政的必要性，并提出补偿性财政政策的主张，又反对凯恩斯的就业理论。例如 1936 年，怀纳在《凯恩斯先生论失业的原

---

① 熊彼特著，宁嘉风译：《从马克思到凯恩斯十大经济学家》，商务印书馆，1965 年版，第 274 页。

因》（载《经济学季刊》1936年）一文中指出凯恩斯关于失业的定义是错误的，是违背传统经济理论的。此外，包括西蒙斯、怀纳在内的几乎所有的芝加哥经济学家都不同意凯恩斯关于灵活偏好的学说。他们认为，对利息率的决定因素，不应当像凯恩斯那样把它看作是双重的，即一方面是持有现金的愿望，另一方面是货币的数量，而应当把持有现金的愿望同持有其他任何形式的财富的愿望看成是一致的，应当遵循传统的货币数量理论，用货币数量的变化来考察它对利息率的影响。

这样，我们就可以对30年代芝加哥学派的理论特色有比较清晰的了解了。尽管它在财政政策的运用方面较早地进行了论证，尽管它主张国家直接调节经济，并且它的建议被罗斯福政府所采纳，但它在经济理论体系上还属于传统庸俗经济学的范畴。凯恩斯经济学则不然。凯恩斯以传统庸俗经济学理论的批判者的面目出现，他从经济理论上建立了自己的独立的体系，即以有效需求不足来说明资本主义在通常情况下所实现的是小于充分就业的均衡，以"心理上的消费倾向、心理上的灵活偏好，以及心理上对资产未来收益之预期"三个基本心理因素的作用来解释有效需求不足的原因，然后以有效需求理论为依据，得出了必须依靠资产阶级政府来调节经济，使总需求与总供给相适应的论断。由于凯恩斯能从经济理论上对当前资本主义经济危机的原因及其对策做出"系统的"解释，提出似乎言之成理的依据，这样，《就业、利息和货币通论》的出版就被资产阶级看成是理论上和政策上的一次"革命"，而其他一些较早或同时提出的要求国家干预经济的见解（包括30年代芝加哥学派的主张在内）就相形逊色。从此，凯恩斯经济学成为"新正统"，而其他那些学说就相对地不受重视了。

第二次世界大战以后，美国政府把凯恩斯经济学当作自己制定经济政策的依据。芝加哥学派虽然继续存在，但影响逐渐减少，到了50年代后期，在原来的芝加哥学派的基础上，又形成了一个以弗里德曼为主要代表人物、以改造了的货币数量理论为立论依据、以继续忠于传统庸俗经济学为特色的芝加哥学派——货币学派。30 年代芝加哥学派那种要求财政干预的主张被抛弃了，但 30 年代芝加哥学派反对凯恩斯的就业理论和利息理论，特别是反对凯恩斯否定传统资产阶级庸俗经济学的那些基本主张，仍保留于弗里德曼等人的体系中。正如 30 年代芝加哥学派不承认有什么"凯恩斯革命"一样，以弗里德曼为代表的芝加哥学派也是不承认"凯恩斯革命"。货币主义甚至被认为是"反凯恩斯革命的"。

（三）20 世纪 30 年代制度学派的特色

制度学派经济学家特格维尔之所以能进入罗斯福"新政"的经济决策部门，在很大程度上与特格维尔个人的交往与经历有关，因为特格维尔在哥伦比亚大学的同事、法律学教授莫利与 20 年代后期纽约州州长 A.史密斯认识，并帮助史密斯在纽约州从事刑事调查的研究工作。后来史密斯去任，罗斯福接任纽约州州长，又同莫利保持密切的联系。罗斯福以纽约州州长的身份竞选总统时，莫利担任了罗斯福的顾问。莫利把特格维尔推荐给了罗斯福。因此，这与特格维尔作为 30 年代制度经济学代表人物这一学术上的身份是无关的。这与同时期另一个制度经济学家 L.凯塞林本是哥伦比亚大学普通的青年教员，因为同参议员华格纳有交往，在当了华格纳的秘书之后，又进入政界，逐渐受到重视，而在杜鲁门任总统时当了总统的经济顾问委员会副主席一样。凯塞林并不是以他的制度经济学家的身份而成为战后初期美国经济的决策者的。

从经济理论和方法论的角度来看，制度经济学从来都是处于资产阶级经济学的非"正统"地位的。它既与 30 年代以前在资产阶级经济学中居于"正统"地位的马歇尔理论相对立，又与《就业、利息和货币通论》出版后在资产阶级经济学中一跃而为"新正统"的凯恩斯经济学相对立。制度经济学在理论上自成体系，以批评资本主义社会的某些弊病，提出改革制度、结构和收入分配的某些设想作为理论上的特色。它是一种资产阶级改良主义的经济学说，与垄断资产阶级所中意的"正统"理论是不相容的。这就决定了它不可能被资本主义国家的实际统治者垄断资产阶级所欢迎。少数制度经济学家有机会接近罗斯福，并被聘请为罗斯福的经济顾问，这是与个人交往有关的事情，多少带点偶然性。

但就主张国家干预，要求国家运用财政手段来调节经济这一点而言，30年代制度经济学家特格维尔、小克拉克、贝利等人的看法与凯恩斯在《就业、利息和货币通论》中的建议是相似的。从不同的方法论和理论出发，未尝不可以得出相似的政策主张。罗斯福之所以采纳特格维尔的建议，并非由于罗斯福信奉了制度经济学的学说，而是由于他觉得这位哥伦比亚大学教授的反危机建议是符合美国利益的。这正如40年代中期，制度经济学家凯塞林在为杜鲁门制定充分就业政策时所起过的作用一样。凯塞林并不是凯恩斯的信徒，但他认为凯恩斯关于充分就业的主张与自己的制度经济学主张有类似之处，所以力主实行充分就业政策。杜鲁门之所以让凯塞林成为自己的经济政策的主要制定人，并非由于杜鲁门信奉了制度经济学的学说，而是由于他感到凯塞林关于实行充分就业的建议是符合美国利益的。

总之，我们可以得出这样的结论：30年代时，当国家干预主义思潮在美国社会上越来越占上风的时候，某些制度经济学家关于国家调节经济的政策建议是可以被美国政府所采纳的；40年代以后，当凯恩斯经济学成为"新正统"，凯恩斯的政策主张越来越被垄断资产阶级所赞赏的时候，某些制度经济学家提出的与凯恩斯派的主张相近的政策建议也可以被美国政府所接受。但作为一种经济理论体系，制度经济学始终是资产阶级经济学中的非"正统"，是不受美国政府欢迎的。

我在凯恩斯《就业、利息和货币通论》中译本前言中写过这样两段话，现在可用它们来作为本文的结尾：

"'新政'主要是受当时美国社会上要求政府干预经济的资产阶级思潮的影响，受罗斯福政府周围的一批美国资产阶级经济学家的影响，而不是受凯恩斯的影响……

"美国于 1945 年提出并于 1946 年通过了《就业法》，宣告政府有责任为失业者创造就业机会，促进就业……以政府'有责任促进充分就业'为标榜，这是资本主义国家经济政策史上的一个重要转折点，它标志着在《就业、利息和货币通论》出版将近十年之后，凯恩斯的理论终于成为资产阶级政府的经济政策的指导思想。如果说 30 年代经济危机期间，一些资本主义国家的反危机措施（包括美国的'新政'在内）往往是一种临时应急的措施，还谈不上明显地以某一派经济学说作为理论基础的话，那么从这时起，以维持充分就业水平为目标的资本主义国家的经济政策开始作为经常性的政策被推行着，而且明确地以凯恩斯在《就业、利息和货币通论》中提出的理论和建议作为理论基础。"①

---

① 凯恩斯著，徐毓枬译：《就业、利息和货币通论》，商务印书馆，1977 年版，第7、10 页。

凯恩斯《就业、利息和货币通论》五十年

引自《科技导报》1986 年第 2 期。

约翰·梅纳德·凯恩斯（John Maynard Keynes，1883—1946）的主要代表作《就业、利息和货币通论》（以下简称《通论》）自 1936 年出版以来，至今已经整整 50 年了。这 50 年内，世界政治经济形势发生了剧烈的变化，凯恩斯经济学本身也经历了从静态到动态，从理论表述到数量化、政策化的发展过程。不管持有不同学术观点的经济学家对《通论》有过什么样的评价，至少他们全都承认：《通论》是一部有深远影响的学术著作，它的问世标志着一个以其作者的姓氏为名称的当代经济学派别的产生，标志着一整套与前人有所区别的经济学基本观点、基本研究方法、基本政策主张的形成，并对西方的现实经济发生有力的影响。因此，在《通论》出版 50 周年之际，从西方经济学说史的角度对《通论》做一番客观的考察，是很有必要的。

一、新的经济学说一开始总被看成是异端。《通论》最初的遭遇也并非例外

凯恩斯是以剑桥学派的货币理论家的身份开始自己的学术活动的。

他在 1930 年以前出版的一些著作，基本上并没有脱离剑桥学派的传统。尽管在有关货币改革的主张中，他陈述了通货管理和运用利率政策的理由，但这与 20 世纪 20 年代的剑桥学派其他经济学家的观点并没有很大的出入，因为在这一阶段，除了伦敦经济学院的爱德温·坎南等人还在坚持恢复金本位制和反对实行货币数量调节政策而外，由国家来管理通货的说法在英国已经比较流行了。从 1931 年 6—7 月间在美国芝加哥大学召开的经济学讨论会的记录中可以看出，凯恩斯当时仍然是一个持有正统观点的经济学家，他是不主张运用财政手段来调节经济的。

凯恩斯本人的经济观点处于变化的过程中。如果把他在 1933 年所出版的《走向繁荣之路》一书看成是一种过渡，那么到 1936 年《通论》的出版，凯恩斯终于完成了从正统的剑桥学派理论家向"新经济学"创立者的转变。在西方经济学界看来，《通论》之所以代表着一种新的理论体系，正因为它摆脱了统治西方经济学界长达百余年的萨伊定律，提出国民收入均衡的宏观静态分析方法，建立了有效需求学说，并以此作为国家调节政策的理论基础。用熊彼特在《从马克思到凯恩斯十大经济学家》中的话来说，凯恩斯"坚决地割断自己和这只被遗弃的船的联系，勇敢地从事另一努力，他生平最伟大的努力……当他一做到这一点——在 1935 年 12 月——他就穿上了新的盔甲，拔出他的利刃，重新进入战场，勇敢地宣称他将领导经济学家摆脱持续一百五十年的错误，进入上帝赐予的真理之国"。这就是熊彼特对凯恩斯《通论》一书在现代西方经济学说史上的地位的评价。

然而，即使同属于西方经济学的阵营，像《通论》这样一部代表着一种新体系的著作在出版之后，同样会被看成是异端。正统的西方经济学家们尽管发现了书中某些新的概念和新的论证，但由于它们恰恰与过去那种认为市场机制足以使资本主义经济维持充分就业均衡的学说相抵触，所以他们或者不予理睬，或者根据传统的原理进行反驳。凯恩斯理论在美国传播的历史充分地证实了这一点。它作为一种异端的西方经济学说，首先是在青年人中找到了支持者。麻省理工学院和哈佛大学里的一批青年经济学者迫不及待地想得到这部书，他们通过邮购的方式把它弄到手，然后就学习、思考、讨论。

于是在《通论》出版后的最初一两年内，形成了一个实际上完全可以理解的现象：白天，在大学的讲坛上，讲授的仍然是经济自由主义的传统经济学原理；晚上，在研究生、大学生的宿舍里，谈论的则是《通论》所表述的一种观察资本主义经济的新的方法、新的思路和新的理论结构。50 年来的凯恩斯经济学发展过程清楚地表明，正是在当初学习、研究《通论》的青年人中，后来出现了一个又一个著名的凯恩斯主义的经济学家。开始时被视为异端几乎全都免不了这样一种遭遇：它受到维护正统观点的权威们的嘲笑和攻击，但却在不知名的、不满足于正统说教的青年人中找到了拥护者。西方经济学说都是如此，凯恩斯经济学当初也是这样。

二、新的经济学说要成为政策指导思想，必须先被政府决策当局所了解，然后被它接受和运用。《通论》为此提供了经验

在《通论》出版前三年，美国罗斯福政府已经采取了调节经济的措施。很难认为罗斯福新政的实行受到了凯恩斯的有效需求理论的指导。罗斯福新政主要是在当时流行的国家干预主义思潮的影响下推行的。正因为如此，负责制定经济调节政策的罗斯福政府的智囊团中，并没有哪一个经济学家把《通论》的出版看得那么认真，或认为《通论》为此后经济政策的制定提供了系统的理论依据。如果说《通论》一开始出版就已经在美国引起了反响的话，那么正如前面所指出的，这只是在东部的

几所大学里，在作为反对者的经济学权威那里，以及在作为支持者的青年经济学者中间。

同任何经济学说一样，凯恩斯在《通论》中所表述的有关国家调节经济的思想和政策主张要成为政府制定经济政策的指导，必须先被政府决策当局所了解，然后被它接受并加以运用。客观上可能有两种情况：一是先被最高决策者了解和接受，由后者布置和贯彻；二是先被负责经济事务的官员了解和接受，靠他们去影响最高决策者，使这种经济学说成为政策指导思想。《通论》所提供的经验是后面这一种。以美国为例，继大学里的青年经济学者学习、研究、讨论《通论》之后，接着对凯恩斯经济学深感兴趣的，就是一批赞成采取国家经济调节手段的政府官员，他们不但自己学习《通论》，向大学里的《通论》研究者请教，而且还在各种场合，包括在培训官员的经济政策讲习班上，宣传《通论》中的要点。当时在罗斯福政府中任职的古里和埃克尔斯，就是较早接受凯恩斯的主张并且在华盛顿传播凯恩斯理论的关键性人物。正是在他们的影响下，罗斯福逐渐了解了凯恩斯经济学的要点，但那已经是《通论》出版后的第三年了。在英国，在《通论》写作过程中，凯恩斯的周围就聚集了一些青年人，他们对凯恩斯表述的思想进行分析、阐发，政府中的一些官员同样表现出对国家调节经济的兴趣。但《通论》的思想真正对政策的制定发挥作用，却是在《通论》出版后的第四年，即凯恩斯被财政大臣 K. 伍德爵士聘为顾问之后，这时，凯恩斯一方面注意把自己的学说具体运用于英国战时财政问题的解决，另一方面又用自己的设想影响英国经济的决策当局，并试图为战后英国经济的稳定提供可供选择的方案。

大约在《通论》出版后的第十年，也就是在第二次世界大战结束前夕，凯恩斯关于政府有责任维持充分就业的思想终于在一些西方国家中成为政策的指导方针。继 1944—1945 年英国、加拿大、澳大利亚政府先后宣布以达到充分就业作为战后施政的重要目标之后，美国也在 1945 年提出并于 1946 年通过了就业法，宣告政府有责任在国内创造就业机会。以政府有责任促成充分就业为标榜，这是西方国家经济政策史上一个重要的转折点。《通论》在出版 10 年之后，它的思想终于被政府经济政策决策当局所接受。如果说《通论》出版以前的西方国家调节经济的做法（包括美国罗斯福新政在内）往往是采取临时应急的措施的话，那么从这时起，国家对经济的调节开始作为一种经常性的政策被推行。如果说《通论》出版以前这些国家调节经济的做法还谈不上明显地以某一派西方经济学说作为理论基础的话，那么也正是从这时起，凯恩斯在《通论》中提出的论点便成为政策制定的依据。异端变成了正统，权威们所反对的学说变成了支配西方经济学界的主流。无怪乎一些西方经济学家把从这时开始直到 60 年代中期的 20 年称为凯恩斯时代。

《通论》从出版到它被政府接受为政策指导思想的经验表明：即使在西方世界，只有那种能被决策当局了解并接受的经济学说，才能在政策中体现出来，才能起到变革客观环境的作用。

那种自始至终停留在大学校园内的经济学说，充其量不过是经院式的经济学说。它能影响学生，但却影响不了政策的制定。凯恩斯的理论从来就不是经院式的。在西方经济学说史上，这又一次证实了经济学是"致用之学"。新的经济学说要发展，必须从一开始起就有一批信徒在此基础上继续加工。

三、从这个意义上说，《通论》只不过是一个起点

《通论》的出版代表着不同于过去西方经济学的一种新体系的建立，凯恩斯在这里提出的是一些基本的原理和整体的构想。如果认为凯恩斯

的经济学说已经为资本主义经济的调节和稳定提供了最终的解决办法，或者认为有了这部被一些西方经济学家视为经典的《通论》，就不必再从事深入一步的研究了，那就不仅误解了经济学这门科学的性质和意义，而且也会使凯恩斯经济学就此止步，而不可能持续地对西方国家的经济发生有力的作用。

实际上，《通论》只不过是以凯恩斯命名的这一经济学派别发展的起点。《通论》中表述的是比较静态的理论模式，《通论》中使用的是短期的分析方法，《通论》中考察的是封闭型的经济，《通论》中并没有对具体的经济调节措施进行分析。这一切都有赖于凯恩斯的学生或支持凯恩斯的一些经济学家的努力，他们在《通论》的基础上进行深入一步的研究。他们不仅补充了凯恩斯所不曾研究的或疏忽了的部分，更重要的是，他们发展了凯恩斯的经济学说和凯恩斯的分析方法，提出了一系列新的论点。有关宏观经济的动态化、投资函数理论、消费函数理论、经济增长理论、开放条件下的收入均衡理论，等等，都是在《通论》出版以后陆续由一些西方经济学家进行研究而提出的。至于如何把《通论》中的构想具体地用于经济调节方面，那也主要是在 20 世纪 50 年代后期和 60 年代内，由许多西方经济学家进行研究而得出的重要成果。假定没有这样一些人的努力和继续研究，那么凯恩斯经济学就会成为西方经济学说史上短暂地存在过的一段插曲，而不会延续到今天。

凯恩斯经济学是发展的、变化的。人们可以对那些从《通论》出发而又不限于对《通论》做出解释的凯恩斯的追随者们有不同的称呼，例如称他们为"凯恩斯主义者""现代凯恩斯主义者""后凯恩斯学派""新凯恩斯学派"，等等。人们甚至可以把这些追随者的作品拿来同《通论》相比较，指出二者之间存在着多大的差异，从而指出某些人违背了凯恩斯的原意，某些人得出了与《通论》相反的结论，某些人把凯恩斯没有说过的或不可能同意的论点加入凯恩斯建立的体系之中，等等。但这一切都与"以《通论》作为研究的出发点"的命题不发生冲突。既然《通论》所提供的并非最终的解决办法，而只是提供了一个起点，那么后来那些研究和发展凯恩斯经济学的人就不可能拘泥于《通论》中的一字一句，就必然会有突破。既然有所突破，也就意味着有所舍弃，有所否定。这正是一切经济学说发展、变化的普遍规律。凯恩斯经济学不可能是例外。

"《通论》只不过是一个起点"的另外一层含义是：《通论》是在特定的历史条件下写成的，它具有那个时代的特征，而凯恩斯是在他生活的那个环境中着手研究、动笔写作的，他不曾看到战后的科学技术的迅速发展，不可能把新的计算手段和由此开创的新的研究思路用于理论的探讨。假定凯恩斯不是在 1946 年即 63 岁时就去世，而是能工作到 73 岁、83 岁，并且他的知识结构能随着时代的前进而变化、调整，那么他未尝不会对自己在 50 岁左右写成的这部《通论》做较大的修改或对其中某些论点做出新的表述。从凯恩斯《通论》的序言中可以看出，他已感到一个人如果单独构思太久，可能得出错误的看法，因此批评和讨论十分必要。然而我们不妨再设想一下，即使凯恩斯乐意并且有精力在后来对《通论》做了修改，难道这个修改过的《通论》就不再是起点，而变成了体系的完成吗？不可能是这样。对于一个经济学派别的追随者来说，学派创建人或奠基人的著作，即使是经过本人修改了多次的著作，始终只是重新探讨的出发点。对创建人或奠基人的著作提出补充意见，突破它，或舍弃其中某些论点，是维护和发展本学派的最好的方式。由此看来，不管经济学家们对《通论》出版后的各种对《通论》的解释或根据《通论》中某些论点进行阐发的论著如何评价，应当承认的是，对待《通论》的上述态度并没有什么可以非议之处。

四、一个经济学派的奠基之作，不一定要严谨得无懈可击，但它必须站在新的高度，提出新的理论框架，开拓新的研究途径。《通论》就是这种类型的著作

《通论》从它出版之日起，就引起了争议。不同意《通论》中的基本论点的经济学家对《通论》的批评自不待言，即使是同意其中基本论点的经济学家，也对《通论》中的若干表述感到不满意。争议围绕《通论》中所阐述的这样一些理论问题展开，如投资与储蓄的定义以及二者之间的关系、流动偏好理论的可信性和利息率对于收入均衡的作用、货币工资率同失业率之间的关系、货币政策在经济调节中的作用，等等。凯恩斯的某些表述的确不是很清楚的，而且即使在《通论》一书中，也有前后不一致的地方，有些论述也欠严谨。这就难怪连支持凯恩斯的人也认为《通论》给后人留下了一系列悬而未决的难题。甚至同是凯恩斯经济学说的追随者，各人根据《通论》中的某些部分而彼此都认定自己是从凯恩斯的论述出发的，从而争论不休，并且这种分歧也不可能统一到一起。也许这与凯恩斯个人的写作风格有关，但更为重要的是，这与凯恩斯作为一个经济学派别的创建人，《通论》作为这个学派的奠基之作这一事实有关。A.罗宾逊在他写的《凯恩斯传》中，曾经提到过这一点。他说：像《通论》这样的著作固然不妨最后从头重写一遍，但是，"难道为了重写一遍，宁可把上述著作出版日期推迟一年或一年半是适当的吗？正如凯恩斯回忆马歇尔时所写的，'宁愿不计成败，使不成熟的作品先行问世，然后相信公众的智慧，集思广益，并让广大的世界各取所需'，岂不更为得计？"

作为一个经济学派的奠基之作，能够再严谨一些，当然更好。但要做到无懈可击，那是绝对不可能的。问题不在于早一年出版还是晚一年

出版，而在于一种新体系，即使是从西方传统经济学体系中分离出来的新体系，也不可能要求它刚出现时就论证得那样周密，每一个环节都经得起推敲。只要代表着这种新体系的奠基之作能够站在新的高度，有新的构思，提出新的理论框架，开拓新的研究途径，能够给人们以启发，使人们透过它而看到经济学的进一步演变、发展的前景，那就够了。从西方经济学说史看，《通论》可以称得上是这样一类著作。

正因为如此，在一个经济学派的奠基之作出版之后，只要这个经济学派的理论是有影响的，是足以吸引人们来参加对理论的完善化的，那么肯定会有一批后来者为这个经济学派的发展贡献自己的力量。创建人或奠基人所不曾完成的工作，包括对疏漏之处的补正，对欠妥之处的改写，对某些细节的发挥，以及对若干新领域内的问题的探讨，都留给了后来者。否则，怎能称之为经济学中的一个学派呢？一切研究和阐释工作，甚至考订和补充工作，如果都由创建人或奠基人一个人在自己的一部代表作中全部完成了，这个经济学派也就到此为止，没有继续发展的必要了，但这样的经济学派是不存在的。翻开西方经济学说史，情况不正是如此吗？

五、我们不同意凯恩斯的理论体系，不认为《通论》的观点是正确的，但我们承认，《通论》毕竟对战后西方的经济起了重要的作用

凯恩斯在《通论》中所要解决的问题，是如何避免和克服资本主义社会中的经常性失业和生产过剩，如何通过国家的财政金融调节来维持经济的稳定。实际上，这是凯恩斯无法完成的任务。从较长时期看，随着资本积累的增加和技术的进步，资本密集程度是不断提高的，对劳动力的需求量也会相对地减少。市场竞争的存在和加剧，迫使企业要增加投资，采用新技术，投资的增加和新技术的采用又促使资本密集程度再次提高。这样，经常性的失业就成为资本主义经济中不可避免的现象。如果政府采取财政赤字和通货膨胀的手段来减少失业，并非不能使就业增加，但那样一来，不仅会使社会蒙受财政赤字和通货膨胀的祸害，而且会以劳动生产率的下降作为代价，结果造成的是较低劳动生产率水平上的较高就业率，而在竞争激烈的国内外经济环境中，这显然会处于不利的地位。《通论》的观点之所以不正确，正由于凯恩斯在分析时回避了资本主义制度的实质性问题。

至于资本主义社会中的经常性的生产过剩的原因，也被凯恩斯做了错误的解释。像凯恩斯那样用边际消费倾向递减、资本边际效率递减、流动偏好这样一些心理因素来说明有效需求的不足，是不符合资本主义经济的实际情况的。对于资本主义的生产过剩（说得更确切些，是相对的生产过剩），只能用生产的社会性和私人资本主义占有形式之间的矛盾来说明，用资本主义社会的性质来说明。尽管《通论》所表述的思想在西方经济学说史上是一种不同于过去传统理论的新理论，尽管凯恩斯和他的追随者们用自己的这一整套理论建立了一个经济学派，但这并不意味着《通论》就能够正确地解释资本主义经济变动的规律性，或《通论》在解释资本主义社会中经常存在的失业和生产过剩的原因时就符合实际情况。

虽然如此，我们仍应当承认《通论》确实对战后西方经济发生了有力的作用。对西方经济现实发生了作用的经济学说，不一定是科学的经济学说。某个经济学说本身是否正确与这个经济学说是否对经济现实发生作用，是两回事，不应当把它们混淆在一起。关于凯恩斯的经济学说对战后西方经济的作用，我们可以同意希克斯在《凯恩斯经济学的危机》一书中的这样的论断：西方战后较长时期的经济繁荣很难认定就是凯恩斯政策的功绩，凯恩斯政策可能起了作用，也可能无须凯恩斯的政策，而依靠迅速的技术进步和公共投资的结合，就足以产生繁荣。这就是说，夸大凯恩斯经济学说的作用是不对的。然而，我们也不能否认凯恩斯经济学说在防止资本主义经济恶化方面起过的作用。假定没有依据凯恩斯经济学说而制定的财政金融调节措施，假定仍然像 20 世纪 30 年代以前那样采取带有经济自由主义倾向的经济政策，那么西方国家在这些年内未尝不会使曾经发生的经济衰退和经济萧条更为严重，失业人数要比这些年出现过的实际数字更多。可见，即使我们不把战后西方的经济增长主要归功于《通论》的影响，但我们却不能不把战后西方不曾出现 30 年代那样的大萧条这一事实在一定程度上同《通论》的影响联系在一起。

但我们的分析不能到此为止。如果再做深入一步的分析，那就不难发现，也许正因为根据凯恩斯经济学说而采取的赤字财政政策和通货膨胀政策，70 年代以来的资本主义经济中出现了一系列新的、远为复杂的问题。用反凯恩斯主义的一些当代西方经济学家的话来说：实行凯恩斯政策的政府不得不"自食苦果"。通货膨胀与失业交织在一起，"平等"与"效率"之间的矛盾越来越难以应付，经济增长热引起了对经济增长的怀疑，等等，都是"苦果"的表现。这些西方经济学家甚至断言，只有彻底抛弃凯恩斯主义传统，西方经济才能得到转机。不能认为他们的说法没有什么根据。历史很会嘲弄人，正是在《通论》的出生地——英国，也正是在凯恩斯经济学说被认为是主流经济学的大本营——美国，所尝到的凯恩斯政策的"苦果"比其他西方国家更厉害些。这也许是当初所预料不到的。

但不管怎样，《通论》依然不失为西方经济学说史上的一部有影响的著作。

希克斯对凯恩斯经济学说的解释和评论

引自《经济研究参考资料》1980 年 12 月 13 日。

当前凯恩斯主义有两大支派，即以萨缪尔森等人为代表的新古典综合派（后凯恩斯主流经济学）和以卡尔多、罗宾逊等人为代表的新剑桥学派（凯恩斯"左派"）。在这两大支派之外，还存在着一些独立的、自成一家之言的对凯恩斯经济理论的解释。希克斯的解释就是其中较有影响的一种。

约翰·理查德·希克斯（John Richard Hicks，1904—1989），英国著名经济学家，毕业于牛津大学，1926 年获牛津大学硕士学位，1932 年获伦敦大学博士学位，先后任教于伦敦经济学院、剑桥大学、曼彻斯特大学，1946 年起任牛津大学教授。1972 年与美国哈佛大学教授 K. 阿罗同获诺贝尔经济学奖金。他的主要著作有《工资理论》（1932）、《价值与资本》（1939）、《社会结构》（1942）、《经济周期论》（1950）、《资本与增长》（1965）、《经济史理论》（1969）、《资本与时间》（1973）、《凯恩斯经济学的危机》（1974）等。希克斯的研究领域是相当广泛的。他在价值理论、积累理论、经济周期理论、利息理论、社会核算理论、经济增长理论和福利理论等方面都进行过研究，并发表过重要的论著。他之所以被授予诺贝尔经济学奖，据瑞典皇家科学院的评价，主要是因为他在均衡理论方面有"开创性"的研究。从资产阶级经济学说史的角度来看，希克斯采取一般均衡的分析方法来代替马歇尔的局部均衡分析，并且运用动态经济分析方法，把一般均衡分析与动态分析结合起来，形成了一种既与剑桥学派、洛桑学派有密切联系，又与它们有所区别的动态一般均衡理论。希克斯在 1939 年出版的《价值与资本》一书，就是动态一般均衡理论的代表作。

这里不准备专门评述希克斯的动态一般均衡理论。这里所要概述的是，希克斯对凯恩斯经济理论的解释和评论。他的这些解释既不同于新古典综合派的学说，又不同于新剑桥理论，不仅如此，希克斯虽然是凯恩斯经济学的解释者，但他从来不认为自己是一个正统的凯恩斯主义者。他虽然一直对凯恩斯经济学进行评论，指出它的某些缺陷和不足，但他并不把自己看成是反凯恩斯派别中的人物。正因为希克斯的解释和评论具有上述特点，所以他对凯恩斯经济学的研究是很值得我们注意的。

下面，打算分三个部分来介绍希克斯对凯恩斯经济学的研究：

①储蓄、投资与乘数理论；

②货币和利息理论；

③工资和物价理论。

一、储蓄、投资与乘数理论

凯恩斯的《就业、利息和货币通论》出版后的第二年，即 1937 年，希克斯发表了著名的评论文章《凯恩斯先生和经典学派》，提出凯恩斯经济学只不过是萧条时期的经济学，而不是可以用来说明资本主义经济活动的一切情况的经济理论。在希克斯看来，凯恩斯经济学同以往的"新古典经济学"一样，都是一般理论的某个特殊方面，各自的侧重点有所不同，彼此不可能替代。

希克斯对凯恩斯经济学说的基本内容做了这样的表述：凯恩斯的经济学说可以分为三个部分，即①投资对收入和就业的影响——乘数理论；②利息对投资的影响——资本的边际效率；③货币供给或货币政策对利息率的影响——灵活偏好。概括地说，在第一部分（即论述投资对收入和就业的影响的部分），讨论储蓄、投资和乘数之间的关系问题；在第二部分（即论述利息对投资的影响的部分），讨论利息率和利润率之间的关系问题；在第三部分（即论述货币供给或货币政策对利息率的影响的部分），讨论利息率本身的确定问题。至于工资、物价、经济周期波动等问题，则与上述三个部分的内容都有密切的联系。

现在先谈希克斯对凯恩斯的储蓄、投资与乘数理论的解释和评论。

（一）凯恩斯所分析的储蓄、投资与乘数理论之间的关系有特定的前提条件

希克斯认为，根据凯恩斯的论述，收入可以分解为投资和消费，又可以分解为消费和储蓄。由于收入和消费之间的关系（即消费函数关系），在相当长的时期内是稳定的，从而作为收入与消费之间的差额的储蓄和收入之间的关系（即储蓄函数关系），在相当长的时期内也是稳定的。这样，在消费函数或储蓄函数为既定的条件下，一定的投资可以引起收入的某种程度的增加，即投资的乘数作用可以相当顺利地发挥出来。

但投资的乘数作用的发挥除了要以消费函数或储蓄函数为既定这一前提条件外，还必须有另一个重要的前提条件，即一定数量的存货可以被利用。希克斯指出，如果没有可供利用的存货（包括生产资料和消费品），那么当投资增加后，既缺少可供利用的生产资料，又缺少为供应新增加的工人所需要的消费品。这样，投资的乘数作用就会受到影响，想靠投资增加来增加收入和就业的愿望就会落空。

希克斯说，凯恩斯在论述储蓄、投资和乘数之间的关系时不曾把这一点讲得很清楚；在凯恩斯的著作中，有些地方把投资引起再投资（即通过投资的乘数作用的发挥而使收入和就业增加）看作理所当然的事，而不指出上述特定的前提条件，这显然是容易引起混乱的。

希克斯之所以把凯恩斯经济学说成是萧条经济学，一个重要的理由就是，唯有在萧条时期，生产资料和消费品的存货数量能够使投资引起再投资，使投资的乘数作用不受阻碍地发挥出来。

（二）凯恩斯仅限于对最初投资进行分析，而忽略了对与存货有关的"引致投资"的分析

在希克斯看来，从方法论上说，凯恩斯只分析了收入和储蓄、投资之间的流量关系，这种分析是有局限性的。如果没有存货，或者存货数量日趋减少，那么怎样才能说明投资的乘数理论的作用呢？希克斯认为凯恩斯没有解决这个问题，因此有必要在这方面进行补充。

希克斯指出，要说明投资的乘数理论的作用，必须考虑存货情况，甚至最初的存货情况也必须加以考虑。这里有两个概念，一是实际存货数量，二是合意存货水平。合意存货水平是指厂商所预期的存货数量。假定实际存货数量低于合意存货水平，他们就会在一段时间之内设法减少销售量或增加产量，使二者相适应；反之，假定实际存货数量高于合意存货水平，他们就会在一段时间之内设法增加销售量或减少产量，使二者相适应。但不管怎样，存货的调整不会立即实现。存货的调整是一个持续不断的过程。

现在假定期初有一定数量的存货，增加投资后，乘数理论发生作用，实际存货数量就会不断减少，但只要实际存货数量依然高于合意存货水平，那么乘数理论的作用仍会发挥出来。到此为止，凯恩斯的储

蓄、投资与乘数理论被认为是有效的。但如果实际存货数量下降到合意存货水平之下，厂商将会设法增加实际存货，于是这时就产生增加存货的投资愿望，这是一种"引致投资"（即诱发的投资）。一旦有了这种"引致投资"，收入的增加和就业的增加反而会超过凯恩斯所提出的那种正常乘数的作用，即出现一种"超级乘数"的作用。"超级乘数"的作用是最初增加的投资和增加存货"引致投资"共同起作用的结果。

然而在希克斯看来，如果分析仅仅停留在这样一个水平上，那么至多只能说凯恩斯的乘数理论不足以揭示增加存货条件的"引致投资"，即对乘数所起到的作用估计不足（因为没有"超级乘数"这个概念），而不能说明凯恩斯的乘数理论在何种情况下的无效性。

为此，希克斯进一步从存货本身的结构上进行分析。他认为，凯恩斯的乘数理论的主要缺陷在于忽略了存货的结构。

（三）凯恩斯不曾考察存货的结构，不了解封闭经济条件下存货不足的后果

希克斯认为，凯恩斯经济学是一种宏观经济学，凯恩斯只注意经济中的总量，不注意结构问题。以存货来说，即使凯恩斯在有些著作中提到了存货或"剩余存货"，但不曾对存货的结构进行分析，这样也就不可能说明实际经济生活中的乘数的作用。这是因为，不同的产品有不同的存货数量，也会有不同的合意存货水平。把实际存货数量和合意存货水平相比较，有些产品的存货较多，有些产品存货较少。在投资增加后，有些存货不足，从而使收入增加和就业增加十分困难。

希克斯从封闭经济条件和开放经济条件这两种不同的情况来分析这个问题。先谈封闭经济条件下的情况。

希克斯指出，在封闭经济条件下，如果某些产品存货不足，那么只能依靠下述两种方式来弥补产品不足引起的困难，一是用劳动代替资本

（即用人力代替物资），二是从其他工业部门抽调产品来供给某一部门扩张的需要。第一种方式只适用于生产设备不足的情况，因为生产设备不足，可以靠多雇用劳动力来替代。但这种替代的规模毕竟是有限的。按照凯恩斯关于储蓄、投资和乘数理论之间关系的论述，增加投资后，收入的增加和就业的增加将会一轮一轮地进行下去，其范围将不限于个别部门。因此，用劳动来代替资本以避免产品不足的做法是不适用的。只要最重要的物资供给不足，乘数的作用就会发生障碍。再看上述的第二种方式，如果是从投资品工业中抽调的话，那么某一种投资的扩大是以牺牲另一种投资为代价而进行的。如果是从消费品工业中抽调，那么投资的增加引起消费的缩减，从而使就业的增加发生困难。总之，无论是从哪一类工业部门中抽调产品，投资能否净增加都难以确定。于是凯恩斯的乘数理论就变得无效了。

希克斯的论点是：凯恩斯经济学是萧条经济学，因为只有在 20 世纪 30 年代大萧条那样的环境中，在那种不仅有充足的存货，而且各个部门都有大量剩余存货的条件下，凯恩斯的乘数理论才适用。但这是一种特殊情况，而不是普遍情况。所以希克斯认为，凯恩斯的学说在 30 年代是正确的，而当时反对凯恩斯学说的人却不了解 30 年代经济形势的特殊性。然而到了战后时期，由于并非各个部门普遍有剩余存货可供利用，所以凯恩斯的学说就变得无效，增加投资将会因某些产品供应不足而不能发挥凯恩斯所预料的那种增加收入和就业的乘数作用。

（四）凯恩斯不曾考察开放经济中的存货问题，没有分析开放经济条件下存货不足的后果

现在再谈开放经济条件下的情况。

凯恩斯的《就业、利息和货币通论》以封闭经济作为考察的对象。凯恩斯既没有分析存货的结构，也没有分析所缺乏的产品（设备、原材料、消费品）能否从国外市场取得。从实物方面来看，假定处于开放经济的条件下，一国在增加投资后，如果发现物资供给不足，便可以从国外进口，以满足由于投资增加所造成的对投资品和消费品的追加的需求，使乘数的作用充分发挥出来。或者，它可以减少出口，截留某些部门的产品，供应国内经济的需要。但希克斯认为，实际上的问题并非如此简单，因为开放经济条件下的存货不足问题就是一国的国际收支问题。

希克斯认为，在封闭经济条件下，考虑投资的乘数作用时应当注意期初的存货数量、实际存货数量与合意存货水平之间的差额，以及存货的结构；在开放经济条件下，则应当注意期初的外汇储备、向国外取得信贷的可能性，以及汇率问题。假定一国有充足的外汇储备，或者有把握能从国外取得足够的信贷，或者能对世界市场上的价格施加有力的影响，那么增加投资以后，一旦发生了产品供给不足的情况，就可以用增加进口或减少出口的办法来弥补国内的产品短缺。这时，凯恩斯的乘数理论将是有效的。否则，假定一国并没有足够的外汇储备，又没有把握从国外取得足够的信贷，或者它无法影响世界市场上的价格，那么增加投资以后，既不能靠增加进口，又不能靠减少出口来弥补国内的产品短缺，投资的乘数作用就发挥不出来，凯恩斯的乘数理论在这种场合也就变得无效。

那么，能不能通过改变汇率来解决上述困难呢？希克斯认为，汇率的浮动并不能解决外汇不足和产品短缺的问题。这是因为：假定汇率是浮动的，一国中央银行不再利用自己的外汇储备来稳定本国通货的汇价，那么外国商品就会根据供求状况而使价格波动，外汇市场上对外国通货的需求量也会随之波动。这时，如果国内存货不足，急需国外增加产品供给，那么对外国通货的需求量将增大，外国通货对本国通货的汇率将上升，本国通货与外国通货之间的汇率将下跌，本国通货对外国通货的汇率越是下跌，越是表明在外汇市场上本国通货供大于求，外国通货供不应求，从而进口将会受到阻碍，国内因投资增加而引起的产品供给不足问题就难以通过增加进口而得到解决。

以上的情况证明：即使在开放经济条件下，假定不是各个部门的产品都有充足的存货，或者假定不是拥有足够的外汇储备或可以有把握取得的国外信贷，单靠汇率的浮动仍然不可能使投资的乘数作用充分得到发挥，因为无法进口必需的产品。

二、货币和利息理论

希克斯认为，关于货币和利息的理论是凯恩斯的《就业、利息和货币通论》一书主要阐述的内容。这部分内容概括地说，就是要说明货币供给对利息率的影响以及利息变动对投资的影响。但希克斯指出，人们常常对凯恩斯的货币和利息理论产生误解，这种误解导致了像美国凯恩斯主义者那样地把凯恩斯的思想仅仅归结为"财政主义"的错误论断，也导致了货币主义者把凯恩斯说成是轻视货币的作用的不正确的看法。因此，希克斯自称要阐明凯恩斯的货币和利息理论的本意，并要在这个基础上指出凯恩斯学说的缺陷，加以补正。

（一）凯恩斯所说的利息率不是一般意义上的利息率，而是一种特定的利息率

前面已经提到，在希克斯看来，凯恩斯经济学是一般经济理论的某个特殊方面的理论，凯恩斯的储蓄、投资和乘数理论只适用于某种特殊的条件，投资的乘数作用仅仅在某些场合才能发挥出来。同样，希克斯认为，凯恩斯的货币和利息理论也是有特定含义的。凯恩斯在《就业、

利息和货币通论》中所谈的利息率和资产持有形式，都不是一般意义上的利息率和资产持有形式。

关于利息率，希克斯认为它通常有两种含义。一种是普通的含义：利息率是贷款条件的标志；另一种是特定的含义：利息率是存在于特定条件下的利息率。希克斯认为，凯恩斯在《就业、利息和货币通论》一书中所说的利息率正是后一种意义上的利息率。它指长期贷款利息率或政府长期债券利息率。这种长期贷款利息率对于人们投资决策的影响究竟有多大，这要依时间和地点为转移，即在有的时候和有的地方，这种利息率对人们的投资决策有重要影响，在另一些时候和另一些地方，则影响不大。例如，在 20 世纪 30 年代那样的大萧条环境中，看来长期利息率对人们的投资决策的影响并不大。

既然 30 年代大萧条环境中，长期利息率对投资决策的影响不大，为什么凯恩斯却强调长期利息率呢？希克斯认为，这正是凯恩斯经济理论中的一个重要方面，因为按照凯恩斯的论断，资本主义市场经济不可能通过自行调节而经常处于充分就业的均衡状态；在通常情况下，小于充分就业的均衡是不可避免的，并且它会持久地存在下去。这就是说，在大萧条之后将会出现长期的经济停滞，如果不采取政府的调节措施，失业也将长期化。因此，要避免出现长期的经济停滞和失业的长期化，要求今后若干年内保持较低的利息率，使整个投资水平不断提高。这就是凯恩斯着重考察长期贷款利息率或政府长期债券利息率的原因。

希克斯认为，了解凯恩斯所说的利息率的这一特定含义，是十分必要的，否则就不可能懂得凯恩斯关于资产持有形式的论点（即资产形式选择理论）的特点，而不了解后面这个理论，也就不可能懂得凯恩斯的经济政策主张。

所以，接着有必要谈谈希克斯对凯恩斯关于资产持有形式的论点的阐释。

（二）凯恩斯对人们的资产持有形式做了特殊的规定和简化

凯恩斯在《就业、利息和货币通论》中，假定各种持有者（银行、机构、个人）只持有两种形式的资产——货币和债券。人们只在这两种形式之间进行选择，债券是货币的唯一替代物。一些批评凯恩斯经济学说的人，认为凯恩斯的这个假定是不切实际的，甚至是引起混乱的。因为在实际生活中，持有者可以用货币换取土地、珍宝和房屋等。这样，当持有者手中持有较多的货币时，将使得一般资产的价格都上升，而不仅仅是使债券价格上升。这一理论假定上的区别的意义在于：

如果只是在货币和债券两种形式做出选择，那么货币多了，人们就想购买债券，债券价格就上升；债券价格上升意味着利息率的下降，所以货币供给增加将会降低利息率。

如果要在货币、债券、土地、珍宝、房屋等多种形式之间进行选择，那么货币多了，所有这些可供选择的对象的价格都会受到影响，而不一定表现为债券价格的上升，从而货币供给增加不一定会降低利息率，甚至还会提高利息率（因为货币供给增加表明预期的通货膨胀率上升，这时购买房屋、土地等商品比购买债券更加有利，所以预期通货膨胀率越高，利息率可能越高）。因此，假定人们在多种资产形式中进行选择，那么凯恩斯的通过利息率来调节经济的设想将被认为是没有根据的。

希克斯怎样看待这个问题呢？他认为，凯恩斯对人们的资产持有形式做了特殊的规定和简化，这与凯恩斯所处的时代环境密切有关。20世纪30年代是一个投机盛行的时期，凯恩斯注意到了投机盛行这一特殊情况。针对这种情况，凯恩斯特地把人们的资产持有形式简化为对货币和债券的两种形式的选择。

希克斯解释道：尽管债券可以带来利息收入，保存货币则不带来利息收入，但在投机的场合，保存货币所得到的利益甚至会大于购买债券。为什么会这样？这是因为：债券价格上升意味着利息率的下降，而利息率的上升则意味着债券价格的下降。假如人们从投机心理出发，估计近期内债券价格会下跌，那么就会推迟购买债券，宁肯把货币保留在手中，等到利息率上升后再来购买债券。只要利息率上升了，虽然他由于推迟了对债券的购买而少收入一段时期的利息（比如说观望一年后才购买债券，于是少收入一年的利息），但却赚得了长时期的较高的利息收入。总的说来，投机者在这种情况下是获利的。

希克斯指出，凯恩斯通过上述这种简化，想要说明一个问题，即怎样才能使人们不在手头保存货币，不持观望态度，不抱债券价格看跌的念头，以增加现期的投资额？这样，凯恩斯就要求采取使长期贷款利息率或政府长期债券利息率长期保持低水平的政策，因为只有把长期利息率压低，才能达到这一目的。由此可见，凯恩斯做出人们只在货币和债券二者之间进行选择的简单假定，主要是为了分析上的方便，凯恩斯把自己在《就业、利息和货币通论》中所谈的利息率限定为长期利息率，也主要是为了便于说明在投机盛行的条件下动员人们把手头保存的货币用于投资的必要性和可能性。希克斯认为，在30年代大萧条环境中，凯恩斯做出上述假定是完全可以理解的。

（三）凯恩斯在《就业、利息和货币通论》中重视货币因素的作用和货币政策的效应

在西方经济学界，流行着这样一种看法，即认为凯恩斯只重视政府预算的作用和财政政策的效应，而不重视货币因素的作用和货币政策的效应。某些凯恩斯的追随者也有类似的看法，以至于把凯恩斯说成是"财政主义者"，把凯恩斯的学说看作"财政调节理论"。希克斯认为这是对凯恩斯本人及其学说的误解。不仅凯恩斯向来就是一个货币经济学家（凯恩斯撰写了《货币改革论》《货币论》等重要著作），而且就是在他1936年出版的《就业、利息和货币通论》中，他仍是重视货币因素的作用和货币政策的效应的。

希克斯指出，凯恩斯把人们的资产持有形式简化为在货币和债券二者之间选择这一点上，正可以说明他重视货币供给对利息率的影响以及利息率波动对投资的影响。而凯恩斯着重强调的是长期利息率这一事实，也可以说他寄希望于政府的货币政策——长期利息率政策——来影响人们的投资决策。在凯恩斯体系中，既然小于充分就业的均衡状态可能长久持续下去，所以货币政策也是作为一种长期的政策（而不是临时的应急处方）来对待的。

（四）凯恩斯的货币和利息理论只适用于20世纪30年代大萧条的特殊场合，要使它适用于现阶段，应当加以补充和修正

希克斯认为，凯恩斯关于储蓄、投资和乘数的理论同他的货币和利息理论都只适用于30年代大萧条的特殊场合，现在它们都过时了。以货币和利息理论来说，它在理论上存在着明显的缺陷。缺陷之一在于凯恩斯所做的资产形式选择的假定过分简单，解释不了实际生活中的复杂现象。希克斯指出，投机行为只不过是经济生活中的一个特殊情况，货币和利息理论应当具有普遍意义，它不能建立在特殊情况的基础之上。

在希克斯看来，可供选择的资产形式是多种多样的，而在选择过程中，存在着许多不确定性或偶然性。风险不同，预期收益大小也不同。对投资者而言，他所选择的那种形式的资产最好是稳妥可靠的、收益较多的，如若不然，则应当有某种灵活性，以便在市场上脱手，迅速换成另一种形式的资产。这样，就需要建立一个与风险、预期、各种资产形式的"灵活性"等级的学说相联系的资产形式选择理论，凯恩斯体系中却缺少这种理论。

　　希克斯认为，凯恩斯的货币和利息理论的缺陷还在于凯恩斯不曾对资产的结构进行分析。当凯恩斯做出人们在货币和债券两种形式之间进行选择的论断时，他既没有必要，也没有可能对资产的结构加以细分。然而在分析一般经济和考虑在多种资产形式之间的选择时，资产结构问题就会受到重视。那么，怎样细分呢？希克斯说，传统的分类方法把资产分为物质资产和金融资产，而为了研究资产形式的选择和货币政策的效应，还可以把资产分为营运资产和储备资产。营运资产是指为正常经营业务所需要的资产，大部分物质资产、现金、顾主的欠款都列入营运资产。储备资产是指非正常使用但作为储备的资产，像备用的机器设备和材料存货之类的资产都列入储备资产。

　　根据这样的分类，营运资产包括两部分，即物质营运资产和金融营运资产；储备资产也包括两部分，即物质储备资产和金融储备资产。金融储备资产，是指为了"灵活性"而作为储备保留起来的流动资产，它是十分重要的，因为它可以保证随时有"灵活性"可供支配。但即使没有这种金融储备资产，这并不等于没有"灵活性"，因为向银行借款或透支也可以满足"灵活性"的需要。

　　这样，从资产的结构，特别是从金融储备资产这一角度来考察，企业的经济可以相应地分为"自有部分"和"透支部分"。

　　"自有部分"——指企业拥有自己的金融储备资产（储备的流动资产），靠它提供"灵活性"以备不时之需的那部分经济。

　　"透支部分"——指企业虽然不拥有自己的金融储备资产（储备的流动资产），但可以通过向银行借款或透支来保证"灵活性"的那部分经济。

　　希克斯指出，这样划分之后，就可以看出货币政策的效应的大小。

　　在"自有部分"的经济中，总的说来，货币政策的作用不是重要的。尽管从长期来说，降低利息率之后可以刺激投资（希克斯认为凯恩斯看到了这一点），但作为短期现象，投资意味着金融储备资产的减少，意味着"灵活性"的损失，所以降低利息率不可能对投资有较大的作用。

在"透支部分"的经济中，企业的"灵活性"依赖于商业银行，而商业银行本身的"灵活性"又依赖于中央银行，因此通过货币政策的实施，是可以对"灵活性"发生影响的。银行体系的权力在"透支部分"的经济中（或者在透支部分占主要地位的经济中）要大得多。这就是说，货币政策的不重要只是"自有部分"的经济的特征，而不是"透支部分"的经济的特征。

希克斯认为这一切都是凯恩斯没有考察过的。所以凯恩斯的货币和利息理论被认为不足以解释第二次世界大战以后的实际经济现象。

三、工资和物价理论

从以上（储蓄、投资和乘数理论，货币和利息理论）可以清楚地看到，希克斯十分强调数量的结构分析。在他看来，凯恩斯的宏观经济分析太笼统了。凯恩斯不曾分析存货的结构，从而说明不了投资乘数作用的条件。凯恩斯不曾分析资产的结构和经济中"灵活性"的不同来源，从而说明不了货币政策的效应。与此相似的是，希克斯认为凯恩斯的工资和物价理论也忽略了数量的结构问题，从而也是有缺陷的。

（一）凯恩斯的工资理论的缺陷在于对劳工市场的结构缺乏细致的了解

希克斯认为，凯恩斯关于工资的分析是含混不清的。在凯恩斯的著作中并没有对货币工资变化的因果关系加以分析。这是因为，凯恩斯所考察的劳工市场是统一的劳工市场，并且假定经济中只有两种极端的状况：要么是失业状态，要么是充分就业状态。按照凯恩斯的学说，只是在充分就业条件下，工资才会因劳工供给不足而增高，而在失业存在的条件下，由于不发生劳工供给的不足，所以工资没有增高的理由；如果处于高度失业状态，工资有时会下降。

希克斯指出，实际经济生活中的情况并不如此简单。劳工市场是应当加以细分的，例如可以区分为"临时就业"与"正规就业"，又可以区分为各种专业（如电力、煤矿等）的劳工市场，还可以区分为扩展性工业（即处于增长中的工业部门）和非扩展性工业（即处于停滞或衰退中的工业部门）的劳工市场等。如果按"临时就业"与"正规就业"的角度来细分，那么在"临时就业"范围内，工资的伸缩性是较大的，因为这里的雇工都是临时工，雇主与雇工之间没有持久的关系。在"正规就业"范围内，工资就不可能那样伸缩自如。在这里，由于雇主和雇工之间有某种比较持久的关系，雇主不会因市场上失业者增多而压低这些正式雇工的工资水平；也不会因劳动力供给不足而提高他们的工资，打乱已经建立的工资级差。

但希克斯认为，第二次世界大战结束以后，按各种专业划分的劳工市场和按工业增长程度划分的劳工市场中的工资的变动情况更加值得注意。在这里，"公平性"原则是十分重要的。什么是"公平性"原则呢？这就是说，每个工人都感到，只有自己的工资增长率能同其他行业工人的工资增长率"看齐"，这才是"公平"的；如果落后于其他行业工人工资增长率，那就是受到了"不公平"待遇。于是，每当扩展中的部门的工资水平上升了，非扩展部门的工人并不考虑本部门的盈利状况不佳或本部门甚至亏本，也要求提高工资，否则就是"不公平"的。这样，一个部门的工资上升带动着"左邻右舍"的工资水平上升，一种专业的工人的工资水平提高带动着其他专业的工人的工资水平的提高。结果工资普遍上升了。

在希克斯看来，由于凯恩斯不注意劳工市场的结构，所以凯恩斯的工资理论是过时的理论——它至多只能说明存在着高度失业的 20 世纪 30 年代大萧条的特殊情况。

（二）凯恩斯的物价理论的缺陷在于缺乏"两种价格体系"的概念

凯恩斯经济学是一种宏观经济理论，它不讨论微观经济学中的价格理论问题。希克斯认为，凯恩斯在讨论收入、储蓄和投资等问题时，把价格作为已知的，这并不是说价格不会变动，而是假定价格变动的原因处于凯恩斯的国民收入决定模型之外。由于凯恩斯体系被认为缺少价格理论，所以它是不完整的。

希克斯从《价值与资本》一书写作之时起，就一直致力于"沟通"宏观经济学和微观经济学的工作。他提出了"两种价格体系"的学说，以填补凯恩斯宏观经济理论的不足。

"两种价格体系"是指在现代资本主义经济中存在着两种价格：固定价格和弹性价格，相应地存在两种市场：固定价格市场和弹性价格市场。

在固定价格市场中，价格由生产者规定，存货归专门经营该种商品的厂商所拥有，没有中间商存在（或中间商由买方或卖方有效地控制），实际存货数量与合意的存货水平往往是不一致的。

在弹性价格市场中，价格取决于供求关系，存在着中间商，这些中间商的行动受他们对价格未来动向的预期所决定，实际存货数量总是与合意存货水平趋于一致。

经济中不可能只存在固定价格市场或只存在弹性价格市场，而是两种市场各占一定的位置。有了"两种价格体系"的概念，就可以用以说明现代资本主义经济中物价波动的特征了。

如果经济中存在着剩余存货，弹性价格市场上的商品价格就会趋于下降。当投资的乘数发生作用（凯恩斯假定投资乘数的作用以存在剩余存货为前提）时，存货逐渐减少，弹性价格就回升。就这一点而论，凯恩斯的理论是有效的，因此扩大有效需求引起了价格回升。这就是 20世纪 30 年代大萧条时的情况。但如果剩余存货减少到某种程度，价格回升到某种程度，度过了萧条的最严重阶段之后，那又会发生什么情形呢？如果存货既不那么丰裕，又不那么短缺；价格既不过高，又不过低，这时在弹性价格市场上，扩大有效需求对于存货变动和价格变动的影响就会减弱，扩大有效需求就不可能再像严重萧条阶段那样发生刺激价格上升的有力作用。于是弹性价格市场上的价格将保持在正常水平上。因为在弹性价格市场上，实际存货数量总是与合意存货水平趋于一致的。

再看固定价格市场上的情况。固定价格不取决于供求，而由生产者规定。但生产者在规定价格时，是要考虑生产成本的，所以固定价格并非固定不变，而要随生产成本升降而升降。由于某些弹性价格的商品的价格作为固定价格的商品的生产成本，因此，弹性价格的波动也会间接地影响固定价格。然而，固定价格的升降幅度不可能与弹性价格一样，而会小于弹性价格的波动。同时，由于在固定价格市场上，实际存货数量与合意存货水平往往不相适应（前者可能大于或小于后者），并且由于不存在中间商（市场拥有的存货就是中间商拥有的存货），所以扩大有效需求对存货变动和价格变动的影响也是有限的。

希克斯认为，两种价格和两种市场的并存正是现代资本主义经济的特征，凯恩斯却忽略了这一点。

（三）凯恩斯缺乏"两种价格体系"的概念，从而不可能解释通货膨胀与失业并发的原因

希克斯认为，由于劳工市场结构方面的特点和"公平性"原则的作用，工资在经济繁荣时期提高，但在温和的（而不是严重的）经济衰退

阶段，工资并不下降。如果工资水平提高了，那么新的均衡将怎样建立呢？这就涉及"两种价格体系"概念了。希克斯指出，在这里有必要把弹性价格市场中的情况和固定价格市场中的情况分开来叙述。

在弹性价格市场中，工资上升引起价格的相应上涨。但这个市场的特点是：各种价格同时上涨，各种价格之间的比率实际上没有变化。这就是膨胀性的均衡。这种均衡并不包含有充分就业的意思。从一个暂时均衡移到另一个暂时均衡之后，工资和价格发生了全面的调整——通货膨胀，而失业状况并不会因此发生变化。这就是说，在弹性价格市场中，通货膨胀是可以同失业一起存在的。

在固定价格市场中，由于价格并不取决于供求关系，价格的上升是不一致的，工资上升不可能引起各种价格同时有比例地上涨。这样，在弹性价格市场中可能出现的膨胀性均衡却不可能出现在固定价格市场中。这样的通货膨胀也是可以与失业并存的。不仅如此，这样的通货膨胀还特别有破坏性，因为各种价格上涨的幅度不一样，对社会经济的许多方面都有不利的影响。

希克斯认为，在弹性价格市场中，通货膨胀不会对社会经济有什么危害；而在固定价格市场中，通货膨胀是真正有害的。

（四）凯恩斯的政策应付不了通货膨胀；要应付通货膨胀，应当采取新的方式

希克斯把凯恩斯经济学说成是萧条经济学，即针对 20 世纪 30 年代大萧条的特殊情况而立论的学说；至于凯恩斯所主张的财政政策和货币政策，也主要适用于严重的失业阶段。希克斯认为，如果说扩大有效需求的政策还有效的话，那么这只是指对社会上有大量的剩余存货可供利用的萧条时期而言；凯恩斯的政策对于通货膨胀是没有什么效力的。

在希克斯看来，既然通货膨胀已经不能用"需求拉上"来解释，所以用抑制需求的办法来控制通货膨胀的政策不可能达到预期的目的。同样地，既然通货膨胀的原因不在于"工资成本的推进"，所以也不能指靠用政治压力的办法来限制工会的权力，以消除和缓和通货膨胀。这就是说，通货膨胀的根源在于劳工市场的结构和价格体系的结构，只有采取平衡经济增长的方式才能应付通货膨胀和失业，才算是对症下药。

希克斯说，他本人对当前资本主义经济的困境并不抱悲观主义的想法。他认为通货膨胀和失业都是可以应付的，而且并非任何减少失业的方法都必然助长通货膨胀。他认为，假定经济增长是平衡的或比较平衡的，那就不一定会出现某些部门的过快增长或引起某些专业的劳动力特别缺乏，这样就不会因劳工市场结构的失调而造成通货膨胀了。假定经济增长是平衡的或比较平衡的，存货短缺问题就可以避免出现；而且即使某些产品发生了短缺，但经济增长过程中订货和产量的增加是可以弥补这些短缺的，因此，只要有存货可以利用，投资的乘数作用就能得到发挥，扩大有效需求的财政政策和货币政策也就能够缓和失业现象。总之，希克斯认为，可以采取凯恩斯所不曾注意的经济平衡增长的方式来应付战后的通货膨胀（即所谓"结构性的通货膨胀"）和防止存货短缺，并在存货不发生短缺的情况下使凯恩斯的对付失业的政策生效。

有些评论者看到希克斯仍然同意凯恩斯的对付失业的政策（尽管希克斯做了重要的补充，即加上了"存货结构"这一前提），所以把希克斯称为凯恩斯主义者。另一些评论者看到希克斯在通货膨胀的对策方面否定了凯恩斯的学说和主张，就认为希克斯是反对凯恩斯理论的经济学家。这些看法都有片面性。从上面所叙述的这一切可以了解到，希克斯是自成一家的。他既不是凯恩斯主义者，也不是反凯恩斯的经济学家。他是凯恩斯经济学的解释者和评论者。

四、结束语

在谈了希克斯对凯恩斯的储蓄、投资和乘数理论，货币和利息理论，工资和物价理论的解释和评论之后，准备再谈四个问题作为结束语。

（一）希克斯认为，把战后二十年（20世纪50年代和60年代）西方资本主义国家的经济繁荣归功于凯恩斯理论的说法是值得怀疑的

这是因为：在希克斯看来，凯恩斯经济学是一种萧条经济学。它做了特殊的简化并有特定的前提条件。它的扩大有效需求的主张只适合于30年代的特定环境。而在第二次世界大战结束以后，西方各国所处的环境已大不相同。凯恩斯经过简化的和做了特殊规定的定义都已不再适用。加之，迅速的技术进步和公共支出的扩大这二者的结合已经足以引起战后的经济增长，而不需要再用凯恩斯的那种政策来刺激经济增长了。所以很难判断战后的繁荣应在何种程度上归功于凯恩斯的理论。

（二）希克斯认为，也不能把20世纪60年代后期以来西方资本主义国家需求管理的失灵归咎于凯恩斯的理论和政策

这是因为：在希克斯看来，凯恩斯在《就业、利息和货币通论》一书中表述的观点和主张，本来就不是为战后的新经济形势而提出的，也不是打算用来作为经济繁荣和增长的依据的。但凯恩斯的说法往往被人们所误解，似乎运用财政手段在各个阶段调节国民经济（即"财政主义"）就是凯恩斯的原意。这种误解导致了把需求管理的失灵归咎于凯恩斯的见解。

（三）希克斯认为，虽然战后的经济繁荣不必归功于凯恩斯，需求管理的失灵也不能归咎于凯恩斯，但不能否认凯恩斯学说在经济理论界的影响

凯恩斯作为一个经济理论家，其学术地位不可忽视。即使凯恩斯的学说不够完备，并且只适合于特定的场合，但只要对它进行补充，它还是有用的。按照希克斯的说法，像货币主义这样一些反对凯恩斯学说的经济理论，则是谬误，因为它不仅建立在错误的货币数量论的基础上，而且它提不出可以补充凯恩斯理论的不足之处的新见解和新政策主张。

（四）希克斯自称，他对凯恩斯学说的解释是符合凯恩斯学说的原意的，而他对凯恩斯学说所做的补充可以使凯恩斯的学说被用来说明目前所遇到的问题

但希克斯声称，尽管如此，他自己在《价值与资本》《经济周期论》《资本与增长》等重要著作中所阐明的理论已越出了凯恩斯所要探讨的领域，提出了凯恩斯不曾考察过的问题。这一点也是当代资产阶级经济学界所承认的。这就是说，希克斯不只是凯恩斯经济学的解释者和评论者；希克斯有他自己的理论体系，这个理论体系也被称作希克斯的动态均衡理论。正如我们一开始就指出的，希克斯的动态一般均衡理论以庸俗经济学的剑桥学派和洛桑学派的学说为基础。它从主观价值理论着手分析，强调均衡的暂时性和均衡的不断移动过程，着重预期因素的作用，重视两种不同的价格对均衡过程的有力影响，力图把宏观经济学和微观经济学"结合"在一起。他自己的体系与他对凯恩斯学说的补充在理论上是一致的。

萨缪尔森《经济学》剖析

引自《西方经济思想评论》，第一辑，商务印书馆，1984 年版。

　　P. 萨缪尔森（Paul Samuelson，1915—2009）是当代美国有较大影响的资产阶级经济学家、后凯恩斯主流经济学派的重要代表人物。他所著《经济学》一书自 1948 年出版以来，一直流行于资本主义国家，并被西方报刊推崇为极受欢迎的大学经济学教科书。该书第十版出版于 1976 年，其中译本分为上、中、下三册，先后于 1979、1981、1982 年问世，在我国学术界引起广泛的注意。为了使我国读者对该书有正确的认识，本文准备从下述四个方面对该书进行剖析：①萨缪尔森的《经济学》所宣扬的主要是哪些论点？②萨缪尔森所宣扬的这些论点中，有哪些是从其他资产阶级经济学家那里承袭下来的，有哪些是他自己提出的？他怎样把这些论点组合在一起，构成自己的经济学体系，即所谓后凯恩斯主流经济学体系？③萨缪尔森经济学体系的错误何在？为什么有必要对萨缪尔森经济学体系进行批判？④怎样指导我国的读者，特别是青年学生阅读萨缪尔森的《经济学》一书？

一、萨缪尔森在《经济学》一书中所宣扬的主要论点

我们知道，经济学教科书与经济学专门著作是不一样的。经济学专门著作通常反映它的作者在某一领域内或在某一课题方面的个人研究成果，而经济学教科书则是经济学的各个主要领域内或若干重大课题方面的学术界已有研究成果的综合反映。其中，既可以包括编著者本人的某些研究成果，也可以不包括编著者本人的研究成果。但由于经济学教科书是以学生为基本对象的，所以它并不需要在一些理论问题上有很深入的分析，而一般只要求在体系上较为完整。这就是经济学教科书的特点。萨缪尔森的《经济学》不是经济学专门著作，而是经济学教科书，它符合于上面所提到的经济学教科书的要求，即在体系上较为完整，但并未在一些经济理论问题上做很深入的分析。同时，其中既有萨缪尔森本人在其他专门著作中已经提出的论点，也有资产阶级经济学界原来已经流行的论点，只不过由萨缪尔森把它们组合到一起而已。我们在评论萨缪尔森的《经济学》时，应当了解这一点。也就是说，我们应当懂得，尽管萨缪尔森的《经济学》是一部畅销于西方世界的书籍，但它毕竟只是一部教科书，不能全面反映萨缪尔森在经济学方面的研究结果，不能把它同萨缪尔森与多夫曼、索洛合著的《线性规划和经济分析》一书或他的其他一些专门学术论文相提并论；而另一方面，尽管它作为一部经济学教科书，把萨缪尔森本人的论点同资产阶级经济学界已经流行的某些论点收集在一起，对各个经济理论问题的分析并不深入，但它仍然代表了一种较为完整的经济学体系，即当代资产阶级经济学中的后凯恩斯主流经济学体系。那种认为萨缪尔森的《经济学》杂乱无章，不成体系，从而不值一评的看法，无疑是不正确的。

从编、章安排上看，萨缪尔森的《经济学》一书第十版共分为六

编四十三章。第一编介绍资产阶级经济学的若干基本概念和资产阶级的国民收入理论，它为以后各编、章的论述提供了方法论的基础和背景资料。第二编介绍现代西方宏观经济学的基本理论和政策主张，也就是后凯恩斯主流经济学关于经济稳定和经济增长的理论，以及通过需求管理实现既无通货膨胀，又无失业的政策建议。第三编介绍现代西方微观经济学关于价格和竞争的理论。第四编介绍现代西方微观经济学关于收入分配的理论。第三、四编实际上包含了现代西方微观经济学的基本内容。第五编介绍现代西方国际经济学的基本理论和政策主张，主要是根据后凯恩斯主流经济学关于开放经济条件下的收入均衡学说，提出实现国际收支均衡的建议。第六编的标题是《当前经济问题》，它在萨缪尔森的《经济学》一书中占有十分重要的位置，因为它反映了后凯恩斯主流经济学对当前资本主义国家所陷入的经济困境的看法，对资本主义制度的前景的分析，以及对一切与后凯恩斯主流经济学相对立的经济理论的评论。把这六编四十三章当作一个整体来看，萨缪尔森除了向读者介绍了有关现代西方宏观经济学、微观经济学、国际经济学的基础知识外，着重向读者宣扬了下述论点：

第一，什么是经济学？经济学研究哪些问题？经济学怎样研究这些问题？

这是任何一部经济学教科书开宗明义都要阐明的问题。萨缪尔森的《经济学》也不例外。它这样写道："经济学研究人和社会如何做出最终抉择，在使用或不使用货币的情况下，来使用可以有其他用途的稀缺的生产性资源在现在或将来生产各种商品，并把商品分配给社会的各个成员或集团以供消费之用。它分析改善资源配置形式所需的代价和可能得到的利益。"萨缪尔森指出这是目前西方经济学家们所同意的一般性定义，因此他也就采用了它。简单地说，这个定义完全否定了经济学的阶级性，回避了经济学是研究社会生产关系及其运动规律的科学这一实质性问题，而把经济学仅仅归结为研究资源配置和利用的科学。

萨缪尔森认为，既然经济学是这样一门科学，所以各派经济学家之间几乎不存在原则的分歧。他写道："既没有一种共和党人的经济理论，也没有一种民主党人的经济理论；既没有一种工人的经济理论，也没有一种雇主的经济理论；既没有一种俄国人的经济理论，也没有一种中国人的经济理论。在许多有关价格和就业的基本原理上，大多数——并非全部！——经济学者的意见是相当接近于一致的。"[①]至于各派经济学家所追求的目标的不同，那么萨缪尔森认为这已经不属于经济学本身的研究范围，而属于伦理学领域的课题了。

为此，萨缪尔森向读者宣扬了这样一种研究经济学的方法，即所谓"尽力树立一种客观和超然的态度"，不要成为"成见、偏见、感情以及肮脏的利欲的俘虏——甚至是牺牲品"。[②]按照他的说法，在经济学研究中，一旦掺杂了诸如阶级利益之类的属于感情领域之内的东西，那么经济学研究就不会取得成果。萨缪尔森正是想使读者采取这种所谓的"客观和超然的态度"来学习经济学、研究经济学，从而接受他的后凯恩斯主流经济学的全部说教。

第二，当前，像美国这样的发达国家的经济制度是一种什么样的经济制度？应当怎样看待这种经济制度？

这也是任何一部资产阶级经济学教科书所必须回答的问题。萨缪尔森在他的《经济学》中用了相当多的篇幅向读者说明，像美国这样的发达国家的经济制度已经不同于传统的资本主义制度了，已经变成"人道的""福利的""混合的"经济制度了。他写道："我们的经济不是纯粹的价格经济，而是混合经济；在其中，政府控制的成分和市场的成分

---

① 萨缪尔森:《经济学》，上册，1979 年版。
② 同上。

交织在一起来组织生产和消费。"①为了把这种"混合经济"同过去的经济制度对比，萨缪尔森进一步指出："过去，资本主义往往是一个有效率的制度，但也是一个不劳动者不得食的制度。一些幼儿之所以患有软骨病而两腿弯曲，是因为他们的父亲是酒鬼或精神病患者，或抛弃了他们的家庭，或在失业严重时单纯由于运气不佳而未能抢到工作。该制度使失业如此难于忍受，以致人们会一日步行几十里来挣得微薄的报酬，如果有这样做的必要的话。今天，我们不会容忍这种残酷行为。尽管我们今天还没有实施负所得税制，但我们却享有失业补贴、解雇费、公用事业就业机会、福利补助等。几乎没有人愿意把时钟拨回到老式的残酷无情的纯粹资本主义。"②萨缪尔森把这些统称为"混合经济"的"人道主义的优越性"。

那么，"纯粹的资本主义"是怎样被"混合经济"所"埋葬"的呢？萨缪尔森把这归功于资产阶级国家对经济生活的干预，归功于资产阶级国家所掌握的巨额财政收入，归功于凯恩斯的经济学说。他认为，从"纯粹的资本主义"演变为"混合经济"的过程，是"几乎在不知不觉中"进行的，其间没有革命，没有流血，但结果不但使"美国原有的经济生活方式已经一去不复返"，而且使"资本主义到社会主义，社会主义到共产主义"，这种"被预言为必然的时间表"，"暂时变成了一种神话"。③这就是萨缪尔森竭力向《经济学》一书的读者灌输的又一个主要论点。

第三，当前，在像美国这样的"混合经济"的国家中，主要存在着哪些迫切的经济问题？这些问题是怎样产生的？它们将怎样被解决？

萨缪尔森在他的经济学教科书中，虽然把美国和西欧一些国家称作

---

① 萨缪尔森：《经济学》，上册，1979 年版。
② 萨缪尔森：《经济学》，下册，1982 年版。
③ 同上。

"混合经济"的国家，认为它们具有"人道主义的优越性"，但仍然不得不承认在这些国家存在着一系列有待解决的经济问题，例如失业、通货膨胀、生活质量下降，等等。此外，在这些国家中还有不少穷人，他们的收入仍是微薄的。然而萨缪尔森主要想说明，这些经济问题的产生并非"混合经济制度"本身的过错，而主要与经济学迄今所达到的知识水平的有限性有关，与经济运行过程中政府的某些措施不完善有关，或者与生产技术发展的必然后果有关。《经济学》一书中这样写道："处于目前的关于现代混合经济的知识水平，没有任何由合格的经济学者组成的顾问团能够在如何构成一个可行和最优的收入政策的问题上取得大致相同的意见。"[①]这样，如何在"混合经济"中既维持充分就业，又避免通货膨胀的问题，就被看成是一种经济政策的选择问题，它与资产阶级政府的措施得当与否，或与资产阶级经济学家的知识水平的高低相联系，而不涉及在现代资本主义条件下对失业与通货膨胀并发症的根源的分析；至于现代资本主义社会中的贫困问题，同样被萨缪尔森解释为与"混合经济制度"本身无关。他写道："在先进的国家中，实际工资呈现出稳步上升的趋向。随着资本主义让位于福利国家和混合经济，不平等的程度已经缩小——即使只有轻微的缩小。"[②]也就是说，"混合经济"实际上促进了贫困的消除，而不是加剧了穷困。如果说"不平等"的状况仍然"只有轻微的缩小"，那么这依旧是政府的措施是否适宜或经济学家是否有足够的知识水平来提出妥善的建议和方案的问题。

萨缪尔森通过以上这些论述，得出了一个对全书说来具有关键意义的论点，"经验教训在于：我们应坚持不懈地努力寻找进行结构改革的方法，以便在保持并扩大人道主义的同时，能引导经济更多地受市场

---

① 萨缪尔森：《经济学》，下册，1982 年版。

② 同上。

供求机制的支配"①。"我本人可以从历史的进程中看到比较乐观的信息：我们可以争取做到两全其美，一方面有步骤地改善市场经济的作用，另一方面享有国民生产总值所不能衡量的生命中最宝贵的东西，即可以自由地从事自己的事业，自由地进行批评以及自由地进行变革。"②这里所说的"结构改革的方法"，就是在现代资本主义制度的基础上，对资产阶级政府的某些政策措施进行调整。萨缪尔森认为这将是像美国这样的"混合经济"的乐观的前景。

第四，为什么除后凯恩斯主流经济学以外的其他经济学派有关现代资本主义经济的基本论点是错误的？为什么它们有关解决现代资本主义现实经济问题的政策主张也是不正确的？

我们知道，萨缪尔森所代表的后凯恩斯主流经济学派是当代资产阶级经济学的主要流派之一，它同当代资产阶级经济学的其他流派（如货币学派和新自由主义、新制度学派等）之间在基本论点和基本政策主张方面存在着分歧。尽管这些分歧并不影响这些学派在为资本主义制度辩解方面的根本一致性，但分歧的存在毕竟是一个事实，因此，萨缪尔森的《经济学》作为一部资产阶级经济学教科书，也就不可避免地要涉及后凯恩斯主流经济学同当代资产阶级经济学其他各派理论之间的争论。萨缪尔森把对后凯恩斯主流经济学的"最重要攻击"分为来自右的方面的和来自左的方面的。货币学派和新自由主义被认为是属于右的方面的学派。萨缪尔森称它们的学说是保守的，它们的主张是自私自利的。新制度学派代表人物加尔布雷思对后凯恩斯主流经济学的批评被认为来自左的方面。萨缪尔森指出，在加尔布雷思的著作中，"很少有能以博士论文或学术论文的形式来加以检验和研究的命题"。③这样，虽然萨缪尔

---

① 萨缪尔森：《经济学》，下册，1982年版。
② 同上。
③ 同上。

森在《经济学》一书中并没有展开对于货币学派和新自由主义、加尔布雷思等的批评的反批评，但他却力图让读者自己去评判，在对现代资本主义经济的分析中，为什么后凯恩斯主流经济学的论点和主张要比货币学派和新自由主义、加尔布雷思的论点和主张正确。这既是萨缪尔森用意所在，也符合资产阶级经济学教科书的貌似公允的特点。

第五，什么是马克思主义经济学的基本论点？怎样看待这些论点？

这是萨缪尔森的《经济学》竭力想向读者说明的另一个重要方面。萨缪尔森的反马克思主义的立场是十分明显的。他对马克思主义经济学说的攻击和曲解，充斥于该书的许多章节。但最重要的是就以下五个问题进行的攻击和曲解。

1. 萨缪尔森认为，不仅马克思的劳动价值概念是多余的，而且剩余价值概念也是多余的，因为不需要劳动价值概念，也可以证明剥削的存在；不需要剩余价值概念，也可以假设工资是低的，利润是高的。所以按照萨缪尔森的说法，即使要得出马克思那样的"存在着剥削"的结论，只要有价格、工资、利润概念就够了。

2. 萨缪尔森认为，马克思所声称的劳动者贫困化的规律已经被资本主义经济的实际情况证明为错误的，因为在资本主义国家中，"随着与劳动合作的资本工具的增长和技术的发展，实际工资确实像我们所预期的那样在稳步增加"[1]。"工资在国民生产总值中所占的份额保持不变或略微有所上升。"[2]

3. 萨缪尔森认为，马克思关于资本主义经济危机的学说也与资本主义经济的实际情况不符；20 世纪 30 年代危机过去后，西方资本主义世界没有再发生大的经济危机，如果马克思主义者等待资本主义在危机中

---

① 萨缪尔森：《经济学》，下册，1982 年版。

② 同上。

崩溃，那么他们是白等了。

4. 萨缪尔森认为，由于马克思的无产阶级贫困化学说已失去事实依据，马克思在他的经济理论中所提出的"不可避免的革命将很快到来"这一论断也就不能成立。

5. 萨缪尔森在《经济学》一书中使用了"马克思主义的危机"[①] 和"马克思主义经济学的凡俗化"[②]之类的攻击马克思主义的词句。他甚至把马克思主义称作"麻醉马克思主义者的鸦片"[③]，声称不能听任马克思主义"受马克思主义者的支配"，而要把马克思主义作为"一面可以用于分析批判"的镜子。[④]

以上这些，就是萨缪尔森在《经济学》一书中竭力向读者灌输的主要论点。

二、萨缪尔森经济学体系的构成

前面已经谈到，萨缪尔森的《经济学》作为一部西方经济学教科书，其中既有作者本人的论点，也有资产阶级经济学界其他人所提出的论点，这二者由萨缪尔森组合到一起，形成某种较为完整的经济学体系。既然如此，我们就有必要对萨缪尔森的《经济学》做进一步的剖析，看看书中的哪些主要论点是从其他资产阶级经济学家那里承袭过来的，又有哪些主要论点是萨缪尔森自己提出的，以及萨缪尔森怎样把这一系列论点组合起来。

---

① 萨缪尔森:《经济学》，下册，1982 年版。
② 同上。
③ 同上。
④ 同上。

（一）从其他资产阶级经济学家那里承袭的部分

应当说，在萨缪尔森《经济学》的六编四十三章中，从其他资产阶级经济学家那里承袭过来的内容是相当多的。有关经济学的定义和方法、微观经济学和宏观经济学的基本论点、应付当前资本主义经济危机的主要政策建议等内容，实际上都是其他资产阶级经济学家已经论述过的，甚至早就提出的。例如，萨缪尔森在《经济学》中所宣扬的经济学是研究人们如何进行抉择，以便使用各种可供选择其用途的、稀缺的生产资源来进行生产和分配的科学这一定义，正如萨缪尔森所承认的，是流行于资产阶级经济学界的经济学定义。至少从 20 世纪 30 年代以后，这一定义就已经被许多资产阶级经济学所接受了。又如，萨缪尔森所鼓吹的研究经济学的"客观的""超然的"态度，也是资产阶级经济学家一贯提倡的研究方法，因为在他们看来，似乎只有这样才能对客观经济事物做出"公正的""冷静的"描述和分析，而不致受人们的阶级地位和阶级利益的支配。

关于微观经济学的基本论点，萨缪尔森基本上是从以马歇尔为代表的传统庸俗经济学那里承袭过来的。马歇尔作为资产阶级经济学剑桥学派的最重要代表人物，在 1890 年出版了《经济学原理》一书。这是当时最有代表性的一部资产阶级经济学教科书，出版后曾在西方资本主义各国流行多年。马歇尔是一个集 19 世纪庸俗经济学之大成的资产阶级经济学家，他把边际效用价值论、供求论、生产费用论等综合成为均衡价格论，以均衡价格的分析代替价值的分析，并以此作为自己的经济理论的核心。在分配理论上，他又把边际生产力理论同生产要素的均衡价格论综合到一起，以说明资本主义条件下收入分配的合理性与和谐性。萨缪尔森《经济学》一书中的微观经济学部分，主要就是由马歇尔的均衡价格论和以均衡价格论为基础的分配理论构成的。马歇尔的经济学说被西方资产阶级经济学界看成是英国古典政治经济学的继续和在新阶段的发展，因此它又被称为"新古典经济学"。由于萨缪尔森把马歇尔经济学的基本论点继承下来，并使之成为自己的微观经济学的内容，所以萨缪尔森的经济学体系的这个重要组成部分通常被称为"新古典经济学"部分。

至于宏观经济学的基本论点，则是萨缪尔森从凯恩斯那里承袭下来的。1936年，凯恩斯在所著《就业、利息和货币通论》一书中，批评了传统庸俗经济学所谓通过市场调节可以使资本主义经济自动趋向充分就业均衡的学说，提出有效需求不足的原理，以论证资本主义经济中的普遍生产过剩的不可避免性和运用国家调节手段来干预经济生活的必要性。萨缪尔森在《经济学》一书中，在有关宏观经济学的部分，主要是根据凯恩斯的有效需求原理进行论述，并对凯恩斯的国家调节经济的主张进行了发挥。所以萨缪尔森的经济学体系的这个重要组成部分，通常被称为"凯恩斯经济学"部分或"后凯恩斯经济学"部分。

由"新古典经济学"部分和"凯恩斯经济学"部分所形成的萨缪尔森经济学体系，就是作为现代凯恩斯主义的分支之一的后凯恩斯主流经济学体系，它又被称为新古典综合体系。无怪乎有的资产阶级经济学家评论道，萨缪尔森的经济学体系有两个"祖师爷"，一个是马歇尔，一个是凯恩斯。

（二）萨缪尔森自己提出的主要论点

虽然萨缪尔森的《经济学》是一部供西方资本主义国家的大学生阅读的经济学教科书，但萨缪尔森作为当代美国有较大影响的资产阶级经济学家，并且作为后凯恩斯主流经济学派的重要代表人物，他在这部教科书里加进了自己提出的若干论点。当然，这些论点在萨缪尔森的其他专门学术著作中的论述要比在这部教科书里的论述深入得多，但不管怎样，既然萨缪尔森在教科书里加进了他自己的东西，这就不能不使他的这部教科书具有某种个人的特色，而不完全类似于其他某些资产阶级经济学教科书。那么，萨缪尔森究竟加进了哪些主要论点呢？概括起来，有以下这些：

1.萨缪尔森提出，作为衡量整个社会经济活动和国民福利大小的尺度，经济净福利（NEW）要比国民生产总值（GNP）更有意义。在《经济学》一书的第一章中这样写道："现代经济学一定要把数量视若神明而忽视生活的质量吗？我们能否矫正官方统计学者的国民生产总值这一尺度，使它在较大程度上成为衡量经济净福利（NEW）的一种尺度呢？这就是说，我们能否用一个更有意义的尺度 NEW，来补充 GNP 的不足？"[①]萨缪尔森所说的"经济净福利"，是指国民生产总值的调整数，即在国民生产总值之中加入"闲暇"和主妇们的家务劳动的货币值，再减去"潜在的污染和生态学的代价"。按照萨缪尔森的看法，在美国这样的国家中，近些年来不仅"经济净福利"的增长要比国民生产总值的增长慢，而且"经济净福利"的增长与国民生产总值的增长之间有一种互相替代的关系：为了生活质量，往往需要降低增长率，为了增长，往往需要牺牲生活质量。为此，萨缪尔森写道："过去，经济学教科书不讨论这些极其重要的问题。而现在和将来，经济学则将用很大气力研究生活质量问题。"[②]萨缪尔森自称他的《经济学》的第六编，即该书的结尾部分，就是按照这种思想来撰写的。

2.萨缪尔森提出，凯恩斯的宏观经济分析是一种静态的分析，即不曾考虑到对时间因素的分析，所以具有局限性。虽然早在凯恩斯的《就业、利息和货币通论》出版以前，瑞典经济学家们就已使用了动态分析

---

① 萨缪尔森:《经济学》，上册，1979 年版。
② 同上。

方法，但他们在理论上是属于"前凯恩斯"体系的，即不曾建立一个把收入视为决定消费、储蓄、投资的最重要因素的收入决定论。至于哈罗德等人关于经济增长问题的研究，尽管把凯恩斯的理论动态化了，但他们着重的是经济的增长问题，而不是经济的波动问题。因此，萨缪尔森在使凯恩斯理论动态化方面所做的主要工作是如何在收入决定论的基础上，运用乘数与加速原理交织作用的学说，解释资本主义经济波动的原因和过程，并由此论证政府对经济进行调节的必要性。这原是萨缪尔森在四十多年前提出的一种论点，现在萨缪尔森把它包括在自己的经济学教科书之中，作为宏观动态经济学的一个重要组成部分。他在《经济学》一书中指出：一方面，对于资本主义经济中所出现的恶性循环（越来越严重的通货收缩或通货膨胀），可以用乘数与加速原理的交织作用来说明，即上一期收入的变化会引起本期收入的加速变化，而本期收入的变化又会引起下一期收入的进一步变化；另一方面，无论经济的衰退或经济的高涨都不可能永无止境地持续下去，因为乘数与加速原理的交织作用使得资本主义经济有一种内在的制约力量：使经济衰退到最低点之后就会回升，高涨到一定限度后，经济增长率会放慢，从而就开始下降。萨缪尔森正是利用他的这一论点来说明资本主义经济波动的特征：在充分就业的最高极限和低于收支相抵点的最低极限之间来回摆动。

3.萨缪尔森提出，为了使"混合经济"受到某种控制，仅仅依靠经济中收入变动的乘数与加速原理的交织作用的制约是不够的，政府必须斟酌使用财政政策和货币政策，并使二者相互配合。这一论点在凯恩斯的宏观经济学中是不明确的，而萨缪尔森在对"混合经济"进行分析时，曾一再论述了财政政策和货币政策的使用方式及其局限性，然后又把它们加进自己的经济学教科书之内。萨缪尔森得出的结论是："通过适当的相互作用的货币和财政政策，混合经济可以避免高涨和萧条的最严重的后果。"①"即使经济周期没有完全成为过时的事，它也受到了控制。虽然民主的混合经济很可能永远不会再度经历老式的、延续的萧条，然而，衰退和相对停滞的时期无疑地仍然会到来，即使财政和货币政策能够缓和它们的频率、强度和限期。"②

4. 萨缪尔森提出，在"混合经济"中，财政政策和货币政策的配合使用固然可以使经济周期的波动受到某种程度的控制，但至少有三个问题并不能因此得到解决，这三个问题是"收入不平等的问题""垄断和其他不完善性的问题""停滞膨胀的问题"，③ 于是就需要使微观经济学和宏观经济学结合起来，消除二者之间的"巨大裂缝"。萨缪尔森在这些方面的论述被认为是最具有他个人的理论特色的部分，因为萨缪尔森的经济学体系之所以在当代资产阶级经济学中自成一派，主要在于他力图把马歇尔的微观经济学说同凯恩斯的宏观经济学说"综合"在一起，并在此基础上提出自己的解决上述经济问题的论点和政策主张。

关于"收入不平等的问题"，萨缪尔森认为传统的微观经济学已经不够用了。这是因为，在他看来，传统的微观经济学在这个问题上是以帕累托的所谓"不平等程度是普遍存在的常数并且不能为政府所改变"的论点为基础的。萨缪尔森认为帕累托的论点"不符合历史经验"，④ "福利国家"所实行的各种措施使这种情况发生了变化。而从理论上说，萨缪尔森同当代其他一些资产阶级经济学家一样，倡导所谓"新微观经济学"，即"把对非物质的基本生活问题的研究带到政治经济学之中"，⑤ 探讨"收入不平等"之类的问题的解决的可能性。

---

① 萨缪尔森:《经济学》，上册，1979 年版。
② 同上。
③ 萨缪尔森:《经济学》，上册、下册，1979、1982 年版。
④ 萨缪尔森:《经济学》，下册，1982 年版。
⑤ 同上。

关于"垄断和其他不完善性的问题",萨缪尔森认为也必须摆脱传统的微观经济学的束缚,即不能指望市场竞争本身的作用来消除这些"不完善性",而必须依靠"混合经济"中的各种消除或限制垄断与歧视的措施,依靠着资本主义经济中的"有效竞争"。萨缪尔森写道:"通过政府对公用事业的调节,通过国家的各种正式或非正式的反托拉斯的活动,政府的行动可以取得完全竞争不能自动得到的某些限制和平衡的效果。""当经济学者意识到我们并不能自然而然地得到和强制实现完全竞争时,规定'有效竞争'的内容并且逐步接近这一目标就成了非常重要的事。这是经济政策的尖端问题。"[①]

至于"停滞膨胀的问题",萨缪尔森承认这确实是传统的微观经济学和凯恩斯的宏观经济学都未能解决的难题,所以他想提出自己的看法。同后凯恩斯主流经济学派的其他资产阶级经济学家一样,萨缪尔森竭力去寻找"失业和通货膨胀的微观经济学基础"。据他说,失业的微观经济学基础在于就业机会的信息的不完善性和寻找职业的人员的能力不适应工作岗位的要求,通货膨胀的微观经济学基础在于工资由分散的工会所控制和成本推动着物价上升。因此,作为"混合经济"中的对策将是用工资和物价的管理来应付通货膨胀,同时采取人力训练和"改善劳动市场结构"的办法来应付失业。萨缪尔森写道:"所有这一切都正在研究之中,以便保存现有制度的人道主义的性质而与此同时又能具有效率和稳定性。"[②]可见,如果说萨缪尔森在自己的经济学教科书中增添了什么属于他本人的论点的话,那么其中之一就是他的有关停滞膨胀的原因的分析和应付停滞膨胀的政策主张。

此外,萨缪尔森对马克思主义经济理论的攻击和曲解中,除了有承

---

① 萨缪尔森:《经济学》,下册,1982 年版。
② 同上。

袭以往资产阶级经济学家（如 E.庞巴维克）的陈词滥调外，也有他自己所增添的东西，例如对 K.马克思的剩余价值概念和剥削概念的歪曲，等等。

（三）萨缪尔森怎样把他自己的论点同一系列从别人那里承袭过来的论点组合在一起

前面已经谈到，萨缪尔森既接受了以马歇尔为代表的剑桥学派的微观经济学的基本论点，又接受了凯恩斯的宏观经济学的基本论点，而且提出了他自己的有关衡量经济福利的尺度、凯恩斯经济理论的动态化、与宏观经济调节手段的配合使用，以及在所谓"混合经济"中应付"收入不平等""垄断和其他不完善性""停滞膨胀"等问题的途径的论点。那么，他是怎样把这样一些论点组合在一起的呢？能不能认为他仅仅是把这些论点简单地罗列在一起，从而组成了自己的经济学体系呢？对这一点，我们还需要进行一些分析。

我们说萨缪尔森的经济学体系是一个大杂烩，这是就下述意义而言的，即萨缪尔森的经济学体系或后凯恩斯主流经济学体系是一个集凯恩斯以后资产阶级庸俗经济学之大成的东西。它的出现反映了当代资产阶级经济学的所谓正统理论的危机，因为在这些所谓正统的资产阶级经济学家面临着各种无法解释或无法应付的现实经济问题的情况下，唯有广泛采纳庸俗经济学各种理论的要点，才能使他们的辩护方式适应垄断资产阶级的需要，才能使他们设计出可以被垄断资产阶级接受的"反危机措施"。

我们说萨缪尔森并不是把庸俗经济学各种理论的要点简单地罗列在一起。说萨缪尔森的经济学毕竟是自成体系的，并且是成为较为完整的体系的，系主要就下述意义而言，即萨缪尔森在把这些论点组合在一起时，采取了这样一种方法，即利用他自己提出的论点作为整个体系的主要环节，然后吸取各种庸俗经济理论中有利于自己论证的论点，再把它们串联起来。对"新古典综合"中的"综合"一词，如果我们从这个角度来理解的话，那么我们就能够对萨缪尔森的经济学体系有比较深刻的认识。

让我们以萨缪尔森的《经济学》一书为例来加以说明。书中提出的一个重要问题就是前面已经提到的对当前资本主义经济制度如何评价的问题。萨缪尔森写道："经济学不能仅仅满足于描述生活的实际情况。政治经济学应该帮助舆论做些事情来改善一些明显的弊病。"①这里所说的需要改善的明显的弊病，用萨缪尔森的话来说，就是应当改进生活质量，也就是应当增加"经济净福利"。环绕着这个问题，萨缪尔森展开论述。他认为，像美国这样的国家的经济制度是"混合经济"，是"人道的""福利的"制度，它已经不同于过去的资本主义了；但它至今仍有缺陷，主要表现于对生活质量的注意还不够，生活质量还有待于提高。具体说来，诸如"收入的不平等""垄断和其他不完善性""停滞膨胀"等现象，都是生活质量方面还存在问题的反映，于是需要在"混合经济"的格局中，采取一些新的措施来解决。而与当代资产阶级经济学的其他流派的经济学说相比，只有后凯恩斯主流经济学的解释才是正确的。至于马克思主义的经济理论，则更被认为是错误的。——这就是萨缪尔森经济学体系的简要的概述。

为了说明当前的资本主义经济是怎样运行的，它在应付经济危机方面与过去的资本主义经济有什么不同，萨缪尔森把凯恩斯的宏观经济学的要点"综合"到自己的经济学体系中来了。

为了说明当前的资本主义经济为什么会遇到诸如"收入的不平等""垄断和其他不完善性""停滞膨胀"之类的问题，以及为了说明解

---

① 萨缪尔森：《经济学》，上册，1979 年版。

决这些问题的对策，萨缪尔森又把马歇尔的微观经济学的要点"综合"到自己的经济学体系之中。这是因为，在萨缪尔森看来，只有先阐明市场机制的作用，阐明生产要素价格和收入分配的原因，阐明垄断和不完全竞争条件下价格的决定等问题，才能把"收入的不平等""垄断和其他不完善性"的原因讲清楚，也才能把所谓新型通货膨胀，即"成本推动的通货膨胀"的原因和过程讲清楚。

这样，萨缪尔森认为自己需要从事的主要工作就是如何"弥补"凯恩斯的宏观经济学说与传统的微观经济学说之间的"巨大裂缝"，如何把这两部分内容（再加上他本人的论点）"综合"成为一个体系。具体说来，萨缪尔森的"综合"方法如下：

第一，萨缪尔森认为，现代资本主义国家的经济是一种"混合经济"，它由公共经济部门（即国家管理的那部分经济）和私有经济部门（即市场机制发挥调节作用的那部分经济）所组成的。在公共经济部门，凯恩斯的宏观经济学说基本上是适用的。在私有经济部门，传统的微观经济学说基本上是适用的。但这两部门的经济目标并不一致：公共经济的目标在于"经济稳定""经济的人道化""公正"或"平等"；私有经济的目标在于"经济的自由""效率"。因此，要同时兼顾这样两个目标，就不能只把凯恩斯的宏观经济学说纳入经济学体系之中或只把传统的微观经济学说纳入经济学体系之中，而需要把二者全都纳入后凯恩斯主流经济学的体系内。根据萨缪尔森的看法，"把时钟拨回到老式的残酷无情的纯粹资本主义"是不可能的，所以应当在"保持和扩大人道主义"的同时，去发挥市场机制的作用，不仅依赖市场机制来提高效率，而且要依赖市场机制来促进"经济稳定"。萨缪尔森写道："经验证明，市场供求机制有助于增进效率和稳定。"[①]把市场机制的作用同"稳定"

---

① 萨缪尔森：《经济学》，下册，1982年版。

目标联系起来，这是萨缪尔森作为后凯恩斯主流经济学重要代表人物不同于凯恩斯本人或资产阶级传统的微观经济学家的一个显著特点。也就是说，在萨缪尔森的经济学体系中，宏观经济学部分和宏观的"经济稳定"仍然被看成是基本的，萨缪尔森的"综合"是在所谓"保持和扩大人道主义""增进稳定"的基础上的"综合"。

第二，萨缪尔森认为，凯恩斯的宏观经济学所采取的分析方法的缺陷在于只重视需求的分析，而不注意供给的分析（即生产要素供给与价格的分析），因此，在把传统的微观经济学说同凯恩斯的宏观经济学说"综合"在一起时，有必要以生产要素供给的分析作为宏观经济分析、需求分析的补充。这一点也是萨缪尔森所采取的所谓"弥补"宏观经济学和微观经济学之间的"裂缝"的一种方法。萨缪尔森写道，凯恩斯"不能提供一个优雅的理论来用价格和工资的刚性准确地解释失业和职业空缺并存的可能性，因此，他以不加解释的方式简单地假设：价格的决定会在寻求职业的人和职业空缺之间、在厂商意图销售的物品和他们所能找到的顾客之间造成差距"。[1]为了"弥补"这样一种"裂缝"，萨缪尔森在《经济学》一书的第四十一章，用微观经济学中的成本分析和劳工市场结构分析（它们都属于供给分析）来解释现代资本主义经济中的失业（"结构失业"）和通货膨胀（"成本推动的通货膨胀"）的原因和过程。他得出的结论是："在现代的成本推动的通货膨胀中，物价和工资并不自由浮动来使各个市场供求相等。甚至在充分就业和生产能力全部得到利用以前，它们就开始爬行上升。通过收缩的货币和财政政策来对付这种通货膨胀只能造成失业和停滞膨胀。但是，如果不采取行动，爬行通货膨胀可能发展成恶性通货膨胀。"[2]在萨缪尔森的经济学体系中，

---

① 萨缪尔森:《经济学》，下册，1982 年版。
② 同上。

用微观经济学中的供给分析方法来考察诸如失业和通货膨胀这样一些宏观经济现象，使失业和通货膨胀这些宏观经济学问题具有"微观经济学基础"，被认为是当代资产阶级经济学中宏观部分与微观部分"沟通"的一条渠道。

第三，萨缪尔森认为，由于"经济净福利"是比产值或产品的数量更能说明人们的生活质量的指标，所以无论在微观经济学研究中还是在宏观经济学研究中，都要分析"用数量去换取较好的质量"的问题。比如说，如果在微观经济学中不仅要研究人们的利己动机和利己行为，而且要研究"博爱与正义"，研究社会生存中的"利他主义"，在宏观经济学中不仅要研究国民生产总值的增长，而且要研究"国民生产总值所不能衡量的生命中最宝贵的东西"，研究"种族和性别歧视"，研究"环境污染和城市祸害"，研究"收入的不平等"及其消除，那么当代资产阶级经济学中宏观部分和微观部分就能够"综合"到一起了。用萨缪尔森的话来说，"政治经济学向人们说明，如果他们真正愿意的话，他们能够用物品的数量来换取生活的质量"。[①] 可见，萨缪尔森正是用"经济学要研究生活质量问题"这一命题来把宏观经济学和微观经济学两个部分"综合"到一起的。

三、萨缪尔森经济理论的谬误

以上对萨缪尔森经济学体系的构成做了剖析。现在针对萨缪尔森《经济学》一书中所宣扬的主要论点（包括他从别人那里承袭来的和他自己提出的论点），以及萨缪尔森为了把这些论点组合在一起而采取的

---

① 萨缪尔森：《经济学》，上册，1979 年版。

"综合"方法，进行较细致的评论，并揭露其错误所在。在这里，我们准备评论的是下述九个问题。

（一）萨缪尔森关于经济学研究对象的论点错误何在？

实际上，正如我们在前面已经指出的，这个问题包含了两个方面。一是萨缪尔森在《经济学》中所接受并宣扬的流行于资产阶级经济学界的经济学定义本身的错误。另一是萨缪尔森所接受并宣扬的这个流行的论点在他的经济学体系中占据着什么样的位置。

我们知道，人类的生产活动是最基本的实践活动，是人类生存和社会存在的基础。人们在生产中，不仅要同自然界发生联系，而且人们之间也要发生一定的联系。所以任何情况下的生产都是社会的生产，人们总是以一定的方式结合起来进行生产。人们在生产过程中结成的相互关系就是生产关系，它也就是人们在社会生产和再生产过程中的生产、交换、分配和消费这四个环节中建立的关系。只要我们了解了这些，那就不难理解究竟什么是经济学的研究对象了。经济学作为一门研究支配人们的物质资料的生产、交换、分配、消费的规律的科学，它必然把人们的社会生产以及人们在生产中结成的相互关系，即生产关系的性质和发展规律当作自己的研究对象。

萨缪尔森在《经济学》中所接受并宣扬的经济学定义，从字面上看来似乎也意味着经济学应当研究人们的生产、交换、分配和消费活动，即研究如何利用可供选择的、稀缺的资源来生产各种商品，如何交换、分配这些商品，供社会成员消费。但这个流行的资产阶级的经济学定义是错误的，因为资产阶级经济学家采取非历史的、抽象的观点来看待人们的生产、交换、分配和消费活动，看待经济学的研究对象。应该指出，经济学所研究的生产，不是一般生产，而是一定社会生产发展阶段上的生产；经济学所研究的交换、分配和消费，也不是一般交换、分配和消费，而是一定社会生产发展阶段上的交换、分配和消费。就资源的不同用途而言，任何资源都可以被认为是相对稀缺的，而一定的资源在任何时候都可以有不同的用途，人们在进行生产时无疑要有所抉择。但这一切都不可能脱离人们在不同社会生产发展阶段上所结成的相互关系来考察。如果忽略了人们在生产、交换、分配、消费中所结成的相互关系，那就抹杀了各个时代或各种不同生产关系条件下的生产、交换、分配和消费的本质的区别。非历史地看待有限资源的不同使用方式，抽象地考察人们在资源的用途方面的抉择，如果说这些也是某一门科学的研究对象的话，那么这样的科学将是技术科学、工艺学，而不是经济学。恩格斯曾明确指出："经济学所研究的不是物，而是人和人之间的关系，归根到底是阶级和阶级之间的关系。"① 这就一语道破了流行于资产阶级经济学界的关于经济学研究对象的论点的错误所在。

那么，为什么萨缪尔森要强调这样的经济学定义，并且在自己的经济学教科书中竭力宣扬它呢？道理是很清楚的，这是因为，萨缪尔森和其他一些为资本主义制度辩护的当代资产阶级经济学家一样，总想把自己扮演成"公正的""客观的"经济学家，把自己的经济理论说成是"不偏不倚的""不掺杂感情的"东西，为此，他们就抹杀经济学的阶级性，讳言经济学研究者本人的阶级立场和世界观。根据他们所宣扬的关于经济学研究对象的论点，经济学不必去考察人们生产、交换、分配、消费活动所借以存在的社会生产关系，而只需要考察这些活动本身就行了。不仅如此，不同社会生产关系条件下生产、交换、分配、消费之间的本质区别将不再存在，不同社会生产关系条件下生产、交换、分配、消费的运动规律的特殊性也不再存在了。这对于掩盖资本主义的剥削性当然

---

① 恩格斯：《卡尔·马克思的〈政治经济学批判〉（二）》，载《马克思恩格斯全集》，第 13 卷。

是十分有利的。

　　萨缪尔森正是从这样一个经济学定义出发，在《经济学》中向读者宣扬所谓"不带感情的"研究态度或"避免偏见的"研究态度。比如说，关于为什么资本主义社会中有失业现象的存在、为什么资本主义社会中有相当数额的资源被用于军火生产、什么是"发达"或"不发达"的含义等问题的讨论，似乎都不应当被"感情"或"偏见"所支配，而应当从储蓄、投资和消费的数量变动以及它们之间的关系变化着手分析，从国民收入的决定及其波动着手分析。按照萨缪尔森的说法，这样就可以得出"科学的"论断了。即使在《经济学》的第六编中，当萨缪尔森对当前世界上的不同社会经济制度及其演变趋势进行评论时，他仍然向读者宣扬要采取所谓"超然的""客观的"态度。他认为，只有从经济运行的方式，从生产、分配的活动本身进行分析，才能判明为什么现代资本主义经济（即所谓"混合经济"）是"优越的"。因此我们可以清楚地看到，把"稀缺资源的可供选择的用途"或"稀缺资源的生产与分配"当成经济学的研究对象这一论点是贯穿于萨缪尔森的《经济学》全书的，它成了萨缪尔森用来掩盖自己的经济学体系的明显阶级实质的一种手段。

　　值得注意的是，萨缪尔森也使用了这样的词句：经济学在研究稀缺资源的使用时，应当考察"生产什么样的物品，如何生产和为谁生产，现在生产还是将来生产"。[①] 不禁要问，萨缪尔森对经济学研究对象的这种解释究竟意味着什么，这是不是与他所宣扬的经济学研究者的"超然的""客观的"态度相矛盾？实际上是毫不矛盾的，而且把"生产什么""如何生产""为谁生产"之类的问题作为经济学的研究对象也并非始于萨缪尔森，这是传统资产阶级经济学中原先就有的论点。萨缪尔森

---

　　① 萨缪尔森：《经济学》，上册，1979 年版。

之所以把这些问题当作经济学的研究对象，并不是想说明生产关系的研究、生产关系同生产力性质的相适应性的研究应当成为经济学的对象，而是想把资本主义的生产、交换、分配、消费的特点说成是一般社会的生产、交换、分配和消费的共同点，以说明不同社会的生产、交换、分配和消费在性质上是没有区别的，区别仅仅在于解决"生产什么""如何生产""为谁生产"的具体方式的不同而已。所以萨缪尔森写道，"每个经济社会都必须以某种方式解决三个基本经济问题：在可能生产的物品和劳务中，生产什么和生产多少；如何利用经济资源来生产这些东西；为谁生产这些东西……经济物品是稀缺的，而不是自由取用的；社会必须在其中加以选择，因为不可能满足一切的需要和欲望。"[①] 可见，问题仍然回到资源的稀缺性上面来，回到抽象的人的欲望上来。经济学的非历史性和超阶级性仍然是萨缪尔森所强调的，资本主义生产、交换、分配和消费的永恒性和自然性也仍然是萨缪尔森所宣扬的，这与萨缪尔森为了给资本主义制度辩护而鼓吹的经济学研究者应当持有"超然的""客观的"态度的论点不是完全一致吗？

（二）萨缪尔森所说的"混合经济"究竟是什么？

前面已经提到，萨缪尔森把"混合经济"说成是一个与"老式的资本主义"相对立的经济制度，并且是在"老式的资本主义"结束之后产生的经济制度。他的《经济学》一书所着重宣扬的，正是这种"混合经济"制度的所谓优越性和它迄今已取得的成就。因此我们有必要对萨缪尔森的"混合经济"理论进行深入的剖析。

萨缪尔森所说的"混合经济"，其实就是国家垄断资本主义经济。在现代资本主义国家中，不仅存在着私人资本和私人垄断，而且存在着

---

① 萨缪尔森：《经济学》，上册，1979 年版。

国家资本、国家垄断和国家对经济的干预。私人垄断组织同资产阶级国家政权相结合的垄断资本主义，就是国家垄断资本主义。它是现代资本主义所固有的各种矛盾不断激化的产物。为了应付经济危机以及为了适应科学技术发展的要求，以保证私人垄断组织能获得高额垄断利润，私人垄断组织需要国家政权增加公共支出，对经济进行干预，或直接掌握和经营一部分生产机构。这一切正如恩格斯所指出的，资产阶级国家即使掌握了一部分生产资料，资本主义所有制的性质仍然不会改变，并且它"愈是把更多的生产力据为己有，就愈是成为真正的总资本家，愈是剥削更多的公民。工人仍然是雇佣劳动者、无产者。资本关系并没有被消灭，反而被推到了顶点"。[1]这就是"混合经济"的实质。

既然"混合经济"丝毫不改变资本主义经济制度的实质，那么萨缪尔森在《经济学》一书中所一再宣扬的所谓"混合经济"是一种不同于"老式的资本主义"的经济制度的论点，也就根本站不住脚了。但我们应该怎样来看待萨缪尔森的这一论点——"老式的资本主义"是"残酷无情的"，而"混合经济"却变得"人道主义"了呢？萨缪尔森的这种说法无疑是一种为现代资本主义制度辩护的遁词。资本主义制度的本质是资本家占有生产资料，雇用工人劳动，剥削剩余价值。资本主义生产的目的就是为了攫取最大限度的剩余价值。因此，资产阶级对无产阶级的剥削和压榨从来都是残酷无情的，而不存在所谓一百年前的资本主义是"残酷无情的"，而今天的资本主义是"人道主义的"之类的问题。但另一方面，我们也应该注意到，在资本主义国家中，过去没有失业救济金，没有各种福利设施，没有劳资集体合同，也没有每周四十小时工作制，而现在，则有了这一切。如果不能从本质上认清什么是"混合经济"，那么很容易被萨缪尔森所举的例子所迷惑，认为不管怎样，现在

---

① 恩格斯：《反杜林论》，载《马克思恩格斯全集》，第 20 卷。

的资本主义毕竟比过去的资本主义"改善"多了。其实，无论是失业救济金、福利设施、劳资集体合同，还是每周四十小时工作制，都应当首先被看成是资本主义国家的工人阶级长期斗争的成果，没有工人阶级的长期斗争，资产阶级和资产阶级国家政权既不可能自动提供这种或那种社会保险设施，也不可能自动找工会签订集体合同或缩短周工作时数。在资产阶级及其政府看来，只要这一切是在承认资本主义所有制和雇佣劳动制度的基础上进行的，并且是由资产阶级及其政府所参与的或推行的，那么除了它们不会改变资本主义制度的性质外，还能起到麻痹劳动人民的意识，缓和国内的阶级矛盾，从而从根本上维护资产阶级的统治的作用。这岂不是恰好说明，不仅资本主义剥削至今仍然存在，而且资产阶级对工人阶级的剥削手段比过去更加巧妙，更加隐蔽了吗？

正因为萨缪尔森所说的"混合经济"无非是国家垄断资本主义，与19世纪的资本主义在本质上是一样的，所以萨缪尔森所谓资本主义国家在近些年来未经过"流血"或"革命"就建立了一种"新"的社会制度的论点，也就纯属虚构了。至于萨缪尔森由此推断的"资本主义到社会主义、社会主义到共产主义"这一"必然的时间表"已经成为"神话"的说法，那就更加荒诞无稽。要知道，马克思主义之所以把资本主义生产方式看成是人类社会的一定的历史发展阶段，是对资本主义生产方式内部生产力和生产关系矛盾运动的分析的结果。由于资本主义生产的内在规律的作用，生产的社会化与资本主义私人占有形式之间不能相容的状况必将日益尖锐，而最终将导致社会主义对资本主义的替代。生产方式的这种更替是完全符合资本主义生产方式的运动规律的。就以萨缪尔森所津津乐道的"混合经济"的趋势来说，我们可以清楚地看出，在国家垄断资本主义条件下，生产社会化程度正越来越高，然而生产资料的越来越多的部分却集中在垄断组织及其代理人——资产阶级国家政权——手中，由资本主义竞争的加剧和科学技术的发展所推动的社会生产力的增长，与垄断资本主义的外壳之间的冲突正越来越尖锐。这一点正表明，资本主义必然被社会主义替代的客观规律不会依任何人的意志为转移。萨缪尔森企图用"混合经济"的出现作为否定资本主义必然灭亡、社会主义必然胜利这一科学原理的论据，只不过反映了他有意回避现代资本主义条件下生产力与生产关系之间矛盾的日益尖锐化，有意掩盖国家垄断资本主义的实质，以及有意把资本主义发展过程中的不同阶段或资产阶级干预经济的不同方式同资本主义生产方式向更高级的社会生产方式——社会主义——的必然过渡混为一谈。

（三）西方资本主义国家中的失业和通货膨胀是怎样产生的？难道真像萨缪尔森所说的，主要由于经济学"迄今达到的知识水平"有限吗？

前面提到，萨缪尔森在《经济学》一书中所宣扬的一个主要论点是：当前资本主义国家中的失业、通货膨胀等问题并不是"混合经济"制度本身所固有的，而主要是由于在经济学目前的水平上还不可能找到适当的政策、措施来消除它们，同时，也只有在"混合经济"的基础上寻找和制定适当的政策，才能解决这些问题。萨缪尔森认为这一点正是"混合经济"的优越性的表现。所以对萨缪尔森的这个论点的批判，具有十分重要的意义。

萨缪尔森对于资本主义制度下失业和通货膨胀的原因的解释是从凯恩斯的有效需求原理出发的，但他做了补充和发挥。按照凯恩斯的说法，资本主义社会中之所以存在失业，是由于有效需求不足，而有效需求之所以不足，则归因于所谓三个基本心理规律的作用，即消费增长赶不上收入增长的"边际消费倾向递减规律"的作用、随着投资增加而使人们对增加投资预计可以得到的利润率趋于下降的"资本边际效率递减规律"的作用、人们愿意把一定量的货币保存于手边的"流动偏好规律"的作用。这种解释掩盖了资本主义社会中经济危机和失业产生的真正原因，歪曲了资本主义社会中的消费真相，把利润率下降曲解为一种心理现象的结果，并且倒果为因，把作为生产过剩的后果的投资额下降说成是生产过剩的原因。实际上，资本主义经济危机和失业的根源在于资本主义制度，根本不是凯恩斯臆造的"心理规律"的作用所造成的。萨缪尔森不仅承袭了凯恩斯的论点，而且用所谓工人在技术上不适合资本家的要求的"结构性失业"的论点作为对凯恩斯理论的补充。这种解释同样是错误的，因为它把原因仍然在于资本主义制度的现代资本主义国家中的失业现象，说成是仅仅与生产技术的特点有关，似乎工人找不到工作，其责任不在于资本主义制度，而在于工人自身缺乏为雇主所需要的技术或在于工人得不到足够的就业信息，这显然是一种对资本主义制度下的失业原因的曲解。要知道，即使资本主义国家中有些工人由于没有受到劳动技能的训练而找不到合适的工作，即使工人由于某种知识方面的原因而得不到足够的就业信息，那也是资本主义制度下工人阶级长期受剥削所造成的结果，怎么能把这种情况归罪于工人自己呢？何况，在现代资本主义国家中，职位空缺的数额远远少于失业的人数，只要资本主义竞争不断加剧，资本有机构成不断提高，那么资本主义社会中的失业现象就不会消除，失业人数多于职位空缺的现象也不会消除。可见，以萨缪尔森为代表的后凯恩斯主流经济学派关于资本主义失业原因的解释是根本站不住脚的。

再以通货膨胀问题为例。凯恩斯认为资本主义社会中之所以出现通货膨胀，主要是由于经济中存在着过度的需求。而萨缪尔森除了接受了凯恩斯的这一论点外，还用"成本推动"这个因素来说明，并且同后凯恩斯主流经济学派其他代表人物一样，把由于所谓"成本推动"而造成的通货膨胀称作"新通货膨胀"。按照这种说法，通货膨胀的责任实际上又落到了工人阶级身上，似乎正是因为工人要求提高工资，使成本上升，从而造成了当前资本主义国家中物价不断上涨的现象。然而事实真相又如何呢？我们知道，通货膨胀是由流通中的货币量大大超过流通中实际需要的货币量而引起的。自从资本主义国家普遍采取凯恩斯主义的"反经济危机"政策后，政府长期推行人为地刺激需求，制造并扩大财政赤字，加剧信贷膨胀的做法，其结果必然引起了持续的通货膨胀。而垄断资产阶级为了获取高额垄断利润，通常人为地抬高商品价格，这也为通货膨胀所引起的物价上涨起了火上加油的作用。由此可见，要说明当前资本主义国家中的通货膨胀的原因，决不能像萨缪尔森和其他后凯恩斯主流经济学派的代表人物一样把工资上升说成是通货膨胀的推动力量，而必须对资本主义制度和垄断资产阶级统治的实质进行剖析，把通货膨胀同资本主义国家的政府滥发纸币、扩大国债的做法直接联系起来。至于资本主义国家中的工人的货币工资是否随物价上涨而增长的问题，那也必须根据具体情况做具体分析。既然物价上涨是事实，那么工人阶级当然要维护自己的生存权利，他们为争取货币工资的相应增长而进行的斗争也是必要的、合理的。因此，即使在这种情况下货币工资有所增长，那么这只不过是适应了物价的上涨而已，怎么能把通货膨胀说成是工资成本推动所造成的结果呢？

从失业和通货膨胀两个方面来看，我们只能得出这样的结论，这一切都与资本主义制度有关，同垄断资产阶级的统治和资本主义国家所采取的维护垄断资产阶级统治的措施有关，也就是同萨缪尔森所说的"混合经济"制度有关。不能像萨缪尔森那样把诸如失业、通货膨胀之类的问题说成是主要由于当前资产阶级经济学界还没有寻找到某种恰当的政策措施而出现的现象。但问题不仅仅局限于此。我们应当进一步弄清楚，萨缪尔森所说的在"混合经济"制度范围内需要寻的政策措施究竟是些什么措施呢？他提出的主要是两方面的政策措施：即旨在解决失业与职位空缺之间的矛盾的人力政策（劳动力再训练和改善劳动市场结构的措施），以及旨在应付"成本推动的通货膨胀"的收入政策（对工资和物价的管理措施）。正如我们在前面已经一再指出的，这就是萨缪尔森在他的经济学教科书中所增添的属于他本人的论点，也是后凯恩斯主流经济学派的经济学家所共有的论点。其实，由资产阶级政府所实行的劳动力再训练、改善劳动力市场结构的措施、对工资和物价的管理措施，等等，在性质上仍然是国家垄断资本主义的表现形式。资产阶级政府通过这些措施来调节经济生活的目的无非是保证垄断资本家获得高额利润，维护垄断资本主义制度。从表面上看，在国家资助下对失业者或非熟练工人进行技术训练是有利于失业者就业的，有利于非熟练工人适应工作岗位的技术要求的，而政府从事的就业信息交流工作和职业介绍事业，也可能有利于一些缺乏就业信息的劳动者，但即使如此，这些措施的阶级实质也不会发生变化，因为它们都是从维护整个垄断资本主义的总体利益，保证资本主义雇佣劳动制度的正常运行，从而保证资产阶级统治的继续存在出发的。所以，人力政策的性质取决于实行这些政策的国家政权的性质，它们决不像萨缪尔森所说的那样，具有什么"混合经济"制度下"人道主义"的政策的性质。至于对工资和物价的管理措施，那么它们连人力政策的那种伪装都没有了。在当前的资本主义国家中，资产阶级政府所实行的工资和物价的管理，无论是以冻结工资和物价的形式出现，还是以限制工资和物价增长率的形式出现，其矛头都是针对工人阶级的。这是因为，所谓资产阶级政府对物价的控制或管理，始终是空泛的，难以付诸实现。假定资产阶级政府真的采取硬性的限制物价上涨的做法，那么这只会促使黑市猖獗，而物价在黑市条件下反而会上涨得更快。而对工资或工资增长率的限制，显然是想使工人的实际收入下降，使工资的变动落后于物价的变动，也就是使工人阶级遭受剥削的程度加深。无怪乎连有些资产阶级经济学家（如新剑桥学派经济学家）把萨缪尔森所主张实行的工资和物价管制说成是力图使工人收入在国民收入中所占份额不变或缩小的政策。萨缪尔森居然把这样的政策、措施也描述为"人道主义的",那么这种"人道主义"究竟是什么货色也就可想而知了。

在萨缪尔森《经济学》一书第十版（1976）发行的前几年，人力政策和收入政策（工资和物价管制）已被美国、英国和其他一些主要资本主义国家的政府付诸实施。1976 年以前这些国家的经济情况充分说明，被后凯恩斯主流经济学派推荐的这一类应付通货膨胀和失业并发症的措施是无效的。以人力政策来说，即使政府拨出了一定的劳动力再训练费用，使一些失业者得到了就业的技能，但资本主义竞争的激化和新技术的不断被采用，却又制造了更多的失业。何况，资产阶级政府为训练劳动力而支出的经费归根到底是来自财政的，结果，失业问题仍然继续在加剧，财政赤字反而增大了。再以工资和物价的管理措施来说，在资本主义条件下，只要垄断资产阶级所操纵的政府仍然采取饮鸩止渴的扩大财政赤字和制造信贷膨胀的政策，通货膨胀是无法被抑制的。只要垄断组织仍然用抬高物价和逃避物价管制的办法来为自己谋取利益，物价上涨的趋势也不会中止。试问，对物价的管理措施又能有多大作用呢？反之，对工资的管制只可能激起工人阶级的强烈反对，使资本主义社会中广大劳动者有支付能力的需求缩小，从而使资本主义各种矛盾尖锐化，使这些国家的政治经济状况恶化。萨缪尔森声称可以通过对工资和物价的管理措施而使"混合经济"制度下的经济维持稳定的说法，不仅已被 1976 年以前的资本主义经济实际情况所否定，而且也被 20 世纪 80 年代初美国和英国的资产阶级政府拒绝接受。这就是美国里根政府和英国撒切尔政府宁肯采取其他资产阶级经济学家建议的"反经济危机"政策，而不愿采取萨缪尔森所推荐的工资和物价管制政策的一个原因。

（四）萨缪尔森所提出的经济净福利概念的实质是什么？为什么萨缪尔森声称经济学应当"用很大气力研究生活质量问题"？萨缪尔森所谓"混合经济"将解决"生活质量问题"的说法，为什么是彻头彻尾的骗局？

前面已经指出，萨缪尔森在所著《经济学》一书内所提出的属于他本人的主要论点之一，就是用来衡量整个社会经济活动和国民福利大小的经济净福利尺度的提出。他认为，只有依靠这个尺度，才能表示一个社会的生活质量，而只有研究生活质量问题和寻找解决生活质量问题的途径的经济学，才符合现在和将来人们对经济学的要求。因此，我们有必要在这里专就经济净福利概念和生活质量问题，对萨缪尔森的论点进行剖析。

我们应当承认，从经济学说史的角度来看，萨缪尔森所提出的经济净福利概念不是没有意义的。正如萨缪尔森在《经济学》一书中提到的，萨缪尔森关于这个问题的论述取材自美国耶鲁大学两个经济学家 W. 诺德豪斯和托宾在 1972 年发表的《成长论过时了吗？》一文，萨缪尔森把该文中所称的经济福利量（MEW）改称为经济净福利。[①] 从内容上分析，经济净福利与经济福利量并无不同，它们都是国民生产总值（GNP）的调整数。而国民生产总值之所以需要进行某种程度的调整，则确实由于它作为一种衡量国民福利的传统尺度存在着不少局限性和缺陷。比如说，它只反映物质产品的生产而不能反映人们精神上的满足或苦恼，不能反映这些物质产品的类别、用途及其对于人们生活水平的影响，不能反映物质产品生产过程中生态平衡的变化状况，等等。包括萨缪尔森在内的一些资产阶级经济学家看出了国民生产总值指标在这些方面的缺陷，这一点是应当予以肯定的，并且它也能给我们以某种启发，即一个国家在经济增长中不能只注意物质产品的增产而忽视环境保

---

① 萨缪尔森：《经济学》，上册，1979 年版。

护，不能只片面地追求物质产品的增长幅度而忽视人们实际生活状况的改善，等等。从这个意义上说，生活质量这个概念也不是纯属虚构的东西。任何一个社会都存在着居民的生活质量问题。如果认为生活质量这一概念还不很确切，那么可以换成"居民物质和文化生活需要的满足程度"之类的说法，意思出入不会太大。

但问题在于：萨缪尔森提出经济净福利概念的目的并不仅仅是想从经济统计的角度来矫正西方国家流行的国民生产总值计算方法的缺陷，他主要是想说明他所宣扬的"混合经济"制度的"人道主义"特征，即所谓只有在"混合经济"这样的制度之下才能够解决"生活质量问题"，才能够使经济净福利增长较快。这样，经济净福利概念在萨缪尔森的经济学体系中所处的位置也就不能仅仅从国民福利的衡量方法和尺度的变更这一点来考察，而应当从一定的社会经济制度的评价方面来考察。这就是说，萨缪尔森是把社会经济制度的评价同他所提出的经济净福利的计算联系在一起的。

我们知道，对一种社会经济制度的评价必须以生产关系与生产力性质的相适应程度作为标准。资本主义制度的本质特征是生产资料被资本家占有，资本家雇用工人进行生产，榨取剩余价值。但即使是这样一种经济制度，当它处于上升阶段时，由于生产关系与生产力相适应，所以它比生产关系已经不适应生产力性质的封建主义制度优越。这也就是资本主义必然战胜封建主义的原因。但随着资本主义的发展，生产关系与生产力之间的矛盾越来越尖锐，资本主义生产关系终于成为生产力发展的桎梏。这种情况在资本主义的垄断阶段表现得尤其突出。国家垄断资本主义（即萨缪尔森所说的"混合经济"）并不是资本主义生产关系的质变。它不但不可能使资本主义生产关系与生产力性质不相适应的状况发生实质性的变化，反而加剧了资本主义生产关系与生产力之间的矛盾。我们对现阶段资本主义国家的社会经济制度的评价，不能离开这个标准。我们说社会主义制度优越于资本主义制度，也正是以生产关系与生产力性质的相适应程度作为衡量的标准的。由此可见，萨缪尔森那种竭力回避生产关系与生产力性质的适应性来宣扬"混合经济"制度的"优越性"的论调，只可能是辩护性的。

那么，经济净福利的大小是不是多少也能反映一定的社会经济制度的优越与否呢？对这个问题应当作具体的分析。假定采取萨缪尔森的调整方法，即经济净福利等于国民生产总值加"闲暇"和主妇家务劳动的货币值，减去"潜在的污染和生态学的代价"，可以肯定，这个数值要比国民生产总值好一些，因为它把有损于居民生活质量的某些因素（如污染的危害）和实际上增加居民福利的某些因素（如工作时间的缩短）考虑进去了。但从根本上说，这仍然不足以判断一种社会经济制度的优越与否。要知道，经济净福利作为国民生产总值的调整数，仍是一种绝对数笸，它首先与生产力水平高低有关，而未能反映生产关系与生产力性质的相适应程度。主要资本主义国家是发达的工业国，它们通过长时间的经济增长而具有较高的生产力水平，它们的物质技术基础较好，因此国民生产总值较多，即使做了一些调整，经济净福利也是较大的。如果只从这些绝对数值的大小来判断不同社会经济制度的优劣，那就显然掩盖了当前西方国家的资本主义生产关系与生产力性质之间的不适应性。加之，无论是国民生产总值还是经济净福利，都只能反映以国民经济作为总体来计算的产品生产情况，而不能反映具体的产品分配和使用情况。抽象的人均国民生产总值数字或它的调整后的数字（人均经济净福利数字），恰恰掩盖了资本主义生产资料所有制基础上的不同阶级和阶层成员的产品实际占有情况。这一点无疑也是有利于萨缪尔森等资产阶级经济学家为所谓"混合经济"制度辩解的目的的。

当然，萨缪尔森在他的《经济学》一书中曾用较多的篇幅来讨论所谓提高西方国家的生活质量和解决这方面所存在的问题。他甚至主张经济学要改变过去传统的研究方式，而把生活质量作为需要"用很大气力研究"的项目。在这里，一方面暴露了战后资本主义国家经济增长已经给居民生活带来的各种社会经济问题的严重性；另一方面也反映了萨缪尔森作为资本主义制度的维护者，竭力想在居民生活设施和公共服务方面着手，以缓和西方国家的广大劳动者对资产阶级统治的不满情绪，缓和这些国家中尖锐的阶级矛盾。至于萨缪尔森所谓在"混合经济"制度下可以解决居民的生活质量问题的说法，那无非是在向资本主义国家的广大劳动者进行说教，要他们相信现阶段的资本主义国家中所存在的各种社会经济问题是同资本主义制度本身无关的，是同垄断资产阶级统治无关的。不仅如此，萨缪尔森还要广大劳动者相信这种制度的"优越性"。他通过对经济净福利问题的阐释所得出的这一论断，无疑受到垄断资产阶级及其政府的欢迎。这是因为，既然资本主义制度已经如萨缪尔森所说的那样"转变"为"混合经济"制度了，并且有可能不断提高居民的生活质量，增加社会的经济净福利，那么还有什么理由反对资本主义的现行经济制度和垄断资产阶级的统治呢？

事实上，萨缪尔森所谓"混合经济"将解决"生活质量问题"的说法，是一种蒙蔽劳动者的伎俩。正如萨缪尔森自己所承认的，当前主要资本主义国家中的所谓"生活质量问题"包括"贫穷与不平等、生态与成长、博爱与正义"[①]这些方面的问题。但其中任何一个方面的问题都是与资本主义制度不可分的。在以资本主义私有制为基础的社会中，既然存在着阶级压迫和剥削，"贫穷与不平等"就不可能消除。尽管资产阶级政府出于种种考虑而有可能采取措施来治理环境污染，注意生态平衡问题，然而只要资本主义生产是以追求剩余价值为目的的，是在资本主义竞争和生产无政府状态下进行的，那么"生态与成长"问题将会始

---

① 萨缪尔森：《经济学》，下册，1982年版。

终存在，这一点并不依资产阶级经济学家的意志为转移。至于说到"博爱与正义"，那就更显得是一句空话了。在阶级压迫和剥削继续存在的条件下，怎么可能解决萨缪尔森所说的"博爱与正义"问题呢？从表面上看，资产阶级政府确实利用税收的一部分作为社会福利支出。姑且不谈这些社会福利支出对于资本主义国家中的失业者和贫民说来不过是杯水车薪，无法使他们摆脱贫穷的处境；就以这些社会福利支出的来源来看，它们或者是由劳动者按自己收入的一定百分比缴纳的，或者是由资本主义国家的税收中支付的。资产阶级可以通过不同的途径逃避课税或转嫁税收负担，结果税收的主要负担仍然落在劳动人民身上。这不清楚地表明萨缪尔森所宣扬的"博爱与正义"无非是资产阶级政府的一桩骗局吗？

（五）萨缪尔森所建立的后凯恩斯主流经济学体系是不是如他自己所标榜的那样，是一个把宏观经济理论同微观经济理论"综合"到一起的理论体系？萨缪尔森果真弥补了当代资产阶级经济学中宏观经济理论同微观经济理论之间的"裂缝"吗？我们应当如何评价萨缪尔森的所谓"综合"工作？

正如前面已经指出的，萨缪尔森既不是简单地重复包括凯恩斯本人在内的以往资产阶级庸俗经济学的论点，也不是仅限于提出他自己的某些经济学论点，而是力图在承袭前人学说的基础上，把他自己的论点同前人的学说"综合"在一起，以建立一个"新"的资产阶级经济学体系作为标榜。他自称通过这样的"综合"，终于把凯恩斯的宏观经济理论同以马歇尔为代表的微观经济理论"综合"成为一个统一的理论体系。这一点也正是萨缪尔森自认为与当代西方经济学其他流派不同之处。因此，要批判萨缪尔森的经济学说，必须对萨缪尔森所进行的这种"综合"加以剖析。

关于当代资产阶级经济学中的宏观部分与微观部分的"衔接"问题

或"沟通"问题，是第二次世界大战结束以来一些资产阶级经济学家深感兴趣并竭力想予以解决的问题。萨缪尔森只是这些资产阶级经济学家中的一个。从理论本身和政策含义方面来考察，这里所说的"衔接"或"沟通"，实际上是对资产阶级经济学中有关整个国民经济运行的理论同有关私人资本主义企业的经营活动的理论进行协调的问题，也就是如何使资产阶级经济学中有关资产阶级政府调节经济的理论同资本主义竞争和生产无政府状态条件下的市场经济的理论二者协调的问题。凯恩斯的宏观经济理论是关于国家垄断资本主义调节经济的理论。以马歇尔为代表的微观经济理论是关于私人资本主义企业的经营活动的理论、市场机制充分发挥作用条件下的市场理论。它们之间的不一致或所谓"裂缝"，反映了客观上存在的国家垄断与私人资本之间的矛盾，也就是以资产阶级政府为代表的垄断与支配着私人资本主义企业活动的竞争之间的矛盾。所以说，包括萨缪尔森在内的当代资产阶级经济学家们设法使宏观经济理论同微观经济理论协调的做法，无非是想从理论上和政策上调和国家垄断与资本主义竞争之间的不断激化的矛盾而已。即使他们的这种想法得以实现，那也根本谈不上什么经济理论方面的"创新"，算不上什么经济学研究的"新成果"。何况，他们都还远远没有达到使宏观经济理论同微观经济理论协调的目的。

萨缪尔森在《经济学》一书中所进行的"综合"究竟包括哪些内容？根据我们在前面的概括，萨缪尔森采取的"综合"方法如下：

第一，萨缪尔森把"经济稳定""经济的人道化""平等"作为公共经济的目标，把"经济的自由""效率"作为私有经济的目标。他认为只要让"混合经济"制度兼顾这两项目标，于是适应于"混合经济"制度的经济学，也就是萨缪尔森所代表的后凯恩斯主流经济学，将是一种把宏观经济理论同微观经济理论"综合"到一起的经济学。

关于萨缪尔森所说的"混合经济"的含义及其阶级实质，我们已经做了剖析。萨缪尔森所说的"经济的人道化"的欺骗性，我们也做了揭露和批判。在这里需要进一步说明的是，萨缪尔森的这种"综合"方式究竟意味着什么。应该说，在资本主义生产资料所有制的基础上，既然根本不存在什么"经济的人道化"或"平等"，那么也就不可能出现什么"经济的人道化"或"平等"同所谓"经济的自由"或"效率"之间的兼顾。资本主义生产的动机和目的，始终是追求剩余价值。资本主义生产中的"效率"目标是与追求剩余价值这一生产目的一致的，高效率是为了取得更多的剩余价值。但怎样才能取得高效率呢？在资本主义社会中，这首先是以雇佣劳动制度的存在和资本主义竞争规律的作用为前提的。有利于提高效率的先进技术和资本主义企业管理方法，都是在资本主义企业认为可以增加剩余价值的条件下被采用的。因此，在资本主义社会中的高效率的背后，存在着资产阶级利用先进技术和管理方法对工人的加紧剥削，存在着拥有先进技术设备和较充分的市场信息的大企业对小企业的排挤和吞并。这样一种"经济的自由"或"效率"怎么有可能同整个资本主义经济的"稳定""平等"协调一致呢？

第二，萨缪尔森提出要以生产要素供给分析作为需求分析的补充。他认为只有这样才能解释现代资本主义社会中的通货膨胀（"成本推动的通货膨胀"）和失业（"结构失业"），从而使通货膨胀和失业之类的宏观经济学问题具有"微观经济学基础"，使宏观经济理论同微观经济理论"综合"到一起。

关于现代资本主义社会中日益严重的通货膨胀和失业的原因以及萨缪尔森对这些原因的错误解释，我们也已经在前面做了分析和批判。在这里，我们有必要进一步从理论上来阐明萨缪尔森所提出的宏观经济学的"微观经济学基础"究竟是什么。

我们知道，一种关于国民经济或整个社会再生产的理论，是需要建立在一定的价值论和分配论的基础之上的。这就是一般所说的宏观经济学需要有相应的微观经济理论作为基础的道理。科学的价值论和分配论，是科学的社会再生产理论和国民经济管理理论的基础；从庸俗的价值论和分配论出发，不仅只会对社会再生产和国民经济管理做出庸俗的解释，甚至有可能使得对社会再生产和国民经济管理的解释破绽百出，自相矛盾。萨缪尔森的"综合"就属于后一种解释。反科学的边际效用价值论和边际劳动生产力的分配论，是萨缪尔森理论体系的出发点。而马歇尔的集 19 世纪资产阶级庸俗经济学之大成的均衡价格论，则是萨缪尔森用来建立自己理论体系的"微观经济学基础"的主要内容。均衡价格论把边际效用价值论、生产费用论、供求论等结合在一起，用市场供求的均衡来解释价格的决定，而否定了价值本身的客观物质基础。萨缪尔森用来解释现代资本主义社会中通货膨胀和失业的生产要素供给和价格分析，正是这种均衡价格论的发展。它或者把通货膨胀的责任推给工人阶级，或者用技术性的原因来说明失业的形成。这种论点当然无法阐明现代资本主义社会中通货膨胀和失业的过程。然而萨缪尔森却声称这就是宏观经济学同微观经济学的"综合"。试问，这种所谓的"综合"又怎么可能具有科学性呢？

第三，萨缪尔森利用他所提出的经济净福利概念来把宏观经济理论同微观经济理论"沟通"。这是因为，在他看来，经济净福利表示居民的生活质量，这里既有宏观经济学的内容（如国民生产总值的增长），又有微观经济学的内容（如博爱与正义、收入平等等）。

对萨缪尔森的经济净福利概念的实质，我们已经进行了剖析。根据前面所述，不难看出，在资本主义社会中，无论是经济净福利概念的提出还是所谓"解决居民生活质量问题"的许诺，都有很大的欺骗性。不仅如此，我们还需要指出：是不是像萨缪尔森所说的那样，一旦西方经济学把"经济净福利"问题或"居民生活质量"问题作为研究的主要课题，就能使宏观经济理论同微观经济理论"综合"到一起了呢？关于这个问题，应当从两方面来进行分析。一方面，就经济学研究中不仅要考虑国民生产总值的量的增加，而且也要考虑广大居民得到的实际利益是多少，考虑广大居民的物质文化生活需要能在多大程度上得到满足这一点而论，那么把"居民生活质量"问题（如果我们同意采取这一表述方式的话）作为经济学研究的主要课题，是有意义的。这样的研究可以被看成是既与宏观经济分析有关，又与微观经济分析有关。但这里应以对"居民生活质量"概念的正确的表述和在研究中采用科学的分析方法为前提。然而萨缪尔森在《经济学》一书中，在分析"居民生活质量"问题时，不仅力图掩饰资本主义社会中的尖锐的阶级矛盾，美化资产阶级政府的"社会福利设施"，而且借此宣扬所谓"混合经济"制度，攻击马克思主义学说和社会主义制度。因此像萨缪尔森那样地对待"居民生活质量"问题，是不可能得出符合资本主义实际情况的结论的。另一方面，我们应当看到，当代资产阶级经济学中之所以出现宏观经济理论与微观经济理论之间的不衔接，主要是因为无论资产阶级的宏观经济理论还是微观经济理论都是庸俗的，它们本身都存在着不少理论上的谬误和论证方法上的破绽，它们全都不可能给予现代资本主义国家中的垄断与竞争之间的关系，特别是国家垄断与竞争之间的关系以科学的解释，不可能正确地阐明现代资本主义社会中多种社会经济病害并发症的原因。因此，即使用诸如"生活质量"之类的问题的研究作为当代资产阶级经济学的一个新的研究课题，并且即使当代资产阶级经济学家中有些人能够比较实事求是地揭示资本主义国家内的"居民生活质量"方面的问题，那也无助于使西方的宏观经济学与微观经济学协调起来，何况萨缪尔森还根本做不到这一点呢！

总之，当代资产阶级经济学中的宏观经济理论同微观经济理论的"裂缝"（说得更确切些，应当是"彼此抵触"或"矛盾"）的存在是一个事实。这是当代资产阶级经济学的危机的表现，是庸俗的宏观经济理论与微观经济理论无法回答现实经济所提出的问题的表现。不仅萨缪尔森无法弥补这个"裂缝",其他资产阶级经济学家也无法弥补它。

（六）为什么萨缪尔森要否定马克思的劳动价值论？萨缪尔森所提出的"剥削"概念的实质是什么？萨缪尔森曲解资本主义经济中的剥削概念的用意何在？

前面提到,萨缪尔森所建立的包括微观经济理论和宏观经济理论在内的后凯恩斯主流经济学体系是以马歇尔的均衡价格论作为整个体系的"微观经济学基础"的主要内容的。均衡价格论以价格代替价值,把价值问题归结为影响价格水平的市场供求因素的变动问题,它实际上是否定价值的存在,否定在经济学中研究价值来源和价值决定的必要性。萨缪尔森正是利用这种庸俗的价格论来反对马克思的劳动价值论。

为什么萨缪尔森要否定价值的存在,反对马克思的劳动价值论呢?要了解这一点,必须懂得劳动价值论在马克思经济学说中的位置。我们知道,劳动价值论是马克思主义"政治经济学的整个基础"。[①]马克思指出,价值是凝结在商品中的一般的、无差别的人类劳动,即抽象的人类劳动。一切商品都是劳动产品,商品中凝结的一般人类劳动通过交换,在两种商品的交换比例中表现出来。因此,只有从劳动价值论出发,才能阐明商品之间的交换所表现出来的等量关系,才能阐明劳动力这种商品的特点,也才能阐明资本家是如何对雇佣劳动者进行剥削和获得剩余价值的。所以说,劳动价值论是马克思赖以揭示剩余价值的来源和本质,从而创立剩余价值论的根本依据。有了马克思的劳动价值论,才能有剩余价值论,才能第一次真正揭露资本主义剥削的秘密。正是由于有了剩余价值论,资本主义运动的规律性才被展示在人们面前,即一

---

① 《马克思恩格斯全集》,第 26 卷。

端是资本积累，另一端是贫困积累；有了剩余价值论，才能揭示资本主义发展的历史趋势就是资本主义被社会主义所代替，以及无产阶级必然成为资本主义的掘墓人。马克思的论证是如此严密，所以在萨缪尔森这样的资产阶级经济学家看来，要反对马克思所创立的论证资本主义必然灭亡，社会主义、共产主义必然胜利的政治经济学体系，那就必须首先否定劳动价值论。

在《经济学》一书中，萨缪尔森评论马克思的劳动价值论和剩余价值论时，在注解中提到了他自己在 1971 年《经济学文献杂志》上所载的《理解马克思的剥削概念》一文，并声称他已在这篇论文中对问题做了论述。萨缪尔森的观点是这样的：他认为马克思的劳动价值论说明不了商品交换的比例关系，也无法解释商品价格的实际区别，因此不如抛弃劳动价值论，直接采取"价格"概念。萨缪尔森接着认为，马克思不是想用劳动价值论来说明资本主义社会中存在着剥削吗？其实不要劳动价值论，只要价格论，并把一定的"生存工资率"（指保证劳动力再生产的最低生活必需品的工资）同价格、利润率联系在一起，通过对价格、利润与工资的计算就可以证明剥削的存在了。所以萨缪尔森不仅把马克思的劳动价值论说成是"有缺陷的"，而且把它说成是"不必要的"。

萨缪尔森的这些论点的谬误极其明显，因为他从根本上歪曲了马克思关于价值的解释以及关于价值计量的论述。马克思指出价值是抽象劳动的凝结，而抽象劳动是同质的、可以公约的，从而为价值的计量奠定了基础。至于用于生产商品的具体劳动，则是不同质的，它们并不能成为不同商品相交换的量的依据。这原是马克思关于劳动二重性的最基本的原理，但萨缪尔森却认为马克思关于价值计量的说法是不能成立的。这只能表明萨缪尔森不懂得具体劳动和抽象劳动的区别，不懂得在价值计量中应当舍弃具体劳动的形式，而必须根据把复杂劳动还原为简单劳动，并以简单劳动为尺度的方法来计算凝结在商品中的抽象劳动。不仅如此，这还反映了萨缪尔森对马克思在分析价值问题时所运用的科学的抽象方法是完全不理解的。萨缪尔森只满足于市场上所表现出来的价格现象，当然他就不能理解马克思是如何从市场价格现象的背后去发现实质性的问题的。

正因为萨缪尔森否认劳动价值论的科学意义及其重要性，所以他才毫无根据地提出要建立一种"没有劳动价值论的剥削论"的论调。其实，马克思早就对剥削概念做了精辟的阐释。马克思所讨论的剥削是科学意义上的剥削，也就是资本主义生产过程中所发生的资本对劳动的剥削。马克思从劳动价值论出发，分析了货币的本质以及货币转化为资本的条件，分析了劳动力成为商品的条件以及劳动力的价值和使用价值的差别。接着，马克思分析了可变资本和不变资本在价值形成过程和价值增殖过程中的不同作用，分析了资本主义制度下的工资的实质。这样，剩余价值是怎样被创造出来的，又是怎样被资本家无偿占有的，也就很容易被人们所了解了。由此可见，马克思始终认为剥削是资本主义生产过程中所产生的一种现象，而不是流通过程中不等价交换的结果或所谓收入分配"不公平"的结果。然而萨缪尔森则不是这样，他自称可以不需要劳动价值论的论证和推导就能得出"剥削"存在的论断，实际上，这种"剥削"并不是科学意义上的剥削，而只是早就被马克思批判过的庸俗经济学关于剥削来自流通过程或来自收入分配"不公平"的论调的翻版而已。

那么，萨缪尔森为什么要把资本主义经济中的剥削解释为价格、工资、利润之间的某种差额，或者把它说成是工资与利润之间的比率不恰当的产物呢？这与他否定马克思的劳动价值论的目的是一样的，即都在于借此否定马克思所建立的科学的政治经济学体系，"证明"资本主义制度的永恒性、自然性。要知道，根据萨缪尔森的逻辑，既然剥削只是由于价格、工资、利润之间的某种差额形成的，也就是同资本主义生产资料所有制无关的，那么有什么必要去变革资本主义生产资料所有制呢？似乎只要由资产阶级政府对利润率进行一定程度的限制，并设法使雇佣工人的工资有所上升，那么资本主义国家中的工资与利润之间的比率就会变得比较"合理"了，资本主义国家中的收入分配状况也就会变得比较"公平"了，于是"剥削"也就会逐步趋于消失。萨缪尔森的这一论点与他关于"混合经济"制度或"现代福利国家"的论点完全吻合。这是因为，在萨缪尔森的经济学体系中，"混合经济"制度被说成是"人道主义的"一种经济制度，在那里，收入分配的不平等状况将会渐渐消除；"现代福利国家"被说成是"混合经济"制度的同义语，在那里，穷人的生活将会得到"保障"，所以萨缪尔森对"剥削"的这种反科学的解释，也就成为他的有关"混合经济"制度或"现代福利国家"的论点的理论依据之一。

（七）萨缪尔森怎样歪曲和攻击马克思关于资本主义经济危机的学说？萨缪尔森对马克思的危机学说的歪曲和攻击说明了什么问题？在现代资本主义条件下，马克思的危机学说过时了吗？

正如我们在前面已经概述过的，萨缪尔森对马克思关于资本主义经济危机的学说的歪曲和攻击，是萨缪尔森在《经济学》一书中宣扬的又一个主要论点。特别是在当前资本主义经济现实条件下，萨缪尔森的这种说法是有一定的迷惑性的。

萨缪尔森在《经济学》一书中是这样写的："马克思相信他已经通过令人信服和创新性的经济分析推论出被他预测为资本主义的运动规律……只有当我们公平地研究了马克思的逻辑推理之后，我们才能知道，他的预测的破产并不仅仅由于运气不佳（谁能说预测一个世纪以后的事不受运气的影响？）。马克思经济学的内部的逻辑在核心上是错误

的，我们不可能根据新的剩余价值的概念来推测，英国或美国的失业后
备军在 1867 年或 1967 年究竟占有劳动力总数的百分之一还是百分之五
十；也不能推测，资本主义的实际工资究竟按年平均率百分之负五、百
分之三、百分之零或任何其他的数值来变动。"①萨缪尔森这一段话的主
要意思是说，由于马克思的剩余价值理论的错误，所以不可能由此推断
资本主义国家的失业人口和实际工资的变动率，也不可能由此得出资本
主义经济危机的学说和资本主义制度必然灭亡的结论。萨缪尔森甚至做
出了这样的论断："经济科学已经知道如何使用货币和财政政策来使衰
退不致滚雪球似的变成一次持续而长期的不景气。如果马克思主义者等
待资本主义在最后一次危机中崩溃，那么，他们是白等了。"②

这里十分突出地反映了萨缪尔森对马克思的危机理论的曲解，以
及在这种曲解的基础上对马克思的整个政治经济学体系的攻击。我们知
道，马克思关于资本主义经济危机必然发生的原因的分析是同他对于资
本主义基本矛盾的分析不可分割的。资本主义的基本矛盾就是生产的社
会化和资本主义私人占有形式之间的矛盾。生产的社会化表明资本主义
条件下生产力的特点，而私人占有形式则是资本主义生产关系的基本内
容。危机既是这一基本矛盾的激化的表现，同时又是这一矛盾得以暂时
缓和的手段。但危机不可能使资本主义固有的矛盾得到根本的解决，所
以在一次危机过去以后，在矛盾再度激化的基础上又会发生新的危机。
马克思科学地指出，正是由于"每一个对旧危机的重演有抵消作用的因
素，都包含着更猛烈得多的未来危机的萌芽"，③因此资本主义固有的矛
盾必定越来越加剧，最终将导致资本主义的灭亡，使它被社会主义所取
代。剩余价值论之所以是马克思主义政治经济学的基石，也正因为根据

① 萨缪尔森：《经济学》，下册，1982 年版。
② 萨缪尔森：《经济学》，上册，1979 年版。
③ 《马克思恩格斯全集》，第 25 卷。

剩余价值论，在分析了资本主义生产目的的基础上，马克思主义者得出了资本主义制度下生产无限扩大的趋势与广大人民群众有支付能力的需求相对狭小的矛盾不断尖锐的结论，得出了资本主义运动规律和历史发展的必然趋势的结论。马克思从来没有具体地测算若干年后资本主义社会中失业人口的数字或工人实际工资变动的比率，这不仅因为剩余价值论所要阐明的主要是资本家如何对雇佣工人进行剥削，如何进行资本积累，以及资本主义积累的一般规律究竟是什么，而不是对资本主义失业人口和实际工资变动率的具体测算，而且因为这种具体的测算本身并没有什么必要，它丝毫不能代替对资本主义历史发展的趋势的科学结论。

马克思关于资本主义经济危机的理论是一百多年前提出的。历史充分证明了这一理论的科学性、正确性。第二次世界大战结束后，资本主义经济危机的进程与战前相比，确实发生了一些变化。比如说，从1857年起到20世纪30年代为止，各个帝国主义国家的经济危机基本上是同期的，而第二次世界大战结束后资本主义经济危机的同期性却不那么明显，危机在不同国家的爆发时间也有迟有早，有快有慢。又比如说，在第二次世界大战以前，资本主义经济危机期间一般都是通货膨胀和信用紧缩，物价下跌，而战后的许多次经济危机期间，在生产过剩的同时，无论是消费物价还是批发物价都有所上涨。我们在研究战后资本主义经济危机时，是需要注意上述这些新情况的。但我们仍然必须根据马克思的经济理论来分析这些新情况。危机周期性不明显的原因应当从各国受第二次世界大战破坏程度的不同、各国国家垄断资本主义发展的规模和程度的不同，以及各国军事工业发展速度的不同等方面去寻找，这一切与马克思的危机理论毫不抵触。至于第二次世界大战结束以后的经济危机期间物价上涨的原因，则主要在于战后帝国主义国家一直采取赤字财政政策和通货膨胀政策来刺激经济，从而使经济危机更加深刻化、复杂化了。这正如马克思早就指出的，这种刺激经济的做法"不过是资产阶级准备更全面更猛烈的危机的办法，不过是使防止危机的手段愈来愈少的办法"。[①]并且，生产过剩与通货膨胀的交织的根源仍然是资本主义基本矛盾的激化，这与马克思关于资本主义经济危机的原因的分析是完全一致的。怎么能认为马克思的危机理论已经过时了呢？

　　萨缪尔森在攻击马克思的危机理论时，实际上陷入了自相矛盾的境地。他一方面说第二次世界大战以来西方世界已经没有"大规模的萧条"了，西方经济学已经知道如何利用财政金融政策来避免"持续而长期的不景气"了，但另一方面却又不得不承认通货膨胀与失业并发症是当前西方世界遇到的一个尚未找到解决办法的难题，这不正说明资本主义的经济危机不仅没有消失，而且其发展趋势是越来越严重。事情已经很清楚了，萨缪尔森对马克思的危机学说的歪曲和攻击的目的无非是想借此否定马克思主义的政治经济学体系，掩盖当前仍然使垄断资产阶级深为不安的经济危机的真相，以便为资本主义制度和垄断资产阶级统治辩护。萨缪尔森的这一意图，在下面我们即将剖析的所谓"马克思主义的危机"这一命题中表露得更加明显。现在，让我们转入对萨缪尔森提出的这一更加露骨地攻击马克思主义的命题的批判。

（八）在实践的检验下，是马克思的经济理论发生了危机还是资产阶级经济理论发生了危机？遭到破产的是马克思主义经济学体系还是萨缪尔森的经济学体系？

　　在《经济学》一书中，萨缪尔森在诋毁马克思的经济理论时曾这样写道："后人可能最终认为，在马克思的思想中，他的经济学是最不持久的部分。"[②]他还特地采用一个醒目的小标题"马克思主义的危机"来

---

① 《马克思恩格斯全集》，第 4 卷。
② 萨缪尔森：《经济学》，下册，1982 年版。

表达他对马克思主义经济学的总的评价。其实，萨缪尔森对马克思主义经济学的诽谤并不会损害马克思主义的光辉。一百多年来国际共产主义运动的历史实践，确凿地证实了马克思主义的强大生命力。马克思主义作为科学的理论体系，绝不是萨缪尔森等资产阶级经济学家的攻击所能动摇的。对于萨缪尔森在《经济学》一书中对马克思主义的诋毁，我们不能保持缄默。我们将从事实出发，揭露萨缪尔森对马克思主义的这种诽谤是毫无根据的。事实告诉我们，破产的绝不是马克思主义经济学体系，而恰恰是萨缪尔森的经济学体系。

萨缪尔森之所以声称马克思主义发生了危机，他的主要依据是"实际工资在西方世界正在绝对地上升而不是下降这一事实"。[1] 萨缪尔森还转引了罗宾逊的这样一段话："'无产者在这个革命中失去的只是一幢近郊的住宅和一辆汽车'不会成为一个革命运动的适当的口号。"这就是说，既然马克思主义理论是以无产阶级贫困化学说作为核心的，那么在实际工资上升以及工人拥有近郊住宅和小汽车之后，马克思主义"整个理论怎么能站住脚"？[2] 可见，问题实际上集中在马克思主义的无产阶级贫困化学说方面，集中在当前主要资本主义国家的工人阶级状况方面。为了澄清萨缪尔森在这些方面所制造的理论混乱，我们有必要正确地理解马克思主义关于无产阶级贫困化学说。

马克思在分析资本主义积累的一般规律时，从资本家阶级占有生产资料，雇佣工人被迫依靠出卖劳动力才能生存这一事实出发，得出了资本主义制度本身决定了工人阶级状况随着资本的积累而恶化的论断。只要资本主义生产资料所有制不变，剩余价值规律继续起着作用，那么无产阶级受剥削的地位就一直不会改变，资本主义社会中贫富两极分化的

---

[1] 萨缪尔森:《经济学》，下册，1982 年版。
[2] 同上。

现象也一直不会消失。这就是马克思关于无产阶级贫困化学说的中心思想。根据马克思的阐释，既然无产阶级贫困化是作为资本主义条件下的一个客观经济规律来表述的，那么就应当把它理解为："这一规律制约着同资本积累相适应的贫困积累。因此，在一极是财富的积累，同时在另一极，即在把自己的产品作为资本来生产的阶级方面，是贫困、劳动折磨、受奴役、无知、粗野和道德堕落的积累。"[①]从而无产阶级贫困化的内容也应当被理解为物质生活方面和精神生活方面。

当然，正如马克思所指出的，尽管无产阶级受剥削的地位不变，但无产阶级的物质文化生活状况却会因时间、地点、条件的不同而有所变化。我们不能把无产阶级贫困化设想为无产阶级物质文化生活状况注定是一天比一天坏。如果这样来理解的话，那就违背了马克思的原意。应当承认，由于第二次世界大战结束后主要资本主义国家经历了一个较长的相对稳定的经济增长阶段，在资本对劳动力需求增长的条件下，工资水平是有所提高的，这就为工人的物质生活的改善提供了可能性。还应当承认，战后以来，由于主要资本主义国家工人队伍的组织程度的增强和工会领导下的工人争取改善生存条件的斗争的高涨，这也迫使资本家不得不改变剥削的方式，即由资本主义初期所习惯使用的延长工时和尽可能压低工资率的方式转变为主要靠提高劳动生产率来榨取剩余价值的方式，从而也使工人的物质生活有一定程度的改善。我们承认这些事实，但决不等于说资本主义积累的一般规律已不再发生作用了。这只是说明，我们必须根据不断变化着的情况来理解资本主义国家无产阶级贫困化的新的特点。马克思曾经说过。"由于资本积累而提高的劳动价格，实际上不过表明，雇佣工人为自己铸造的金锁链已经够长够重，容许把

---

① 《马克思恩格斯全集》，第23卷。

它略微放松一点。"①马克思的这一论点，是完全适用于分析第二次世界大战结束后主要资本主义国家在较长的一段时间内工人实际工资的提高和物质生活状况的改善的。

但与此同时，我们不能忽略以下这些情况，即与战前相比，工人在生产过程中所受的剥削加重了，剥削程度提高了，以及工人所负担的税收增加了，工人的平均负债额也增大了。剥削程度的加重是战后主要资本主义国家科学技术发展所带来的必然结果，它标志着工人收入与剥削阶级收入之间的差距的扩大。而工人所负担的税收的增加又是战后主要资本主义国家扩大军费和行政费支出以及利用国家财政来调节经济的产物，它使工人不得不把自己所得到的收入的一部分转交给资本家的总代表——资产阶级政府。至于工人的平均负债额的增大，则表明战后主要资本主义国家的工人是利用预支的未来收入来维持高于战前的物质生活水平的。这些情况连资产阶级官方统计部门也无法否认。再说，即使在战后经济增长阶段，主要资本主义国家中仍然存在着大量收入和消费水平远远低于资产阶级官方机构所公布的最低生活标准的贫民，存在着处境尤其艰难的女工、童工、少数民族工人和移民工人，他们成为发达的资本主义社会的最底层。萨缪尔森在谈到"富裕中的贫困"时，也不得不承认这样一些事实。难道这不属于无产阶级贫困化的内容吗？

假定我们把资本主义社会中无产阶级贫困化作为一个客观经济规律来看待，把资本主义经济的运动作为一个长期的、历史的过程来看待，那么我们可以看到，第二次世界大战结束后经济相对稳定阶段的实际工资上升是资本主义国家的某些特定历史条件下产生的现象，它不足以代表资本主义经济运动的全过程。从 20 世纪 60 年代末起，失业率的较高

① 《马克思恩格斯全集》，第 23 卷。

水平和通货膨胀的日益严重，使主要资本主义国家的工人的物质生活状况显然地恶化了。这种趋势在今天依然十分明显。难道我们能认为马克思主义的无产阶级贫困化学说已经过时了吗？如果我们再从工人阶级精神生活的角度来进行考察，那么可以同样清楚地看到，在通货膨胀与失业并发症严重的条件下，主要资本主义国家的工人对社会的前途和个人的前途日益失去信心，精神空虚、颓丧，工人的思想受到资产阶级越来越严重的腐蚀、毒害。这些也是我们在分析当前主要资本主义国家的工人阶级状况时不能予以忽视的。

总之，正确地理解马克思主义的无产阶级贫困化学说，关键在于从资本主义积累的一般规律的作用进行分析，在于把无产阶级贫困化同无产阶级在资本主义制度下所处的受剥削地位联系在一起考察，也在于把资本主义经济的运动看成是一个一端是资本和财富积累，另一端是贫困积累的长期的、必然的过程。无产阶级贫困化学说的革命意义，正在于它告诉资本主义世界的广大劳动人民，贫困的根源在于资本主义制度本身，劳动人民只有打碎资本的枷锁，推翻资产阶级的统治，才能真正改善自己的状况。萨缪尔森和当代其他一些资产阶级经济学家显然是意识到这一点的，于是他们提出了所谓实际工资上升后，马克思的经济理论是否还站得住脚之类的命题，甚至提出了由于无产者在革命中失去的只是一幢近郊的住宅和一辆汽车，他们是否还会起来革命之类的命题。关于战后主要资本主义国家的实际工资变动的问题，我们在前面已经从不同时期的经济增长条件的角度做了说明。我们认为事实上并不存在资本主义社会中实际工资上升的历史趋势，实际工资的一度上升也不表现为客观的经济规律性，因此，萨缪尔森所说的"实际工资在西方世界正在绝对地上升而不是下降"这一点不仅不符合事实，而且也同萨缪尔森在《经济学》一书中所承认的 20 世纪 70 年代以来西方通货膨胀问题的严重性的说法相抵触。这就是说，如果像萨缪尔森那样企图用"实际工资上升"作为依据来否定马克思主义的无产阶级贫困化学说，那是徒劳的。

接着，让我们再考察所谓"无产者在革命中失去的只是一幢近郊的住宅和一辆汽车"，从而他们是否还会起来革命这个命题。我们认为，在这里首先需要弄清楚的是，包括近郊的住宅和小汽车在内的耐用消费品的私人占有能否改变资本主义社会的性质，社会主义革命的目的难道是要改变耐用消费品的私人占有吗？要弄清楚这些问题，必须懂得马克思关于生产与消费之间关系的学说。我们知道，消费的性质是由生产和分配的性质决定的。资本主义社会中占统治地位的生产关系的性质决定着社会的消费的性质。资本主义的生产目的是取得剩余价值，资本主义社会中工人阶级的个人消费从属于资本主义再生产的需要，从属于资本家获取剩余价值的需要。只要资本主义生产关系不变，那么工人作为雇佣劳动者的地位就不会改变，工人的消费的性质也同样不会改变。工人占有一定数量的耐用消费品，这一事实并不会改变工人在资本主义社会中所处的受剥削的地位，不会使资本主义社会的性质发生变化。这是因为，耐用消费品毕竟是消费品，它们是供工人生活需要的，它们不是生产资料，不是资本。耐用消费品的私人占有既然不改变资本主义社会的性质，占有一定数量耐用消费品的雇佣劳动者既然仍旧遭到资本家阶级的剥削，那么从逻辑上就得不出雇佣劳动者因有了耐用消费品而改变了阶级地位，于是不再接受消灭资本主义制度，挣脱资本枷锁的"革命运动的口号"的论断。至于革命的主观条件和客观条件是否成熟，工人阶级队伍中的多数成员是否觉悟到只有消灭资本主义生产资料所有制才能使自己摆脱受剥削的地位，那是另一个问题，它同工人是否占有一定数量的耐用消费品之间没有直接的、必然的关系。也就是说，如果工人接受了马克思主义，有了革命的觉悟，并且客观条件也已经成熟，那么觉醒了的雇佣劳动者不管是否占有一定数量的耐用消费品，他们都将要求以社会主义制度来代替资本主义制度。

革命的目的在于推翻资本主义制度。无产者在革命中失去的只是一副锁链，这是千真万确的。无论资本主义社会中的工人是否占有一定数量的耐用消费品，他们都将由于革命而不再遭受剥削。革命所要消灭的只是生产资料的资本主义所有制，而绝不是劳动者个人对消费品的占有。不仅如此，一旦消灭了资本主义生产资料所有制，生产关系将适应于生产力的性质，社会生产力的发展将会大大加速。作为社会主人的劳动者在摆脱剥削之后，生活将会大大改善，连那些至今还未能享受到"技术进步果实"的工人也将通过自己的劳动收入而得到相应的消费品。所谓"无产者在革命中失去的只是一幢近郊的住宅和一辆汽车"的说法，不是出于对社会主义社会的糊涂认识，就是别有用心地挑起资本主义国家的劳动者对革命的反感，使他们甘愿忍受如今的这种受剥削的地位。

当然，对全世界的马克思主义者来说，当前资本主义国家中一些工人已经拥有私人住宅和小汽车这一事实本身，也提出了一系列有待于深入研究的问题，即如何根据具体情况的变化来进行新问题的研究，如何制定适合本国条件的新的斗争策略，以及如何针对着相当一部分劳动者的疑虑，进行细致的宣传教育工作，以适应新形势的需要。但总的说来，尽管各国的情况有所不同，但社会主义终究要代替资本主义的历史趋势，是不依任何人的意志为转移的。

通过以上的分析，我们不难得出这样的结论：遭到破产的不是马克思主义经济学体系，而恰恰是既不能解释当前资本主义经济所发生的种种问题，又找不到使资本主义国家摆脱经济困境的办法的萨缪尔森经济学体系，恰恰是既想从理论上来否定马克思主义经济学说，但却漏洞百出、无法自圆其说的萨缪尔森经济学体系。事实不正是如此吗？

（九）萨缪尔森所使用的"马克思主义经济学的凡俗化"和"马克思主义是麻醉马克思主义者的鸦片"等词句中，难道有一点点经济学研究的气味吗？马克思主义者面对萨缪尔森对马克思主义的恶毒攻击，应当采取什么样的态度？

萨缪尔森在《经济学》一书第四十二章的最后一部分，在《马克思主义经济学的凡俗化》的标题下，对马克思主义进行了恶毒的攻击。他把马克思主义比喻是宗教，是一种能给人们带来安慰的鸦片。但他又说，马克思主义能安慰的不是别人而只是马克思主义者自己。萨缪尔森毫不掩饰地写道："在经济学中，'马克思主义是麻醉马克思主义者的鸦片'的事例实在太多了。"① "马克思的不可避免的革命将很快到来这一黑格尔式的观点，也对马克思主义者起着安慰的作用，起着使长期推迟希望所带来的痛苦比较易于忍受的作用。"试问，采用这样的语言来诋毁马克思主义和攻击马克思主义者，难道还有什么经济学研究的气味吗？萨缪尔森的《经济学》是作为一部大学教科书而撰写的，向那些刚接触经济学的青年学生们灌输这样一些东西，难道真的是向他们评介马克思主义的经济学说吗？显然，这些词句只能表明萨缪尔森为了反对马克思主义，终于抛弃了经济学问题争论的形式，而求助于直接的、公开的污蔑手段。其实，把马克思主义说成是宗教，并非始于萨缪尔森，萨缪尔森只不过重新拣起了资产阶级政客们早就用过的手法而已。

马克思主义是无产阶级的强大的思想武器，是无产阶级的革命行动的指南。马克思主义的理论同无产阶级的革命实践相结合，产生了无比巨大的威力。这就是全世界无产阶级和一切马克思主义者如此珍视马克思主义，并致力于继承和发展马克思主义的原因。萨缪尔森把马克思主义污蔑为宗教，这充分反映了他作为剥削阶级代言人的顽固的立场。但

---

① 萨缪尔森：《经济学》，下册，1982 年版。

我们在这里需要指出的是，马克思主义者究竟是根据什么而建立社会主义必然代替资本主义的信念的？马克思主义者在无产阶级革命形势尚未成熟时，究竟采取什么样的态度？如果把这两个问题阐明了，萨缪尔森所谓马克思主义者靠马克思主义来"安慰"自己之类的论调也将不攻自破了。

正如马克思所指出的："通过资本主义生产本身的内在规律的作用，……生产资料的集中和劳动的社会化，达到了同它们的资本主义外壳不能相容的地步。这个外壳就要炸毁了。"[①]马克思主义者坚信历史唯物主义原理，认为资本主义生产关系已经不再适合生产力的性质。在生产的社会化水平越来越高，而生产资料及其成果却日益集中在少数垄断资产阶级手中的情况下，资本主义所固有的各种矛盾，首先是资本主义基本矛盾达到空前尖锐的地步，这就使资本主义制度的灭亡成为不可抗拒的历史趋势。马克思主义关于资本主义终究将被社会主义所代替的信念，正是建立在马克思对社会历史发展的规律性的科学论证的基础上的。正是这种信念，使马克思主义者即使在无产阶级力量还相对地较小，在无产阶级革命形势尚未成熟的条件下，仍然能对无产阶级历史使命的实现和无产阶级革命的前景满怀信心。萨缪尔森站在资产阶级辩护者的立场上，根本不可能理解马克思主义者的这种信念的巨大力量。

关于资本主义的历史地位，列宁根据马克思主义原理，在对帝国主义的政治、经济和社会矛盾进行科学分析后，得出了帝国主义是垂死的资本主义的论断。列宁指出，垂死的资本主义是资本主义发展的一个历史阶段，也就是它的最高阶段。这说明了资本主义的历史命运。但垂死不等于已经死亡，资本主义进入了垂死阶段并不意味着无产阶级革命随时随刻就能实现。正如历史上任何一个旧制度都不会自动崩溃一样，资本主义即使已经进入了它的垂死的阶段，它也不会自动崩溃、灭亡。代

---

① 《马克思恩格斯全集》，第 23 卷。

表着垄断资产阶级利益的现代资本主义国家政权竭力维护着这一垂死的制度。它们不但利用一切手段来巩固自己的政治统治，同时也在资本主义生产关系的范围内采取某些调整的措施，以缓和生产关系同生产力之间的矛盾，延缓资本主义的灭亡。资产阶级的思想家和代言人多包括萨缪尔森这样的资产阶级经济学家在内，则在意识形态内为维护资本主义制度而尽力。他们通过书籍、报刊、电视、广播、讲坛，等等，向资本主义国家的劳动人民散布资本主义社会的性质已经改变，从而革命不再成为必要的谬论。他们诋毁马克思主义，丑化马克思主义，企图把广大劳动人民长期置于资产阶级意识形态的奴役之下。萨缪尔森在《经济学》一书中之所以使用了如此恶毒的语言来对马克思主义进行诽谤（应当说，这种情况在其他一些西方经济学家所写的大学经济学教科书中是不多见的），无非是想使青年学生不受马克思主义影响，以达到维护垂死的资本主义的目的。正因为这样，所以我们必须充分认识到无产阶级革命道路的艰难性、曲折性，认识到在国际意识形态领域内斗争的复杂性。

萨缪尔森对马克思主义的评论小结时，这样写道："总之，马克思主义的价值很大，我们不能听任它受马克思主义者的支配。它是一面可以用于分析批判的棱镜。通过这面镜子，主流经济学——为了自身的利益——可以毫不留情地检验其理论。"[1]意思是十分清楚的，即萨缪尔森不仅要把马克思主义作为批判的对象，而且不容许马克思主义者来解释马克思主义，维护马克思主义，发展马克思主义。萨缪尔森想把经过他和其他资产阶级经济学家之手而曲解了的马克思主义告诉读者，说"这就是马克思主义"，然后对此进行攻击。这种手法是极不光彩的。为了维护马克思主义，为了使国际上那些受了萨缪尔森的蒙蔽而对马克思主

---

[1] 萨缪尔森:《经济学》，下册，1982 年版。

义产生这种或那种错误想法的读者辨明是非，我们必须对萨缪尔森的经济学体系进行认真的剖析，既要批判以萨缪尔森为代表的后凯恩斯主流经济学本身的理论和方法的谬误，更要揭穿萨缪尔森曲解和诽谤马克思主义的手法，用事实来驳斥萨缪尔森对马克思主义的攻击。这是摆在我们面前的一项重要的战斗任务。

四、正确指导我国读者阅读萨缪尔森的《经济学》一书

萨缪尔森的《经济学》第十版的中译本已公开出版。中译本的前面载有长达一万余字的译者序言。译者序言分析了后凯恩斯主流经济学的源流，指出了后凯恩斯主流经济学目前的困境及其理论上的破产。译者序言还就后凯恩斯主流经济学的破产谈到了当代资产阶级经济学的危机。对萨缪尔森《经济学》的总的评价，译者序言写道："尽管本书的个别概念和个别论点具有一定的现实意义，然而，从整个体系来看，后凯恩斯主流经济学，基本上没有科学价值。"（上册，第 XIV—XV 页）译者的这种看法是正确的，我同意这一总的评价。至于萨缪尔森《经济学》中究竟有哪些内容可供我们参考，译者序言中分为四个方面来加以概述，即第一，本书提供许多具体事例，使读者进一步理解现代资产阶级经济学和马克思主义政治经济学分歧之所在；第二，本书作为一部入门教科书，使用通俗的语言和简单的数学公式，使读者能花费较少的力量来理解资产阶级经济学说的内容；第三，本书涉及的范围很广泛，除了资产阶级经济理论而外，还包括财政、银行、会计、统计、国际贸易、国际金融等方面的内容，所以能使读者在一本书中洞悉现代资产阶级经济学的全貌；第四，本书有大量资本主义国家的经济资料，可以使读者知道一些资本主义世界的经济情况，特别是美国的情况。我感到译

者的上述概述是符合本书的实际状况的。我也同意译者的这些看法。

在这里，我准备着重在对我国青年读者阅读本书的指导方法上谈一点个人的意见。我认为：

一方面，应当向读者指出萨缪尔森在《经济学》中所表述的经济理论体系的庸俗性，萨缪尔森采取的宏观经济学同微观经济学的综合方法的反科学性，以及萨缪尔森所提出的维护资本主义制度的各种政策主张的阶级实质。这就是说，应当告诉读者，在阅读本书的过程中，要懂得萨缪尔森的《经济学》不是一部单纯知识性的经济学教科书，而是贯穿了当代资产阶级经济学的"正统派"——后凯恩斯主流经济学派——庸俗经济学说的一本有明显倾向性的经济学教科书。在这里，既有萨缪尔森从其他资产阶级经济学家那里承袭过来的东西，又有萨缪尔森本人提出的主要论点，更重要的是萨缪尔森通过他自己的"综合"，把这一切组成为一个为垄断资本主义辩护的、反马克思主义的经济学体系。假定读者不了解萨缪尔森《经济学》一书的这种倾向性，以为萨缪尔森在该书一开始所声称的"公正""客观""不带感情和偏见"等真的是萨缪尔森的写作方法和态度，那就容易受到萨缪尔森的蒙蔽。尤其是书中有许多幅统计表，有不少表现这种关系或那种关系的曲线图，还有一些数学公式，往往会给读者一种貌似科学的印象，这就更容易使读者受骗。可见，正确地指导我国的青年读者阅读本书，是很有必要的。

另一方面，在涉及资产阶级微观经济学和宏观经济学中某些对我们有一定参考意义的基本概念和分析方法时，也应当向读者说明，本书仅仅是一本西方经济学的教科书，它只能给读者以初步的、入门的知识，只能作为今后继续弄清楚这些方面的问题的准备。比如说，就资产阶级微观经济学而言，像需求弹性和供给弹性的分析、投资风险的分析、长期成本和短期成本的分析、边际收益与产量之间关系的分析、规模经济的分析、生产可能性边界的分析、生产要素替代与组合的分析、最优资源配置的分析等，我认为对社会主义经济中提高经济效益有可供借鉴之处，不能一概予以否定。但除了要向读者指出这些分析的理论基础是庸俗经济学的边际效用价值论、生产费用论、均衡价格论、边际生产力分配论外，还应当告诉读者，要真正懂得这些基本概念和掌握这些分析方法，还必须阅读有关微观经济分析的专著，萨缪尔森的《经济学》仅仅提供了入门知识而已。理由很简单，它只是一部大学经济学教科书。当然，这里说到的专著，也包括萨缪尔森与他人合写的《线性规划和经济分析》在内。我们应该实事求是，不能因为萨缪尔森写了像《经济学》这样一部基本上并无科学价值的教科书，就把萨缪尔森在线性规划分析方面的研究成果也一笔抹杀了。我并不是说《线性规划和经济分析》一书没有缺陷，更不是说它是以科学的经济理论为指导而写成的。我只是说，线性规划是一种有用的经济分析方法，而萨缪尔森和其他西方经济学家在这个领域内的某些研究成果应当得到恰当的肯定。再以资产阶级宏观经济学而言，像"增加价值"的计算、消费曲线和储蓄曲线的分析、政府支出效应的分析、银行存款和放款数量变动效应的分析等，也是可供参考的。我们同样需要向读者指出，这些分析的基础是资产阶级的国民核算体系和凯恩斯的收入决定理论，我们应当了解它们在理论上的错误所在，而且，即使要从宏观经济分析方法的角度来理解它们，掌握它们，还必须阅读有关宏观经济分析的专著，萨缪尔森的《经济学》也仅仅是入门的教科书。在我看来，萨缪尔森作为一个在宏观经济领域内进行了研究的西方经济学家，他的某些专门学术论文，如《乘数分析与加速原理的相互作用》（1939），既有理论上的错误，也有一定的参考价值，不应当完全予以否定。

这表明，对当代资产阶级经济学著作要根据具体情况进行具体分析。即使对于像萨缪尔森这样的经济学家的作品，也要区别对待。我们说，萨缪尔森的经济学体系是庸俗的、反马克思主义的，萨缪尔森的一系列基本论点是错误的，萨缪尔森的《经济学》一书是为资本主义制度辩护的，但我们也承认，萨缪尔森的另一些学术著作有可供参考、借鉴之处。即使在萨缪尔森的《经济学》中，对一个想了解西方资本主义国家的经济情况和想进一步弄清楚当代资产阶级经济学说的读者来说，仍是有一定用处的。不能因人废言。不能一听说萨缪尔森歪曲和攻击了马克思主义，就以为萨缪尔森所写的一切作品都不值一读了。错误的东西，一定要指出来；对反马克思主义的论点，要坚决批判；而对于可供参考的部分，也要向读者说明。我认为这就是在指导我国青年读者阅读各种资产阶级经济学著作时应当持有的态度。

第二编

西方经济
与流派

当代西方经济思潮

引自《当前中国经济问题探索》，中国人民解放军政治学院出版社，1985 年版。

关于当代西方经济思潮，今天讲四个问题：①关于最优化和次优化的讨论；②关于小企业和小城市的优越性的研究；③关于国家干预主义和经济自由主义之间的争论；④如何看待当代西方经济学家关于"后工业社会"的论述。

一、关于最优化和次优化的讨论

关于最优化和次优化的问题，既是西方福利经济学理论研究的课题，也是西方管理科学研究的课题。福利经济学理论研究中所讨论的最优化和次优化，涉及的范围较广，由于时间的限制，今天就不谈了。今天所要谈的，是西方管理科学中所涉及的问题，主要是：按最优原则决策还是按次优原则决策？哪一种原则更有现实意义？

我们知道，在西方经济学中，从英国古典政治经济学开始，直到第二次世界大战后，这么长的时间内，在决策方面起着支配作用的，是最优化的理论。什么叫最优化？它是指任何决策都以最优的原则来考虑。比如说，在经济学中，企业考虑最低的成本、最大的利润、最大的市场份额等。以往所有的经济学讨论都建立在最优原则的基础上。最优化所根据的前提是：假定信息非常充分。这就是说，在决策者面前，摆着所有的可供选择的方案，有了这些可供选择的方案以后，才能够做出最优的决定。比如说，一个人要从石家庄西郊到正定去，现在掌握了全部信息：一共有多少条路可走，然后可以选择一条最近的路。这就是最优化。所以最优化就是掌握了全部信息以后的一种决策。

但近些年来，经过西方经济学界的讨论，一些人发现最优原则实际上只是存在于理想之中，实际生活中是不存在的。为什么说实际生活中没有最优呢？这是因为：

第一，信息是不充分的。一个决策者不可能掌握全部的信息，从而不可能在掌握了全部信息以后再做出决定。特别是在现代社会经济生活中，在科学、技术日益发展的条件下，由于信息越来越多，情况更是如此。

第二，即使一个决策者能够掌握全部信息，并且有现代的科学手段来计算、分析它们，然而时间是不允许的。要把这么多信息掌握到手，再加工、处理、分析、判断，最后做出决定，需要一段时间，等到做出决定时，机会就过去了。失去机会，这就是不可估量的损失。所以说，即使能够掌握全部信息，并有可能做出最优决定，但时间不等人，只有白白错过机会。

第三，即使一个决策者能够掌握全部信息，并能运用现代科学手段做出最优决定，而且从时间上说也来得及，但决策者为此花费的代价过大，决策成本太大，这很可能得不偿失。那就是说，这样的最优决策在现实生活中，是行不通的。

因此，近来西方经济学研究中有一种趋势，就是不一定要求最优化，而只要求次优化。或者说，在最优化不可能实现的条件下，次优化不失为一种可供替代的原则。

什么叫次优化？次优化就是说，只要能够过得去，能够使决策者满意，那就是可行的。次优不是最优，但实际上比最优适用。这样，就不要求有完全的信息，而只要求有足够的信息。从时间上说，这是来得及的，不会错过机会。从经济上来说，决策成本也比较小。可以举一个例子。美国经济学家 H.西蒙说过，缝衣服需要一根针，假定根据最优化原则的话，缝衣服要选择一根最尖的针。但怎么知道哪一根针是最尖的呢？这就需要把所有的针拿来比较，用精密仪器测定，先判断哪一根针最尖，再选择这根针。这样做当然是不必要的，而且付的代价过大。如果不用最优化原则，而用次优化原则，那就是说，只要针是尖的，尖得可以缝衣服，就行了。这样的话，找到的第一根针，尖得能够缝衣服就是有用的。选到这根针以后，就不必再去比较其他针了，因为这已经符合目标。再比如说，到一块田里去寻找一根老玉米。假定说，要找一根最大的老玉米，那就必须把这块田里所有的老玉米都用尺子量过，放到天平上称过，然后才能选出一根最大的老玉米。现在要选一根能够一顿吃饱的老玉米，这样所碰到的第一根老玉米，只要它够大了，已经熟了，能使人吃饱，那就行了。至于田里其余的老玉米，那就不要管它们了。所以次优化是以满意的原则来考虑的。以上是美国经济学家西蒙的观点。他专门研究决策理论。他认为，现实中可行的，不是最优化原则。他曾引用过这么一句话："你要想找最好的，那是永远找不到的。你要找一个好的，也许能碰上一个最好的。"每一个人在实际生活中，都会遇到这样的例子。所以，在实际生活中，可行的原则就是次优化的原则。

此外，经过现代西方经济学家研究，最优化原则还有一个缺点，就是它只能够符合单一目标。而现代的经济生活中，实际上不是单一目标，而是多目标。假定是多目标的话，那么最优化原则就不适用了。大家知道，到食堂里去买饭菜，现在定了三个目标：价钱是最便宜的，口味是最好的，营养价值是最高的。要三个目标同时达到最优，那是达不到的。只能够符合一个目标，最便宜的就不一定是最有营养的，最合口味的也不一定最便宜。这样一来，在多目标的经济和多目标的管理中，最优化是办不到的。于是只好退而求其次。次优化决策原则告诉我们，对任何目标，都将制定上限和下限。然后在上、下限之间，想办法来同时符合三个目标。比如说，价钱最便宜这一条，可以把它改为1毛钱到3毛钱之间。口味如何，酸甜香辣的，各在一定的标准之内。营养呢，定在蛋白质含量、维生素含量、脂肪含量多少之内。这样，在三个目标的上、下限之间，就能够使你买到一个满意的菜。这就不是最优目标，它已经是次优目标了。

总之，最优化是以往西方经济学中所流行的原则，看来它今天不适用了。信息不够充分，决策时间有限，机会不可丧失，这就使最优化的实现遇到障碍。同时，又不能为决策而花费那么大的成本，去搜集那么多的信息，所以最优化也是不经济的。何况它还只适用于单一目标，而现代社会经济中要求达到多种目标，所以要用次优化来代替最优化。

如果把最优目标看成是不切实际的，那么，在西方经济学研究中，就会形成一系列新的看法。比如说，究竟应当如何看待信息？以往的传统经济学观念是信息越多越好。这是和最优化决策相符的。要做到最优化决策，信息必定是越多越好。现在看来，信息并不是越多越好。不需要那么多信息。现在所强调的是：适度的信息。就是说，信息要适度，适度的信息跟决策的需要联系在一起。比如说，一方面信息过少，当然对决策是不利的。它妨碍决策。但另一方面，信息太多，就成为一种干扰，所以现代经济生活中，需要对信息有筛选。信息的筛选是为了去掉过多的信息所引起的干扰，为什么在工作中要配备秘书？秘书最主要的任务是帮助领导筛选信息。

从这里引申出的另一个含义是：在现代决策过程中，要区分两种决策，即程序化决策和非程序化决策。

程序化决策是指在经济中，包括日常生活中，大量的、重复出现的决策。它是有例可循的、有规章制度可依的决策。比如说，一个企业，日常的原材料消耗量是多少？日常的进货量是多少？这就是大量的重复出现的决策，它已经程序化了。

非程序化决策，就是偶然性、一次性的决策。它是没有前例的。比如说，在经济中，工厂日常进货多少是程序化决策。如果某一天，突然发生了意外的情况，如铁路中断，或某种原料价格飞涨，对工厂的进货量就需要非程序化决策。再举一个日常生活中的例子。大家每天早晨起来，先是漱口，接着洗脸，然后锻炼、吃早饭、上班。这一套已经成为程序化了，天天如此，用不着每天晚上制定个方案，决定明天早上怎么做。不需要这样办，因为过去都是这么做的，已经程序化了，这叫作程序化决策。假定今天早晨停水停电，这属于偶然的情况。比如说，你要漱口和洗脸，但没有水，这时你就要做出决策，你说：我今天不漱口，不洗脸了，先去锻炼再吃早饭，或者，我到别的楼去洗脸。停电，食堂都不开门了，到外面去吃，或者今天这一顿就不吃了。这就叫非程序化决策。现在一些西方经济学家认为，非程序化决策的意义是非常大的，因为经济中充满着不确定的因素，常规方式不一定能适用，并且还可以看出，在非程序化决策中可以发现一个人的创造力，而在程序化决策中往往是判断不出一个人的创造力的，因为有以往的规章可循。因此就产生了应当采取什么办法选拔人才的问题，以及在整个管理中采取什么样的处理方式的问题。在这里重要的是，要在非程序化决策中发现人的创造力。据美国《商业周刊》报道，在西方国家，有的大公司要提拔人，就成立一个鉴定中心。鉴定中心等于模拟的厂长办公室。据说，某个公司的某个工厂的厂长职位空缺了，要提拔一个人做厂长。提拔谁呢？选了几个人作为候补者，这几个候补者依次到鉴定中心来，也就是到模拟的厂长办公室来。当某个人进入办公室以后，就等于是厂长了。这时，电话铃就响起来，有人反映某个车间的工人闹奖金问题、工资问题、罢工问题，候选者要当机立断，告诉这个人应该怎么处理。一会儿，又有人来报告，说某个车间原料断了，该怎么办？或者说，某个地方的顾客认为本厂产品质量不好，退货了，该怎么办？再过一会儿，又有人报告某个车间出事故了，等等。总之，要不断地回答问题，要当机立断，做出处置，这些都是非程序化决策。然后，把这一切全部录音、录像，公司领导再依次把每个人的处置方式放一遍，进行评论，看谁的处置方式最符合本公司的利益，谁的办法最有创造性。这种选拔人才的方法，就是从现代决策理论中产生的。美国的一些经济学家认为，这种选拔方式比单纯看文凭好。文凭不能反映一个人的创造能力的大小。有人可能有什么文凭，但不能当机立断地处理问题，不能发现问题，不能应付紧急情况，那么他是适应不了当前西方经济迅速变动的新情况的。

以上所说的关于最优化和次优化决策问题的讨论，不仅是西方经济管理中的一场革命，而且也对西方经济理论本身的发展提出了新的研究课题。一些西方经济学家认为，用传统的方法来管理企业、部门甚至一个地区，已经不行了。整个指导思想需要改变。这就是说，要建立次优目标，而不要把现实理想化，不必要求十全十美。在实际工作中，要善于筛选信息。信息过多是干扰。假定不这样的话，今后信息愈来愈多，那就无从决策。要在非程序化决策中发现人才，培养人才，经济管理工作要着重从这方面考虑。这些就是在实际应用中所产生的问题。

同时，在西方经济理论中也正在酝酿着一场变革。要知道，到现在为止，西方经济学家们都说，宏观经济学的基础是微观经济学，微观经济学的基础是厂商（企业）理论，厂商（企业）理论，也就是价格理论。因此，现代西方经济学最基本的理论是价格理论。现在，有人提出，价格的根据是什么？是什么决定着价格？价格理论的基础是什么？价格理论的基础是决策理论。没有决策理论就谈不上制定价格，也谈不到企业管理，谈不到微观经济效益，更谈不到宏观经济的稳定。所以价格理论的基础在于决策理论。那么，决策理论的基础又是什么呢？决策理论的基础是信息理论。那就是说，西方经济学可能最终建立在信息理论的基础上。假定是这样的话，整个西方经济学将会有一场很大的变化，至于变化的程度，我们目前还不能充分地意识到。我们只能说，这一切必然会使情况发生变化。

下面，不妨再举一个例子来看。在日常生活中，我们都是消费者。消费者到外面去买东西，现在碰到的问题是信息太多，市场是一个信息太多的市场。信息太多的市场，实际上并不能使消费者得到最大满足。比如说，妇女去买衬衣，她能得到最大满足吗？得不到。为什么得不到？这是因为她无法掌握全部信息。她能知道市场上有多少种衬衣吗？各个地方生产的，各个工厂出的究竟有多少种？有多少种价格？每一种质量的好坏如何？它们各有什么特点？不能完全知道。消费者只能根据有限的消费信息来做出决策。这样的话，只能要求购买以后有较小的遗憾，而无法要求最大的满足。所以人们现在到市场上买东西，主要是根据避免遗憾的原则来买的。只要买回来以后，后悔比较小就成了。每个人都会有这种想法，这并不奇怪，因为信息太多了，消费者的决策越来越困难了，还是现实一点好。

总之，西方经济理论会由于信息问题和决策问题而发生变化，这是可以预料的。

二、关于小企业和小城市的优越性的研究

在西方经济学中，传统的观点认为，一个企业、一个经营单位，只要规模大，就能够取得规模方面的利益。这是因为，规模大，单位产

品的成本将降低。可是现在发现这种观点不全面，规模大也有它的不利性。这主要与市场的难以预测有关。市场变得不像过去那样容易预测了。为什么市场不像以前那样容易预测呢？基本上是由两方面的原因造成：一方面的原因是，现在处在技术进步加快的阶段，各种产品的生产必须跟上技术革命的步伐，不然，在竞争中就是落后的，企业就难以生存。这一点是较易于理解的。另一方面的原因是，战后西方出现了新一代的消费者。就是说，这一代消费者跟以往不一样，他们都是在第二次世界大战后出生或是在第二次世界大战中出生的。大战时期的艰难的岁月，他们几乎是没有印象的，大战时期的残酷的轰炸、住房条件的恶化、食品的短缺，他们都没有体验。这些消费者生活在战后的经济比较稳定地发展的和平环境中，也是产品越来越多的环境。这些人的平均年龄比较小，家庭规模比较小，知识水平比较高，他们有自己的兴趣和爱好。他们和传统的消费者不一样，他们不像传统的消费者那样，经过深思熟虑之后才去消费。对他们来说，消费总是带有较大程度的盲目性。他们常常不按常规进行购买，还会购买许多并不十分需要的东西。在这种情况下，市场就不像以前那样容易预测了。加之消费者的兴趣变化是很大的，很容易受别人的影响。比如说，他本来不需要购买某一种帽子，但一看别人都戴这种帽子，他就买这种帽子了。特别是在发达资本主义国家，消费信贷很流行，消费不完全以个人现期收入为准，人们可以预支未来若干年的消费。消费变得这样，市场当然很难预料。还需要补充一点，这就是：影响消费的因素是多种多样的。一个很有钱的人，他偏偏不雇用人来粉刷墙壁，修整花园，他都自己动手。他不买现成的家具，他偏买家具部件，自己组装。他不坐小汽车上班，他偏骑自行车上班。这说明，他不一定考虑钱的问题，而考虑他的兴趣，考虑他的健康，考虑他的时间，考虑其他各种因素。

总之，由于技术在不断发展，竞争在加剧，产品在更新，消费者心理在变化，因此，过去那种传统的观念，企业办得越大越好，现在看来不行了。现在提出的是企业小型化的问题。为什么企业要小型化呢？小企业灵活，容易根据市场的需要，改变自己的经营方式。市场天天变化，企业太大，就无法适应市场的变化。小企业能够适应这个需要，能够和别人去竞争。另外，企业小型化还有一个好处，很多新技术、新产品的采用，最早都开始于小企业。小企业成为大企业的有力的竞争对手，小企业发展很快。这种情况并不像一百年前有些经济学家所设想的那样，即将来的企业越变越大。现在企业趋向小型化。大企业甚至还分解为若干小企业，虽然仍由一个公司来管，但每个企业则是独立的。这样做可以兼具集中与分散经营两方面的好处。当然，小企业之间是不断竞争的，不少小企业会在竞争中垮台。但垮台不要紧，因为企业小，垮台以后，可以又搞一个。所以小企业仍在不断地产生。

不仅企业有小型化的趋势，城市也将会走向小型化。要知道，城市的发展经过三个阶段：第一个阶段叫作向心阶段。就是农村人口向城市集中，这是工业化初期的情况。农村人口向城市集中，使城市规模越来越大，形成很多大城市。第二个阶段叫作外延阶段。在外延阶段，既包括人口继续向大城市集中，但更要紧的是大城市的人向郊区延伸。举个例子，像摊鸡蛋饼一样，向四周扩展。这两个阶段都跟工业化发展的一定阶段相联系。关于城市生活，有一个生活质量问题。城市虽然大，但生活质量比较低。为什么？大城市带来许多生活的不便。最大的不便是空气污染、噪声、交通阻塞、人口拥挤。所以工业化以后，将会出现一个离心阶段、分散化的阶段，这是第三个阶段。这时会出现许许多多小城镇。这些小城镇将星罗棋布，分散在全国许多地区，大城市的人口将逐步向小城镇疏散。这种疏散既要靠小城镇的吸引力，也有赖于大城市向外推的力量。它是小城市的拉力和大城市的推力相结合的后果。为什么到第二个阶段，大城市的人口还不能够被小城市吸引去呢？这也同样是个生活质量的问题。生活质量分两个方面，一个是自然方面，一个是社会方面。论自然方面，农村最好，小城市也比大城市好，因为农村空气清新，生活安静，没有噪声等。小城市也是一样。虽然自然方面的生活质量好，但小城市在社会方面的生活质量还不如大城市，至少在一定的时间内不如大城市。为什么呢？社会方面生活质量包括这些内容：看病、文化娱乐、学术环境、生活服务等。小城市的医疗条件不如大城市好，文化娱乐条件不如大城市，学术中心在大城市。买东西，大城市中品种多。因此，尽管在自然方面，小城市的吸引力比较大，但在社会生活方面，大城市的吸引力比较大。这样，在第二个阶段，人口分散化不会有很快的进展。那么到什么时候才会改变呢？随着信息革命的到来，随着新的技术革命的发展，情况就会发生变化。通过新的技术革命，当人们发现，有了新的通信设备，家庭需要什么样的信息，都能够得到，这样，在信息提供方面，小城镇和大城市就没有区别了。假定医疗服务、交通运输都非常方便，生活服务非常周到，大城市在社会生产方面的特殊吸引力也就没有了。在这种情况下，必然会出现大城市人口绝对量的减少和许许多多小城镇的兴起。小城镇介于大城市与农村之间，兼有二者的长处，甚至可以说，农村与小城市之间将会没有什么区分。这也是未来社会的发展趋势。

这里遇到一个新的理论问题，就是城乡差别问题。这个问题被认为将在大城市人口分散化、城市小型化以后，得到解决。西方经济学家认为，现在看来，城乡之间是在接近的，差别不是在扩大，而是在缩小。如果实际情况确实如此的话，那么这与传统的说法，即资本主义制度下的城乡之间的对立越来越加剧的观点，是不是矛盾呢？能不能认为，一方面城乡差别在缩小，另一方面城乡之间所代表的阶级对立却在扩大呢？这是很值得进一步研究的。

关于垄断与竞争的关系问题，也需要深入研究。在新技术革命条件下，竞争趋势加强了，那么垄断趋势是不是削弱了呢？不能这么说。仍然按列宁所讲的：垄断与竞争并存，垄断凌驾于竞争之上。列宁这句话是对的。但是我们对竞争的作用的确需要进一步认识。在列宁的时代，技术革命的进展，远远没有达到现在这样的程度。科学技术越发展，小企业越不容易消失，大企业也越难以控制一个行业。这是因为，产品更新换代加速了，代用品之间的竞争加剧了。微电子技术的采用，很可能使大企业在生产成本上的优势减少，优势反而落到了小企业一边。小企业灵活，适应性强，转产快。不仅如此，小企业中人和人之间的关系也简单得多。据西方经济学家研究，大企业中人和人之间是隔阂的。从董事会成员，到经理，到职员，再到工人，是垂直领导关系。这样，各种不同职务的人之间是疏远的，下级不容易和企业目标适应，容易形成对抗。在小企业中，厂部人员跟工人在生活上较接近，容易形成人与人之间的共事关系。比如说，有些小企业，主人以家长自居，把工人看成是家庭成员。这有麻痹工人的一面，但也缓和了资本主义企业内部人与人之间的矛盾。有些小企业还实行终身雇佣制，就是企业给职工一个铁饭碗。这个铁饭碗不是国家给的，而是企业给的，要职工和企业共命运。只要本企业存在，职工就有饭吃。另外，小企业容易招收工人入股。如果企业很大，工人即使入了股，但入股后工人的感受不明显。企业小，工人入了股，就明显觉得这里有我一份。所以资产阶级也总结经验，认为小企业中人和人之间的关系可以处得好一些。小企业遇到困难时，工人有时自动加班加点，与企业共渡难关。因为他们体会到，企业垮台了，自己的饭碗也就砸破了，企业赚了钱，自己不但有碗饭吃，而且工资收入会增加，还会分到红利。从管理角度看，小企业分工不太细，不像大企业中工作单调，使人感到枯燥。小企业还容易培养和发现人才，使人们在企业中发挥较大的作用。这些都是小企业的好处，也是西方经济学家所承认的。

三、关于国家干预主义和经济自由主义之间的争论

在考察这个问题之前，有必要先谈一谈西方资本主义国家几十年来经济政策的演变趋势。在资本主义历史上，从 19 世纪开始一直到 20 世纪 30 年代经济危机为止，西方国家实际上采取的是经济自由主义政策。国家不直接干预经济生活。政府的作用，就在于国防和治安，即对外有国防任务，对内有治安任务。政府税，主要是出于国防和维护国内正常秩序的需要。20 世纪 30 年代发生了空前严重的世界性经济危机，从这以后，情况发生了变化。不少西方经济学家主张国家有必要也有责任干预经济。国家干预经济，几乎成了第二次世界大战以后，西方所有国家都奉行的政策，即凯恩斯主义政策。50 年代末，新西兰经济学家 W. 菲利普斯（当时他在英国伦敦经济学院任教），根据近一百年来英国失业率变化同货币工资增长率变化的资料，用一条曲线来说明失业和货币工资增长率（或物价上涨率）、通货膨胀率的关系。在平面坐标图上，横轴表示失业率，纵轴表示通货膨胀率。这条曲线向右下方倾斜。曲线说明：通货膨胀率高时，失业率就低；通货膨胀率低时，失业率就高。因此，通货膨胀率和失业率之间存在交替的关系。怎样应付资本主义经济危机呢？根据曲线表明的失业与通货膨胀此起彼落的交替关系，资产阶级政府用通货膨胀应付失业，用失业来应付通货膨胀。假定 4% 的失业率被政府认为是"安全的"，在这个范围内，社会可以"容忍"，政府可以不用去管它。过了这个限度，政府就要想办法把失业率压下去。假定说 4% 的通货膨胀率也被认为是"安全的"，群众不会有意见，是可以接受的，超过 4% 的通货膨胀率，政府就要想办法把它压下去。总之，政府的目标是使通货膨胀率或失业率保持在"临界点"之内。由此看来，用凯恩斯主义办法来对资本主义的"国民经济"进行"管理"，被

认为是很方便的。通货膨胀率高了，就扩大一点失业率；失业率高了，就搞高点通货膨胀，失业率就下来了。这一套本来是资产阶级政府的如意算盘，以为这样就能够应付资本主义经济危机。但事实上，这一套办法不能解决根本问题，而是用人为的办法，即用赤字财政等办法来消灭失业，结果经济变得更不好办了。凯恩斯主义虽然暂时能够起到缓解失业的作用，但是，照这个药方吃药，结果就造成不可收拾的局面，发生了失业和通货膨胀的并发症，就是所谓"停滞膨胀"。

70 年代以来，在西方又出现了另一种趋势，就是要求恢复以前的经济自由主义的趋势。一些经济学家主张国家少干预经济，最好别干预经济。可以说，这种经济自由主义趋势，主要是最近十来年兴起的，它与国家干预主义唱反调。国家干预主义的主要代表就是凯恩斯派。经济自由主义的代表，大体是三个派别，即货币学派、供应学派、新自由主义派。为什么他们主张国家少干预呢？他们认为，资本主义经济事实上就像一个人的身体一样，有自我完善、自我适应外界的能力。一个人，如果生病了，比如说，感冒了，不必吃药，身体自然而然会康复的。吃药，副作用大，不如顺其自然，使身体恢复正常。经济自由主义者把国家干预比喻为给病人吃药。吃药后，这个病暂时消失了，但另外的病却出来了。当初，凯恩斯派曾认为资本主义的主要问题是失业，国家干预的主要目的是消除失业。用什么办法消除失业呢？用大量的国家支出，开办公共工程，扩大政府订货，增加福利支出。结果，失业没有反掉，又产生了通货膨胀，造成失业与通货膨胀并发症。经济自由主义者说，这不正是国家干预造成的恶果吗？所以他们提出新的理论，反对国家干预。这是资产阶级经济学陷入危机的反映，凯恩斯主义行不通了，所以经济自由主义者不得不搬出二百年前老的观点，所谓资本主义市场机制自行调节的观点。他们说，有一只"看不见的手"在支配一切，这只"看不见的手"就是市场的供求关系，也就是说，价值规律起着支配作用。那么怎样对待资本主义经济中的主要问题，即失业呢？按货币主义的观点，经济中存在着一种自然失业率。假定经济处在完全正常情况下，但仍然有一部分人不能就业，或者是由于这部分人没有本事，或者是由于社会不需要他们。如果设法使这些失业者统统就业，结果，经济效率会降低，国家财政负担会加重，经济反而会恶化，所以不如顺其自然。经济发展了，经济自然就能够多吸收一部分人就业。总之，让市场自己决定就业量，国家不必干预。那么，为什么会有通货膨胀呢？货币主义认为，原因在于政府开支过大，把财政开支减少，就没有通货膨胀了。所以经济自由主义主张实行完全的市场竞争，它认为这就能够使资本主义经济趋于和谐。

现在的问题是：究竟要不要抛弃战后一贯实行的凯恩斯主义？实际上行不通。资本主义国家的政府认为，不让国家干预经济，就会发生危机，所以不能轻易放弃国家干预政策，何况，即使想放弃它，也很不容易。比如说，如果要削减政府的支出，包括福利支出，政府就会遇到麻烦。福利支出宜增不宜减，想减少福利支出，选民不答应。此外，消费水平也是不可逆的。人们已经达到了一定的消费水平，政府想削减支出，使人们降低消费水平，选民也不干。这样就会由经济上的风波转化为政治上的风波。所以资产阶级政府是不会轻易地放弃凯恩斯主义的。但 70 年代以来，政府又感觉到经济自由主义提的观点也有道理，即认为政府的开支过大了，国家干预过多会带来各种毛病，所以要强调发挥企业和个人的积极性。国家干预过多，被认为是妨碍企业和个人的积极性的。这表现在税收方面。根据供应学派的看法。如果税率是零，财政收入也是零；如果税率等于收入的 100%，那么财政收入也是零，因为政府用税把收入全部收走了，下次谁都不生产了，所以政府收入同样是零。可见，税收有一定的限度，就是说，税率不能过高。要鼓励企业、个人发展生产，减税是有效的。减税的目的就是为了调动企业和个人的积极性。不仅要减税，而且要注意累进税率的限度。累进税率过高，其结果也是不好的。比如说，所得税累进税率太高，结果造成多干和少干一个样，干与不干一个样了。财产税、遗产税也是这样的，税率定得过高，财产就分散，因为分散以后，累进税率低一些。税率过高所造成的恶果，在英国最明显。第二次世界大战结束后，英国工党执政。工党有个理论，认为阶级来自财产的世袭，所以它主张用累进税把财产拉平，以为这样一来，阶级差别也就不存在了，于是在英国形成了高税率的局面。结果，英国的科学家、名演员、名作家、足球明星中有不少人跑到税率比较低的国家去。高税率挫伤了这些人的积极性。经济自由主义者认为，税率过高是国家干预的结果，所以他们主张减税、轻税。

经济自由主义者还反对战后一些资本主义国家实行的固定福利制度。固定福利制度被认为是有害的。举一个例子，假定规定失业者一年可以得到三千美元失业补助金，那么，所有年收入在三千美元以下的人都不工作了。假定一个人年收入是四千美元，他也不会工作，他想：辛辛苦苦干一年，等于只拿一千美元。所以经济自由主义者认为，福利补助费不应该是固定的，而应当有伸缩性，使国家负担与个人负担相结合。他们还说，医疗费应该是个人出一部分，国家出一部分，这样人们就不会在没有病时看病了。

经济自由主义者进而认为，政策应当有稳定性。以往包括凯恩斯主义者在内的不少西方经济学家把政府看成是主动的一方，把公众看作是被动的一方。现在看来，公众不再是被动的，因为公众可以根据自己和别人的信息做出判断，可以总结自己和别人的经验，知道政府下一步该怎么做。于是他们就打埋伏，留个保险系数，制定对策。在西方，公众有了对策，政策效力就会递减。政策渐渐失效，政府就变换政策。政策越是多变，公众越不信任政府，越要采取对策。因此，经济自由主义者认为，有必要使政策保持稳定，取信于民，不要让公众造成一种政策多变、善变的感觉。归根到底，国家最好不要干预经济，这样公众就信任政府了。

以上是当前经济自由主义者的基本观点和政策主张。目前虽然一些西方国家的政府不能完全放弃凯恩斯主义，但它们仍然吸收了经济自由主义的一部分内容，主要是在某些方面减少国家对私人企业经营活动的限制，让市场机制更好地起作用。

下面，再谈一谈资本主义国有化问题。在英国和西欧大陆，战后都搞了一些部门的国有化，这种国有化不改变资本主义所有制性质，因为国家政权是资产阶级性质的。英国原来想通过国有化达到两个目标：一是政治目标，一是经济目标。政治目标是想减少工人和政府的矛盾，经济目标是想国有化之后，可以提高经济效率。但是都没有达到。英国政府发现，国有化企业的工人没有主人翁感，好多次大罢工是从国有化企业开始的。所以政治目标没有达到。从经济目标看，庞大的国有化部门官僚主义严重，效率是最低的。国有化部门普遍赔钱。英国的经济自由主义者认为国有化已经走到了尽头。撒切尔夫人上台要实行非国有化，即把已经国有化的一些企业交给私人经营。但是有些企业，私人不愿意接过来经营，他们认为这是个烂摊子，政府都没法对付，私人更没法对付，首先是对付不了工会。还有人认为，国有化部门应该赔钱，只有赔钱，才能提供低成本的能源和运输，产品才能和国外竞争。还有人认为，既然国有化不能再搞了，就搞公私联营，这是个较好的办法。其中最典型的是英国的北海油田，它主要是英国政府资本、英国私人资本和外国私人资本合起来搞的。这样既保留了私人企业的管理方法，又能吸引外国先进技术。这种组织形式对英国有好处。在一些英国经济学家看来，公私联营要比国有化好。

四、如何看待当代西方经济学家关于"后工业社会"的论述

"后工业社会"是当代西方经济学著作中常见的概念，它是指资本主义工业化以后的社会，也就是资本主义工业高度发展的社会。"后工业社会"的病症是指当前资本主义国家在经济高度发展后所遇到的不能解决的难题。

在一些西方经济学家看来，除了失业、通货膨胀、生态平衡被破坏等外，"后工业社会"病症的一个突出表现是社会危机。它包括以下几个方面：

首先是不安全感或无保障感。为什么工业化了反而有不安全或无保障的感觉呢？这是因为：通货膨胀不能制止，物价终日在波动之中，生活无法保障，劳动者对未来生活前景感到渺茫。他们的就业也无法保障，因为失业人数在不断增加，比如说，一个工人终日勤勤恳恳工作，积蓄了一些钱，准备养老，但物价波动，货币贬值，他就会感到生活没有保障。或者他工作很努力，企业并不想解雇他，但在竞争中，他所在的企业赔本了，垮台了，他仍然会失业。所以，"后工业社会"中没有安全感或无保障感是普遍的。有人会说，失业是有失业救济金的。怎么叫无保障呢？应当看到失业救济金是有形的收入，而通货膨胀是无形的损失。失业救济金是工人长期斗争的结果，工人即使有些救济金，但由于通货膨胀，他们的生活也会恶化，所以仍有不安全感。

社会危机也反映于人们感到精神空虚。由于精神空虚，不少人转而追求各种日新月异的消费方式，这就出现了"消费主义"。"消费主义"是指社会上存在的追求消费品的风气。因为在生产者和生产资料分离的条件下，劳动者感到在工作岗位上，自己是受支配的，他唯一能够找到寄托的或能够表现自己的，是追求消费品。他把消费作为一种精神寄

161

托。人们追求日新月异的消费品的社会风气的结果是，拥有的消费品倒是很多，但人们往往陷入一种新的苦闷之中。在资本主义社会里感到人生的价值就是在追求消费，一个欲望被满足了，另一个欲望又产生了，新的欲望不断地出现，人们总会感到不满足。特别是，物质产品虽然多了，可是人们感到人生还是没有意义，所以"人生的疲倦"感就出现了。人们反问自己：除了追求消费品之外，人生又是为了什么呢？可见"后工业社会"中物质生活是丰富了，人的精神却是空虚的。在这种精神状态下，再加上人们看到大气被污染了，水源也被污染了，资源枯竭了，这样下去要不了多久，世界的"末日"就会来临。所以思想颓废、悲观心理等都由此而来。社会上的多种弊端，如吸毒、犯罪，还有生活上的一些问题，也与此有关。

此外，由于离婚率增高，家庭解体增多，独身主义流行，老年人有孤独感，城市秩序混乱等，人们也会感到生活没有乐趣。认为工业社会和以前的农业社会相比，工业社会还不如农业社会，所以主张回到工业化以前的农业社会中去，过"宁静的生活"。

这一切从一个侧面说明：资本主义社会中已有越来越多的人对于资本主义社会的发展道路感到怀疑和不满，但是他们又找不出解决的办法，于是就出现了各种"反增长"的情绪。

我们从"后工业社会"的病症中可以看到，资本主义经济所走过的路，现在连资产阶级中也有不少人认为是不理想的。

我们认为，当代西方经济学家关于"后工业社会"和现代资本主义社会危机的论述，对我们是有借鉴意义的。社会主义社会不应当成为一个物质产品虽然丰富，但精神空虚的社会。社会主义社会绝对不是一个单纯的消费品丰富的社会。如果没有高度精神文明，生活在这样的社会里，人们会感到另一种苦闷。如果我们这样做了，那是我们的失败。但这并不是说，任何一种经济增长都会带来"后工业社会"那些病症。在社会主义条件下，我们生产的目的就是要最大限度地满足人们日益增长的物质和文化的需要，就是关心人和培养人。在公有制的基础上，宏观生产目的和微观生产目的从根本上说是一致的。有一种说法认为，社会主义宏观生产目的是为了满足人们的物质文化需要，而微观生产目的就是为了利润。这种说法不对，这违背了马克思主义关于社会主义生产目的的论述。社会主义生产在公有制基础上进行，实现利润只是用来满足人们物质和文化需要的一种手段。如果只是由社会去关心人，而企业为了追求利润，不惜抬高物价，偷工减料，粗制滥造，对群众利益毫不关心，这就完全违背了社会主义的生产目的。所以，在端正了社会主义生产目的的基础上，在制定了正确的经济、社会发展战略的前提下，生产者受生产资料支配和排挤，以及只见物不见人，不关心人民群众物质文化需要的现象，是不可以再发生的。人与人之间的信任感也是可以建立的。人们的"安全感"和"保障感"肯定会不断加强。因此，关键在于我们以什么作为我们的生产目的。我们必须以马克思主义为指导，以满足人们日益增长的物质和文化需要为目的来进行生产。要知道，在我们这样一个十亿人口，八亿是农民，来自半殖民地半封建社会的大国，如果实现了四个现代化，而且能实现一个资本主义国家所不曾实现的、用新的评价标准来衡量的现代化社会，它是具有世界历史意义的。我们将建设成一个消灭了剥削的，既有高度物质文明，又有高度精神文明的社会，这对世界上一切民族有无比的吸引力。

再从西方经济学家关于经济发展过程中所出现的投资和消费问题的论述来看，我们也可以从中汲取一些可供我们参考的内容。西方经济学家认为，"后工业社会"中的通货膨胀是一个难以应付的问题。实际上，对这个问题的分析不能脱离特定的社会经济制度。任何脱离特定的社会经济制度的论述，都没有科学意义。

前面已经谈到，在发达资本主义国家，按照凯恩斯的理论，要经济增长，就要刺激投资和消费，投资和消费增加了，经济才能发展。怎样刺激投资和消费？主要靠财政政策和货币政策。用财政政策刺激投资，就要减少税收，或要扩大政府支出，这就造成财政赤字的扩大。在货币政策方面，要使资本家愿意投资，就要降低利息率，这就必然引起信贷膨胀。由此可见，通过财政政策，财政赤字扩大了；通过货币政策，造成了信用膨胀。这两种政策虽然刺激了投资和消费，引起了经济增长，同时却不可避免地造成了通货膨胀。加之，在垄断资本统治下，垄断资本操纵物价，它采取"按本加价"的方式，使物价不断上升。即使在经济危机时，它也宁肯减少产量，维持垄断价格。所以垄断资本"按本加价"的做法，对物价上涨起了一定的作用。可见，所谓通货膨胀不可避免的论断，是以资本主义制度和垄断资本统治的存在，以推行国家垄断资本主义的措施为前提的。但不能由此断言一切国家在经济发展中都无法应付日益严重的通货膨胀，不能把西方"后工业社会"中的通货膨胀看成是一切国家只要发展经济都无法避免的病症。

我们承认，在经济发展中，有时的确可以看到这样一个过程：一国为了发展经济，政府增加投资，国家支出过大，造成财政赤字，引起通货膨胀，其结果就是物价上涨。不但发达国家出现这种情况，现在许多发展中国家也发生这样的问题。我们在这里暂不讨论由于某些产品的供求不适应而引起的物价上涨，只谈谈由于投资不当，财政赤字过大而引起的通货膨胀，并且再进一步分析一下：假定客观上已经出现国家支出过多而引起了通货膨胀，那么应该怎么办？

从投资角度来看，经济发展中之所以发生通货膨胀，主要有三个原因：第一，因为有急于求成的想法，不顾客观可能性，大量增加投资，而这些投资却未能迅速形成生产能力；第二，由于技术管理和经济管理工作被忽视，只顾投资，不注意经营，结果大量亏损，投资回收遥遥无期；第三，目光短浅，投资只顾单一目标，放弃其他目标。然而，经济中的目标是多样的，各种目标之间是有密切联系的。只有兼顾各种目标，才能使经济稳定地发展，否则，投资额虽大，经济却不能稳定，比例关系也会失调。由于以上三个原因，在经济发展过程中，过多的投资就引起了通货膨胀。

但投资与通货膨胀的关系还有另一方面。这就是：投资也可能抑制通货膨胀。这是因为，通货膨胀，简单地说就是社会总产品增长得比较慢，货币流通量增加得比较快。假定投资是有效的，能够迅速形成生产能力，能够使社会总产品增长率超过货币流通量增长率，这样的投资就能够起到抑制通货膨胀的作用。

投资有各种不同方式。在社会主义公有制条件下，投资至少可以分为两类：一类是国家的财政拨款，另一类是财政拨款以外的投资，如银行信贷、企业自筹资金等。苏联在工业化时期的投资依靠财政拨款，我们过去也同样依靠财政拨款。现在看来，财政拨款不是唯一的来源。从投资的经济效益来考虑，依靠财政拨款方式进行投资时，往往容易忽视经济效益。比较注意经济效益的投资方式是依靠银行信贷和企业自筹资金，因为生产单位向银行贷款是需要付利息的，而且银行在贷款前还要对建设项目进行审查，这样就促使生产单位比较合理地使用资金，注意经济效益。企业自筹资金是指企业自己通过各种途径筹集资金来发展生产，这种投资方式能够同企业经营的积极性联系在一起，企业会更加注意投资的经济效益。现在，在考察投资问题时，应该进行多种方式的投资，要根据不同的建设项目，采取适当的投资方式。总的说来，应当使财政拨款、银行信贷、企业自筹资金三者相结合。这样才能使投资取得更大的经济效益。只要保证投资能迅速形成生产能力，能取得较大的经济效益，那就可以避免因投资不当而引起的通货膨胀。

假定由于投资过多而引起了通货膨胀，该怎么办？可以采取这样两种方式来应付。第一种方式是：认为投资是必要的，通货膨胀又难以避免，不必专门采取措施去应付它。不仅如此，而且认为应付通货膨胀的各种办法都很难收效，所以不打算采取反通货膨胀的措施。唯一的办法是"学会同通货膨胀共处"。怎么"共处"呢？就是根据生活费指数采取水涨船高的办法，使工资收入随生活费指数而调整。第二种方式是：认为只有紧缩投资才能缓和由此引起的通货膨胀，所以就迫使在建的工程项目停止下来。这是一种"釜底抽薪"的办法，也就是说，只要投资大大削减了，经济就会稳定下来。

现在看来，这两种方式都是有弊端的。生活费指数不能真实反映物价上涨和实际工资水平下降的情况，所以即使按生活费指数来调整工资收入，靠工资为生的人仍旧很难"同通货膨胀共处"。何况，通货膨胀对经济的破坏作用是多方面的。所以这不是一个好办法。如果单纯紧缩投资，不但会影响经济发展速度，而且必定涉及就业等一系列问题，这将会引起社会的不安定。看来，可行的办法将是这样一种方式：一方面，尽可能削减那些迟迟未能形成生产能力的投资、经济效益不大的投资，而保留能迅速形成生产能力并有较大经济效益的投资；另一方面，要根据社会总产品的实际增长情况，有比例地调整工资收入。这样，我们是可以避免发生西方"后工业社会"中的持续通货膨胀的"病症"的。

下面，再考察一下西方经济学家关于"后工业社会"中的消费问题的论述。应当承认，他们的有关论述还是值得注意的。的确，一个国家经济发展过程中很可能出现消费问题。这是一个非常现实的问题。

为什么会出现消费问题？第一，在经济发展以前，居民的消费往往是受到压抑的，居民的各方面的需要没有得到满足，所以经济发展以后，消费问题马上就出现。第二，要注意到消费有"国际示范作用"，这就是说，在经济发展过程中，本国的居民必然会接触到国外的消费品。要知道，一个国家向外国学习生产技术是比较困难的，而学习消费方式则很容易，甚至不用学习，自然就会模仿。这就叫作消费的国际示范作用。在这种示范作用的影响下，人们会感到消费总是得不到满足。第三，随着经济的发展，人们对消费的评价也会发生变化。就是说，随着经济的发展，对一些居民来说，消费已不是原来意义上的消费，人们对消费的看法改变了。比如说，家庭观念发生了变化，大家庭、几代同堂的家庭生活方式不再存在了，这就会引起对消费的看法的变化。

各国经济发展过程中曾经出现过三种类型的消费：第一种是"同步型"的消费，主要是在西欧和美国。什么是同步型的消费？就是说，在经济发展过程中，消费与生产同步发展，生产发展到什么程度，消费也变化到什么程度。消费品工业的发展与生产水平的提高是基本一致的。19世纪以来的西欧和美国都是这样的。消费和生产的同步发展并不是政府的有意识安排，政府当时并没有采取经济政策或行政手段来干预私人的消费，而是让消费自发地发展。但由于西欧各国和美国是最早实现工业化的国家，消费和生产的同步性是自发地形成的。第二种是"滞后型"的消费。滞后，就是指消费长时期内落在生产后面。苏联的经济发展中出现过这种情况：生产走在前面，消费长期维持在过去较低的水平上。为什么会这样？这与政府的政策有关，因为它长期强调增加积累，强调意识形态上的纯洁性，所以消费远远落后于生产的发展。第三种是"早熟型"消费。早熟，是指消费水平超过了生产水平。现在不少发展中国家是这种情况，就是说，生产还没有发展到这种地步，消费已经向发达的资本主义国家看齐了。

三种类型的消费是在不同的历史条件下产生的。对我们来说，把这几种消费方式进行比较，研究它们对经济发展的影响，很有必要。在我国社会主义条件下，究竟出现什么样的消费方式？还很难说。很可能出现第二种或第三种消费方式，而不可能出现第一种消费方式。为什么呢？因为我们的社会主义现代化过程从时间上说，比西方资本主义国家晚了很久。我们确实希望赶上发达国家的经济发展水平，因此有必要增加积累。在这种特定的历史条件下进行现代化，很自然地会实行滞后型的消费。的确，滞后型的消费有它的好处，能够在一定时期内保持较高的经济增长率。问题不在于消费滞后，而在于消费滞后的程度和期限。消费滞后的时间太长了，行不行？这样是会发生问题的，消费不能老是滞后下去。消费适当地滞后，消费与生产相比，增长得稍为慢一点，则是必要的，看来这不会有什么影响，对经济发展只会有好处。既要吃饭，又要建设，消费水平的提高要量力而行，这个方针是正确的。另一方面，如果我们不注意的话，我们也会像某些发展中国家一样发生早熟型的消费。就是说，生产还没有达到这个水平，却过早地追求某些消费，影响经济发展速度，并且还会在意识形态上出现不健康的东西。所以说，消费是牵涉千家万户的事情，我们必须从中国的具体情况出发来分析我们的消费方式。

我们是发展中的社会主义国家。一般说来，消费品不足，但也有一些消费品是积压的，原因是质量不好，式样过时，或价格太高。假定消费品很充足，生产者之间又有竞争，那么，生产者与消费者之间的关系是以消费者为主，生产者必然为消费者服务，因为这时消费者可以有选择的余地，他可以挑质量最好的，或价格最便宜的，或服务态度最好的。如果消费品不足，或者生产者是独家卖，生产者和消费者之间的关系就会发生变化，消费者要听从生产者的安排，生产者给你什么就是什么。同时，生产者对降低卖价，改进消费品的质量和改善服务态度没有什么动力，因为质量次的还供不应求，不必怕产品卖不出去，这样也就容易加剧消费长期落后的状况。这种情况当然是需要改变的。一切生产单位都必须考虑消费者的利益。那种以生产者为主，一切由生产者说了算，要消费者听从生产者安排的做法，是不正常的。另外，在消费品不足条件下，供不应求的事实将会造成消费品价格上升。所以在消费品不足条件下，让消费滞后一些，是有好处的。但滞后不能太久，消费品生产应当跟上来。不能够老是用消费品不足作为借口，否则经济发展速度从长期来看是上不去的。在消费品不足条件下，要区别生活必需品和非生活必需品，制定不同的对策。对生活必需品，在一定时间内可以采取定量供应的办法，实行配给制，这既能防止价格进一步上升，又能满足居民的普遍的一定标准的消费。当然，这仍然应当被看成是过渡性的措施。对非生活必需品不能采取配给制，否则会使这些消费品更加不足。某些非生活必需品可以采取价格浮动的办法，但这种浮动主要表现在集市贸易上。物资丰富了，集市贸易的价格也会下降和平稳。对某些非生活必需品采取高价是指经过批准的高价，而绝不是指任意加价。这种高价之所以必要，主要不应从财政上考虑，而应当是从满足不同收入水平的人的不同需要着眼。因为如果不是高价，又不采取凭票供应的办法，那么必定会形成套购和黑市，结果真正需要它们的人反而购买不到，甚至要花费更多的钱才能从投机者那里买到。

那么，我们应采取什么样的消费政策呢？应该是指导性的消费政策。如何理解指导性的消费？它的内容有这样几点：第一，对各种消费方式进行评价，指出什么样的消费是健康的，什么样的消费是不健康的。这主要不是采用行政干预手段，而是采用教育、宣传的方式。比如对于广告，就应当加以指导。广告应该登什么，画面如何，这里体现了社会主义社会对消费方式的评价。第二，对消费者的行为进行指导。这里也包括对消费者的储蓄行为进行指导。因为储蓄是未来的消费，就是说，为了经济发展，增加积累，同时又要保证人民的消费。应当指导消费者如何对目前的消费和未来的消费做合理的安排，使消费者正确理解今天消费和未来消费的关系，理解个人的储蓄与国家经济发展的关系。第三，推广消费知识，传播市场信息。消费需要有知识，不需要知识的消费的时代已经过去，每一种消费都需要有一定的消费知识。以上三点就是指导性消费政策的主要内容。总之，我们的消费应该是有指导的消费，这样才能将我们的消费纳入一个健康的轨道，从而也可以不让西方"后工业社会"中那种病态地追求消费品的现象在我国出现。

当然，究竟什么是社会主义的消费方式，我们还需进一步探索。研究消费问题在社会主义经济学中还是一个新的课题。其实，不仅消费问题是一个新的课题，今天我在谈到当代西方经济思潮时所涉及的许多问题，如次优决策问题、小企业和小城市的优越性问题、国家干预主义和经济自由主义之间的争论，等等，不都是需要我们大家深入探讨的新课题吗？

"自然失业率"假说与货币学派的就业对策

引自厉以宁、吴世泰合著《西方就业理论的演变》，华夏出版社，1988 年版。

第一节 "自然失业率"假说

第二次世界大战结束后上升到正统地位的凯恩斯就业理论和被奉为资本主义国家制定就业政策的依据的菲利普斯曲线交替关系，在 20 世纪 50 年代末和 60 年代初就已受到一些西方经济学家的质疑。以弗里德曼为代表的货币学派是其中的主要代表。弗里德曼不同意凯恩斯关于就业水平和决定就业的因素的分析，也不同意菲利普斯关于通货膨胀与失业之间交替关系的表述。弗里德曼和货币学派有自己的就业理论，这一就业理论从属于他们的货币理论。由于他们的货币理论就是他们关于整个国民经济运行的理论，而就业量的确定又取决于国民经济的均衡状态及其变化，所以货币学派的就业理论与他们的货币理论实际上是统一的。

弗里德曼和货币学派的就业理论，可以简单地概括为"自然失业率"假说。它仍然是一种宏观经济学的就业理论或总量的就业理论，因为它所考察的是资本主义社会中的一般就业水平或总就业量，而不涉及就业本身的结构问题。

下面，首先分析弗里德曼的"自然失业率"概念。

一、"自然失业率"的含义

前面曾经指出，凯恩斯认为，在资本主义经济中，由于人们心理活动而造成的有效需求不足，使得失业成为不可避免的现象，即在"自愿失业""摩擦性失业"之外，还存在着"非自愿失业"。简单地说，"非自愿失业"是指工人愿意接受现行货币工资水平或现行工作条件，但却得不到受雇的机会。

"非自愿失业"概念的提出，曾被西方经济学界认为是凯恩斯在就业理论中的新创造。因为根据这一概念，不仅认定经济学中所要讨论的资本主义制度下的失业问题主要是"非自愿失业"问题，而且还认定，只要能设法消除"非自愿失业"现象，资本主义社会也就实现了"充分就业"。所以凯恩斯的就业对策是一种旨在消除资本主义社会中的"非自愿失业"对策。

作为凯恩斯就业理论的对立面，弗里德曼的就业理论中提出的一个重要问题就是：资本主义经济中是否存在如凯恩斯所说的那种"非自愿失业"？弗里德曼的回答是否定的。这是因为，如果承认资本主义经济中存在着因有效需求不足而引起的"非自愿失业"，那就无异于承认只有通过刺激需求才能消除这种"非自愿失业"，而如果承认刺激需求的做法对于消除资本主义经济中的"非自愿失业"是最有效的，甚至是唯一有效的手段，那就无异于承认凯恩斯及其追随者们提出的一系列国家干预措施是正确和灵验的。这就同货币主义的整个国民经济运行理论相违了。因此，根据弗里德曼的看法，在资本主义经济中存在的，并不是凯恩斯所说的"非自愿失业"，而是同所谓"自然失业率"有关的失业。

弗里德曼在提出"自然失业率"概念时曾提到，19 世纪末、20 世纪初瑞典经济学家 K. 维克赛尔的"自然利息率"概念对"自然失业率"概念的提出有启发性。

维克赛尔认为，资本主义经济中存在着两种利息率，即货币利息率和自然利息率。货币利息率又称市场利息率，它是指金融市场上的借贷利息率，它随资本的供给和需求的变动而跳跃式地升降。自然利息率又称正常利息率或均衡利息率，它是指资本供给和对资本的需求相一致情况下的利息率，它既不会使一般物价水平趋于上升，也不会使一般物价水平趋于下降。维克赛尔指出，如果货币利息率高于自然利息率，资本主义经济将会出现储蓄大于投资的情况，从而引起经济的收缩；反之，如果货币利息率低于自然利息率，资本主义将会出现储蓄小于投资的情况，从而引起经济的扩张。维克赛尔正是利用两种利息率之间的不一致来说明资本主义经济周期的波动，说明资本主义经济收缩和扩张的原因。

弗里德曼接受了维克赛尔关于自然利息率的概念，并进而用相类似的论述方式表述了"自然失业率"概念。弗里德曼认为，正如维克赛尔把利息率区分为市场利息率和自然利息率，以及"金融当局只有借助通货膨胀才能使市场率低于自然率，它只有借助通货收缩才能使市场率高于自然率"[①]一样，在就业方面，也同样存在着"市场失业率"和"自然失业率"。弗里德曼所说的"市场失业率"是指市场上实际存在的失业率，而"自然失业率"则是指在没有货币因素干扰的情况下，让劳工市场和商品市场的自发供求力量发挥作用时应有的处于均衡状态的失业率。正如弗里德曼所说，"在任何时候，都存在着与实际工资率结构相适应的某种均衡失业水平"，这种处于均衡状态的失业率，也就是"自

---

① 弗里德曼：《货币政策的作用》，载《现代国外经济学论文选》，第 1 辑，商务印书馆，1979 年版，第 120 页。

然失业率"。

弗里德曼认为，在资本主义竞争的条件下，实际工资率是有伸缩性的，它随失业人数的多少而有所变化，"较低的失业水平是劳动力需求过量的迹象，它将迫使实际工资率上涨，失业水平较高则表示劳动力供给过量，它将迫使实际工资率下跌"。但是，不管失业人数如何变动，实际工资率如何变动，一切与实际工资率结构不相适应的人员仍将被排斥在就业之外。这就是说，"自然失业率"在资本主义经济中是始终存在的。在已有的"自然失业率"水平上，只要资本积累继续进行，那么尽管实际工资率会上升，"自然失业率"并不会因此而消失。

弗里德曼所提出的"自然失业率"概念在他的整个经济理论中占有重要的位置，因为它涉及对资本主义经济运行的总的看法，以及对失业率变动原因的看法。

二、"自然失业率"的变动原因

弗里德曼解释道："自然失业率"本身不是一个固定不变的量，它也不是不能改变的。只要发挥市场竞争因素的作用，提供充分的市场信息，增加劳动力的流动性，就有可能把"自然失业率"降低；反之，如果阻碍市场竞争因素发挥作用，市场信息不充分，劳动力缺乏流动性，"自然失业率"就可能上升。弗里德曼就此写道："'自然失业率'是我引进的、与维克赛尔的'自然利息率'对应的一个术语，它不是一个常数，而是取决于和货币因素相对立的'实际'因素——如劳工市场的有效性，竞争和垄断的程度，阻碍或促进人们变换其工作岗位，等等。"[①]

---

① 弗里德曼：《通货膨胀和失业》，载《现代国外经济学论文选》，第2辑，商务印书馆，1981年版，第122页。

弗里德曼在这里只承认"实际"因素对"自然失业率"的变动起作用，而不承认货币因素对"自然失业率"的变动起作用，这一点十分重要，因为正如在下面将会谈到的，"自然失业率"变动原因的分析与通货膨胀和失业之间的关系的分析密切有关。

弗里德曼以美国的情况为例来说明"自然失业率"变动的原因。他认为，在一个社会中，"自然失业率"在一般情况下是相对稳定的，但这并不等于说它不会发生变化。20世纪60年代以来，美国的"自然失业率"正在上升，主要有以下两个因素：

第一，在美国的劳动力结构中，妇女、青少年和半就业的工人所占的比重越来越大，他们不断地进入劳工市场，又不断地离开劳工市场，他们比较频繁地变换工作，结果就使得美国的平均失业率有上升的趋势。

第二，由于存在着失业保险和其他形式的对失业的救济，所以失业的人员不急于寻找工作，他们宁肯等待，挑选工作岗位。[1]

很明显，从弗里德曼关于美国的"自然失业率"上升趋势的原因的分析可以了解到，弗里德曼在论述资本主义经济中的失业问题时尽管使用了"自然失业率"概念，但他所说的"自然失业率"与凯恩斯以前的传统西方经济学所谈论的"自愿失业"和"摩擦性失业"并没有多少区别。因为从上述第一个原因的分析来看，这种类型的失业是与"摩擦性失业"相同的，从上述第二个原因的分析来看，这种类型的失业又是与"自愿失业"一致的。所以弗里德曼关于美国"自然失业率"上升趋势的原因的分析，进一步说明在弗里德曼的经济理论中不存在凯恩斯所说的那种"非自愿失业"。

弗里德曼指出，人们通常有一种不正确的看法，即根据所登记的

---

① 弗里德曼：《通货膨胀和失业》，载《现代国外经济学论文选》，第2辑，商务印书馆，1981年版，第123页。

人数多少来判断一切，如果失业水平高，就证明社会没有充分有效地使用资源；反之，则证明资源已得到了充分有效的利用。其实，失业水平低也可能表明资源的利用是缺乏效率的。按照弗里德曼的看法，"自然失业率"的高低并不一定反映经济的增长状况和经济的活跃程度。比如说，如果一个社会的经济是僵化的、缺乏流动性的，社会可能给每一个社会成员安排一个固定的工作，这样一来，这种欠活跃的经济中的"自然失业率"将是低下的；反之，如果一个社会的经济是灵活的、不断变化着的，社会成员有较大的可能改变自己的工作，社会的"自然失业率"就会高一些。因此，弗里德曼认为不能把"自然失业率"的高或低同经济效率的低或高直接联系起来，并由此得出"自然失业率"高意味着经济效率低，或者"自然失业率"低意味着经济效率高的论断。

三、弗里德曼关于通货膨胀和失业之间的关系的分析

弗里德曼从"自然失业率"假设出发，对资本主义经济中通货膨胀和失业之间的关系进行了比较详细的论述。

弗里德曼认为，目前流行于西方经济学界的所谓通货膨胀与失业彼此替代的菲利普斯曲线关系的说法，在理论上是错误的、没有根据的。弗里德曼指出，菲利普斯曲线关系的最基本的错误在于把名义工资率同实际工资率混为一谈，在于断定劳动数量的供给依赖名义工资率的变化而变化，实际上，劳动供给量是随实际工资率而变动的。弗里德曼写道："与就业有关的不是按美元或英镑或瑞典克朗计算的工资，而是实际工资——即能够购买多少商品和劳务的工资。"[①]这就是说，工人究竟

---

① 弗里德曼：《通货膨胀和失业》，载《现代国外经济学论文选》，第 2 辑，商务印书馆，1981 年版，第 119 页。

愿意向市场提供多少劳动量，不是看他能得到多少货币工资，而是看他所得到的工资能买到多少商品。然而在菲利普斯曲线中，却把失业率同货币工资增长率直接联系起来，说明二者存在着稳定的负相关关系，同时又把货币工资增长率换成通货膨胀率，使失业率同通货膨胀率直接联系起来，说明二者之间也存在着稳定的负相关关系。弗里德曼认为，不幸的是，这种理论上根本错误的菲利普斯曲线关系却成了奉行凯恩斯主义的西方各国政府的制定经济政策的依据。

弗里德曼以简易的菲利普斯曲线来说明失业水平和工资变化率之间存在着稳定的负相关——高失业水平伴随着下跌的工资，低失业水平伴随着上升的工资。（图1）

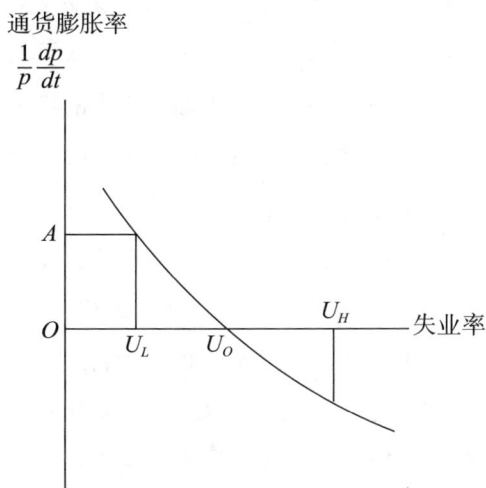

图1

图1把失业率直接和价格变动联系起来，省略了工资这个中间环节。弗里德曼写道：政策制定者可以选择一个低失业目标，如图中的 U_L。在这种情况下，他们必须接受通货膨胀率 A。在这里，仍然有一个怎样选择某种经济调节措施，以便选定的措施所产生的名义总需求水平

能使失业保持在 U_L 的问题。政策制定者也可以挑选一个低通货膨胀率，甚至以通货紧缩作为政策目标。在这种情况下，他们将不得不使自己甘心于较高的失业率。图中 U_O 表示通货膨胀率为零的失业水平，而 U_H 则代表通货紧缩条件下的失业水平。

弗里德曼接着指出，根据经验资料估算的菲利普斯曲线关系并不令人满意。相应于特定失业水平的通货膨胀率，没有保持固定不变。当政府在设法促进"充分就业"的时候，通货膨胀率呈现上升的趋势。在较早时期曾经与低失业水平联系在一起的通货膨胀率，与高失业水平一起出现。[①]

为什么会出现这种情况？弗里德曼做了如下的解释：当政府采取措施降低失业率之后，过了一段时间，工人们将会发现物价上升和实际工资下降，这时他们便要求提高货币工资率，而一旦工人们的要求得到满足，货币工资率提高了，雇主也就感到没有增雇工人的吸引力了，失业率就返回到原来的状态。弗里德曼写道："假定名义总需求和价格的较高的增长率继续下去，看法将按现实调整。当他们这样行事的时候，最初的效果将消失，然后有一个时候，即当工人和雇主都发现他们自己被不适当的合同卡住的时候，甚至会走上与最初效果相反的方向。最后，就业将回到原来的水平，即恢复到原来假设的未预料到的名义总需求加速扩大以前的水平。"[②]因此，从较长时期来考察，通货膨胀并不能增加就业，通货膨胀和失业之间没有交替关系，失业率在长期内所处的水平就是"自然失业率"水平。（图2）

图2，可以从 E 点出发。假定通货膨胀率（不管由于什么原因）从 A 移向 B，并停在那里。最初，失业将沿着由预期通货膨胀率 A 所规定

① 弗里德曼：《通货膨胀和失业》，载《现代国外经济学论文选》，第2辑，商务印书馆，1981年版，第119页。

② 同上，第121页。

的曲线移动，直到失业减少到 F 点的 U_L。随着人们调整其对通货膨胀的预期，短期曲线会向上移动，最后达到由预期通货膨胀率 B 所规定的曲线。同时失业将逐渐从 F 移向 G。U_N 反映自然失业率水平。

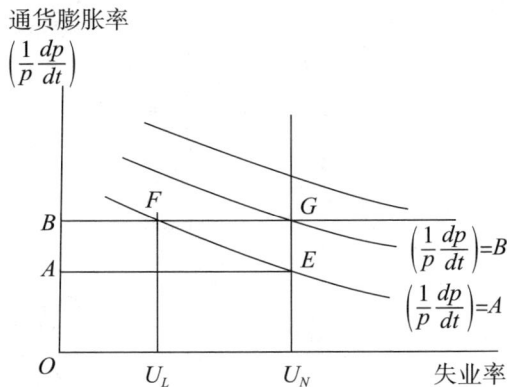

图 2

从图 2 看，菲利普斯曲线在长期内是一条垂直线。垂直的菲利普斯曲线的含义是：不管通货膨胀率有多高，失业率将保持不变。弗里德曼把这称作西方经济学界对菲利普斯曲线关系的理解的第二阶段。

但弗里德曼认为，西方经济学界对通货膨胀和失业之间的关系的理解正在进入第三阶段，这就是通货膨胀和失业相互促进的阶段。较高的通货膨胀所伴随的，不是较低的失业率，而是较高的失业率。从图形上看，菲利普斯曲线既不是斜率为负的即向右下方倾斜的曲线，也不是斜率为无穷大的垂直线，而是斜率为正的，即向右上方延伸的曲线。

弗里德曼以西方七国 1956—1975 年间的通货膨胀率和失业率为例，说明二者之间的关系。[①]（表 1）

---

① 弗里德曼：《通货膨胀和失业》，载《现代国外经济学论文选》，第 2 辑，商务印书馆，1981 年版，第 126 页。

表 1　西方七国 1956—1975 年间的通货膨胀率和失业率（五年平均数）
（DP= 每年价格变化率，百分比；U= 失业，占劳动力百分比）

年份	法国		西德		意大利		日本	
	DP	U	DP	U	DP	U	DP	U
1956—1960	5.6	1.1	1.8	2.9	1.9	6.7	1.9	1.4
1961—1965	3.7	1.2	2.8	0.7	4.9	3.1	6.2	0.9
1966—1970	4.4	1.7	2.4	1.2	3.0	3.5	5.4	1.1
1971—1975	8.8	2.5	6.1	2.1	11.3	3.3	11.4	1.4

年份	瑞典		英国		美国		未加权平均（七国）	
	DP	U	DP	U	DP	U	DP	U
1956—1960	3.7	1.9	2.6	1.5	2.0	5.2	2.8	3.0
1961—1965	3.6	1.2	3.5	1.6	1.3	5.5	3.7	2.0
1966—1970	4.6	1.6	4.6	2.1	4.2	3.9	4.1	2.2
1971—1975	7.9	1.8	13.0	3.2	6.7	6.1	9.3	2.9

　　根据表 1 的五年平均数，在头两个五年（1956—1960，1961—1965）内，这七个国家中，有五个国家的通货膨胀率和失业水平朝相反方向移动——符合简单的菲利普斯曲线；在第二和第三个五年（1961—1965，1966—1970）内，只有四个国家如此；而在最后两个五年（1966—1970，1971—1975）内，只有一个国家（意大利）如此。

　　图 3 中标出的七个国家的平均数，明确表示从斜率为负数的简单菲利普斯曲线转变为斜率为正数的菲利普斯曲线。两条曲线在头两个五年中朝相反方向移动；此后就朝同一方向移动了。[①]

---

　　① 弗里德曼：《通货膨胀和失业》，载《现代国外经济学论文选》，第 2 辑，商务印书馆，1981 年版，第 126 页。

通货膨胀率

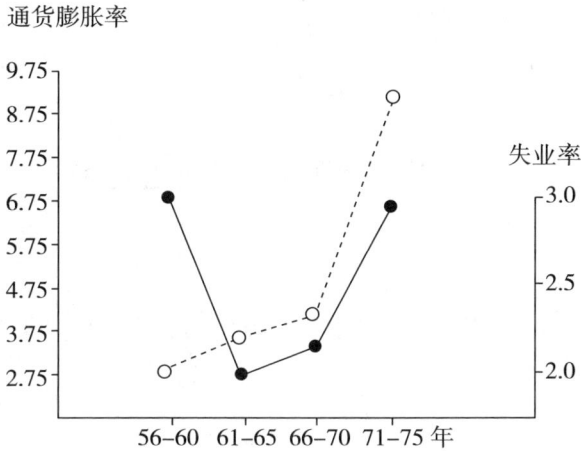

图3 1956—1975，按5年的通货膨胀率和失业率；七国未加权的平均数
实线＝通货膨胀率；虚线＝失业率。

　　弗里德曼认为，20世纪70年代经验资料所表明的通货膨胀与失业之间的相互促进关系，反映经济活动和政治活动的关系不仅比以前任何时候更加密切，而且正是由于政治因素的作用，才使得高通货膨胀率同高失业率并存。弗里德曼就此写道："我觉得有必要在分析中把经济的经验资料和政治发展的相互依存包括进去。至少不应该把某些政治现象当作自变量——经济计量学行话的外生变量——而应看作是由经济事件决定的内生变量。"[①]在弗里德曼看来，只要把经济活动同政治活动结合在一起进行分析，那么通过对斜率为正的菲利普斯曲线关系的分析，可以更清楚地说明国家干预对于应付资本主义经济中的失业问题的不必要性和有害性。所以弗里德曼的就业对策实际上是十分明确的，这就是：让市场本身来解决失业问题，国家不必多加干涉，尤其不应当采取凯恩

---

　　① 弗里德曼：《通货膨胀和失业》，载《现代国外经济学论文选》，第2辑，商务印书馆，1981年版，第124—125页。

斯主义的刺激需求的做法。^①

第二节　货币学派的就业对策

一、作为资本主义国家的政策目标的失业率同"自然失业率"的关系

前面已经提到，弗里德曼之所以仿照维克赛尔那样在经济学中引进"自然失业率"概念，是打算把实物因素同货币因素区分开来，以便考察在没有货币因素干扰情况下的失业水平。

同维克赛尔对利息率的分析方法一样，弗里德曼也着手分析市场失业率同"自然失业率"二者之间的不一致问题。他指出，按照资本主义国家历来采用的需求管理措施，政府的心目中是有一个作为政策目标的失业率的。政府力图把市场失业率保持在这个作为目标的失业率之下。如果市场失业率高于作为目标的失业率，它将采取财政政策或货币政策来降低市场失业率。而无论是财政政策还是货币政策的实行，都与货币供应量的多少以及物价增长率有关，因此，政府认为可以通过货币供应量的变动或物价的变动来降低市场失业率。这就是依据菲利普斯曲线关系调节经济的做法。

但被政府定为政策目标的失业率是否就是客观上存在着的"自然失业率"呢？弗里德曼认为并不一定如此。由于政策制定者的意图和对形

---

① 弗里德曼：《货币政策的作用》，载《现代国外经济学论文选》，第 1 辑，商务印书馆，1979 年版，第 111—131 页。

势的估计不一，目标失业率和"自然失业率"可能不一样，于是社会上就有三种失业率：市场失业率、"自然失业率"、作为政策目标的失业率。弗里德曼分析了这三者之间的关系。他举例道：

假定作为政策目标的失业率被定为 3%，"自然失业率"高于 3%，市场失业率也高于 3%。

这时，为了降低市场失业率，金融当局便增加货币供应量，降低利息率，以刺激需求。由于需求的增加，市场失业率降到了"自然失业率"之下。但正如前面已经谈到的，这时的市场失业率下降所依赖的是工人们对物价上涨而引起的实际工资率下降的不敏感，等到工人们发现实际工资的下降而要求按照物价上涨的幅度来提高名义工资率，并且使名义工资率增长之后，雇主就不会增雇工人，市场失业率就会返回到原来的水平。问题是：为什么在这种情况下，工人们提出的按照物价上涨的幅度来提高名义工资率的要求能够实现呢？为什么雇主会答应工人们提高名义工资率的要求呢？这是因为："自然失业率"意味着资本主义经济处于均衡状态时的失业率，如果市场失业率低于"自然失业率"，就表明市场对劳动力的需求已经过度，所以，一旦市场失业率下降到"自然失业率"之下，而工人提出增加名义工资率的话，他们的这一要求是能够得到实现的。

弗里德曼在做了上述说明之后，很自然地得出了这样的结论："实际工资的提高将使失业的下降颠倒过来，转向回升，而趋于恢复到它原先的水平。为了使失业率保持在 3% 这一既定目标，金融当局还不得不更多地提高货币增长率。和利息率的情况一样，只有借助通货膨胀才能使'市场'率保持在'自然'率以下。"[①]这就是说，假定政府把低于"自然失业

---

① 弗里德曼：《货币政策的作用》，载《现代国外经济学论文选》，第 1 辑，商务印书馆，1979 年版，第 123 页。

率"的某种失业率作为政策目标，那么它必须不断地进行通货膨胀，才能做到这一点。

反过来说，假定资本主义国家把高于"自然失业率"作为政策目标，那么情况刚好相反，因为政府这时必须实行通货收缩政策，使需求减少，因为对劳动力需求的不足才会引起市场失业率高于"自然失业率"。不仅如此，政府实行的通货收缩政策还不能够停顿，而应当持续地，甚至加速地进行下去，否则，通货收缩政策一停顿，对劳动力的需求随着总需求的增加而增加，就会使市场失业率降下来，这样也就无法使作为政策目标的失业率高于"自然失业率"了。

当然，从理论上说，最好是能够把与"自然失业率"一致的失业率作为政策目标。在弗里德曼看来，这是合乎理想的，因为这时既不需要实行通货膨胀，也不需要实行通货收缩。但困难之处恰恰在于：一方面，政府无法判明究竟什么样的失业率是"自然失业率"；另一方面，"自然失业率"本身又时时刻刻在变化，当政府刚把作为政策目标的失业率规定为"自然失业率"水平时，但"自然失业率"本身的变化又会使得政策目标马上偏离"自然失业率"水平，这正如维克赛尔理论体系中的"自然利息率"是不容易被准确地估计出来，而且难以维持不变一样。弗里德曼终于得出这样的论断："货币增长的实际进程将似一场漫无目标的散步，被那些造成市场率暂时偏离自然率的各种力量冲过来又冲过去。"[①]

弗里德曼正是根据上述"自然失业率"、市场失业率、作为政策目标的失业率之间复杂关系，论述了资本主义国家的政府应当如何对待就业（或失业）的问题。

---

① 弗里德曼：《货币政策的作用》，载《现代国外经济学论文选》，第 1 辑，商务印书馆，1979 年版，第 123 页。

二、通过市场自发调节作用以增加就业的主张

严格说来，弗里德曼主要是说明政府对待就业（或失业）的应有的态度，很难说弗里德曼提出了有关解决资本主义社会中的就业问题的对策。弗里德曼有关"自然失业率"的假说和对于凯恩斯主义的需求管理措施的批评，只不过反映了弗里德曼对于西方各国政府依据菲利普斯曲线关系来调整市场失业率的做法的不满。弗里德曼主张抛弃这种只可能加剧通货膨胀而不可能真正降低失业率的政策，但他本人并没有提出可以作为凯恩斯主义就业政策的替代物。

前面已经指出，弗里德曼的就业理论是从属于他的货币理论的，而他的货币理论也就是他的关于资本主义经济运行的理论。因此，如果要问弗里德曼本人究竟主张采取什么办法来缓和资本主义社会中的就业问题，那么必须先了解弗里德曼关于政府作用的看法，以及他的稳定资本主义经济的总的设想和建议所采取的措施。

弗里德曼认为，在一个社会中，正如在一场竞赛中一样，要求双方成员遵守竞赛规则和接受裁判员对规则的解释和执行。社会需要一个裁判员。这就是政府的基本作用。政府提供人们能够改变规则的手段，调解人们之间对于规则的理解方面的分歧，迫使人们遵守这些规则。在社会中，绝对自由是不可能的。不论无政府主义作为一种哲学具有多么大的吸引力，但它是行不通的。个人的自由可能相互冲突。当冲突存在时，必须限制一个人的自由以便保存另一个人的自由。因此，弗里德曼认为政府的作用在于如何解决个人的自由之间的冲突。根据这一思想，弗里德曼认为政府在解决就业问题方面的作用实际上是有限的，即政府不需要，也不应当去具体安排社会的就业问题。这个问题可以留给社会自行解决。

在经济活动中，弗里德曼总的设想是：减少国家干预，发挥市场自发调节作用。他所建议采取的措施主要是：稳定货币供应量的增长率。在他看来，要维持资本主义国家的经济稳定，金融当局应当按照大约等于经济的实际增长率来使货币供应量的增长率保持稳定。这就是弗里德曼的所谓"单一规则"。他认为，如果依靠"单一规则"使资本主义经济保持稳定，那么整个经济也就会正常地运行，就业问题将在这个正常的经济环境中逐步得到解决，最终使高于或低于"自然失业率"的市场失业率接近于"自然失业率"水平，也就是接近于均衡的失业率水平。弗里德曼指出：社会的失业率同利息率一样，都是政府或金融当局自己所不能控制的，假定政府一定要把失业率作为政策目标，强求实现它，其结果必定是经济的更加不稳定。他写道："第一个要求是货币金融当局应当把它所能控制的数量作为指导自己行为的准则，而不应把它不能控制的数量作为指导自己行为的准则。如果金融当局一如既往，把利息率或失业率作为政策的直接目标，那就会像一架空间飞行器把方位定在错误的星球上一样，不管它的导航装置多么灵敏和多么高级，这架空间飞行器总得走上歧途。"[①]

在弗里德曼看来，在正常的经济环境中，"自然失业率"本身不是不可能降低的，但"自然失业率"的降低并非由于国家采取的干预行动的结果，而是由于市场调节作用得以充分发挥的结果。在充分发挥市场调节作用的条件下，工人的流动性将增大，市场将会广泛提供有关职业空位和劳动力供给的信息，这都是有利于降低"自然失业率"的。不仅如此，由于物价保持稳定，雇主和工人之间关于工资率的谈判的进行也会顺利得多。工人不会由于估计到未来物价的上升而有意识地预先提

---

① 弗里德曼：《货币政策的作用》，载《现代国外经济学论文选》，第 1 辑，商务印书馆，1979 年版，第 128 页。

高货币工资率，雇主也不会由于对未来物价上升幅度和经济前景的难以预料而不断改变自己的产量和雇工数量，这些也都有利于资本主义社会中的就业压力的缓解。弗里德曼认为，资本主义制度本身仍是完善的，它能使市场调节作用充分发挥出来，因此，只要稳定货币供应量的增长率，资本主义制度本身就有可能使经济活动正常地进行，就业问题也就不像国家干预条件下那样尖锐了。弗里德曼就此写道："一旦生产者和消费者，资本家和雇工能够在确信未来价格的平均水平按已知方式表现（最好是高度稳定）的条件下进行活动，我们的经济体系就会运转得最好。在任何可想象的制度安排下，确定地说在目前美国现行制度安排下，价格和工资的可变性是有限的。我们需要保存这点可变性以保证商品的相对价格和工资能适应于嗜好和技术的动态变化而做相应的调整。"[①] 这表明，弗里德曼在资本主义就业问题方面的政策思想主要是：政府不必去关心失业率本身的变动，而只需要着手为经济的正常活动提供一个良好的条件，包括保留现存的资本主义制度，充分发挥市场调节的作用，实现货币供应量的稳定的增长，维持物价的稳定，这样，就业问题将自然而然地得到解决。

三、对工资率的态度

弗里德曼根据有关"自然失业率"的假定，对工资率和就业保障问题提出了自己的看法。

他不同意由政府来颁布最低工资的法令。他认为，颁布这些法令形

[①] 弗里德曼：《货币政策的作用》，载《现代国外经济学论文选》，第 1 辑，商务印书馆，1979 年版，第 126 页。

式上是帮助低收入者，实际上却损害了低收入者的利益。这是因为，要求颁布最低工资法令的压力来自工会，其用意是主张提高最低工资，使工会会员免受竞争的危害。然而这样一来，促成雇主们歧视技术水平较低的人。例如，一些缺乏技能的青少年的劳务每小时仅值 2 美元，他们也许渴望以这种工资干活，以便由此学到较多技能，以后再得到较好的工作。如果每小时最低工资为 2.9 美元，雇主就不愿意以此代价来雇用这些青少年。因此，在弗里德曼看来，战后美国青少年失业率的增加主要是最低工资法令造成的。第二次世界大战结束时，最低工资是每小时 40 美分。此后最低工资急剧上升，1950 年升至 75 美分，1956 年上升到 1 美元。20 世纪 50 年代初期，全体工人的失业率大约为 4%，青少年的失业率为 10%，白人和黑人青少年的失业率大致相等。在最低工资率急剧提高之后，白人和黑人青少年的失业率扶摇直上，在白人和黑人青少年失业率之间出现了差距。70 年代末，白人青少年的失业率在 15%—20% 之间，黑人青少年的失业率在 35%—45% 之间。弗里德曼写道："在所有法令中，最低工资法令是最歧视黑人的一项法令。政府先是开办中小学，其中许多青年人，特别是黑人青年，所受的教育很差，以致他们未掌握必要的技能从事工资较高的工作。随后政府再一次惩罚了他们，阻止他们为了得到在职训练而为低工资干活。所有这一切都是在帮助穷人的名义下进行的。"[①]

　　弗里德曼用供求规律进一步说明制定较高工资率对就业问题的影响。他指出：供求规律表明，某种东西的价格愈高，愿意购买它的人就愈少；假使某种劳动较为昂贵，这种劳动提供的工作机会就会减少。比如说，假使木匠活较为昂贵，则建造的房屋减少，并且所造的这些房屋

---

　　① M. 弗里德曼、罗斯·弗里德曼著，胡骑、席学媛、安强译：《自由选择：个人声明》，商务印书馆，1982 年版，第 249 页。

会采用木匠活不多的建筑材料和方法。提高航空公司驾驶员的工资，乘飞机旅行将变得更贵，乘飞机的人将会减少，因此对于航空公司驾驶员来说，就业机会也会少一些。所以说，要使更多的人就业，就不能采取提高工资率的办法。那么，能不能用减少利润的办法来提高工资呢？弗里德曼认为这是不可能的。按照他的解释，道理在于美国的全部国民收入目前约有 80% 用于支付工资、薪金和小额优惠，余额的一半以上用于支付租金和贷款的利息。公司利润总额不到国民收入的 10%。这还是纳税前的利润。纳税以后，公司利润大约是国民收入的 6%。即使全部利润都投放进去，也几乎不可能使所有的人都领取高工资。而且，这不啻杀鸡取卵，因为利润为投资提供了刺激，投资为工资的提高创造前提，如果减少利润，哪里会有高工资呢？

在工资率和就业问题上，弗里德曼把主要责任归咎于工会组织。他认为工会是一种阻碍就业扩大的垄断力量。他强调当前美国经济的实际情况是：工会在政府协助下，用实行高工资率的办法缩减就业机会。而工会本身所采用的办法之一，则是"采取暴力行动或以暴力相威胁：宣称如果雇主雇用非工会会员，或付给工会会员的工资率低于工会指定的工资率，将毁坏雇主的财产或者殴打他们；宣称如果工人同意为较低的工资干活，就揍他们或破坏他们的财产。这就是工会在进行工资调解和谈判时，为什么经常伴随有暴力行为的原因"。[①]

总之，弗里德曼认为应当设法减少工会对工资率的干预，并且认为政府不必干预工资率。他指出，工资率应当由劳工市场的供求双方自由去议定，这样才能把"自然失业率"尽可能地降低。对工资率的外在力量的任何干预，包括政府的干预、工会的干预或雇主联合会的插手

---

① M.弗里德曼、罗斯·弗里德曼著，胡骑、席学媛、安强译：《自由选择：个人声明》，商务印书馆，1982 年版，第 247 页。

过问，都妨碍雇主和工人之间的自由谈判，从而妨碍他们签订有利于降低"自然失业率"的工资协议。

如果社会上失业的人多了，那又该怎么办呢？弗里德曼强调说，"自然失业率"不等于零，而且，即使它可能降低，也不一定会降到零，这样，当市场失业率与"自然失业率"一致的时候，社会上总有一部分人被排除在工作岗位之外。政府部门也没有必要使这些人统统就业。在他看来，要使这些人就业，政府是力所不及的。如果一定要使他们就业，经济将变得不稳定，失业的人反而会更多。另一方面，社会上保留一部分失业者，对于经济效率的提高未尝没有好处。一个没有失业者的社会，工人对雇主的态度可能发生变化，工人对工资率可能提出过分的要求，这对于经济效率都是不利的。再说，在资本主义社会中，失业率也不可能真正降低到零。因为，去失业登记所登记的人数多少与失业率本身的大小有关，如果社会上已经有许多人失业，失业率已经很高了，那么到失业登记所来登记的人数（如家庭妇女等）将会减少；反之，如果社会上失业率很低，原来的登记者都找到了工作，那么这将吸引更多的人（如家庭妇女等）前来登记，所以登记的失业人数是很难下降为零的。

第三节　评货币学派的就业理论

一、"自然失业率"假说的错误

弗里德曼的"自然失业率"假说是反科学的。根据这一概念，在资本主义经济中将存在着一批无论如何也很难被经济所吸收的失业者，而这些失业者之所以得不到就业机会，并非由于资本主义制度本身的责任，而是因为他们或者是在技术上和工作能力上不适应资本主义经济的需要，或者是由于他们自己或他们的代表（工会领导人）提出了不能被资本主义经济中的雇主所接受的工资率和雇佣条件。因此，"自然失业率"假说为资本主义剥削制度推却了责任。

不仅如此，在弗里德曼看来，如果资本主义经济中存在着与"自然失业率"水平相一致的市场失业率，那么这将是合理的，因为市场失业率同"自然失业率"一致，这就意味着资本主义已经处于均衡的就业水平了。所以说，在这种就业水平条件下仍然存在的失业者，只不过是些"多余的人"，因为社会不可能为他们安排就业的岗位。弗里德曼的这种说法反映了他为资本主义制度辩护的立场，它否认相对过剩人口是资本主义生产方式的必然产物。

马克思指出："资本主义积累不断地并且同它的能力和规模成比例地生产出相对的，即超过资本增殖的平均需要的，因而是过剩的或追加的工人人口。"①资本主义经济中存在的失业率，绝对不是什么"自然失业率"，而是相对于资本价值增殖的需要而形成的失业率。失业的根源在于资本主义制度本身。针对资本主义社会中的实际情况，马克思曾经写道："如果明天把劳动普遍限制在合理的程度，并且把工人阶级的各个阶层再按年龄和性别进行适当安排，那么，要依照现有的规模继续进行国民生产，目前的工人人口是绝对不够的。"②这就清楚地说明，弗里德曼所说的那种"自然失业率"或者均衡的失业率，是根本不存在的。

再做进一步的考察，不难发现，弗里德曼所提出的"自然失业率"概念之所以不科学，因为它本身是无法计算出来的。货币学派在英国的

---

① 马克思：《资本论》，第1卷，载《马克思恩格斯全集》，第23卷。
② 同上。

重要代表人物 D. 莱德勒在评论弗里德曼的"自然失业率"假说时，曾经指出："自然失业率"是需要计量的，因为只要知道了"自然失业率"的水平，才能对失业的现实状况做出解释，然而在英国，"自然失业率"极难估计。他写道："根据曼彻斯特大学的初步研究成果，英国的自然失业率也许略低于2%。"[1]但他承认，由于"自然失业率"估算的困难，所以曼彻斯特大学的上述估计"肯定有很大误差"。他接着指出："如果政府确定的失业率目标低于自然失业率，那么要维持政府确定的这一比率，就必须不断扩大总需求，从而使通货膨胀率不断加速。只有自然失业率能使通货膨胀率保持稳定或消除通货膨胀。如果我们不知道自然失业率，那么，我们将无法知道政府确定的宏观经济政策目标是否可以实现。"

总之，既然"自然失业率"难以计算出来，那么又如何能够判断出实际的市场失业率究竟是在"自然失业率"之下，还是在它之上呢？又如何能够用"自然失业率"来说明社会上究竟有多少人失业才达到了劳工市场的均衡状态呢？

二、弗里德曼的就业对策的实质

如上所述，弗里德曼不主张由资产阶级政府采取经济调节措施来减少失业人口，他的就业对策实际上就是：要求政府不必干预，听任市场经济自发调节，让失业人口自行消长。这种做法显然是不利于广大失业者的。我们知道，20 世纪 40 年代中期，美国、英国等主要资本主义

---

[1] 莱德勒：《一个英国人的评论——"需求管理"的终结：如何减少七十年代的失业》，载费里德曼著，张丹丹、胡学璋译：《失业还是通货膨胀》，商务印书馆，1982 年版，第 48 页。

国家先后奉行凯恩斯主义，通过了所谓"充分就业"的立法。尽管这是资产阶级政府企图以此缓和阶级斗争的策略，尽管这些立法被以后的事实证明是难以实现的，但不管怎样，从工人的角度来看，由于这些立法表明资产阶级政府承认自己有责任使失业者得到工作，所以这毕竟是工人阶级长期斗争的一个成果，没有 30 年代以来工人阶级的斗争，资产阶级政府是不会通过这些有关就业的立法的。然而弗里德曼却认为资产阶级政府不必再承担这种责任，主张让失业人口随市场本身的扩张和收缩而自行消长，这实际上是主张返回到第二次世界大战以前的状态去。难道这不是对早已通过的就业法（尽管它是难以实现的）的公开的否定吗？

再者，按照弗里德曼的设想，在资本主义经济中，只要稳定货币供应量增长率，似乎就可以使物价保持稳定，从而可以使市场失业率在经济正常运行的条件下自行下降，甚至还有可能使"自然失业率"在市场充分发挥调节作用的条件下逐渐降低，这样，资本主义制度下的就业问题就会缓和下来。弗里德曼的这些设想是毫无根据的，因为前面已经指出，失业既是资本主义生产方式的产物，又是资本主义生产方式赖以存在的条件，资本主义制度本身不可能解决失业问题。至于稳定货币供应量增长率的措施，不仅难以做到，而且即使实现了，也很难使物价保持稳定，很难使资本主义经济正常运行，因为当前资本主义国家的通货膨胀与垄断资本主义制度是紧密联系在一起的，巨额的财政赤字、庞大的国债总额、垄断资本集团对物价的操纵、国际通货膨胀的影响，等等，都促使物价上涨。即使按照弗里德曼所设想的"单一规则"去做，资本主义国家经济仍然处在激烈动荡的困境中，而失业问题的越来越严重最终仍然会迫使资产阶级政府去寻找"单一规则"以外的对策。

此外，还应当指出，弗里德曼在有关就业问题的分析中，曾对工会的作用做了严重的歪曲。按照他的观点，工会制定保障工人最低工资的法令，以及关于减少利润和增加工资的要求，都是不利于扩大就业的。姑且不谈工会能否起到垄断劳工市场的作用，但单纯就最低工资率和改变利润和工资之间的比例关系这一点而论，弗里德曼的论点是没有根据的。这是因为，如果我们把最低工资法令的制定看成是工人为维持最低生活水平而进行斗争的结果，把减少垄断利润看成是工人和广大人民的正当要求，那么工会提出的这些要求本身无可非议。难道把造成资本主义社会中的失业现象的原因不归咎于资本主义制度，而归咎于工人们的正当要求吗？显然，弗里德曼是在为资本主义制度辩解。他的论点是违背事实的。

三、如何看待货币学派对凯恩斯主义就业理论和就业政策的批评？

我们认为，不仅有必要指出以弗里德曼为代表的货币学派的就业理论和就业对策的错误和辩护性，而且还需要指出货币学派对凯恩斯主义就业理论和就业政策的批评，无非反映了两个资产阶级经济学派之间的争论。货币学派和凯恩斯主义一样，都割裂了资本主义制度同资本主义社会中的失业现象的联系，都认为资本主义制度可以解决就业问题，只不过前者认为市场经济本身能起到这种作用，后者则认为非通过政府的调节措施不可。货币学派和凯恩斯主义之争代表着当代资产阶级经济学中经济自由主义思潮和国家干预主义思潮的分歧。

但与此同时，我们也应当承认，货币学派在对凯恩斯主义就业理论和就业政策的批评中，一定程度上也揭露了战后长时期内资本主义国家实行的国家干预政策所带来的严重后果，其中包括：由于刺激需求而引起的通货膨胀的加剧，由于依靠通货膨胀来应付失业而造成的通货膨胀与失业的并发症，由于实行某些"福利"措施而导致的经济效率下降，以及由于实行某些"福利"措施而促使资本主义社会的就业问题复杂化，使得一些失业者不急于寻找工作或不愿意从事某些行业的工作，等等。这也就是货币学派所批评的：以刺激需求的办法来实现充分就业，有弊无利；采用凯恩斯主义的财政货币政策，或者无法使失业率降下来，或者代价过大而"得不偿失"。货币学派指出了凯恩斯主义的就业理论和就业政策的不可行性。从这个角度来考察，我们认为，货币学派对于凯恩斯主义的批评对于分析战后资本主义国家的经济有一定的参考价值。

失业与通货膨胀理论的提出

引自厉以宁、吴世泰合著的《西方就业理论的演变》，华夏出版社，1988 年版。

第一节　菲利普斯曲线关系

一、菲利普斯曲线关系的表述

按照凯恩斯的理论，在失业和通货膨胀之间存在着一条分界线，即只有超过了充分就业的总需求才含有通货膨胀的意义。这就是说，如果所有的工人都就业了，那么对生产最终产品的资源的需求（包括对劳动的需求）必将超过供给，那时物价和工资都会被抬高，于是就出现因存在过度需求而引起的通货膨胀。凯恩斯并没有涉及失业存在条件下的通货膨胀问题。

对失业与通货膨胀并存以及失业与通货膨胀之间存在着交替关系的论述，是同需求过度引起的通货膨胀以外的另一种通货膨胀的研究联系在一起的。这就是成本增长所推动的通货膨胀，也就是因供给方面的原因而引起的通货膨胀。关于通货膨胀的这种新的研究，导致了对通货膨胀率与失业率之间的关系的新的分析。正如 E.夏皮罗在《宏观经济分析》一书中所说的："由于工资成本是价格结构的基本部分，所以对供给方面引起的通货膨胀的研究自然而然地导致人们从对价格增长率与工资增长率之间的关系的研究走向对工资增长率与劳动力失业率之间的研究。如果说除了价格增长率和工资增长率之间有正比关系而外，工资增长率和失业率之间还有反比关系的话，那么在通货膨胀率和失业率之间也存在着一种反比关系。"[1]夏皮罗接着指出："由于各个不同国家和各个不同时期的资料确实表明失业率之间这种反比关系是存在的，这样，失业率也就间接地成为对供给方面引起的通货膨胀的研究中主要关心的一个因素。"[2]

菲利普斯曲线就是当代西方经济学家用来表示物价上涨率（通货膨胀率）同失业率之间存在着这种反比关系的曲线。1958年11月，当时任教于伦敦经济学院的新西兰经济学家 A.菲利普斯于英国《经济学报》发表了《1861—1957年英国失业和货币工资变动率之间的关系》一文。他对1861年到1957年将近一百年间的英国的失业率和货币工资变动率的统计资料进行整理，绘制出一条表示失业率与货币工资变动率之间关系的曲线，这就是菲利普斯曲线。曲线表明：失业减少，工资增长就快；失业增加，工资增长就慢。理由是：失业率低意味着劳动力的短缺和较高的总需求水平，于是雇主竞相雇用劳动力，结果引起工资较快增长。反之，失业率高意味着劳动力的过剩和较低的总需求水平，工资的增长也就会放慢。

根据所谓工资成本推进通货膨胀的说法，失业率与工资增长率之间的关系又可以表述为失业率与物价上涨率（通货膨胀率）之间的关系，这样，只需要把货币工资变动率改为价格变动率，同样可以得出一条菲利普斯曲线，它表明在失业与通货膨胀之间存在着此长彼消、此起彼落的关系。

---

① 夏皮罗著，杨德明等译：《宏观经济分析》，中国社会科学出版社，1985年版，第667—668页。

② 同上，第668页。

二、菲利普斯曲线的理论含义

无论是工资增长率与失业率之间的反比关系还是通货膨胀率与失业率之间的反比关系，从就业理论或通货膨胀理论的角度来看，都是对凯恩斯理论的一种较大的修正。

当然，同意菲利普斯曲线关系的西方经济学家也承认，不能把任何货币工资增长率都同通货膨胀画上等号。货币工资的增长能否导致通货膨胀，与劳动生产率增长率与货币工资增长率之间的比率有关。根据这种观点，工资增长率超过劳动生产率增长率，是引起物价上涨的原因。那么，工资增长率为什么会超过劳动生产率增长率呢？据说，这是因为在现代资本主义国家存在着强大的工会力量，工会能够在并未出现劳动力供不应求的情况下，使企业增加工资，或者使工资自动增长。结果，工资增长率超过了劳动生产率增长率，推动了物价上涨。至于在工会力量较弱的部门，那些想扩大产量的企业也必须提高工资率，以便吸引工人前来工作。这样，工资增长率也有可能超过劳动生产率，结果同样会引起物价上涨。

菲利普斯曲线的提出，从理论上说表明了这样一点，即只要失业率与通货膨胀率之间存在着大体上稳定的交替关系，那么就可以了解到，在每一种失业率之下可以预期有什么样的工资增长率，而在每一种工资增长率之下，并且，在工资增长率超过了劳动生产率增长率的前提下，又可以预期有什么样的通货膨胀率。简言之，失业率与通货膨胀率之间的关系可以表述为：如果要减少失业，那就必然会出现较高的物价上涨率；反之，要稳定物价，那就必须以较多的工人失业作为代价。

假定客观上并未发生工资增长率超过劳动生产率增长率的情形，那么在失业率与通货膨胀率之间是否也有可能出现彼此交替的现象呢？在一些西方经济学家看来（例如 R.李普赛的《失业与货币工资率变动率之间的关系：进一步的分析》，载《经济学报》，1960 年 2 月），在劳工市场上，当劳工的供给与对劳工的需求相等时，并不表明这时没有失业存在，至少是因为这时可能存在着摩擦失业，即当工人转换工作时，需要有一个寻找工作的时间。尽管在这期间存在着对劳动力的需求，但由于寻找工作的人缺乏就业的信息，所以失业仍然存在。假定劳工的供给为既定，如果工资提高一些，求职的人为找到自己所希望的职业而花费的时间就可能少一些，失业人数会少一些；反之，如果工资降低一些，求职的人为找到职业而花费的时间会长一些，从而失业人数会多一些。这表明，工资增长率的变动方向与失业率的变动方向恰好是相反的。由于成本是构成商品的价格的主要部分，而工资又是成本的组成部分之一，所以物价增长率变动的方向与工资增长率变动的方向一致，从而与失业率的变动方向相反，这样也就与菲利普斯曲线的含义一致了。

由此可见，不管工资增长率是否超过劳动生产率增长率，只要工资增长率与物价上涨率的变动方向是一致的，那么菲利普斯曲线关系就会被认为是一种可以肯定存在的关系。

三、菲利普斯曲线的政策含义

承认菲利普斯曲线关系的存在，对于西方国家的政府的宏观经济政策的制定是有重要意义的。

菲利普斯对英国历史上的工资增长率与失业率之间关系的考察，引出下述结论：在失业率保持在 5% 的水平上，货币工资率大体上可以稳定不变。但后来，20 世纪 50 年代和 60 年代初期的美国经济的研究，却得出了比较悲观的结论。夏皮罗在《宏观经济分析》一书中，引用了若干经济学家的经验研究资料，这样表述道："据人们的看法，要使工资增长不超过美国经济的生产率增长，也许需要有 5%—6% 的失业率。此外，要满足不超过 3% 的失业率（这是 60 年代一般接受的'充分就业'定义），价格可能有必要每年上升 4%—5%，这个数字意味着稍大于爬行的通货膨胀。"[①] 夏皮罗接着写道："60 年代后期有关菲利普斯曲线的一些文献仍然是比较悲观的。它们提出了较高的菲利普斯曲线，即 5% 的价格上涨率可以被预料与 4% 的失业率一起发生，而不是与 3% 的失业率一起发生，但在较早一些时候，与这个通货膨胀率相配合的则是 3% 的失业率。这些文献还提出，要把通货膨胀率压低到 2% 这样一个低水平，将会要求有 5.5% 的失业率。"[②] 对菲利普斯曲线关系的比较悲观的看法，除了反映通货膨胀率与失业率之间的交替变得越来越困难而外，至少还反映了这样一点，即菲利普斯曲线本身不能告诉人们有关失业率与通货膨胀率相互交替的固定不变的比率关系。例如，同样是 5% 的失业率，在不同的年份与之相联系的，可能是 3%，或 4%，或 5% 的通货膨胀率。又如，从 2% 失业率上升到 4% 失业率，再上升到 8% 失业率，与之相对应的通货膨胀率的变动率是不精确的、不规则的、不稳定的。

尽管如此，菲利普斯曲线作为现代西方国家政府制定宏观经济政策的一个依据，它在被用于应付经济不稳定时，自有其方便灵活之处。这就是：当政府认为通货膨胀率已经成为经济不稳定的主要因素时，可以用提高失业率的办法来降低通货膨胀率，或者，当政府认为失业率已经成为经济不稳定的主要因素时，则可以用提高通货膨胀率的办法来降低失业率。

菲利普斯曲线关系的另一个政策含义是：假定社会上同时发生失

---

① 夏皮罗著，杨德明等译：《宏观经济分析》，中国社会科学出版社，1985 年版，第 673 页。

② 同上，第 673—674 页。

业与通货膨胀现象，那么以凯恩斯主义的需求管理政策作为经济稳定的手段时，就会显得不够了。这是因为，需求管理政策大体上可以分为"松"的政策和"紧"的政策两类。"松"的政策被认为可以用于应付失业，但却会加剧通货膨胀；"紧"的政策被认为可以用于应付通货膨胀，但却会加剧失业。这样，政府在实行需求管理时，失业与通货膨胀便难以兼顾。这就是需求管理政策的局限性的反映。

菲利普斯曲线关系本身并未为同时解决社会的失业问题和通货膨胀问题提供有效的对策。但从失业率和通货膨胀率二者存在着交替关系这一点，可以引申出一种新的需求管理思想，即不要求同时消除失业率和通货膨胀率，也不要求达到零失业率条件下的通货膨胀或者零通货膨胀率条件下的失业，而只准备把失业率和通货膨胀率二者都控制在"社会可以接受的"界限之内。比如说，4%的失业率是"社会可以接受的"，而4%的通货膨胀率也是"社会可以接受的"，并且4%的失业率与4%的通货膨胀率又是可以并存的，那么政府的需求管理就可以把超过4%的失业率和超过4%的通货膨胀率作为干预的对象，指望通过干预之后，使失业率和通货膨胀率都达到"社会可以接受的"范围之内，即都下降到4%以下。假定5%的失业率和3%的通货膨胀率相配合，或者，3%的失业率和5%的通货膨胀率相配合，那么在前一种情况下，政府就可以依据菲利普斯曲线关系，通过需求管理，使失业率由5%下降到4%，而宁肯让通货膨胀率由3%上升到4%。在后一种情况下，政府也可以通过需求管理，使通货膨胀率由5%下降到4%，而宁肯让失业率由3%上升到4%。这样，无论是失业率还是通货膨胀率也就都被控制在"社会可以接受的"范围之内了。这正符合一些西方国家的政府进行需求管理的目标。

第二节 评失业与通货膨胀交替的理论

一、失业与通货膨胀交替理论的反科学性

按照当代西方经济学家对于"菲利普斯曲线"关系的解释，失业与通货膨胀呈反方向变动，即失业的减少是由于物价上涨率较快，而失业的增多则是由于物价上涨率较慢。这种解释是否有科学依据呢？

在资本主义社会，失业是普遍现象。随着资本主义的发展，由于机器使用等原因引起的劳动生产率的提高，对劳动力的需求会相对地减少，在某些部门，对劳动力的需求甚至会绝对地减少。此外，在产业结构、技术结构、地区经济结构调整过程中，工人由于工种的变动和地区的流动，也会造成失业现象。这些都不直接涉及物价问题。

换言之，资本主义社会中的失业是由资本主义经济规律的作用所决定的。在资本主义再生产周期各个不同的阶段，失业率有高有低。比如说，经济萧条时，对劳动力的需求会减少，失业率会提高；经济高涨时，对劳动力的需求会增加，失业率会降低。至于通货膨胀，则是货币供应量超过了商品流通的实际需要而引起的货币贬值现象，它既有可能与失业同时存在，也有可能单独发生，而与失业率本身没有必然的联系。菲利普斯曲线关系的错误之处，在于把本来不是由同一原因所导致的失业现象和通货膨胀现象说成是因果关系，似乎失业率的提高或降低是由通货膨胀率的降低或提高所引起的，这显然掩盖了资本主义制度下失业的根源。

二、通货膨胀政策的恶果

西方国家的政府根据菲利普斯曲线关系所制定的需求管理政策，无非是试图用提高通货膨胀率来降低失业率，或者用提高失业率来降低通货膨胀率。尽管这被看成是对政府说来既方便又可以兼顾就业与物价问题的措施，但由此造成的通货膨胀的恶果却是显而易见的。要知道，在资本主义条件下，通货膨胀只不过是垄断资本对劳动人民加强掠夺的一种重要手段，资产阶级可以利用通货膨胀来提高对工人的剥削程度。在通货膨胀过程中，由于工资的增长一般总是慢于物价的上涨，于是将造成实际工资下降，使资本对工人的剥削率提高。此外，由于资产阶级在进行生产经营活动时，通常依靠贷款。通货膨胀过程中，资产阶级在清偿债务时可以用已贬值的货币按原来的债款数额归还给债权人。即使贷款的利息率会有所提高，但利率的提高一般也是慢于通货膨胀的。这样，通货膨胀只会对资产阶级有利，使劳动者受到损失，使劳动者有支付能力的购买力缩小。归根到底，通货膨胀政策不仅不利于解决失业问题，而且会因劳动者有支付能力的购买力的缩小而增加社会的失业人数。

再从工资变动情况来看，在资本主义制度下，工资与物价之间的关系是这样的：不是工资的提高引起物价上涨，而是物价上涨使实际工资下降，然后，工人为了用所得到的工资能够购买等量的消费品，必然要求提高工资，以免遭受损失。这就是工资随物价上涨而提高的过程。但即使如此，资本家又会以工资提高和成本增加为理由，再次提高物价。那种认为物价上涨是由于工资提高所引起的说法，恰恰把物价上涨在先、工资上升在后的顺序颠倒了。同时，在物价上涨和工资上升的关系中，不仅二者有先后顺序的问题，并且即使二者依存，但它们变动的幅度也不会是相等的。弗里曼在《劳动经济学》一书中这样写道:"有关通货膨胀对于工资增加的影响的经验研究,并没有明确地回答这样一个问题:价格变化,或更严格地说价格的预期变化,是否使得货币工资也发生同等变化。工资与价格的互相依存(二者明显地相互影响)关系及在一个工业经济中确定价格与工资的复杂性,使得做出一确定的结论比较困难。70 年代以前,绝大多数研究成果表明,价格或人们符合情理地预计的价格每增长 1%,其结果是货币工资增加不到 1%。"[①] 这表明,就算物价上涨与工资增长之间的关系是稳定的,那么工资增长率是小于物价上涨率的。

西方国家的政府根据菲利普斯曲线关系而实行的需求管理政策带来的严重后果之一,就是生产停滞、失业率增加与物价上涨并存的停滞膨胀的局面。这一事实表明了失业与通货膨胀交替理论的破产。

---

① 弗里曼著,刘东一等译:《劳动经济学》,商务印书馆,1987 年版,第 145 页。

爱德温·坎南和伦敦学派的形成

引自《外国经济思想史讲座》，中国社会科学出版社，1985 年版。

在 20 世纪初期的英国，剑桥大学是资产阶级经济学的研究中心，马歇尔是居于正宗地位的剑桥学派的领袖。但与此同时，在伦敦经济学院，也正在形成另一个资产阶级经济学派别。它后来被称作伦敦学派。伦敦学派的领袖就是伦敦经济学院教授爱德温·坎南（Edwin Cannan，1861—1935）。

本文的内容是概述伦敦学派的形成过程以及伦敦学派经济学家们在 20 世纪 30 年代经济危机以前和危机期间的基本论点。

一、20 世纪 20 年代坎南与剑桥学派在货币问题上的分歧

坎南原籍苏格兰，早年就学于牛津大学，1897 年来伦敦大学经济学院任讲师，1907 年起任教授。坎南的主要著作有：《1776—1848 年英国政治经济学中生产与分配理论史》（1893）、《英国地方税史》（1896）、《财富论》（1914）、《货币论》（1918）、《经济理论述评》（1929）、《现代通货及其价值的调节》（1931）等。坎南是亚当·斯密的著作的编辑、校订和注释者。特别应当指出的是：亚当·斯密的《国富论》一书，经坎南编

校出版，成为最好的版本。

从此，坎南也就被学术界公认为亚当·斯密学说的最权威的解释者。此外，坎南还是适度人口理论的代表人物。

在经济理论方面，坎南受英国资产阶级正统经济学说的影响很深，但他同时也采纳了19世纪后期流行于西欧大陆的历史学派的部分观点和某些研究方法。他和马歇尔大体上是同时代的人，并且也和马歇尔一样，以折中的态度兼取各派学说的论点，充作自己在大学讲授的主要内容。第一次世界大战以前，他对于马歇尔的理论基本上是同意的。他还选用马歇尔的《经济学原理》作为教材，边讲授、边评论。第一次世界大战以前，坎南在伦敦经济学院所讲授的内容与马歇尔在剑桥大学所讲授的内容没有什么区别，只是在讲授方法上，坎南采取的多半是评述性的，较少发表抽象的议论。这个时期，只存在剑桥学派，还不存在一个独特的伦敦学派。正如坎南的学生 H.道尔顿所形容的，坎南的讲授的特点在于叙述明白易懂，没有空泛的发挥，不用高深的数学公式，"经济科学在坎南那里显然是一种普通的常识"。[①]

由于坎南编校出版了亚当·斯密的著作，坎南对英国经济理论的产生和发展做过细致的研究，所以这时的坎南主要被看成是经济学说史的专家。道尔顿写道："人们常说，坎南教授的讲学'批评性多而建设性少'，又说坎南不曾像马歇尔和某些外国学者所完成的事业那样创立一个学派。这两种看法不是没有联系的，所以值得我们研究一下。创立一个思想上的流派究竟是指什么，这很不容易讲清楚。我想，收集在这本（纪念坎南教授的）伦敦经济学院论文集中的各篇文章之所以在思想上有某种程度的一致，这是因为所有的作者都曾经是坎南教授的学生

---

① 道尔顿：《坎南教授的总的贡献》，载《伦敦经济学院纪念坎南论文集》，1927年版。

的缘故。"①这一段话包含了两层意思。第一，当坎南把他的主要精力用于编校亚当·斯密著作和撰写经济学说史论著的时候，他在经济理论本身并没有多少创见，所以在剑桥学派的正宗学说盛行的情况下，还谈不上有什么"伦敦学派"。第二，坎南作为主持伦敦经济学院的经济学讲座的名家，他培养了一批学生，并使他们在学术思想上有某种程度的一致性，这就为后来伦敦学派的建立和发展准备了必要条件。伦敦学派的正式形成是在 30 年代内，关于这一点，我们将在本文第二和第四部分叙述。

坎南同剑桥经济学家在经济理论上的重大分歧，出现于 20 世纪 20 年代。它主要表现在货币理论方面。伦敦经济学院与剑桥大学的经济学家们关于英国货币政策的争论，持续了好些年。而在 30 年代经济危机爆发后，这场争论扩大到一般经济理论和一般经济政策领域内。因此，要弄清楚伦敦学派形成的过程，应当从 20 年代货币问题上的分歧谈起。

第一次世界大战使英国经济受到了很大损失。大战开始后，英国停止了黄金兑换。英国的货币流通量在战争期间急剧增加，通货膨胀严重，英镑汇价下跌。而大战结束后，英国经济长时期处于停滞的状态，出口不振，国际贸易有巨额逆差。在这些情况下，英国应当采取什么样的货币政策，是废除金本位制，还是恢复金本位制？是否实行通货管理的措施？是否应当尽可能维持英镑与黄金的战前平价？各种货币政策的理论依据何在？……英国经济学界对这些问题发表了不同的看法。

坎南和他的学生 T.格雷高里主张恢复金本位制，尽可能维持英镑与黄金的战前平价，反对采取通货管理的措施。他们的观点是与当时剑桥学派的看法针锋相对的。20 年代，剑桥学派在货币理论方面的重

---

① 道尔顿：《坎南教授的总的贡献》，载《伦敦经济学院纪念坎南论文集》，1927 年版。

要代表人物是 R.霍特里和凯恩斯。霍特里不主张恢复战前的金本位制，建议用金汇兑本位制来代替它。凯恩斯则反对恢复金本位制；他认为，"金本位制现在已经是一种野蛮作风的残余"，①如果一定要恢复金本位制，那么即使能使英镑的汇率稳定下来，但却无益于国内失业率的降低和物价的稳定，因为英国的出口会变得更加困难。尽管霍特里和凯恩斯在英国货币本位问题上有分歧，但在主张实行通货管理方面，他们两人的观点是接近的。他们都从马歇尔、庇古所强调的物价水平与货币数量之间的依存关系出发，把中央银行通过利息率的调整影响信贷数量，然后通过信贷数量的变动来影响消费和投资，以及进而影响物价水平的做法，视为有效的通货管理措施。凯恩斯这样写道："我主张长期实行管理通货制……我认为商业波动是现代社会最严重的病征，同时也是最有挽救希望的病征，这些病征主要是由于我们信用与银行制度方面的欠缺造成的，如果把通货的管理抓在我们自己手里，挽救办法就比较容易进行。"②剑桥学派的货币数量论是通货管理主张的理论依据。凯恩斯的上述看法基本上反映了当时剑桥经济学家们对待 20 年代英国经济问题的对策的态度。

那么，坎南、格雷高里这些伦敦经济学家主张恢复金本位制的理论依据何在呢？20 年代，坎南关于货币的论点主要反映于他的《货币论》一书和刊载于《经济学杂志》《经济学报》的各篇论文中。《货币论》初版于 1918 年，1920 年以后做了修改和增添了内容［在《货币论》的第四版（1923）中，包括了第一次世界大战结束后到 1923 年为止物价变动的例证］。坎南在书中所发表的论点，可以归结如下：

第一，坎南认为，要了解货币数量与物价水平之间究竟存在什么样

① 凯恩斯著，蔡受百译：《劝说集》，商务印书馆，1962 年版，第 166 页。
② 同上，第 177 页。

的关系，应当先了解什么是对通货的需求。他曾这样写道："边际效用
对黄金（无论是就它的普通用途而言，还是就它作为通货而言）所起的
作用同对其他商品所起的作用是一样的……如果黄金相当便宜，它会被
用作屋顶，并且许多过去因财力不足而用不起黄金制成的器皿的人，也
将拥有金质器皿了。这个道理不难理解，但要了解边际效用理论如何
适用于通货，可能有些困难。我们能说英镑变得比较充裕时英镑的价值
就下跌，它们的边际效用就减少吗？边际的购买者或边际的购买在哪里
呢？需求弹性在哪里呢？"[1]在坎南看来，人们对通货的需求表现为希望
持有通货，因此这种需求不会因通货数量的增加而发生等比例的变化。
格雷高里认为这是坎南的货币学说中"理论上最重要之点"。[2]格雷高
里说："根据这种学说得出的一个重要结果是，一种数量固定的通货能
够有不断下降的价值，而一种数量上不断减少的通货，其价值可能下降
得更厉害。"[3]坎南的这种看法显然是与剑桥学派的货币数量理论针锋相
对的。

　　第二，为了进一步指出货币数量论的缺陷，坎南提出了多种因素影
响物价水平的论点。他认为，货币数量论之所以不可能正确地说明货币
数量与物价水平的关系，正由于它把问题过于简单化，只看见货币数量
这一个因素，而忽略了其他因素。坎南写道："货币数量论，像经济文
献中的其他许多说法一样，认为 X 在其他情况相等或不变时依存于 A，
而不顾这一事实，即很可能同样正确地声称，'在其他情况（包括 A 在
内）相等或不变时 X 依存于 B'。X 可能依存于十种，乃至于一千种情
况，可以说，其中每一种情况又依存在其他情况'假定处于不变条件

---

　　① 坎南：《货币论》，第四版，1923 年。
　　② 格雷高里：《坎南教授和现代货币理论》，载《伦敦经济学院纪念坎南论文集》，
1927 年版。
　　③ 同上。

下'时的某一种情况。经济问题的研究者们常常忽略这一点，而设想彼此在基本论点上存在分歧，其实，他们之间的区别只有一点：一种人认为 A 重要，所以说'在其他情况（包括 B 在内）相等时 X 依存于 A'，另一种人认为 B 比较重要，所以说'在其他情况（包括 A 在内）相等时 X 依存于 B'。"[1] 坎南认为货币数量论正是犯了这种片面性的毛病，"货币价值的数量理论只把数量当作货币价值可能依存的条件，而其他条件（包括需求）则被视为不变"。[2] 坎南由此得出的结论是：既然决定货币价值或物价水平的因素是复杂的，货币数量论的观点是片面的，那么根据货币数量论来管理通货和稳定物价的政策主张自然也就失去了依据。

第三，坎南指出，剑桥学派的通货管理主张不仅在理论上站不住脚，而且在实际工作中会带来许多弊病。在他看来，无论是采取调整利息率的做法还是采取控制信贷数量的做法，都是不妥当的，因为它们都是对市场经济的人为的干预。坎南在《卡塞尔教授论货币和外汇》一文中，认为中央银行的贴现政策和货币数量之间的关系是：并非一种"合适的"贴现政策产生"合适的"货币数量，而恰恰是通货发行所受到的限制迫使银行采取适当的贴现政策。[3] 坎南还认为，中央银行控制信贷数量的政策与货币数量之间的关系也与此相似。他在《通货或信贷的限制》一文中指出：不是对信贷数量的控制能够造成"合适的"货币数量，而恰恰是通货发行所受到的限制迫使银行去控制信贷数量。[4] 可见，这一切正与从货币数量论出发来进行通货管理的创议者的说法相反。

第四，坎南坚持主张恢复金本位制。他认为，金本位制的最大好处是使得货币流通的数量受到限制，从而保证物价的稳定。他承认，如果

---

① 坎南：《货币论》，第四版，1923 年版。

② 同上。

③ 坎南：《卡塞尔教授论货币和外汇》，载《经济学杂志》，1922 年 12 月。

④ 坎南：《通货或信贷的限制》，载《经济学杂志》，1924 年 3 月。

恢复金本位制以后，在遇到国内物价稳定和英镑汇价稳定二者发生矛盾时，有可能为了稳定英镑汇价而牺牲国内物价稳定，而这一点正是剑桥学派反对恢复金本位制和主张实行通货管理政策的理由。但坎南认为这种牺牲国内目标以实现对外经济目标的情况并不是必然发生的。加之，即使着手恢复金本位制，这也并不妨碍进一步改善货币流通制度方面的技术性问题，例如，只要对黄金的供给和需求加以改进，或者改变黄金同通货的平价，那就能够使金本位制更加稳定。[①]

以上就是 20 世纪 20 年代坎南就货币问题所发表的不同于剑桥学派的主要论点。在当时的这场同剑桥学派的争论中，坎南的得力助手是他的学生、伦敦经济学院教授格雷高里。格雷高里的看法与坎南是一致的。他认为，通过中央银行的贴现政策来管理通货虽然有可能使企业界受影响，但这种影响不能被夸大，因为利息率变动对生产成本变化的作用是不重要的。如果说利息率变动会对企业界发生影响，那么这主要是间接的心理上的影响。因此在格雷高里看来，中央银行贴现政策并不如通常人们所设想的那样有效，要防止物价波动，实行金本位制要比采取通货管理有效得多。

格雷高里指出，金本位制是迄今为止各国所实行过的货币本位制度中最好的一种，因为它本身有一种自行调节物价的作用。这就是说：如果黄金供给增加，而对黄金的需求不变，那么金价下跌，一般物价上升，这对金矿开采者是不利的，于是金的产量下降，使黄金的供给与对黄金的需求又趋于平衡，金价恢复原状，物价也就相应地下跌。反之，如果黄金供给减少，而对黄金的需求不变，那么金价上升，一般物价下跌，这对黄金的需求者是不利的，于是用户（主要指工业上使用黄金的

---

① 格雷高里：《坎南教授和现代货币理论》，载《伦敦经济学院纪念坎南论文集》，1927 年版。

单位）对黄金的需求减少，使黄金的供给再次与对黄金的需求趋于平衡，金价恢复原状，物价也就相应地回升。格雷高里认为，金本位制一旦被取消，而代之以其他任何一种货币本位制，都不可能使物价水平保持这样的稳定性。

怎样看待20世纪20年代英国剑桥大学和伦敦经济学院的经济学家们在货币理论和政策主张上的这些分歧呢？实际上，这里已经反映出英国资产阶级经济学界的两种思潮——国家干预主义思潮和经济自由主义思潮——之间的冲突。伦敦经济学院的经济学家们依然信奉第一次世界大战以前英国的正统经济学说，国家不干预私人经济活动。剑桥大学的经济学家们尽管在一般经济理论方面并没有放弃资本主义经济自行调节以达到充分就业均衡的正统理论，但至少在货币流通这个问题上做了某种程度的修改，即认为金本位制在英国已经过时，如果英国政府不对通货进行管理，不实行货币调节政策，英国经济是很难保持稳定的。因此，在伦敦经济学院的经济学家坚持传统的经济自由主义的同时，剑桥大学的经济学家在货币领域内朝国家干预主义的方向迈出了重要的一步。当然，20年代在英国仍然谈不上有一个正式的"伦敦学派"，不过已经可以看出一种迹象，即伦敦经济学院的经济学家们正在逐渐使自己的经济理论具有不同于剑桥学派的特色：他们顽强地维护经济自由主义传统。

英国经济政策的决策者是英国财政部的负责官员和财政部的专家。20年代内，他们既遵循剑桥学派和马歇尔的资本主义经济自行调节的均衡学说，不准备采取任何直接干预经济的措施，又拒绝了剑桥经济学家们关于废除金本位制和实行通货管理的主张。[①] 但财政部也不完全以伦敦经济学院经济学家们的建议为指导思想。1925年英国恢复了金本位

---

① 罗志如、厉以宁：《二十世纪英国经济政策主导思想的演变》，载《北京大学学报》，1980年第4期。

制，寄希望于提高英镑汇率，巩固英国在世界金融市场上的地位，而置国内物价稳定于比较次要的地位。然而，这时英国恢复的，并非坎南和格雷高里所希望的战前金本位制，即古典的金币本位制（自由铸造、自由兑换、黄金自由出口），而是不完全的金本位制，即金块本位制，在这种制度下，铸造和兑换都是受限制的，1920年的黄金出口禁令也并未明令取消。结果，剑桥学派的经济学家们竭力反对英国政府的货币政策，一再指责它，而伦敦经济学院的经济学家也不满意英国政府的这种做法，不断对之批评。这种情况一直持续到30年代资本主义经济危机的爆发。

二、20世纪30年代经济危机爆发后坎南、格雷高里和罗宾斯的理论和政策主张

1929年爆发的空前严重的资本主义经济危机使英国经济遭到沉重的打击。工业生产下降，出口数额锐减，失业人数激增，国内阶级斗争形势高涨。这一切使得英国资产阶级经济学界中一部分人对传统的资产阶级经济学说产生了巨大的怀疑，要求从理论上对生产过剩和大规模失业的原因做出新的解释，并主张采取更有力的、更直接的国家调节经济的政策。剑桥学派这时出现了明显的分化，有些剑桥经济学家仍坚持马歇尔的传统，另一些剑桥经济学家则力求越出剑桥学派的充分就业均衡学说，去寻求新的答案。30年代以后的凯恩斯就是后一类剑桥经济学家的代表。①

---

① 罗志如、厉以宁：《二十世纪英国经济政策主导思想的演变》，载《北京大学学报》，1980年第4期。

伦敦经济学院的经济学家们这时怎样看待 30 年代经济危机呢？他们又怎样对待 19 世纪中期以后流行的传统庸俗经济学理论及其政策主张呢？简单地说，他们的态度是异常保守的，他们对资本主义经济的看法与 19 世纪末、20 世纪初的马歇尔的看法没有什么重大差别。不少已被凯恩斯这样的剑桥经济学家所放弃了的传统庸俗经济学的观点，仍被伦敦经济学院的经济学家所维护和发挥。当剑桥大学逐渐成为"新经济学"的中心时，伦敦经济学院取代了从前剑桥大学作为传统庸俗经济学大本营的地位，成为经济自由主义的主要阵地。这就是 30 年代英国经济学舞台上所发生的一幕。因此，一个具有独特的学派色彩的伦敦学派正是在 30 年代初形成的。

30 年代伦敦经济学院经济学家坎南、格雷高里、L. 罗宾斯关于资本主义经济危机问题的基本论点如下。

（一）坎南的观点

首先，按照坎南的解释，资本主义经济本来是有能力自行调整，避免严重的生产过剩的，但正是由于在工会力量增强的情况下，工人提出了过高的工资要求，于是雇主不可能雇用较多的工人，失业就扩大了。坎南认为，实际工资率的高低决定预期利润率的高低，从而决定失业率的高低，因此，只要工人不再坚持要求过高的工资，或者只要能够实行降低工资的政策，雇主就可以增雇工人，直到充分就业为止。[①]这就是传统庸俗经济学对经济危机的一种解释。用克莱因的话来说，坎南"想以解释一个工厂或一个工业部门的失业的方针来解决一般的失业"。[②]因为就一个工厂或一个工业部门而言，如果对产品的需求是有弹性的，工

---

① 坎南：《对劳工的需求》，载《经济学季刊》，1932 年。
② 克莱因著，薛蕃康译：《凯恩斯的革命》，商务印书馆，1962 年版，第 50 页。

资率越低，雇主越愿意雇用工人，扩大生产，但克莱因认为，这完全不足以解释社会失业现象。他说："如果这一观点能代表这一时期许多经济学家的理论，那么说凯恩斯体系是革命的还有什么可疑呢？"[①]

在英国的货币本位制问题上，坎南仍坚持他在 20 年代的维护金本位制的看法。要知道，自从 1925 年英国实行金块本位制之后，英国经济遇到了更大的困难，进口增大，出口不旺，投资减少，通货紧缩。30 年代经济危机发生前，尤其是危机爆发后，英国国内要求取消金本位制的论调日益高涨，主张取消金本位制的剑桥经济学家们把金本位制的取消看成是使英国摆脱经济危机困境的一个重要手段。但坎南不以为然。他在 1931 年出版的《现代通货及其价值的调节》一书序言中说，他仍有必要重复一下在《货币论》中表述过的观点，即金本位制有种种优点，不必放弃它。[②]

（二）格雷高里的观点

格雷高里是坎南理论的积极支持者。他认为对劳动力的需求是同产品的需求弹性联系在一起的。格雷高里在 1930 年的《合理化和技术性失业》一文中写道："如果对产品的需求有大于一的弹性，它的价格的下降引起所需求的数量的较大比例增加。这样，即使在一个劳工成本降低的合理化的行业中，弹性越大，诱发的对劳工的需求越大，从而再吸收工人和增加所雇用的劳工总数的机会也就越大。至于究竟需要多少劳工，则不仅依赖于需求状况，而且也依赖于该行业的技术条件。"[③] 以上所说的是诱发的或引致的对劳工的直接需求，除此以外，诱发的或引致的对劳工的间接需求也是因产品需求弹性不同而不同的。格雷高里写

---

① 克莱因著，薛蕃康译：《凯恩斯的革命》，商务印书馆，1962 年版，第 51 页。
② 坎南：《现代通货及其价值的调节》，1931 年版。
③ 格雷高里：《黄金、失业与资本主义》，1933 年版。

道："即使该行业对劳工的诱发的需求的弹性小于一，但假定对该行业的产品的需求有大于一的弹性，那么对劳工的间接的诱发需求可能有大于一的弹性。因为该行业使用的机器和其他设备本身必定是被劳动资料所创造的，所以，如果该行业的产量在扩大之中，它要求扩大的设备生产。这样一来，制造设备的各行业增加了的对劳工的需求（这标志着要求大量新设备的合理化运动的第一阶段）可能在第一阶段过去之后仍继续存在。"[1]格雷高里声称他对第一次世界大战结束后资本主义国家的技术进步和生产合理化运动持有乐观的态度，他不承认资本主义制度下的失业是由于资本有机构成提高和新技术排斥工人所引起的。

那么，30年代的大规模失业的基本原因究竟何在？同坎南一样，格雷高里把它归结为工人对工资和工作条件的要求过高。他认为，工人可以要求增加工资和缩短工作时间，但这必须以他们提供较高的劳动生产率为前提，否则是不能有好结果的，"因为如果没有更多的产量，较短的工作日或者会带来较少的工资，或者就会提高每一单位的成本，而如果在不增加生产率的情况下提高货币工资，那将会引起失衡"。[2]按照坎南和格雷高里的上述解释，经济危机期间资产阶级政府对经济的直接调节（财政调节）是不必要的。假定说国家在这期间有责任采取某种应急措施的话，这就是告诫工会，劝导工人，或颁布法令，以限制工资率的增加，否则就无法吸引投资，无法缓和国内的失业问题。这就明显地表明：他们把资本主义经济危机和失业的责任推给了工人。

格雷高里在货币本位制问题上，也采取与坎南相同的立场。他认为，与30年代经济危机期间英国经济状况恶化有关的是两个因素：一是上面已经谈到的工资增加超过劳动生产率增长，另一是在现存汇率之

---

① 格雷高里：《黄金、失业与资本主义》，1933年版。

② 同上。

下英国的产品生产成本高于其他国家的产品成本。[①]后一种情况造成了
国际收支逆差。为了解决英国在国际收支方面的困难，他认为英国并不
一定要取消金本位制，它可以在下述五种做法中任选择一项或几项，即
①增加出口；②减少进口；③增加海外投资收入或航运业、金融服务业
收入；④减少海外投资；⑤在维持银行结构稳定的情况下减少黄金储备
量。而取消金本位制则并不能解决英国国际收支的困难，因为增加出口
和增加海外投资收入等项办法不是英国单方面努力所能取得效果的。只
要经济危机是世界性的，英国即使取消金本位制，还是不可能达到增加
出口和增加海外投资收入的目的。于是问题仍然回到削减工资以降低英
国产品生产成本这方面来，这被看成是解决英国国际收支困境的关键。
至于取消金本位制，甚至还会使情况复杂化，使出口更困难。格雷高里
就此评论道："1931 年以来许多国家放弃了金本位；一整套进口限额和
贸易许可证的限制，以及追加的关税率实现了；延期偿债和外汇管制大
大妨碍了资本流动和利息支付；最后，1932 年英国设立了外汇平准基
金以消除较小的汇率波动，1934 年美国又仿照这一先例而采取同样的
措施。显而易见，要估计英国取消金本位对它自己和对世界其他国家的
直接后果是极其困难的，因为除了难以分清任何一个原因的后果外，各
个起作用的因素彼此之间在原因和后果方面还部分地联系在一起。"[②]格
雷高里看到了英国取消金本位制之后所引起的一系列连锁反应，意识到
资本主义世界的贸易战和货币战加剧的严重后果，这是他与当时某些竭
力主张废除金本位和实行通货贬值的资产阶级经济学家不同之点，也是
他甚至在英国和另一些国家取消金本位制之后仍主张实行金本位制的原
因。他说道："在当前世界形势下，我并不认为在价格大大上升之前拒

---

① 格雷高里：《金本位及其前景》，第三版，1934 年版。
② 同上。

绝考虑恢复金本位的做法是合理的。与此相反，我把拒绝恢复金本位看成是复苏的主要障碍之一，从而也是……价格回升的主要障碍之一。"[1]

格雷高里列举了恢复金本位制的几个理由：

第一，关税限制和进口限额的措施正是通货不稳定的直接产物，而关税限制和进口限额对工业活动和原料生产国都有累积性的后果。

第二，金本位制取消后在国际贸易和金融方面存在的不确定性对企业和物价有着不利的影响。

第三，金本位制取消后，国际信贷活动几乎停顿了。

第四，金本位制取消后，银行的"过度储备"比过去大得多，从而货币流通速度变慢了，这样实际上产生了通货收缩的后果，它不利于经济的复苏和物价的回升。[2]

格雷高里承认，尽管国际的金本位制是相互联系着的国际贸易和金融得以健康发展的货币制度，但30年代经济危机爆发后，支持国际金本位制的人已经不多，他本人则一直坚持过去的看法，并且他希望的不是单独一国恢复金本位制，而且世界大多数国家都恢复金本位制，即把金本位制重新作为一种国际的货币制度。[3]

（三）罗宾斯的观点

20世纪30年代内，坎南的另一个学生、伦敦经济学院教授罗宾斯，也是一个"正统"的经济学家。他继续维护着经济自由主义传统。

罗宾逊曾经讽刺性地谈到罗宾斯在1932年发表的《论经济科学的性质和意义》。她写道："在这篇论文里，他把经济学评述为研究稀缺资源在各种可供选择的使用中间进行分配的科学。无疑地，这是一种由

---

① 格雷高里：《金本位及其前景》，第三版，1934年版。

② 同上。

③ 同上。

来已久的传统说法，可是本文发表的时间却是不幸的。在这本著作刊行的时候，英国有三百万工人失业，而美国的国民生产总值的统计数字不久前已下降到原来水平的一半。当用于各种目的的资源完全不像过去那样稀缺时，该书出版了，这恰是一种巧合。"①但不管罗宾斯著作的发表合不合时宜，资源配置确实是经济学研究中的一个重要的课题，而罗宾斯的基本出发点是：资本主义自由市场机制能使各种经济资源有效地配置于各个部门和地区，对这种市场机制的破坏则是不利于资源有效配置的。罗宾斯同坎南、格雷高里一样，忠实于"正统"经济学说，认为资本主义自由市场经济完美无缺。

罗宾斯对30年代经济危机的原因的解释也是从同一个立场出发的。在1934年出版的《大萧条》一书中，他这样写道："英国的工资率从1924年以来是不变的。结果是，在面临对劳工的需求下降的趋势时，工资率并未降低。"②他把第一次世界大战以后英国的情况同它战前的情况做了对比，接着说道："在战前时期，工会对失业的工会会员的存在负责。如果失业人数超过了一定点，工会知道这是考虑自己的工资政策的时候了。（我国的失业统计之所以是杰出的，因为它们注意了这样一些变化）。在战后时期，由于有了失业保险制度，工会免除了这种责任。由工会工资政策所造成的失业人数不再是工会领袖们首先考虑的内容。这里并没有指责工会领袖的意思。它本身也并非对于失业保险制度的批评。这只是说明一个无可避免的事实。战后时期存在的那种形式的失业保险的后果之一，就是它增加了工资的刚性。这一点在均衡工资趋向于下跌的时期意味着劳工市场的失衡。"③由此可以看到罗宾斯也是坎南的观点的积极支持者。

① 罗宾逊：《经济理论的第二次危机》，载《美国经济评论》，1972年5月。
② 罗宾斯：《大萧条》，1934年版。
③ 同上。

但罗宾斯认为，劳工市场的失衡并不是当时英国经济中存在的唯一的一种失衡。与此同时，还存在着货币市场的失衡。关于后一种失衡，则与英国在恢复金本位制时汇价定得不合适和英国在恢复金本位制以前经济的不稳定性相联系。罗宾斯指出，1925 年英国恢复金本位制的做法尽管不完全符合理想，但这毕竟是一次有益的政策行动，因为金本位制的恢复使贸易兴隆，收入增加，生产发展，国际投资活动活跃。[①] 他不同意那种把英国 30 年代经济危机时期所遇到的困难说成是英国恢复金本位制的一个恶果。他说："经常有人说，挫折在于其性质本身，即认为这些年的经验表明金本位乃是不稳定的源泉。……坚持金本位制应对英国的经济困难负有责任。正是金本位制造成了最终使整个结构遭受灾难的大量浮动的收支差额。经验材料确实不利于金本位制。"[②] 但是，罗宾斯接着指出："这一结论是不可信的。这些困难中的任何一个困难，都不能这样地归咎于金本位制。正如我们已经看到的，……英国的失衡乃是选择错误的平价和未能遵照金本位的要求的结果。至于浮动的收支差额，就以它们是一种特别的危险而论，它们部分地是恢复金本位以前的不稳定的产物，……部分地是英国的失衡状态持续存在的产物。"[③]

那么，在罗宾斯看来，英国应当在 30 年代对经济危机采取什么对策呢？在这个问题上，他的看法与坎南、格雷高里的看法基本上没有什么区别。作为一个经济自由主义者，他反对剑桥大学中那些越来越倾向于国家直接调节经济的经济学家们的主张。

关于危机的对策问题，罗宾斯认为，由于战后情况与战前不同，又由于 30 年代国际经济形势中已经发生了一些变化，因此，实现完全的稳定看来是不可能的，所以能够争取做到的是消除一些不稳定的因素，

[①] 罗宾斯：《大萧条》，1934 年版。

[②] 同上。

[③] 同上。

尽可能使经济稳定下来。他提出,主要的任务是设法恢复国际经济中的相互信任,但要恢复这种信任是不容易的,除了政治上的复杂情形而外,"当前对信任而言,主要危险在于担心货币的动荡"。[①]为此,他认为需要避免货币的动荡,不过不能再像英国 1925 年那样地恢复它,[②]也不应该实行一种有可变动平价的金本位(a gold standard with movable parities),因为后者是建立在不顾国际经济关系的本国利益基础之上的,"这样一种制度无疑会使国际投资受到很大的限制。不同国家地区的居民之间的长期合同将会承受有关通货的相对黄金内容变更的风险。有各种可变动平价的金本位的世界将是这样一个世界,在那里,国际投资数额将会大大减少"。[③]罗宾斯建议采取稳定汇率的措施,结束国际经济中汇率的不确定性,使整个世界的货币状况避免发生大的波动,这样,就要求各国中央银行同意按一种固定价格来出售和购买黄金,并根据自己拥有的黄金储备来调节信贷数量:如果黄金储备增加,那就扩大信贷;如果黄金数量减少,则收缩信贷。怎样才能做到这一切呢?罗宾斯认为,从第一次世界大战前的经验来看,只有金本位制才是最有效地使国际货币维持稳定,既可避免通货膨胀,又可避免通货收缩的本位制。所以实行一种国际的金本位制被认为是最理想的。

罗宾斯强调国家不应干预私人企业的活动。他说:"政府对待工业的政策的目标必须是创造这样一种环境,在那里,企业的力量和对资源的配置再一次让市场来支配。"[④]那么这是不是"恢复资本主义"呢?是不是等于"恢复引起萧条的原因"呢?罗宾斯认为:这样做确实包括了"恢复被称为资本主义的东西",然而大萧条却不是由于发挥市场调节作

[①] 罗宾斯:《大萧条》,1934 年版。
[②] 同上。
[③] 同上。
[④] 同上。

用而造成的，恰恰相反，大萧条来自对市场调节作用的否定，来自货币方面的管理不变，来自国家政策自 1914 年以后日益加强的干预经济的趋势。因此，罗宾斯把取消国家对私人企业活动的干预和限制当作应付经济危机和恢复经济的基本方针。[①]

三、哈耶克进入伦敦经济学院经济学家的行列

前面曾经提到，剑桥大学是 19 世纪后期以来英国资产阶级经济学说的最重要的阵地。第一次世界大战前，当伦敦经济学院经济学家的观点与剑桥学派的观点没有什么区别的时候，伦敦经济学院在英国经济学界的地位并不重要。20 世纪 20 年代，两个学校的经济学家们在货币理论方面出现了分歧。30 年代后，伦敦经济学院越来越成为经济自由主义的讲坛，剑桥大学——除了一部分守旧的经济学家外——则日益倾向于国家干预主义。但由于伦敦经济学院经济学家们感到自己的力量还不够大，他们便设法取得外援，以便加强与剑桥大学中那些"新派"人物的论战。正如罗宾逊所叙述的，"罗宾斯教授派人到维也纳请来一位奥地利学派的经济学家来对凯恩斯进行反击"。[②]这位奥地利学派的代表人物就是 F.哈耶克。

哈耶克当时已经是颇有名气的学者了。他在维也纳大学和奥地利经济研究所担任教学和研究工作。1931 年他被邀请到伦敦经济学院担任经济学教授，此后长时期在伦敦经济学院任教，成为伦敦学派最重要的代表人物之一。

---

① 罗宾斯：《大萧条》，1934 年版。
② 罗宾逊：《经济理论的第二次危机》，载《美国经济评论》，1972 年 5 月。

（一）资本供给不足论

哈耶克对于20世纪30年代经济危机发生原因的基本论点是：危机导源于资本供给不足或投资过度（即对资本的需求过度）。与坎南、格雷高里等人用工资过高来说明失业的论点相比，哈耶克的学说显得比较"新"一点，更引人注意。罗宾斯在解释30年代经济危机时，也有资本供给不足论的观点，不过他的表述不如哈耶克那样明确。

资本供给不足论是当时奥地利经济学家们普遍持有的观点，例如，L. 密塞斯就是资本供给不足论的理论家。这种理论的中心论点，据G. 哈伯勒在《繁荣与萧条》一书中的归纳，就是认为萧条来自繁荣时期形成的生产结构的"纵的失衡或失调"（vertical disequilibrium or maladjustment）与"横的失衡或失调"（horizontal disequilibrium or maladjustment）。[①] 所谓"纵的失衡或失调"，是指在繁荣阶段，投资过度，使资本品工业的发展过快，资本品生产与消费品生产不相适应，有的部类发展过快，有的部类发展较慢。这种性质的失衡或失调，是与人们的支出与储蓄的不协调相联系的。所谓"横的失衡或失调"，是指在繁荣阶段，投资过度，使得同一部类的各工业部门之间发展得不相适应，有的部门发展过快，有的部门发展较慢。这种性质的失衡或失调，是与消费者的支出在各种消费品方面分配的不协调，或者与生产者的支出在各种生产要素投入方面分配的不协调联系在一起的。但无论哪一种性质的失衡或失调，都表明由于投资的过度或投资（支出）的不当引起了生产结构上的问题，从而在繁荣阶段就埋下了必将发生萧条的种子。

哈耶克（以及罗宾斯、密塞斯）的资本供给不足论或投资过度论是当时流行于资产阶级经济学界的资本供给不足论或投资过度论中的一种。他们是用货币资本供给不足或货币投资过度来解释生产结构失调的

---

① 哈伯勒：《繁荣与萧条》，1946年版。

形成。简单地说，他们认为萧条的原因在于货币供给方面，货币因素在促使生产结构失调中起了决定性的作用。这是他们的理论不同于其他一些资本供给不足论或投资过度论之点。[①]

（二）哈耶克的资本供给不足论的要点

哈耶克的论点是这样的：

他认为，在一定的货币流量之下，以货币表示的对商品的需求总是分配为对资本品的需求和对消费品的需求，二者保持一定的比例。经济的繁荣是靠资本的充分供给来维持的，银行信用在扩大资本供给，促进繁荣方面有巨大的作用。但银行信用扩大后，用于资本品的货币资本与用于消费品的货币资本之间的比例将会发生变化。这种比例的变化往往表现为用于资本品的货币资本所占比例逐渐增大，资本存量和资本品的交易量都相应地增大。不过，只要经济仍是正常地运行着，消费稍稍落后于储蓄或投资的现象不会持续很久。他写道："毫无疑问，假使消费者的货币收入又有所提高，他们将会立即致力于扩大消费，扩大到通常的比例"，[②] "货币流量将在消费用途与生产用途二者之间进行再分配"。[③]这样，仍会形成与过去大致相同的货币流量在各种用途之间的分配比例，生产结构的失衡也就会趋于缓和或消失。

然而，实际情况是不会如此顺利的。哈耶克认为，靠扩大银行信用来维持的资本供给到一定程度后，就会中止。他举出了两点理由。第一，制度方面的因素的作用。例如法律或习惯上的限制，使得银行信用不能一直扩大下去。第二，价格方面的因素的作用。这是因为，在经济

---

① 哈伯勒认为，当时的资本供给不足论或投资过度论有三派。另外两派中，一派着重技术因素的作用，另一派着重新投资机会的作用。

② 哈耶克：《物价与生产》，第二版，1934年版。

③ 同上。

繁荣阶段，物价是上涨的，而且这种上涨是积累性的，如果银行信用一直扩大下去，那么物价的上涨可能变得难以收拾，从而使得通货制度有崩溃的危险。于是银行信用扩大到一定限度后就会终止。[①]

除了银行信用的中止会引起资本供给不足外，繁荣阶段的累积性的物价上涨也对资本供给产生不利的影响，因为在物价上涨的刺激下，人们会增加消费支出，减少储蓄，从而资本供给更加不足。

资本供给不足是相对于前一阶段对资本的需求过度（投资过度）而言的。由于投资过度，许多企业在新建或扩建，资本品工业发展过快，现在一旦资本供给不足，不得不使投资减少或终止，使那些正在兴建或扩充的企业停止兴建或扩充，于是对资本品工业的产品的需求增长，这些部门出现产品供过于求的状况。在哈耶克看来，投资过度使资本品工业发展过快，资本供给不足使得投资兴建或扩充的项目半途而废，使资本品工业生产过剩，并由此引起社会的经济萧条。

关于这一点，克莱因曾把哈耶克的解释同凯恩斯的学说做了显著的对比。克莱因写道："根据凯恩斯的革命来考虑哈耶克的这一理论非常重要，因为哈耶克学派的中心观念和使得凯恩斯理论格外重要的中心观念正好针锋相对。哈耶克认为繁荣消失的主要原因是缺乏可供利用的储蓄来为经常的、无限的投资机会提供资金。对哈耶克来说，繁荣决不会因缺乏投资出路而中断，它的消失常常是由于稀少的储蓄不能为丰富的投资出路提供资金。"[②]克莱因接着说："凯恩斯的一个重要贡献是，他特别着重这一点：在资本主义私人企业中，寻求增加的投资出路有其限制。哈耶克关于丰富的投资机会、既定就业、消费品生产或资本品生产二者必居其一以及缺乏自愿储蓄这些理论与凯恩斯的理论是全然不

---

① 哈耶克：《资本与工业波动》，载《经济计量学》杂志，1934 年 4 月。
② 克莱因著，薛蕃康译：《凯恩斯的革命》，商务印书馆，1962 年版，第 55—56 页。

同的。"①

　　扼要地说，凯恩斯认为萧条的一个原因是投资机会有限，投资需求不足，哈耶克则认为资本供给不足、投资过度引起萧条。这种区别也可以看成是 20 世纪 30 年代剑桥经济学家（除了那些守旧的人物外）与伦敦经济学院经济学家在理论上的重要分歧。

　　哈耶克关于生产结构的失衡或失调以及资本供给不足引起萧条的论点中包含着这样一种假定，即资本品的生产和消费品的生产二者是此长彼消、此起彼落的，一定的资本用于发展资本品工业，对消费品工业就是绝对的损失，反之亦然。同样的道理，一定的支出用于消费就会绝对地不利于投资，反之亦然。这纯粹是一种形而上学的分析方法，而忽略了资本品生产和消费品生产之间的联系，以及在一定条件下二者可以相互推动的关系，从而也就忽略了投资和消费之间的联系，以及二者之间在一定条件下可以相互促进的关系。尽管凯恩斯和哈耶克都掩盖了资本主义经济危机的实际根源在于资本主义基本矛盾这一事实，他们都把经济危机看成是与资本主义生产关系和阶级关系没有直接联系的经济现象，但至少就投资和消费、生产资料生产和消费品生产之间的内在关系而言，哈耶克的分析比凯恩斯的分析更不符合资本主义的经济现实。无怪乎罗宾逊会这样嘲笑哈耶克，她说："我还清楚地记得哈耶克在去伦敦政治经济学院的途中访问剑桥大学的情景。他详细说明他的理论，并用他的三角形画满了一黑板。他的整个论证，正如我们后来会了解的，在于混淆了现行投资本和资本品的总存量。……卡恩……曾用困惑不解的语调向哈耶克问道：'你的意见是不是认为，如果明天我出去，买了一件新外衣，那就会增加失业？'哈耶克回答道：'是的。'他指着他在黑板上画的三角形，继续说：'但是，要说明道理需要用很长的数学

---

　　① 克莱因著，薛蕃康译：《凯恩斯的革命》，商务印书馆，1962 年版，第 56 页。

论证。'" ①

（三）哈耶克关于应付 20 世纪 30 年代经济危机的对策的学说

由于哈耶克用这样一套理论来解释 30 年代经济危机，因此他的关于应付经济危机的对策的学说也就显然与凯恩斯的主张相对立，而与伦敦经济学院的经济学家们相接近。哈耶克认为，资本主义经济体系是依靠市场机制自动调节的，如果听其自然，只要银行能保证不再扩大信用，只要过度投资的现象消除了，整个资本主义经济就会恢复到过去的那种均衡状态。这就是说，经济繁荣预先决定了由于信用扩张而导致的经济萧条，而经济萧条又预先决定了由于停止扩大信用而导致的复苏，这一切既是那样自然，所以任何人为的政策干预都是不必要的，并且是有害的。

在论证这一问题时，哈耶克使用了均衡利息率这一概念。所谓均衡利息率，是指使实际的货币数量保持不变的那种利息率。只要银行在生产资源得到充分利用时不再扩大信用，那么利息率就能维持在均衡利息率的水平上，经济的均衡状态就会维持下去，不然经济就出现波动。所以按照哈耶克的说法，"周期波动的决定性原因在于：由于流通手段量的伸缩性，银行需要的利息率不一定经常等于均衡利息率，而是在短期内取决于银行流动资金的考虑"。② 既然利息率脱离均衡利息率水平的情况是由流通手段量的伸缩性所引起的，因此，有种种理由可以相信，当银行停止信用扩张之后，这种偏离状态自然会消失，并且很有可能先出现相反的趋势，即从这一端摆到了另一端，然后再退回到均衡利息率水平。如果政府在这个阶段进行干预，反而会干扰这一自动调节的过

---

① 罗宾逊：《经济理论的第二次危机》，载《美国经济评论》，1972 年 5 月。

② 哈耶克：《货币理论与经济周期》，1933 年版。

程，使自动调节的机制失调。哈耶克的这种"无为而治"的政策思想，是 19 世纪后期以来经济自由主义传统思想的继续。

在这里应当指出的是，哈耶克不仅反对剑桥经济学家中主张的关于国家财政调节的学说和建议，而且连货币调节的学说和建议也反对。哈耶克就曾这样反驳霍特里，他说，霍特里主张"使银行存款总额保持稳定，并以此作为摆脱周期波动的唯一方法。在我看来，这纯粹是一种空想。它将有必要取消一切银行货币（包括银行券和支票），并把银行降到从事储蓄的经纪人的地位。但就算这一点基本上可能做到，那么，如果许多人了解到这样做的后果，他们是否希望这样做，仍是颇有疑问的。经济体系的稳步可能要以限制经济进步作为代价来达到"[①]自由放任保证经济进步，国家对经济的干预和调节阻碍经济进步，这就是哈耶克的基本立场。哈耶克从这一基本立场出发，认为即使国家干预和调节能够暂时使经济稳定下来，那也是不值得的、得不偿失的。

四、伦敦学派与"社会主义"论战

（一）这场论战的背景

伦敦学派作为资产阶级经济学中的一个重要流派，是在两条战线的经济学论战中形成和发展起来的。其中一条战线就是前面已经提到的：它同剑桥大学的经济学家之间关于国家调节经济（包括通货管理）是否必要和利弊何在的论战，另一条战线则是它同当时资产阶级经济学中的"社会主义"经济学研究者或"同情者"之间关于"社会主义"的论战。这些"社会主义"经济学的研究者或"同情者"既不属于剑桥学派，也

---

① 哈耶克:《货币理论与经济周期》，1933 年版。

不属于凯恩斯学派。他们当中的主要代表人物是美国的 F.泰勒、英国的 H.迪金森、旅美的波兰经济学家 O.兰格等人。

同这些"社会主义"经济学研究者或"同情者"之间的论战,可以追溯到第一次世界大战前,即伦敦学派形成以前、伦敦经济学院的经济学家与剑桥大学经济学家之间的意见基本上趋于一致的时期。当时西方资产阶级经济学界中,洛桑学派代表人物、意大利经济学家 V.帕累托关于资源最优配置问题的研究和在社会主义条件下可以最大限度地增进福利的探讨,引起人们很大的兴趣。稍后,意大利经济学家 E.巴罗纳对社会主义条件下资源最优配置的可能性问题进行了阐发。他于 1908年发表的《集体主义国家中的生产管理部》一文,就是当时"社会主义"经济学研究者或"同情者"的代表作。①

作为"社会主义"经济学研究者或"同情者"对立面的,20 世纪在 20 年代初主要是奥地利经济学家密塞斯。他在 1920 年发表的《社会主义制度下的经济计算》②一文认为,社会主义制度下是不可能实现资源的合理配置的。其主要理由是:生产资源的合理配置必须以生产要素的市场和竞争性的生产要素价格的存在为前提,而社会主义经济中恰恰缺少这一切,从而就缺少资源合理配置的条件。

(二)坎南对"社会主义"的理解

在奥地利经济学家密塞斯对"社会主义"经济学研究者或"同情者"进行反驳时,伦敦经济学院的坎南持什么态度呢?当时,伦敦学派尚未形成,坎南很少过问这场论战。坎南对于"社会主义"有他自己的理解方式。要知道,坎南尽管在经济理论方面是坚持"正统"经济学说

---

① 这篇论文收集在哈耶克编的《集体主义经济计划》(1935 年版)一书中。
② 同上。

的，但也多少受到英国费边社思想的影响，感到资本主义现实中存在若干弊病，有待于改进。1889年时，他28岁。这一年，他以"社会主义"的"同情者"身份在费边社宣读了自己的论文《经济学和社会主义》，声称"要用历史精神来研究经济学说"。[①]他还提出，"社会主义"思想与"正统"经济学说之间是可以调和的。但坎南心目中的"社会主义"与皮尔逊、巴罗纳等人所论述的"社会主义"不是同一个概念，与密塞斯所反对的"社会主义"也不是同一个概念。坎南是站在英国资产阶级"正统"经济学说立场上，着重从分配的角度来吸取费边派"社会主义"理论中的改良主义成分，而不像当时的意大利学者那样从生产的角度来看待"社会主义"，把"社会主义"当成"计划经济"的同义语。

坎南的分配学说在他的其他许多论著中都有所反映。在《生产与分配理论史》中，他认为生产理论如果以边际效用价值理论为基础，则自然表明经济效率对于生产的重要性，然而分配理论则不能着眼于工资、利润、地租本身的报酬规律的探讨，而应当着重考察各种生产要素报酬在收入分配中相对份额的变化。他在1919年曾对英国煤矿是否国有化的问题发表了看法（发表时的标题为《煤矿国有化》）。他是反对煤矿国有化的，因为他认为煤矿国有化很可能是无效率的。他主张从分配上着手改进，即把煤矿的利润的一部分作为公积金，按照矿工的工资比例以"矿工红利"（a miner's dividend）分配。[②]这一主张充分说明了坎南心目中的"社会主义"只不过是分配上的某种改良而已。

了解伦敦学派奠基人坎南的这一思想是很必要的。如果不了解这一点，那就会产生一些疑问：坎南不是也赞成"社会主义"吗？为什么伦敦学派会成为"反社会主义"的经济学说的重要学派呢？坎南的学生、

---

① 坎南：《经济学和社会主义》，载坎南：《经济观察文集》，1912年版。

② 道尔顿：《坎南教授的总的贡献》，载《伦敦经济学院纪念坎南论文集》，1827年版。

20 世纪 30 年代以后伦敦学派代表人物罗宾斯，为什么会同新加入伦敦学派行列的奥地利经济学家哈耶克一起，成为反对"社会主义"的重要理论家呢？其实，这个问题是很清楚的。伦敦学派所参加的那场与"社会主义"的论战，实质上是关于"计划经济"与"市场经济"优劣比较的论战。包括坎南在内的伦敦经济学院的经济学家们，从来都是拥护"市场经济"的，他们把"市场经济"看成是最宜于发挥经济效率，最有利于维持经济均衡的一种经济模式，而把"计划经济"看成是不切实际的、妨碍资源合理配置的经济模式。他们反对的"社会主义"经济就是这种把"计划"当作经济调节的手段而与"市场"相对立的经济。因此，这与坎南心目中那种在分配领域内对资本主义分配形式有所改良的"社会主义"不是一回事。

（三）伦敦学派的命题之一："社会主义计划经济"条件下没有经济效率

20 世纪 30 年代内，罗宾斯和哈耶克正是从这一立场出发来同兰格、泰勒、迪金森等"社会主义"经济学研究者或"同情者"争论的。他们是密塞斯的论点的主要支持者。但他们与密塞斯所不同的是，他们不像密塞斯那样断然认为"社会主义"制度与市场价格制度不能并存，也不像密塞斯那样否认在"社会主义"下可以存在一种商品货币交换制度。用兰格的话来说，哈耶克和罗宾斯放弃了密塞斯的重要论点而"撤退到第二道防线"，即提出一个新的命题：在"社会主义"计划经济的条件下，即使可能存在某种价格制度或竞争制度，但仍然不可能取得较高的经济效率，从而生产资源的合理配置照样是不可能的。[①] 但问题还不止于此。哈耶克和罗宾斯作为 30 年代形成的伦敦学派的重要代表人物，

[①] 兰格：《社会主义经济理论》，载《经济研究评论》，1936 年 10 月，特别是其中第一部分《辩论现状》。

比密塞斯走得更远，他们还提出了另一个命题："社会主义"计划经济即使有可能在某种程度上实现，那也不值得追求，因为它最终必定导致极权主义，走向对民主和自由的牵制。对后面这个命题的"论证"，以后成为伦敦学派不同于当代资产阶级经济学其他流派的最显著的特色。

现在先看伦敦学派对上述第一个命题的"论证"。

伦敦学派认为，经济效率来自利己的动力和合理的决策。利己的动力是人类的一种本性，每一个人都在利己的动力的推动下参加生产和交换活动，对私人利益的追求将促使生产成本的降低和社会经济福利的增加。但这种追求只有在自由竞争条件下才有保证。在"社会主义"计划经济之下，由于自由竞争受到限制，利己的动力便发挥不出来，效率必然是降低的。至于合理的决策，则以完备的市场信息的掌握为前提。但市场信息是分散的，它们只有通过自由竞争才能充分地、灵敏地被反映出来。信息的分散性要求决策的分散性。少数人的集中决策（计划化工作）不可能取得像在市场经济中分散决策所取得的高效率，甚至依赖于数学工具也无济于事。关于这一点，罗宾斯在 1934 年出版的《大萧条》一书的第七章《限制主义与计划化》中，这样写道："正如我们已看到的，一个合理的计划的要求是：生产要素（土地、资本和劳动）应当这样地在各种可供选择的生产之间进行分配，以便使得所生产出来的商品，都不会比在生产要素自由用于其他目的时可能生产出来的商品有较少的价值。但如何实现这一点呢？计划当局如何决定资源的分配以满足这种要求呢？我们知道，通过对消费者消费的不同商品的定价，计划当局多少能确定消费者的偏好。但显然这是不够的。还必须了解在生产所有各种可供选择的商品时生产要素的相对效率。"[①]罗宾斯指出，这正是计划部门无法解决的难题。他接着写道："在纸面上，我们能设想用

---

① 罗宾斯：《大萧条》，1934 年版。

一系列数学计算来解决这个问题……但在实际上，这种解法是很难行得通的。它可能需要根据几百个统计表来列出几百万个方程，而这些统计表又以更多的数以百万计的个别计算为依据。到这些方程被解时，它们所依据的信息可能变得陈旧，于是又需要重新计算。"[1] 罗宾斯得出的结论是："在这方面来发现各种可供选择的投资的相对效率，是没有希望的。也不能指望这里有一种调节生产以适合消费者偏好的方法。在竞争条件下，这个问题可以通过成本和价格的比较来解决。在一个自由资本主义社会中，企业家在决定朝哪个方向扩展自己的企业时，将会考虑两个方面：一方面预期各种商品售出时的价格，另一方面预期采取各种技术方法进行生产时的成本。他对价格的预期建立在他对市场的知识之上。他对成本的预期以同各个生产要素价格的知识相结合的技术情报为依据。"[2] 这样，如果成本低于价格，这就表明有利可图，生产资源的分配就会由此确定，反之，如果成本高于价格，这就表明生产资源被转移到别的生产中会更加有利。罗宾斯认为，任何计划机构所无法解决的难题，在自由竞争中可以得到解决。这就是伦敦学派关于"市场经济"有利于资源配置、"计划经济"有损于经济效率的中心论点。

（四）伦敦学派的命题之二："社会主义"计划经济在政治上是不值得追求的

再看伦敦学派对上述第二个命题的论证。

为什么"社会主义"计划经济即使有可能在某种程度上实现，那也不值得追求呢？伦敦学派的看法是：一旦实行了"社会主义"，中央计划部门必将凌驾于个别企业活动之上，在这种中央计划制度之下，不

---

① 罗宾斯：《大萧条》，1934 年版。
② 同上。

可能存在企业的单位利益或生产者的个人利益，不能使个人的"主动性""进取心"得到发挥，而是一切听从上级的命令行事，结果官僚主义滋长，极权主义盛行。罗宾斯就此评论道："它们（指计划当局）将会试图像战争时期总参谋部指挥军队那样来管理整个生产。……这种制度将要求把作为生产者的个人完全编入严密的组织。"[①]哈耶克对这种观点做了进一步发挥。1938 年，他在《现代评论》杂志上发表了《自由与经济制度》一文，把"社会主义""计划经济"同"自由"截然对立，认为二者不能相容。之后，哈耶克在 40 年代出版的《通往奴役之路》一书，就是以《自由与经济制度》一文的内容作为基础，他把"社会主义""计划经济"曲解为"残酷"的制度、"奴役人"的制度。

按照伦敦学派的说法，"社会主义""计划经济"还加剧国际冲突，因为它们破坏了国际间的正常交往，把一个民族的利益置于其他民族的利益之上。罗宾斯说："一个有着各个计划经济的世界将会出现一种完全不同的情景。它将是一个地理上的工团主义的世界。任何类似于竞争性市场之点都会消失。在各个制度内部将会有对生产要素的极权主义的处置；在它们之间则会有国家垄断间双边谈判的混乱……很难相信在这样一个世界中，与自由企业的世界相比，和平会更有保障些，国民生产率会更高些，国际分工可能要少些，国际投资几乎微不足道。除在各国之间现有的政治摩擦的原因之外，还要加上许多经济摩擦，而它们在私人经营国际贸易时是不会发生的。国家计划化的世界不是一个能使政治稳定或经济进步有很大希望的世界。"[②]后来，哈耶克在《通往奴役之路》中，更露骨地把"社会主义""计划经济"污蔑为导致世界战争的制度。

30 年代，伦敦学派在与"社会主义"论战中所发表的这些观点，

---

① 罗宾斯：《大萧条》，1934 年版。
② 同上。

正如它在同主张国家调节的剑桥经济学家（霍特里、凯恩斯等）关于应付经济危机的对策的争论中所发表的观点一样，以后一直被它顽固地坚持着。所以，无论是凯恩斯学派还是西方的"社会主义"经济学研究者或"同情者"，都把伦敦学派看成是经济学界的极右翼。

结束语：怎样看待 20 世纪 30 年代的伦敦学派？

那么我们究竟应当怎样看待 30 年代形成和发展起来的这个伦敦学派呢？

伦敦学派的理论毫无疑问是为资本主义制度辩护的。它竭力攻击马克思列宁主义，污蔑社会主义革命和社会主义建设，反对资本主义世界的无产阶级革命运动。伦敦学派的政策主张也显然是为维护资本主义剥削制度和巩固资产阶级统治效劳的。这是伦敦学派的阶级本质的反映。对伦敦学派散布的美化资本主义和丑化社会主义的谬论，必须进行批判。

但另一方面，我们也应当承认，30 年代伦敦学派经济学家的论著中，至少就以下三个问题而言，他们的论述对我们有一定的启示或参考作用。

第一，伦敦学派经济学家们从来都比较重视资源供给和生产结构问题的研究。凯恩斯及其追随者强调需求分析，他们在 30 年代和此后相当长的时期内不注意供给问题。虽然罗宾逊站在凯恩斯学派的立场上嘲笑罗宾斯在经济危机如此严重的 1932 年多么不合时宜地提出要研究资源的供给和配置，但我们认为，经济科学如果忽略了资源供给、配置和经济效率问题，那是有缺陷的。一个供给失调、配置不合理的经济，不能被认为是一个健康的经济。国民经济的增长也是不可能的。30 年代以后又过了约 40 年，资源供给和配置问题的重要性果然被许多经济学家（其中包括罗宾逊本人[①]）认识到了。伦敦学派经济学家能够较早地指出这一点，不能说没有一些预见。

第二，伦敦学派是反对国家调节和计划经济的，它宣扬市场机制的决定性作用。不管怎么说，在 30 年代资本主义国家要求国家干预经济的呼声日益高涨的情况下，伦敦学派能够察觉国家干预经济所带来的严重后果，能强调对市场机制的限制将会引起经济比例关系失调、效率下降，等等，这应当被看成是伦敦学派的一个长处。以后的事实的确也证明了这一论点在某种程度上的合理性。如果国家——无论是资本主义国家还是社会主义国家——把经济统得过死，对商品经济规律的作用限制得过严，都只会使经济中浪费严重，效率降低，比例失调，增长率变慢。这一论点今天看来是很有参考性的。

第三，伦敦学派一贯强调"消费者主权"。当然，在资本主义社会中，对"消费者主权"的强调是为实现最大限度利润服务的。资本家实际上关心的是剩余价值，而不是使用价值或消费者利益。但伦敦学派指出，如果忽视"消费者主权"，不仅不利于消费者，而且必然不利于生产。一个不关心消费者的需要，以行政命令手段来指挥生产，把商品的销售当作摊派的任务或看成是对消费者的莫大恩赐的社会，绝不可能有较多的福利和较大的技术进步，这不也已经被以后的历史所证实了吗？从这个意义上说，伦敦学派的看法同样是对我们有启示的。

总之，我们在评价伦敦学派的经济学说时，不能采取简单的做法。我们既不放过它的谬误，也不抹杀其中一些有参考价值的内容。

---

① 罗宾逊：《经济增长的年代》，载《挑战》杂志，1976 年 5—6 月。

维克赛尔和瑞典经济学传统

引自《外国经济思想史讲座》，中国社会科学出版社，1985 年版。

在西方资产阶级经济学说史上，瑞典经济学家纳特·维克赛尔（Knut Wicksell，1851—1926）是一个十分重要的、有代表性的人物。他被认为是瑞典学派（或北欧学派）的奠基人，在近代货币和利息理论中有"开创性研究"和"贡献"的经济学家。他还被看作对现代宏观经济学的发展有重要"贡献"的、杰出的"前凯恩斯"经济学家。

维克赛尔与马歇尔（1842—1924）同时代。马歇尔的代表作《经济学原理》于 1890 年出版，这部著作奠定了马歇尔在经济学界的地位。维克赛尔则在 1893 年出版了《价值、资本和地租》一书，由此开创了瑞典经济学的新体系。1893 年以后，维克赛尔又写了一些重要著作，如《利息与价格》（1898）、《演讲集》（1901—1906）等，使这个新体系在理论上逐渐趋于完整。但由于维克赛尔多年任教于瑞典的隆德大学，他的重要著作又是用德文或瑞典文写成的，所以他的经济学说长期未被英美经济学家所了解。到了 20 世纪 30 年代初，他的一些名著才被译成英文（《价值、资本和地租》一书的英译本 1933 年于伦敦出版；《利息与价格》和《演讲集》的英译本 1934 年于伦敦出版）。加之，30 年代初期瑞典经济学家中有一些人（如缪尔达尔、G. 俄林、林达尔等）在经济学界日益受到重视，作为他们的老师的维克赛尔也引起了英美经济学家的注意，尽管维克赛尔这时已去世好几年了。在英美经济学界，大力介绍并推荐维克赛尔，并使之在西方经济学说史上居于重要地位的，是 J 熊彼特和罗宾斯。我们在论述维克赛尔的经济学说时，将会提到熊彼特和罗宾斯对它的评论。

一、维克赛尔学说的理论基础：边际效用价值和一般均衡理论

维克赛尔最初在瑞典的乌布萨拉大学攻读哲学和数学，后来转向经济学的研究。他曾到德国、奥地利、英国、法国留学和进行研究。从经济学说的渊源考察，维克赛尔在学术上主要受庞巴维克和瓦尔拉的影响。他从庞巴维克那里接受了边际效用价值论，从瓦尔拉那里接受了一般均衡理论。维克赛尔对利息、货币、价格、经济周期等问题的分析，就是从边际效用价值论和一般均衡理论出发的。

关于边际效用，维克赛尔自己并未提出任何新的解释。他继承了当时已经流行的奥国学派的定义。他在《利息与价格》一书中写道："在公开市场中的自由交换，是受着商品交换价值及其边际效用之间一般的比例适应法则所支配的。边际效用就是所获得或售出（也就是所交换）商品的最后单位的效用……当每个人在从事交换时，相对的交换价值和在交换中所授予或接受的最后单位的效用二者之间这种比例适应性的存在是极为明显的。"[1]把边际效用看作是决定商品之间交换比例的因素，这就是奥国学派价值论的主要内容，维克赛尔始终遵循着这一原理。

---

[1] 维克赛尔著，蔡受百等译：《利息与价格》，商务印书馆，1959 年版，第 15—16 页。

奥国学派的价值论分析的是两种商品之间的交换比例关系。怎样把这种交换比例关系扩大到全部商品范围呢？这是洛桑学派在价值论方面所进行的一种尝试。瓦尔拉的一般均衡理论所要解决的问题，就是旨在说明任何一种商品的供求不仅是该商品价格本身的函数，而且也是所有其他商品价格的函数。在这个问题上，维克赛尔又继承了洛桑学派代表人物瓦尔拉的分析方法，把边际效用学说同一般均衡理论结合在一起进行解释。他在《演讲集》中这样写道："只要市场上有两种以上的商品，单有直接交换通常不可能达到完全均衡，但间接交换必定补充它。"[①]通过商品与商品之间的间接交换，各种商品之间就形成了一定的交换比例关系，这样，任何一种商品的价格实际上是由所有其他商品的供求状况和交换比例关系共同决定的。当市场上一切商品的价格达到均衡时，这就是一般均衡状态。

奥国学派的价值论和洛桑学派的一般均衡理论是维克赛尔经济理论的基础。罗宾斯在评论维克赛尔时写道："维克赛尔在价值理论的概论方面没有增添什么完全独创的东西。但他把瓦尔拉与早期奥国学派的主要学说，以巨大的智慧和阐释力融合在一起，他使门格尔及其追随者的哲学的分析和深度得到了高度精确和细致的数学表述。"[②]熊彼特认为，维尔赛尔的学说有两根支柱，"一根是瓦尔拉的，另一根是庞巴维克的"。[③]熊彼特还指出："以后对奥国学派学说的最好表述，是由维克赛尔做出的。"[④]

如果维克赛尔仅仅停留在继承和解释庞巴维克和瓦尔拉的经济学说

---

① 维克赛尔：《演讲集》，第 1 卷，1934 年版。
② 罗宾斯为维克赛尔《演讲集》英译本写的导言，载《演讲集》，第 1 卷，1934 年版。
③ 熊彼特：《经济分析史》，1955 年版。
④ 同上。

上，或者说，如果他只限于把奥国学派同洛桑学派的学说综合在一起，那就谈不上什么维克赛尔本人在西方经济学说史上的地位了。实际情况是：维克赛尔在奥国学派和洛桑学派的基础上，向前迈进了一大步，这首先反映于他对货币、利息、价格波动问题的研究上。

二、维克赛尔在经济学方面的主要"贡献"：利息理论和货币均衡理论

维克赛尔认为，尽管奥国学派和洛桑学派的理论家们在价值理论上有不少说明，但在货币理论上却没有什么进展，包括 K. 门格尔、瓦尔拉在内的这些经济学家，对货币问题实际上是忽视的。这样，在维克赛尔看来，价值论与货币论是脱节的，如果没有货币论方面的发展，均衡状态仍然不可能得到解释。所以维尔赛尔说："人们用货币交换产品或者用产品交换货币，以便后来用他们得到的货币换取新的产品。显而易见，对他们来说，货币的交换价值，尤其是货币交换价值的波动，绝非无关紧要。"[①]他认为货币的交换价值或价值有它自己的规律和均衡条件，应当单独探讨。

（一）中性货币概念

瑞典经济学家 J. 阿克曼十分重视维克赛尔在货币研究方法论上的贡献。他指出：维克赛尔与众不同之处是，他能够把货币问题同经济学的其他一些主要问题区分开来研究。阿克曼写道："生产和消费、资产化和交换的实质问题，不应该过早地同纯货币问题混杂在一起。维克赛尔

① 维克赛尔:《演讲集》，第 1 卷，1934 年版。

是战前这样一种思想的有力支持者，即认为除非揭开货币因素的掩盖，否则就不可能清楚地了解经济关系。"① 为了揭开货币因素对经济关系的掩盖，维克赛尔在讨论中是把货币看成是中性的。

中性货币是指：货币对于社会经济的运行，只起交换媒介的作用，而并不发生任何积极的影响。维克赛尔解释道：货币除了充当交换的媒介外，还有价值贮藏的职能，但为了使问题简化，可以把货币作为价值贮藏这一职能暂时撇在一边。以货币作为交换的媒介而言，买卖双方对于商品交换的比例的确定，是取决于商品的边际效用的。这种交换比例并不因有货币参加交换而发生变化。换言之，即使货币参加交换，这并不会影响交换的基本情况。社会上，人人都是卖方，人人都是买方，人人付出货币，人人又收回等量的货币，因此，货币在商品交换中只起到媒介作用，一旦交换完成了，货币就到达了终点。这是就商品交换而言，货币不起积极作用的一个有力的证明。

再就整个经济体系而言，假定对资本的需求（投资）与资本的供给（储蓄）恰好相等，那么这时整个经济体系是均衡的，物价水平将稳定不变。在这种情况下，货币因素对于物价是不起作用的，货币对于经济过程来说是中性的。这时能对产品的相对价格和产量发生作用的，不是货币因素，而是实物因素。

因此，中性货币概念被认为是维克赛尔的重要的"创见"。他提出：把货币看成是中性的，有助于了解经济关系究竟怎样发生变动。

那么，经济关系究竟是怎样发生变动的呢？在货币起着中性作用，不对物价水平发生影响时，整个经济体系中的投资与储蓄恰好相等，经济保持着均衡状态。经济关系的变动意味着均衡状态的消失。为了说明

---

① 阿克曼：《维克赛尔：经济计量学的先驱者》，载《经济计量学》杂志，1933 年 4 月。

均衡消失的原因和过程，维克赛尔对利息进行了分析。

（二）利息率概念

什么是利息？维克赛尔采用了庸俗经济学中的边际生产率概念。他写道："实际上，'劳动生产率'这个说法，当它被用于整个生产时，并没有综合的意义，因为这经常是劳动和自然资源相结合的后果。因此它是机器增加的劳动和土地的共同生产率。"[1]维克赛尔从每一个生产要素都参加价值的创造，从而存在着共同生产率这一前提出发，认为"产品中每一个生产要素的份额取决于该要素的边际生产率"。[2]根据这种解释，利息无非就是资本的边际生产率的产物。当然，这里有一个时间概念，即现存的资本与过去储存的资本在时间意义上的区别：利息来自两个不同时间的资本的运用及其不同的边际生产率。但即使如此，维克赛尔的利息定义也没有超过庞巴维克和克拉克已经表述过的意见。例如，维克赛尔这样写道："在静态条件下，产品和劳务的交换价值仍然是年年一样，所以任何一个购买劳动和土地以便把它们转变为资本用于第二年生产的人，常常能指靠得到比他给出的更多的产品或交换价值。这个盈余就是被称为利息的东西。"[3]维克赛尔还说："我们得出以下的简单定义，资本就是储存的劳动和储存的土地；利息是储存的劳动和土地的边际生产率同现有的劳动和土地的边际生产率之间的差额。"这个定义显然不是新的。

维克赛尔的主要的"独创之处"在于：他把利息率分为两种，一种是货币利息率，即市场利息率；另一种是自然利息率，即正常的利息

---

① 维克赛尔：《边际生产率是经济学中分配的基础》，载林达尔编：《维克赛尔经济理论文选》，1958 年版。

② 同上。

③ 同上。

率，也就是均衡利息率。

货币利息率指的是金融市场上实际存在的利息率。缪尔达尔解释，货币利息率作为一种价格，是和其他各种价格不同的，因为它只能表现为价格比率，不仅在抽象理论上是这样，在实际生活中也是如此。它不能有绝对的货币价格形式，因为通过它来买卖的对象已经是以货币来表示的了。在信用市场中，货币利息等于在一单位时期内支配一单位资本的成本。[①]

自然利息率指的是在资本供给与对资本的需求相一致情况下的利息率。这种利息率是与那种不使用货币和在一切借贷都以实物进行的情况下由供求关系决定的利息率是一样的。维克赛尔对它下的定义是："在任何时候，在各种经济情况下，总有着一定的平均利息率水平。这个利息率水平既不会使一般物价水平趋于上升，也不会使一般物价水平趋于下降。我们把这种利息率称作正常利息率。"[②]正常利息率与自然利息率在含义上是相同的，由于它是使物价水平不发生变动的、使投资和储蓄保持均衡状态的利息率，因此它就是"大体上相等于新创造的资本预期收益的利息率"。[③]自然利息率之所以又被称为均衡利息率，原因正在于此。

维克赛尔提出：假定市场上处于这样一种均衡状态，这时货币利息率与自然利息率完全一致，货币当然是中性的。但不可能设想货币利息率与自然利息率会保持不变。货币利息率可能高于自然利息率，也可能低于自然利息率。自然利息率本身不是一个固定不变的量。由于生产率的变化、固定资本和流动资本现有数量的变化，以及土地供给量的变化，等等，自然利息率在大多数场合下不断地发生变动。而货币利息率

---

① 缪尔达尔著，钟淦恩译：《货币均衡论》，商务印书馆，1963年版，第26页。
② 维克赛尔著，蔡受百等译：《利息与价格》，商务印书馆，1959年版，第97页。
③ 维克赛尔：《演讲集》，第2卷，1935年版。

也是变动的，它的变动要受到大金融机构的支配。不过货币利息率的变动与自然利息率的变动不同，货币利息率多半是非连续性地、突发式地升降（比如说一次升降千分之五或百分之一），而自然利息率的变动则多半是连续性的、渐进式的。在货币利息率和自然利息率不一致的情况下，经济体系中的均衡消失了，货币也不再以中性货币的姿态出现了。

这是维克赛尔理论中的一个十分重要之点。熊彼特曾这样评论道："维克赛尔是第一个看到这个问题并创造出中性货币这个适当的概念的人。这个概念本身无非是表述了既定的关于纯'实物'分析的可能性的信念。但它也暗示了对这一事实的承认，即货币不一定是中性的。"①货币不一定是中性的，这意味着，货币在货币利息率和自然利息率不一致的情况下将通过利息率的作用而对生产价格发生影响，货币将成为决定产品的相对价格和产量的因素之一。

（三）两种利息率不一致的结果

两种利息率的不一致包括两种情况，一是货币利息率高于自然利息率，另一是货币利息率低于自然利息率。

在维克赛尔看来，如果货币利息率高于自然利息率，企业家不但得不到超额利润，而且还会遭受损失。企业家为了避免损失，决定减少投资，缩小生产规模。于是企业对劳动力的需求就会减少，对土地的需求也会减少，从而导致工资和租金下降，收入减少，消费减少，商品价格下跌，经济活动收缩。同时，由于货币利息率较高，这就吸引了人们储蓄，因为这时依靠资本借贷而取得的利息收入，还是相当吸引人的。

那么，投资小于储蓄的过程，即经济活动收缩过程，要持续到什么时候为止呢？维克赛尔认为，这一过程一直要持续到因资本供给过多、

---

① 熊彼特：《经济分析史》，1955年版。

对资本的要求过少而使货币利息率下降，或者，一直要持续到因工资和租金下跌而使资本预期收益上升，企业家愿意增加投资，从而使自然利息率上升到使投资与储蓄相适应的新水平，最终使得货币利息率与自然利息率相一致时为止。

反之，如果货币利息率低于自然利息率，企业家预感到投资有较大的收益，他们就会利用这一有利的机会，增加投资，扩大生产规模。企业对劳动力和土地的需求将相应地增加，从而导致工资和租金上升，收入增多，消费增多，商品价格上升，经济活动扩张。同时，由于货币利息率较低，人们的储蓄意愿将减弱，储蓄会减少。

那么，储蓄小于投资的过程，即经济活动扩张过程，要持续到什么时候为止呢？维克赛尔指出，这一过程一直要持续到因资本供给过少、对资本的需求过大而使货币利息率上升，或者，一直要持续到因工资和租金上升而使资本预期收益下降，企业家不再愿意增加投资，从而使自然利息率下降到使投资与储蓄相适应的新水平，最终使得货币利息率与自然利息率相一致时为止。

论述了上述这些过程，维克赛尔做了这样的小结，他写道："如果为了某种原因，将平均利息率（指货币利息率）规定并保持在这个正常水平（指自然利息率）以下时，其间的差距不论怎样微小，价格将上涨，而且将不断地上涨，否则，如果价格原来是在下降过程中，将降落得迟缓一些，终将开始上涨。另一方面，如果将（货币）利息率保持在自然利息率现时水平之上，其差距不论怎样微小，价格将不断下跌，而且并无限制。"[①]

可见，维克赛尔正是利用两种利息率之间的不一致来说明经济周期的波动，说明经济收缩和扩张的原因和过程，说明物价水平的上升和下

---

① 维克赛尔著，蔡受百等译：《利息与价格》，商务印书馆，1959年版，第97页。

降。维克赛尔的这种解释，是与当时流行于资产阶级经济学界的货币数量理论不同的。按照货币数量理论的说法，是流通中货币数量的多少决定物价水平，并通过物价的波动影响经济活动的进程。维克赛尔认为货币数量理论的重大缺陷在于未能弄清楚价格形成的原因，并且没有根据地断定支付手段总量与一般价格水平存在着因果关系。维克赛尔的观点则是：在货币利息率与自然利息率保持一致的情况下，货币是中性的，它不影响物价；而在货币利息率与自然利息率不一致时，货币不是中性的，它对物价有影响，但这种影响是通过投资与消费之间关系的变动，通过收入增减、消费增减和企业生产活动方向的变化（消费品生产和资本品生产的相对有利性的变化）而实现的。因此，维克赛尔的货币理论是一种不同于货币数量理论的资产阶级"新货币理论"——货币均衡理论。这种货币均衡理论是他的两种利息率理论的引申。罗宾斯在评价维克赛尔时，这样写道："维克赛尔的也许最著名的贡献是他的关于货币利息率和自然利息率之间的关系以及一般物价水平变动的杰出理论。可能这就是维克赛尔的最有独创性的贡献。"[1]罗宾斯接着指出，尽管有人指出在古典学派的文献中这些命题曾经出现过，"但除了在李嘉图的著作中有过孤零零的一段话而外，古典学派文献中的段落并不是十分引人注目的，也不是容易被人们理解的，而维克赛尔说，他只是在发表了自己的理论之后才注意到李嘉图的论述。似乎没有什么理由可以怀疑，就经济学中基本概念所包含的任何思想能够被如此描述而言，他的主要思想是独创性的"。[2]

---

[1]　罗宾斯为维克赛尔《演讲集》英译本写的导言，载《演讲集》，第 1 卷，1934年版。

[2]　同上。

（四）货币均衡的条件

维克赛尔所说的货币均衡，就是前面所一再指出的货币利息率和自然利息率相一致的情况。任何对货币均衡的偏离，意味着两种利息率之间存在着差距。这种对货币均衡的偏离，通常被称为"维克赛尔累积过程"（Wicksellian Cumulative Process）。它之所以被称为"累积的"，因为正如维克赛尔所指出的，一旦发生两种利息率之间的偏离，这个过程就不会停止下来，而会继续进行下去，直到差距消失为止。

怎样保持货币均衡的形势呢？维克赛尔所说的货币均衡有三个条件：第一，货币利息率与自然利息率相一致；第二，对资本的需求与资本的供给相等，即投资与储蓄相等；第三，维持一个稳定的价格水平，主要是消费品价格水平。[①]关于这三个均衡条件，缪尔达尔认为，维克赛尔的说法有矛盾，因为"只有第一个和第二个均衡条件是恰好一致的；它们相互间的关系是这样：第一个条件是以第二个条件为前提的，若不如此，则第一个条件就不能确定。……然而，关于商品市场，这两个货币均衡的关系的实现，与不变的价格水平是截然不同的事情"。[②]

维克赛尔的货币均衡第一个条件和第二个条件的一致性，是很清楚的，因为根据他的定义，只有当货币利息率恰好使得投资与储蓄相等时，这时的货币利息率才与自然利息率吻合。至于维克赛尔的货币均衡第三个条件，在维克赛尔本人的理论体系中，并不像缪尔达尔所说的那样与前两个货币均衡条件处于矛盾状态。维克赛尔是这样论述的："当各种不同因素使货币利息率不是高于就是低于自然利息率的适当水平时，价格方才会不断地向这一方或那一方变动。最后这两种利息率之间的正常关系必然要达到，那时价格就不可能有任何进一步的上涨或下

---

① 缪尔达尔著，钟淦恩译：《货币均衡论》，商务印书馆，1963年版，第37、46页。
② 同上，第37页。

跌。"① 他还写道："主要的一点是，如果别的方面无变化，不变的价格水平的保持，有赖于贷款的某一利息率的保持，而实际利息率与这个利息率之间的永恒的差异则对价格起着渐进的和累积的影响。"② 由此看来，维克赛尔仍然是把货币均衡的第三个条件（价格水平稳定不变）同第一个条件（货币利息率与自然利息率一致）结合在一起的。在他的理论体系中，正如没有第二个条件就不可能有第一个条件一样，没有第一个条件也就不可能有第三个条件。

既然如此，为什么缪尔达尔会认为第一、二个条件同第三个条件有矛盾呢？为什么缪尔达尔会认为"这两个货币均衡的关系的实现，与不变的价格水平是截然不同的事情"呢？这固然与缪尔达尔所指出的维克赛尔在不同的地方对同一问题的表述含糊不清有关，但主要的原因则是：维克赛尔建立的是一个静态的货币均衡体系，缪尔达尔看出了这个静态的货币均衡体系的不足，从动态理论的角度对它进行了详述。

正如熊彼特所说，维克赛尔的理论体系"实质上是静态的"。③虽然维克赛尔在考察经济活动的收缩和扩张时，注意到累积过程不会中止下来，并且认为货币均衡不是不变的，但他对货币均衡和经济活动的考察仍是采取比较静态的研究方法，即只把两个均衡状态进行比较，分析不同的均衡状态形成的原因，而没有对整个均衡过程的变化的顺序和规律进行探讨。实际上，无论是资本积累、物价波动、货币均衡还是经济周期变化问题，都不是单纯的静态研究所能说清楚的。缪尔达尔曾指出："简单地假设一个静态的起点的方法是不能令人满意的：它逃避理论问题，没有把它们解决。……在静态中，这些特殊货币均衡条件是满足的，这是不辩自明的；但是，在这种静态中，有很多在动态假设下和

---

① 维克赛尔著，蔡受百等译：《利息与价格》，商务印书馆，1959 年版，第 97 页。
② 同上，第 98 页。
③ 熊彼特：《经济分析史》，1955 年版。

货币均衡不一致的其他条件也能获得满足。"①从动态均衡的角度来分析，货币的均衡不一定需要以稳定不变的价格水平作为必不可少的条件，在变动的、新的价格水平上同样可使投资和储蓄相等，使货币利息率和自然利息率（它意味着投资的预期利润率）相适应，因此，维克赛尔的货币均衡的第三个条件，不仅同前两个条件不一致，而且可以说是多余的、不必要的。

维克赛尔自己并没有察觉到这一点，因为他既然从静态研究出发，他就自然而然地把价格的稳定不变作为货币均衡的条件之一。林达尔针对维克赛尔的研究方法和研究对象之间的不协调，做了这样的评论："当维克赛尔试图用这种静态理论（如我所看待的那样）来说明动态过程时，他陷入了困境。……维克赛尔并不总是观察到（静态与动态之间的）这种区别的。而动态学与比较静态学之间的关系，则仍然是一个有待于经济理论明确解决的问题。把静态方法应用于动态问题有时是不能令人满意的，尽管如此，维克赛尔终于为本来意义上的动态理论铺设了道路，明显地做出了他的最大的贡献。他是通过说明资本真正利息率（自然利息率）与货币利息率的不一致来说明这一点的，只要这种不一致性继续存在，它就引起累积的过程，其中还包括持续变动的物价水平。"②按照林达尔的看法，维克赛尔在货币均衡理论方面的"重要贡献"之一，不在于他涉及了动态均衡的问题，而在于当他利用静态研究方法来考察动态过程时碰到了困难，为后人提供了启示，开辟了道路。这就是维克赛尔作为瑞典学派奠基人的功绩。这一点，我们将在本文第四部分再详细讨论。

---

① 缪尔达尔著，钟淦恩译：《货币均衡论》，商务印书馆，1963 年版，第 38 页。

② 林达尔为《维克赛尔经济理论文选》写的导言，载《维克赛尔经济理论文选》，1958 年版。

三、维克赛尔关于经济政策的学说

一定的经济理论具有一定的政策含义。不管是直接地还是间接地，经济理论上的探讨总是服务于一定的政治目的。纯经济理论研究实际上是不存在的。何况维克赛尔从来就不是纯经济理论的研究者。维克赛尔的学说中的一个重要组成部分是他关于经济政策的学说，其内容主要是如何维持经济稳定、应付经济周期，以及如何运用国家的调节措施。

（一）研究货币均衡的目的在于设法保持货币均衡

前面已经提到，维克赛尔在经济理论方面的主要"贡献"是提出了他自己独创的利息理论和货币均衡理论，而利息理论（两种利息率概念和两种利息率之间的关系问题）又是作为货币均衡分析的前提和依据而建立的。可见，货币均衡是维克赛尔最为关心的课题。那么，为什么要研究货币均衡呢？维克赛尔在《利息与价格》一书中，一开始就发表了自己对稳定经济的意义的看法。他说道："当一般价格水平发生变动时，必然激起极大的关切。变动的起源往往暧昧难明，而对于国家的经济和社会生活则势必发生深刻影响。"[①]根据他的看法，价格普遍上涨或价格持久下跌，都是有害的。价格普遍上涨，不仅不利于固定的货币收入者，不利于以各种方式贷出货币资本的人，即使对于有可能被相应地提高工资的工人也是不利的，因为工资的提高可能进一步推动价格的上涨。最后，对于企业而言，虽然"价格的上涨趋势对企业精神无疑是一种鼓舞；不过这一优点也许往往是徒有其名的，因为最常见的是一些不健康的投机活动往往这时结合在一起，它所根据的是纸上的繁荣而不是

---

① 维克赛尔著，蔡受百等译：《利息与价格》，商务印书馆，1959 年版，第 1 页。

确实的经济事实，以致结果引起信用过度扩张、信用混乱和危机"。[1]再看看价格持久下跌的后果。维克赛尔认为，价格持久下跌最重要的后果是失业增加，工资降低，以及"当价格低落时，直接或间接课税对工人及一般小市民的压力将更加沉重"。[2]此外，由于国家债务的债权人（包括它在国外的债权人）要求按照同过去一样的利息率付利息，这样，整个国家的财政负担也将相应地加重。维克赛尔由此认为："为了各种事业团体绝大多数的共同利益，最理想的局面无疑是在不干预各种商品相对价格必然变动的前提下，使货币价格的一般水平……完全平静稳定。"[3]所以他研究货币均衡的目的，不仅在于要根据自己的分析来说明维持货币均衡的条件，而且在于拟定适当的措施来满足货币均衡的条件，实现货币均衡。

从政策理论的方面来考察，维克赛尔与19世纪末期的奥国学派、洛桑学派以及19世纪、20世纪之交的剑桥学派是有区别的。他不推崇自由放任、自由竞争和自由贸易原则，而是认为货币均衡、价格稳定、"大多数人的福利"等都只有在国家适当调节经济的前提下才能够得到实现。他虽然以边际效用价值论和一般均衡理论作为自己的经济学说的理论基础，但却不同意它们不涉及实际经济政策问题的空泛的议论，不同意它们所内含的支持自由贸易的政治结论。他曾这样写道："尽管边际效用理论的提出者们肯定地不对这种自由贸易利益的完全乐观的观点负责，但其中某些人却不能一概免除这一职责，即通过他们对这一学说的支持以及他们显然逻辑上对这一学说的证明而有助于支持对自由贸易的信赖。"[4]正因为维克赛尔不坚持自由放任主义，甚至还指责自由放任

---

① 维克赛尔著，蔡受百等译：《利息与价格》，商务印书馆，1959年版，第2页。

② 同上。

③ 同上，第3页。

④ 维克赛尔：《演讲集》，第1卷，1934年版。

主义，所以熊彼特称他是"一个资产阶级的激进派"。①

对维克赛尔说来，货币均衡既是经济分析的方法，又是衡量经济政策的标准。保持货币均衡与应付经济周期波动实际上是同一回事，因为经济活动的收缩和经济活动的扩张都被看成是脱离货币均衡的结果。完全消除或者至少是缓和经济周期波动和维持价格的稳定，是货币均衡分析的主要目的。

那么，怎样建立和保持货币均衡呢？维克赛尔建议实行的经济政策，包括货币政策和公共投资政策等。

（二）货币政策的作用

维克赛尔用货币利息率和自然利息率之间的不一致来解释货币均衡的消失和物价水平的升降，因而很自然地会把促进货币利息率和自然利息率趋于一致的政策措施放在突出的位置上。这些政策措施中，首先包括了货币政策。但这种货币政策并不是根据货币数量理论而设计的调节货币流通量的措施，而是以调节利息率为基本内容的措施。

维克赛尔认为，利息率的变动，即使是偶然的、暂时的变动，也会对价格发生影响，从而影响生产者对原料、工资、租金等的支出，并进一步再影响价格。但他明确地指出："问题决不在于利息率的绝对水平，而是在于贷款利息率与正常利息率（资本的自然利息率）的相对水平。"②从银行方面来看，使货币利息率高于自然利息率对自己是有利的，因为货币利息率越是高于自然利息率，银行利润就越大，而由此引起的价格下跌，暂时看来对银行没有什么不利的影响。因此，一个重要的政策问题是如何设法不让银行把货币利息率提高到自然利息率之上。

① 熊彼特：《经济分析史》，1955 年版。
② 维克赛尔著，蔡受百等译：《利息与价格》，商务印书馆，1959 年版，第 93 页。

从政策的角度来看，维克赛尔认为应当制定这样一种银行政策或固定的信贷管理规则，不容许个别银行单凭自己的意愿，擅自改变这种规则。只要大多数银行能遵照这种规则，同政府或中央银行采取合作的态度，那么这个问题就容易得到解决。维克赛尔写道，如果个别银行执行不同于其他银行的贴现政策，"要保持过高的或过低的利息率，那将迅速造成这样的结果：不是它自己破产，就是失去一切借户，它的股东的股利将化为乌有"。[①] 因此，"就个别银行而言，它必须在某种程度上同一般的趋势相一致"。[②]

中央银行的贴现政策被认为是可以影响大多数银行的借贷利息率的。但是维克赛尔认为，"道义的劝说"仍然必要。所谓"道义的劝说"，主要是指应当让银行界懂得自己的"社会责任"，维克赛尔写道："银行的首要任务并不在于赚取很多钱财，而是在于为公众提供一个流通的媒介——在于以适当的方式提供这个媒介，目的是价格稳定。无论如何，银行对社会的责任比起其对私人的责任不知要重要多少倍，如果循着私营的方向，它们终于不能尽其对社会的责任时——这一点我是怀疑很深的——那么它就应该有以自处，为国家做出有价值的活动。"[③]

维克赛尔还注意到，在一个"封闭"经济中，一国的利息率不至于受到国际经济活动的影响，而在一个"开放"经济中，资本在国际间的流动必定会影响一国的利息率，因此，要使得一国的货币利息率与自然利息率趋于一致，货币政策就应当包括调整对外经济关系的内容。维克赛尔建议各国的银行采取合作的政策，彼此协调，统一行动。比如说，资本正在由甲国流向乙国，如果对这种情况不加以适当的调节，甲国和乙国的利息率都会受到影响而波动。但他认为这种资金流动是可以由甲

① 维克赛尔著，蔡受百等译：《利息与价格》，商务印书馆，1959年版，第90页。

② 同上，第90页。

③ 同上，第154页。

国提高利息率，或由乙国降低利息率，也可以由两国同时采取行动，使之停止或成反方向变化。他写道："不同国家的银行之间的合作，一等到弄清楚了它们所向往的目的是什么，至少在和平时期，是可以很容易地实现的。一个合作的计划，能为多数国家所接受，并相当忠实地遵行，这就够了；这时任何个别国家，除非为了迫不得已的原因，倘使与规定的利息率相背离，这只能造成其自身的不利。"[1]

最后，在货币政策方面，维克赛尔还考察了一个重要的问题，即在金本位制条件下如何保证币值的稳定。他认为，如果币值不稳定，物价也就不可能稳定下来，那时即使调节利息率，仍无法取得成效。为此，他主张在黄金按照目前的或更大的规模生产时，停止金币的自由铸造，以免降低利息率和提高物价水平。他在 1898 年出版的《利息与价格》一书中就提出了这种主张。[2] 但正如俄林所指出的，在黄金存量、币值与物价稳定问题上，维克赛尔后来几次修正了原来的看法，例如在 1906 年的《演讲集》第一版里，他认为黄金增产后，产金国家将增加对商品的需求，只要这种需求不能被其他国家的同样大的商品供给所抵消，就会引起物价的上涨。而在 1908 年发表的《货币价值稳定是防止恐慌的一个方法》一文中，他认为黄金的增产将使商人能把以前用较低价格购入的产品按较高价格在市场上出售，增加商业利润，但这对货币利息率和自然利息率之间的差异没有什么影响。[3] 尽管他的看法有所变化，然而在有关黄金存量变化引起币值变化和物价变化的问题上，维克赛尔的中心思想仍是明确的，这就是说，他认为币值稳定是防止物价波动的途径，所以货币政策的实施应当有利于维持币值的稳定。

---

[1]　维克赛尔著，蔡受百等译：《利息与价格》，商务印书馆，1959 年版，第 154 页。

[2]　同上，第 155 页。

[3]　参看俄林为维克赛尔《利息与价格》一书写的导言，载维克赛尔著，蔡受百等译：《利息与价格》，商务印书馆，1959 年版，第 10—11 页。

（三）公共投资政策的作用

前面曾经提到，维克赛尔所说的货币均衡的第一个条件是货币利息率与自然利息率相一致，第二个条件是对资本的需求与资本的供给相等，即投资与储蓄相等。这两个条件实际上是不可分的。货币政策的实施正是为了实现这些条件。但在维克赛尔看来，单靠货币政策还不能完全满足货币均衡的要求。假定投资与储蓄不能相等，而利息率的调节又不能使投资额同储蓄额趋于一致，那就必须依靠货币政策以外的其他政策，尤其是公共投资政策。这是维克赛尔与同时代西方资产阶级经济学家的一个显著不同之处。

维克赛尔认为：影响资本积累的因素很多，利息率只是其中一个因素；个人储蓄是一个十分复杂的现象，资本的利用总是带有风险性的，从而利息率对投资的实际影响很可能具有不确定性。他写道："个人的资本积累是想使得储蓄的产品的目前的边际效用和未来的边际效用相等。例如，他能通过今年牺牲一先令而指望十或十五年内得到两先令。问题在于：在那时，对他来说，两先令是否比今天的一先令有多些或少些的主观价值。……在这里，利息率有双重影响，高利息率增加现期储蓄，从而增加它的未来的边际效用，亦即如今储蓄的最后一个资本单位的未来效用；但另一方面，在一定的储蓄率之下，它准备看未来有更丰富的产品，从而减少未来产品对它的边际效用。这后一种趋势甚至可能超过前一种趋势，所以对于某些人说来，低利息率（而不是高利息率）可能成为增加储蓄的刺激。"[①] 从这段分析中可以看出，维克赛尔认为通过调节利息率等影响投资或储蓄的做法并不是对人人都有效的。

维克赛尔接着写道，投资的预期收益的不确定性还表现于企业经营好坏的无把握性，"资本所投入的企业，如果它们十分成功的话，也许

---

① 维克赛尔：《演讲集》，第 1 卷，1934 年版。

有可能产生大量盈利，但这种成功的机会不是很大的。……从个别企业的观点来看，除非盈利机会大大超过亏损的机会，否则，这类企业总会被看成是不赚钱的企业"。①

针对这些情况，维克赛尔提出要用公共投资来代替私人投资，或者说，要用"联合努力的"投资来代替"个别的"投资。维克赛尔在自己的论著中使用了"集体主义社会"（a collectivist society）或"集体主义国家"（a collectivist state）之类的词汇，实际上他所指的是国家资本主义的措施，即用政府的财政手段来直接经营和调节经济。他认为这是保证投资的有效办法。例如他写道："一个集体主义社会可能比现存的个人主义社会提供好得多的关于迅速资本积累的保证。联合努力所储蓄的资本将会使一切个人同等受益，并使整个社会受益；如果那些成功的企业产生较大的收益的话，某些企业的失败就会是无关紧要的。"②维克赛尔还进一步指出："在个人主义社会中，每一个人都按自己的利益来经营和储蓄……资本家作为一个阶级，将会欢迎一切对资本有破坏性的措施，诸如军备开支和进行战争。"③这样就形成了一方面私人积累资本，另一方面私人又希望资本遭到破坏和毁灭的矛盾现象，从而资本积累速度会大大降低，其结果显然是不利于社会的。但维克赛尔认为，公共投资或"集体主义国家"的投资却可以避免出现这种情况，因为投资的来源是社会的，投资的受益者也是全社会，于是资本积累可以不断地进行下去，直到使社会得到的利益达到最大限度为止。

（四）关于收入分配的趋势

维克赛尔把价格稳定和货币均衡作为自己所要致力于解决的中心问

---

① 维克赛尔：《演讲集》，第 1 卷，1934 年版。
② 同上。
③ 同上。

题。通过货币政策和公共投资政策的运用，在他看来，是有助于促使货币利息率和自然利息率趋于一致，使投资与储蓄相等的。但他认为，要了解货币均衡问题，还应当把它同收入分配问题结合起来考察，因为从较长时期来看，各阶级在收入分配方面的相对份额的变化将会影响投资和储蓄的比例，影响货币利息率和自然利息率之间的关系。林达尔曾这样概述了维克赛尔关于收入分配的下述论点："维克赛尔在比较静态学方面……最注意的是研究资本问题。他指出，在其他条件相等时，资本的增加在超过一定点之后，就会涉及资本家在国民产品中相对份额的下降，然后是其绝对份额也下降，同样地，增大了的资本量包含着实际资本构成的转变，因为较低的利息率增加了较长期投资的有利性，这样才多多少少缓和了上述这种分配的变化。"①这就是说，幸亏有较低的利息率吸引较长期的投资，否则，资本的收入在收入分配中的比重，甚至资本收入的绝对量都是下降的，而且较长期的投资的增加也只不过是多少缓和了这一下降趋势。结果就会引起储蓄的不足，而储蓄不足又会影响长期的货币均衡。

但维克赛尔又指出，另一方面，在技术进步的条件下，"雇主对工资的任何增加，都以延长生产时间、采用节约劳动的机器来做出反应"。②如果新技术与旧技术相比是更多地利用资本的，在增加资本的同时并未等比例地增加对劳动的需求，那么在收入分配中就会看到另一种趋势，即工人在总产品分配中的相对份额将下降，有时甚至其绝对份额也会下降。

这样，资本和劳动在收入分配中的相对份额的变化将是两种趋势并存：一种情况下（技术不变，但投资增加），资本收入的比重下降；另

---

① 林达尔为《维克赛尔经济理论文选》写的导言，载《维克赛尔经济理论文选》，1958年版。

② 维克赛尔：《演讲集》，第1卷，1934年版。

一种情况下（技术进步，但对劳动的需求并未随着资本而等比例地增加），劳动收入的比重下降。资本收入的下降引起储蓄不足，对货币均衡是不利的。劳动收入的下降引起对消费品购买的减少，对货币均衡也是不利的。维克赛尔设想的一种比较合乎理想的收入分配方式，是用稳定币值，稳定价格，防止货币利息率低于自然利息率（但也不应让它高于自然利息率）的方式来使投资者的收入有一定的保证，同时设法使工人有一定的储蓄。他认为，如果稍高的工资能使工人也储蓄一些，那么工人的境况就会好得多，因为"他们能够得到资本积累的直接利益和间接利益"。[①]维克赛尔断言："工人对他的储蓄的关心并不限于储蓄所带来的一点收入上，而且也包括储蓄起来的资本本身；他为养家、子女的教育、养老等而储蓄。"[②]因此，在维克赛尔看来，如果资本家的储蓄会因利息率下降而有不足的趋势，那么工人的储蓄将能补充这一点。

作为一个改良主义者，维克赛尔是主张由资产阶级政府来进行收入再分配的。他根据边际效用的学说而"论证"了收入再分配的必要性。他写道："如果我们假定富人进行其消费直到边际效用即最后一单位的效用对他说来是小的或等于零为止，而另一方面，穷人必须在几乎一切商品对他说来还有高的边际效用时中止这些商品的消费，那么不难想象，……与一切都让自由竞争任意起作用时相比，一个富人同一个穷人之间的交换如果按社会规定的适当的价格进行，那就可能导致对双方都要大得多的效用——从而对整个社会有大得多的总效用。"[③]维克赛尔的这个观点与英国经济学家庇古等人所表述的福利经济学观点是相同的。

---

① 维克赛尔：《演讲集》，第 1 卷，1934 年版。

② 同上。

③ 同上。

为了增加社会总效用，维克赛尔认为可以由社会来规定或由工会来规定最低工资或最大限度的工作日；他说："在一定的限界内（有时可能是很狭窄的），这对工人显然是有利的，从而对社会上人数最多的阶级有利。"[①]在1904年所写的《经济学的目的和方法》一文中，他十分明确地发表了自己的改良主义主张。他首先批评了重商主义，因为重商主义的原理是：一国的繁荣只有用牺牲其他国家的利益的方式才能得到。他接着批评了此后长时期的社会经济思想，因为后者所说的"社会"仅仅指上层的有产阶级而言，无财产的大众则被那些经济学家看成是文化、财富和国家实力借以成长的无价值的土壤。维克赛尔不同意以往经济学界的上述看法。他指出，19世纪以后，由于工人在政治上的重要性日益增加，旧的观点再也维持不下去了，于是就出现了新观点，即把工人包括到"社会"之内，工人的希望和利益开始受到注意。维克赛尔认为，经济学界的这种"转变"是对的，因为经济学的目标在于使人人得到"福利"，包括工人在内。他写道："正如我希望和相信的，如果有一天我们承认我们在世界上的目标是要把尽可能大的幸福扩大给所有的人，而不管他们的社会阶级、种族、性别、语言或信仰可能是什么——那么将会有一个愉快的发现，即这个问题的经济方面基本上已经得到了解答，这种解答只是有待于在实际中加以运用。"[②]维克赛尔这种资产阶级改良主义观点，后在瑞典经济学家的经济学著作中被继承下来和得到进一步发挥。

---

① 维克赛尔：《演讲集》，第1卷，1934年版。
② 维克赛尔：《经济学的目的和方法》，载《维克赛尔经济理论文选》，1958年版。

四、维克赛尔的经济学说对以后西方经济理论发展的重要影响

（一）维克赛尔学说对瑞典学派的影响

瑞典学派（北欧学派）是当代资产阶级经济学中的一个重要流派，它大体上形成于 20 世纪初期。维克赛尔以及另外两个著名瑞典经济学家 G. 卡塞尔、D. 达卫逊是这个学派的第一代代表人物。维克赛尔的地位尤其重要，他通常被称为瑞典学派最有影响的奠基人。缪尔达尔、林达尔、俄林、伦德堡、阿克曼、D. 哈马舍尔德等人，则是维克赛尔学说的继承者和发展者，是瑞典学派的第二代代表人物。这一学派的第三代代表人物，则是当前著名的瑞典经济学家林德白克。

瑞典学派作为西方资产阶级经济学中的一个独立的学派。它的特色在于从庸俗经济学的边际效用价值理论和一般均衡分析出发，建立了动态均衡体系，并运用宏观经济分析方法来分析资本主义经济的运动。维克赛尔的研究方法就是宏观分析。他以总投资和总储蓄的均衡关系和一般物价水平的波动作为考察的对象。以后的瑞典经济学家们继承了这一传统。但正如我们在本文第二部分中已经谈到的，维克赛尔在用货币利息率和自然利息率的一致与否来说明均衡状态的达到与破坏时，采取的是比较静态的方法，即把两种均衡状态进行比较，研究均衡实现与消失的原因。缪尔达尔在所著《货币均衡论》中，强调把静态作为分析均衡条件的起点是不够的。他认为这样一来就忽略了从这一均衡到另一均衡的时间因素。缪尔达尔提出，应当把时点与时期分开，在任何一定时点上的均衡是暂时的、静态的均衡，而从一个均衡到另一个均衡的移动则是长期的、不间断的。例如，从供给价格和需求价格达到均衡的某一时点开始，如果需求增加，就引起价格调整，价格调整又影响供给，供给

增加后，价格再调整，价格调整又再次影响需求，如此继续不已。① 缪尔达尔的这一分析，就是在维克赛尔分析的基础上，对维克赛尔均衡学说的进一步发展。与此同时，缪尔达尔还把某些经济变量区分为"事前的"（ex-ante）和"事后的"（ex-post）两个概念。"事前的"是指分析期间开始时预先估计的数值，"事后的"是指分析期间结束时已经实现的数值。他利用这两个概念来说明货币均衡条件，说明投资与储蓄之间的关系如何从"事前的"不一致发展为"事后的"均衡。② 这也是对维克赛尔学说的重要发展。

林达尔在《货币和资本理论的研究》一书中，一方面肯定了维克赛尔对两种利息率概念的分析和货币均衡的基本设想，另一方面指出了维克赛尔静态理论的缺陷。林达尔认为，一个时期或一个过程可以分解为若干个较短的时期，应当研究的是各个较短时期内的供给和需求的变化和调整。③ 特别是，他把动态经济理论分为三个组成部分，一是关于经济背景或结构问题的研究，二是关于经济计划问题的研究，三是关于经济增长和发展过程的研究。其中第二和第三部分的内容正是维克赛尔学说中很少涉及的。④ 尽管如此，林达尔对维克赛尔学说的评价仍是很高的。他写道："（维克赛尔的）这种理论当然不是无懈可击的，并肯定在一些重要的方面有待于改进。但是到目前为止，批评者不曾触及它的实际基础，这就是：一定的价格运动可以被认为是总需求超过总供给的结果，反过来也一样。……维克赛尔的这种理论，不仅增加了我们对价格运动机制的了解，而且也说明了一个处理动态问题的有效方法。的确，在以后研究他的货币理论时，人们被带到了比较一般的动态理论之

① 缪尔达尔著，钟淦恩译：《货币均衡论》，商务印书馆，1963年版，第41—42页。
② 同上，第42—44页。
③ 林达尔著，陈福生等译：《货币和资本理论的研究》，商务印书馆，1963年版，第38页。
④ 同上，第18、21、30页。

中。"①林达尔接着说:"维克赛尔作为一个经济学家的全部成就,现在还不能做出评定。"②

维克赛尔关于运用货币政策和公共投资政策来保持货币均衡和应付经济周期波动的政策思想,同样对以后的瑞典经济学家有重要影响。20世纪30年代经济危机发生后,瑞典政府按照缪尔达尔、阿克曼、哈马舍尔德等人的建议,实行了公共工程、财政调节和中央银行信贷调节等消除失业和稳定物价的措施。至于维克赛尔关于收入再分配的某些设想,则被以后的瑞典经济学家在"福利国家"理论中进一步加以发挥。

总之,如果要问什么是西方资产阶级经济学说史上的"瑞典经济学传统",那么可以用这样三句话来加以概括:宏观动态的均衡理论,财政调节和货币调节并用的国家干预经济的政策,强调"收入均等化"和社会福利设施的改良主义学说(最后这一点也就是林德白克所宣传的"自由社会民主主义"学说)。虽然这些主要是30年代以后才在理论上逐渐完整和系统化,并在实际政策中得到应用的,但不可否认的是,它们都可以溯源于维克赛尔的论著。维克赛尔是19世纪末至20世纪20年代初西方资产阶级经济学界的一个理论家,但他被看成是"超越了一代人",这就是说,维克赛尔生活和著述于19世纪末至20世纪初,他的经济学说和政策主张却是属于20世纪30年代的。③

(二)维克赛尔学说和凯恩斯学说的比较

我在《宏观经济学的产生和发展》一文中④,曾经这样写道:以整

---

① 林达尔为《维克赛尔经济理论文选》写的导言,载《维克赛尔经济理论文选》,1958年版。

② 同上。

③ 参看罗宾斯为维克赛尔《演讲集》英译本写的导言,载《演讲集》,第1卷,1934年版。

④ 该文刊载于《江汉论坛》,1980年,第2期。

个国民经济活动作为研究对象的资产阶级经济学说，大体上经历了四个阶段：第一阶段是从 17 世纪中期到 19 世纪中期，可称为早期宏观经济学阶段或古典宏观经济学阶段；第二阶段是从 19 世纪晚期到 20 世纪 30 年代，即从早期宏观经济学到凯恩斯宏观经济学产生的这一段时期，第三阶段是以 1936 年凯恩斯《就业、利息和货币通论》一书的出版作为起点，到 20 世纪 60 年代前后，这是现代宏观经济学产生和发展的时期；第四阶段是 20 世纪 60 年代以后，这是现代宏观经济学进一步发展和演变的时期。维克赛尔学说是上述第二阶段中形成的若干宏观经济学说中的一种。凯恩斯在 30 年代以前出版的关于货币理论的著作（1923 年的《货币改革论》和 1930 年的《货币论》），也是这个阶段的宏观经济学代表作。而 1936 年凯恩斯《就业、利息和货币通论》的出版，则是现代宏观经济学产生的标志，宏观经济学由此进入新的发展阶段——上述的第三阶段。这种分阶段考察宏观经济学发展过程的方法，有助于了解维克赛尔学说和凯恩斯学说之间的异同。

首先分析第二阶段的凯恩斯学说。这时的凯恩斯仍隶属于剑桥学派，用熊彼特在《从马克思到凯恩斯十大经济学家》中的话来说，"从《货币改革论》到《货币论》，凯恩斯是霍特里学派的人"。凯恩斯是从剑桥方程式出发，考察货币数量与物价水平之间的关系的。虽然凯恩斯在《货币论》的写作过程中多少受到维克赛尔的影响，但从理论上说，这时凯恩斯的学说和维克赛尔的学说是有区别的，因为维克赛尔不同意货币数量理论，而凯恩斯在《货币改革论》和《货币论》中都不曾摆脱货币数量理论的影响，凯恩斯本人还不曾完成从剑桥学派的货币理论家向凯恩斯经济学创建人的过渡。不过，维克赛尔和凯恩斯这时在分析方法上也有相似之处：他们都重视货币因素和利息率在经济活动中的作用，都认为利息率水平对投资和储蓄之间差距的变化有不容忽视的作用。此外，他们都采取宏观静态分析。

再看上述第三阶段的凯恩斯学说。凯恩斯这时的经济学说已经不同于他本人以往的经济学说了。他在经济理论方面的主要变化在于：这时，他通过收入分析，得出了资本主义经济不可能自动调节以实现充分就业均衡，并且在通常情况下出现小于充分就业的均衡的论断，而在以前，他的分析只限于对货币数量和利息率水平的分析，不涉及国民收入水平的决定问题。但这时凯恩斯的经济学说与维克赛尔曾经表述的经济学说也是不同的，因为凯恩斯提出了收入决定理论。关于这一点，克莱因写道："现在常有人认为瑞典经济学家在 1936 年以前曾独立地发展了许多凯恩斯的观念。但是有一点很重要，就是他们从没有发展过一个关于决定产量水平的理论，这一点是凯恩斯的主要贡献。"①我认为，克莱因的这个看法是符合实际的。

即使如此，这时的凯恩斯经济学说与维克赛尔的经济学说的相似性仍旧显然可见。除了他们两人都采取宏观静态分析方法这一点外，更重要的是：维克赛尔在货币均衡分析中把储蓄和实际投资区分开来的论证，与凯恩斯在收入均衡分析中的类似的论证，并没有实质上的区别。这就是说：他们两人对于储蓄投资之间关系的分析是相似的。缪尔达尔曾这样概述维克赛尔的观点："当维克赛尔谈到储蓄时，他指的不是也不能是'实际资本的投资'。他对资本主义的全部分析的基本观念是投资与储蓄不能等同的，但是它们是能够比较的。因之，在既定的情况下，它们可以相等，也可以不相等。第二个均衡公式说：当它们相等时，也只有当它们相等时，价格体系是处于货币均衡情况；否则，价格体系必然上升或下降，其动力由差异的符号和大小来决定。"②缪尔达尔还说道："从资本市场的观点来看，储蓄与投资的这种区分是维克赛尔

---

① 克莱因著，薛蕃康译：《凯恩斯的革命》，商务印书馆，1962 年版，第 54 页。
② 缪尔达尔著，钟淦恩译：《货币均衡论》，商务印书馆，1963 年版，第 77—78 页。

所首创的现代货币理论的实质。"①可见，尽管论证的方式不同，但是当凯恩斯抛弃了关于储蓄与投资的传统理论而代之以关于储蓄与投资的收入理论之后，凯恩斯关于储蓄与投资之间关系的见解，与维克赛尔的观点基本上是近似的。凯恩斯认为，储蓄随收入变化而变化，而投资则是独立的，不随收入的变化而变化。储蓄与收入之间保持一定的依存关系，而投资水平则十分易变，在独立投资的每一个不同水平上都会产生不同水平的国民收入。因此，正如克莱因所归纳的，凯恩斯"抛弃了萨伊的关于储蓄不管收入水平如何都会自动流入投资的定律。……他的真正贡献在于指出，如果储蓄没有适当的投资出路相抵消，就必然不能创造高水平的就业"。②

如果要在上述关于储蓄和投资关系的基本观点相似之点以外再加上一个相似点，那就是：维克赛尔和凯恩斯都认为，在储蓄和投资不能趋于一致时，有必要依靠国家的公共投资政策和货币政策进行调节，以实现充分就业均衡。

（三）怎样评价维克赛尔的经济学说

我们说，在西方资产阶级经济学说史上，维克赛尔居于重要的位置，他有过一些不同于同时代资产阶级经济学家的学术见解，但这并不意味着维克赛尔不是一个庸俗经济学家。反过来说，我们认为维克赛尔的经济学说是庸俗的，并不等于否定他的全部学术观点，并不是说他的论著中没有可以肯定的内容。陈岱孙教授曾经指出："在资产阶级经济学说史的研究中，最忌简单化的做法。撇开资产阶级经济学划分为古典经济学和庸俗经济学这一点不论，就以庸俗经济学来说，也不能用'它

---

① 缪尔达尔著，钟淦恩译：《货币均衡论》，商务印书馆，1963年版，第79页。
② 克莱因著，薛蕃康译：《凯恩斯的革命》，商务印书馆，1962年版，第82—83页。

们都是一丘之貉'这样一句话来代替具体的、细致的分析。我们应当按照每一种庸俗经济学说本身的内容和倾向性，给以符合实际的评价。庸俗经济学绝不是千篇一律的、一个模子刻出来的东西。"①在评价维克赛尔的经济学说时，我们应当采取的，正是这种实事求是的态度。不对具体问题进行具体分析，是很难避免简单化的做法的。

维克赛尔以奥国学派的边际效用价值论和洛桑学派的一般均衡理论作为自己的理论基础。这是维克赛尔经济学说的根本弱点。同时，维克赛尔关于货币均衡的论述，掩盖了资本主义社会的基本矛盾，抹杀了资本主义制度下利息的剥削实质，曲解了资本主义经济危机、失业、通货膨胀的真正原因。至于维克赛尔为了稳定资本主义经济而建议实行的货币政策和公共投资政策，反映了垄断资本主义形成和确立时期资产阶级要求加强国家干预经济的愿望。维克赛尔的收入再分配的设想，则是一种资产阶级改良主义的东西，其宗旨在于缓和资本主义社会日趋尖锐的阶级矛盾，以巩固资产阶级的统治。从这些基本的论点和政策主张可以看出，维克赛尔是一个资产阶级庸俗经济学家。

但维克赛尔的经济学说中也有一些内容是可以肯定的，或者是有助于经济学研究的进一步深入进行的。这里主要是指：

第一，维克赛尔是19世纪末至20世纪初采用数量分析方法的资产阶级经济学家中较早地否定"和谐论"的经济学家。这是维克赛尔不同于同时代的奥国学派、洛桑学派和剑桥学派经济学家的特色之一。他们都在不同程度上同意或宣扬资本主义经济的"和谐"。当时反对"和谐论"的资产阶级经济学家，几乎都是采取制度分析、历史分析方法的，例如美国的凡勃仑、康蒙斯，英国的霍布森、韦伯夫妇。而维克赛尔却

---

① 陈岱孙：《〈论加尔布雷思的制度经济学说〉序》，载厉以宁：《论加尔布雷思的制度经济学说》，商务印书馆，1979年版，第1页。

从数量分析（具体地说，是从总量分析即宏观分析）的角度指出了"和谐论"的缺陷，又指出资本主义经济中"对货币均衡的背离"以及由此造成的经济不稳定是不可避免的。尽管维克赛尔对货币均衡的原因和条件的分析并不科学，但就他能够从资本主义经济的运行方式来揭示经济不稳定性这一点而言，他在资产阶级经济学说史上是有某种成就的。

第二，维克赛尔对货币数量论的批评中含有一些合理的成分。我们在前面已经谈到，由于维克赛尔的利息概念以边际效用和边际生产率理论为依据，因此他的利息理论和以两种利息率的一致与否来解释货币均衡的学说是不科学的。但这并不是说维克赛尔不能发现当时流行的货币数量论的错误。货币数量论的根本错误是歪曲了货币的本质。当然，维克赛尔的货币理论同样歪曲了货币的本质。因此维克赛尔所揭露的并不是货币数量论这一根本错误。但是，维克赛尔却能够揭露货币数量论的另一些即使不是根本性的、但仍然十分重大的错误。例如，维克赛尔指出，货币数量论错误地把物价水平同货币数量直接联系在一起，似乎二者之间存在某种因果关系，这样就不能说明物价波动的原因。维克赛尔还认为，货币数量论把货币作为交换媒介的职能同货币作为储藏手段的职能割裂开来，而不了解被储藏的货币迟早会进入流通，并且储藏的目的也正是在于迟早重新用作交换的媒介。应当承认，维克赛尔对货币数量论的这些批评是有道理的。

第三，维克赛尔看出了在资本主义制度下，无论是物价上涨还是物价下跌都会使工人遭受损失，从而他把这一点作为自己坚持主张维持价格稳定的理由之一。前面在谈到维克赛尔的货币均衡条件时，我们已经指出，维克赛尔的中心思想是要使资本主义经济处于稳定之中，他是站在资产阶级立场上来探讨这一问题的。但作为一个具有资产阶级改良主义色彩的经济学家，维克赛尔能得出工人在物价上涨和物价下跌两种情况下都是受害者这一论断，还是应当予以肯定的。特别是，他不同意下述这些说法。一种说法是：物价上涨后，只要工资跟着提高，工人不会受到损失。维克赛尔认为这种推论不正确，因为一方面，客观上不存在强行使工资随物价相应提高的力量，另一方面，物价上涨所引起的投机热和经济混乱对社会是不利的，从而对工人也是不利的。另一种说法是：物价下跌，对工人有利，因为同样的工资可以换到更多的消费品。维克赛尔指出，物价下跌与工资下跌是相伴随的，而且往往是工资下跌在前，物价下跌在后，所以工人是吃亏的。维克赛尔的这些看法，也是比较符合资本主义经济的实际情况的。

不能认为自从李嘉图去世之后资产阶级经济学就停步不前，甚至只有倒退，没有前进，只有庸俗的内容，没有合理的成分。对任何一个资产阶级经济学家，都应当从他所处的特定时代、他所面临的特定问题、他对这些问题所持的态度和论点进行具体的分析。要看到他在哪些方面不同于前人和同时代人，又在哪些方面没有跳出前人划定的框框，重复前人的言词。这样才能对他做出适当的评价。从这个角度来看，维克赛尔作为资产阶级经济学中一个新的经济学派别——瑞典学派（或北欧学派）的奠基人，作为一种新的研究方法——宏观的货币均衡分析——的最早使用者，作为一些新的经济学概念——两种利息率概念、中性货币概念、累积过程概念——的提出者，在资产阶级经济学说史上的重要地位，是难以否认的。当然，即使如此，我们也应当认识到，他的这一地位以及他的著作中某些合理的内容，并不能遮盖他的以边际效用价值论为基础的整个理论体系的庸俗性。

合理预期学派关于就业问题的基本论点

引自厉以宁、吴世泰合著的《西方就业理论的演变》，华夏出版社，1988年版。

第一节　合理预期概念及其在就业理论中的运用

一、合理预期概念的提出

合理预期学派是一个在20世纪70年代中期发展起来的当代西方经济学派别。它与货币主义在经济理论方面有密切的联系。合理预期概念最早是由J.穆思在1961年美国《经济计量学》杂志上发表的《合理预期和价格变动理论》一文中提出的。那篇文章写道：人们总是竭力按照以往的一切有用的知识来进行价格波动的预测，这就是合理预期。在60年代，合理预期概念曾被西方经济学家用于分析金融市场，但对于经济活动的其他领域，则影响不大。70年代，通过小R.卢卡斯、T.萨金特、N.华莱士、J.泰勒、E.普雷斯科特、R.巴罗等人对合理预期理论的较为系统的表述，合理预期理论引起了西方经济学界的重视，而且运用合理预期概念所分析的范围也大大扩展了，不仅包括对生产量波动的分析，还包括对劳工市场的分析，对失业量波动的分析。合理预期学派的就业理论，是当代西方就业理论中别具一格的就业理论。它的出现被认为是对凯恩斯总量就业理论的根本性的否定。

二、合理预期与适应性预期的区别

　　要了解什么是合理预期，应当先了解西方经济学中的预期概念。预期是对未来价格波动（包括市场供求波动，利息率、利润率、租金率、工资率、汇率的波动等）的预测。"预期属于态度范畴，态度包含感情因素——好或坏，改善或恶化。感情的色调是基本的，它传播给很多人，而且影响行动（例如影响消费支出）。另一方面，预期的认识内容可能含糊不清和因人而异。"[①]这就是说，预期是人们根据自己的感受和评价而对经济前景的一种估计，它有主观的性质。但预期不是凭空而产生的，预期的主要根据是对于过去变化趋势的推断。例如，前一个时期的价格变动趋势就是这一时期的价格预期形成的主要原因，这表明预期虽然是主观的，但它的形成仍有客观的依据。

　　预期可以分为适应性预期和合理预期。适应性预期，是指人们通常对价格的变动采取适应性的方式，即根据价格的波动来修改自己对未来价格的看法。适应性预期的一个基本特点是：目前形成的预期适应于前期的价格波动，人们总是被动地调整自己的预期。

　　就通货膨胀和失业之间的关系而言，在合理预期理论出现以前，西方经济学中流行的预期概念，是适应性预期概念。例如，货币主义者弗里德曼从这种预期概念出发，得出了通货膨胀与失业之间存在着短暂的交替关系的论断。在弗里德曼看来，这是因为通货膨胀之后，工人在

---

　　① 乔治·卡托纳：《预期实际上是怎样形成的》，载《现代国外经济学论文选》，第7辑，商务印书馆，1983年版，第94页。

短期内没有感觉到实际工资的下降，而雇主则感觉到了，雇主感到实际工资下降对自己是有利的，所以他们就增雇工人，扩大产量。但过了一段时间，工人感到了实际工资的下降，于是他们采取适应性的做法，相应地调整了预期，要求提高货币工资，这样又使实际工资恢复原状。货币工资上升后，雇主感到增雇工人并不能使自己得到好处，于是就把增雇的工人解雇，这样，失业率也就恢复到原来的水平。这就是适应性预期因素在经济波动中的作用。

从适应性预期概念出发，将会得出这样的结论：一定的总产量水平依存于现期价格水平和对价格的预期，也就是说，货币政策通过现期价格水平和预期价格水平之间的差异而影响总产量水平。但这时需要前提条件，即货币当局所拥有的信息量比经济单位所拥有的信息量多，货币当局获得信息的速度比经济单位获得信息的速度快，它才能影响产量的变化。于是调整货币供应量的措施在短期内可以影响通货膨胀与失业之间的交替。政府的宏观经济调节措施即使在长期说来没有什么成效，至少在短期内还可以起到稳定经济、减少经济波动的作用。尽管如此，在合理预期学派看来，在适应性预期的条件下，人们始终处于被动的地位，他们不得不随着客观形势的变化而逐渐调整价格预期和采取对策。适应性预期无非是一种未把人们以往的经验考虑在内的预期概念。

合理预期概念与此不同。它的出发点是：人们的行为通常受习惯的制约，而习惯是由过去不断重复和不断补偿的经验产生的。人是能学习的，通过学习将改变信念和态度。对同一刺激的反应，第二次不同于第一次，第三次又不同于第二次。人们会根据经验而背离过去的行为和形成新的预期。这就是合理预期产生的依据，因此，合理预期是指人们进入市场以前，已经充分了解以往的价格变动情况，进入市场以后，又把过去的信息同现在的信息综合在一起，然后根据这些信息对未来的价格变动做出预测。据 B.麦卡勒姆在《合理预期理论的意义》一文中的表述，合理预期理论"假定单个经济单位在形成预期时使用了一切有关的、可以获得的信息，并且对这些信息进行理智的整理。重要的是要认识到，这并不意味着消费者或厂商具有'完善的预见'，或者他们的预见总是'正确的'。它所说明的是，经济单位考虑他们过去的失误，如果必要的话，就修改他们的预期行为，以便消除这些失误中的规律"。[①] 这就是说，经济单位（企业、个人等）的决策是以自己所能得到的全部信息作为依据的，一旦在合理决策条件下做出决策，他们就不会轻易地改变自己的决策，也不易于被市场中的假象所迷惑。

三、合理预期条件下的经济行为

根据合理预期理论，单个经济单位对未来经济情况的预期，是他们进行现期选择的重要决定因素。比如说，企业对现期雇佣工人人数的决定，主要是根据下一个时期市场对产品的需求状况的预期决定的，而下一个时期市场对产品的需求的预期又是根据以往各个时期市场对产品的需求的变动状况做出的，这样，现期雇佣工人人数就有了根据。同样的道理，工会领导人和企业在进行工资谈判时，工资率如何确定，也要受到预期的通货膨胀率的影响，而预期的通货膨胀率的估计又同以往各个时期通货膨胀率的变动率有关。因此，在合理预期条件下，人们的经济行为势必不同于过去。

合理预期学派关于通货膨胀与失业之间连短期内都不存在交替关系的论断，正是根据上述分析而得出的。要知道，由于有了合理预期，雇

---

① 麦卡勒姆：《合理预期理论的意义》，载《现代国外经济学论文选》，第7辑，商务印书馆，1983年版，第40页。

工对未来的价格波动就有了思想上的准备，他们在同雇主议定货币工资率时已经采取了预防性措施，因此尽管发生了通货膨胀，但实际工资率并未下降，雇主当然不会因此增雇工人，于是即使在短期内，失业率也不因通货膨胀而有所下降。如果政府采取经济扩张政策，通货膨胀率上升了，失业率很可能维持在既定的水平上。

这意味着，在合理预期条件下，人们处于主动的地位。尽管市场上会出现各种干扰因素，会发生一些偶然情况，但人们可以事先计算出它们的概率分布情况，从而选择风险最小的方案或避免出现最不利的后果。像房东在出租房屋时，估计到未来物价可能上涨多少，就把这种可能遭受的损失预先计算在房租之中。债主在放债时，雇主在议定货币工资率时，供货者在签订供货合同时，都估计到未来的价格波动，而事先打一个"埋伏"，把利息率、货币工资率、货款定得高一些，以免将来吃亏。由于每个人都采取了预防措施，所以一旦经济中发生了波动，波动就会加速地进行下去。合理预期学派由此认为，合理预期成了使经济波动不断激化的因素。

换言之，在合理预期理论中，货币被认为不可能对经济生活中的实际产量或实际收入发生系统的影响。只是在公众掌握的信息不充分、对价格的预期出现误差的情况，也就是在公众对未来价格的变动趋势判断不确切的情况下，货币才对产量或收入暂时发生影响，但一旦公众根据信息做了周密的思考，调整了预期，那么这种影响就会减弱或消失。

四、合理预期学派论劳工市场

在合理预期学派看来，劳工市场与其他市场的一个不同之处在于：它主要不是靠价格来调节的市场，而是依赖于就业人数或每人提供的劳动数量来调节的市场。劳工市场上的价格就是工资率。工资率水平之所以不能对劳工市场进行调节，同工会和工人从合理预期出发，要求保证一定的实际工资率（而不是名义工资率）有关。而就业人数或每人提供的劳动数量的变动之所以能对劳工市场进行调节，则由于劳工的供给存在着这样的特点，即工人只有在符合自己的预期实际收入的条件下才愿意提供一定劳动数量的变动。这正如 B.坎特在《合理预期理论与经济思想》一文中所归纳的，"（合理预期学派）认为，工人为达到使毕生的收入最大化的目的，总是不断地替换闲暇或工作。他们（指合理预期学派）假定工人了解工资收入的季节性和周期性波动，也知道各种职业在这方面是各不相同的。因此，劳动供求的一些变动可以与预期、毕生收入和消费计划相一致。可以认为工人是在他们为劳动需求暂时高的时候提供更多的劳动时间，而在他们认为劳动需求暂时低的时候提供更少的劳动时间。在一生的工作年限中，闲暇或工作可以根据对劳动需求波动的预期而相互替代"。[1]

由此可以了解到，根据合理预期理论，不能用摩擦性失业或结构性失业的观点来解释资本主义条件下持久性失业的原因。持久性失业的原因可以从这样两方面来解释：一方面，由于劳工市场上存在着工资刚性，也就是说，在劳工市场上，不存在那种由买方和卖方自由减价来确定均衡工资率的情况，工资率的变动不像经济学中通常所描述的那样起到影响就业量的作用；另一方面，工人作为劳动供给者，他们对劳动数量的提供要受到预期收入的支配，工人不能不顾自己的预期收入而变动自己的劳动供给数量。从这样两个方面来解释，经济中的持久存在的失业率（不管是否称之为"自然失业率"）不会有较大起伏。

---

① 坎特：《合理预期理论与经济思想》，载《现代国外经济学论文选》，第 7 辑，商务印书馆，1983 年版，第 34 页。

五、合理预期学派对西方现行就业政策的评论

根据这样的解释，合理预期学派提出，经济的运行有它自身的规律性，它主要受人们的心理活动（预期）的支配，不受外界力量的支配。假定政府作为一种外界力量要对私人经济进行干预的话，那么就只有在不存在合理预期的前提下才能起作用。合理预期学派关于货币增长对失业率的影响的分析说明了这一点。

合理预期学派把货币的增长区分为预期的货币增长和非预期的货币增长。预期的货币增长被认为不会影响失业率，而只有非预期的货币增长才对失业率发生影响。例如，1953 年美国的非预期的货币紧缩，就是 1954 年失业增加的主要原因。合理预期学派的这一论断的政策含义是："只有违反通常的反周期措施的货币变化才影响随后的失业。"也就是说，非预期的货币增长是未被人们事先考虑在内的，合理预期在这里不起作用。至于那种可以预料的、通常的反周期措施的货币变化，在合理预期存在的条件下，则不会影响以后的失业率。

合理预期学派在总结第二次世界大战结束以后西方的就业政策的经验时指出："积极的财政金融政策在稳定就业方面是不成功的。这不仅是因为对当前经济的了解不足以制定有效的这类政策，而且更主要的是，在一段时间内，失业、产量和其他'实际'变量的状况并不取决于当局政策规则的选择。"[①]合理预期学派考虑到政府决策与私人决策之间的冲突，认为"宏观经济政策乃是持续不变的行为与反应方式，是不会有影响的，因为私人决策者可以估计并考虑到这些政策。因此，按现在的看法，采取维持'充分就业'的政策较之不采取这种政策，一般来说

---

① 麦卡勒姆：《合理预期理论的意义》，载《现代国外经济学论文选》，第 7 辑，商务印书馆，1983 年版，第 49 页。

并不能使失业率的值变小（或较少变动）"。^①那么，政府的经济政策的重点应当放在哪里呢？合理预期学派的观点是："联邦储备银行和财政部应该把注意力放在防止或减少（如果这是合乎理想的话）通货膨胀，而不是失业上。把政策选择的重点放在其他变量上是没有用的，无论这些变量如何重要，政策的选择对它们不可能产生有规律的影响。"^②

同时，合理预期学派还认为，假定人们对于政府的经济政策的实施及其后果已经掌握了充分的信息，并相应地做出了预防性的对策，政府所实行的各种调节经济的政策，实际上是无效的。不仅如此，如果以政府为一方，以公众为另一方，那么在双方打交道的过程中，由于政府的决策不如公众的决策那样灵活、及时，因此政府实行任何一种稳定经济的政策，都可能被公众的合理预期所抵消。麦卡勒姆在《合理预期理论的意义》一文中举例说明了这一点："如果决策者实际上所执行的是'扩张'政策，经济单位就能预计到近期内通货膨胀与紧缩情况下相比会更加严重，并将采取不同的行动。"^③甚至会有这种情形，即政府刚想采取某种政策，它的意图就被公众看透了，公众就已经采取了预防性的措施，结果，政府不得不放弃实行该种政策的打算。比如说，假定政府所要采取的政策是按照某种固定规则实行的，是符合常规的，那么公众可以根据以往的经验，对政府行将采取的政策做出判断，然后拟定自己的对策，使这些政策变得无效。假定政府的政策是突然性的，没有常例可援的，那么在这种情况下，公众可能事先不曾预料到，而只得事后采取适应性措施，但吃一堑，长一智，公众上当受骗一次，也就积累了经验。只要公众有了经验，政府下一次再实行类似的突然性的政策就变得无

---

① 麦卡勒姆：《合理预期理论的意义》，载《现代国外经济学论文选》，第 7 辑，商务印书馆，1983 年版，第 45 页。

② 同上，第 49 页。

③ 同上，第 42 页。

效了。

但合理预期学派并非认为政府的任何经济政策都不会影响失业率。他们指出：说经济政策对失业率的影响很小，这只是指宏观经济政策（财政金融政策）而言，"并不能说最低工资法、征兵，或其他微观经济措施对失业没有影响"。[①] 征兵之所以影响失业，主要是由于征兵为失业者提供了另一种出路。即使对于未被列入征兵范围内的一般劳动者而言，由于征兵的结果，他们在劳工市场上的竞争对手的减少将使得他们有可能增加就业机会。所以在其他条件不变的情况下，扩大征兵作为一项措施，无疑将降低失业率。他们还指出，最低工资率对于失业的影响是不可否认的。它将挫伤雇主增雇工人的积极性，也就是不利于就业量的增加。此外，失业救济金对于失业率的减少也有不利的影响，即失业救济金数量的增加和失业救济范围的扩大将降低失业者寻找就业机会的积极性。

六、合理预期学派的就业对策

合理预期学派从自己对劳工市场特点的分析以及对现行西方就业政策的评论出发，提出了对待就业问题的基本原则，这就是：政府不应当违背常规行事，一切应当顺乎经济的自然。政府越是背离常规行事，它在公众心目中的信誉就越差，公众越要设法对政府可能采取的政策进行估计和采取预防性的对策。这种效应是累积性的。因此，根据合理预期理论，任何形式的国家干预经济的措施（包括用宏观经济政策来影响失

---

① 麦卡勒姆：《合理预期理论的意义》，载《现代国外经济学论文选》，第7辑，商务印书馆，1983年版，第45页。

业率的措施）归根到底都徒劳无益。

就政策选择问题而言，根据以往的经济理论"在各种假设的结果为已知时，当局就根据近期内国民生产总值、失业和通货膨胀等数值来选定能产生最理想结果（或者最小不理想结果）的政策规则"。[1] 尽管程序是十分复杂的，但这样一种程序的制定却表明运用经济调节政策可能控制住失业和通货膨胀。然而，"如果合理预期假说正确的话，靠现有的模型并不能成功地应用这一程序。因为合理预期假说断定，消费者、工人和厂商能够估计到将采取的政策类型，并在形成预期时考虑到这种政策的效应。……因此，这些模型的预测就是错误的，而决策者将根据对各种政策结果的错误假定在不同的政策规划中进行选择"。[2] 具体到就业政策的选择来说，合理预期学派认为应当选择的就业政策，不是由政策设法去控制失业率，而是要尽可能减少政府的干预。只要经济稳定了，市场吸收了失业者，失业自然会减少。而要使经济保持稳定，唯一有效的做法是听其自然，即政府不干预私人经济活动，一切让市场经济自发调节，久而久之，公众对政府产生了信任感，也就不必事先采取预防措施了。所以合理预期学派得出的结论是：市场经济的自发调节是处理资本主义经济中的失业问题的唯一有效方式。由于合理预期学派这样进行论述，并且得出这样的结论，所以西方经济学界把合理预期学派称为彻底的经济自由主义派别。

合理预期理论实际上为西方的经济政策理论提出了一个有意义的问题：经济预测有没有效果？根据合理预期理论，经济中的最优量应该是与公众的预期相一致的量。对未来的经济变动所做出的预测，应该是与公众的预期相符的。这些恰恰都是不可能的事情。

---

① 麦卡勒姆：《合理预期理论的意义》，载《现代国外经济学论文选》，第 7 辑，商务印书馆，1983 年版，第 42 页。

② 同上。

要知道，从理论上说，不妨假定每个经济当事人各自都在进行自己的最优预测和最优选择。如果这些个人的最优预测和最优选择是已知的，如果在技术上能够及时地处理有关个人的最优预测和最优选择的数据，那么，社会作为一切个人的总和，宏观的最优模型也就有可能建立。劳工市场的一切变化都能被政府部门所掌握，从而就业的前景也是可知的。但一方面，这样的模型在技术上的困难过大，难以建立，至少在目前的技术水平的条件下，还做不到这一点；另一方面，即使略去了个人偏好问题，那么，由于各个经济当事人都是根据自己所掌握的信息做出预测的，它们并不代表在信息真正充分和完备条件下的对未来价格变动前景的预期，而各个经济当事人所做出的选择，事实上也不可能是最优的，因为他们只是根据自己所掌握的信息来做出判断和选择，而不是在已经对一切可供选择的机会进行比较之后做出判断和选择的。因此，实际上不可能建立一个与公众预期相一致的最优模型。经济中的最优量始终是不可知的。合理预期学派根据这一观点，得出了宏观最优经济模型不仅难以建立，而且即使建立，也不可能有成效的政策论断。

第二节　评合理预期学派的就业理论

一、合理预期理论的出现对西方经济学的意义

就整个经济理论而言，合理预期理论的出现对西方经济学的发展有着重要意义。根据合理预期理论，在现实生活中，人们都根据经验和已经掌握的信息，进行周密的思考和判断，采取预防性的措施。人人提防

对方，人人都在经济活动中计算概率分布情况，给自己"打埋伏"，增加"保险系数"，先求"保本"，再争取较好的结果。这样，在合理预期支配着人们的行动的情况下，整个社会的经济活动就会变得异常复杂，难以预测。按照这种观点，现阶段的西方经济学研究已经不符合要求了。未来的经济问题更可能是有赖于经济学、社会学、心理学和数学等学科共同研究，才能做出回答，单靠经济学是无能为力的。

在合理预期学派看来，经济中有可能存在这样一种微妙的现象："在价格和工资存在某种难于伸缩的性质的条件下，经济管理当局也能采取出乎市场预料之外的行动。这可以被称为是非传统的稳定性政策"。[1] 前面提到的"非预期的货币增长影响失业"的论断，就属于这种情况。但问题并不是到此为止的。作为经济的宏观决策者，经济管理当局必须了解市场对当局的行动是怎样预期的，然后采取与之不同的行动。"因此，一个博弈论式的问题出现了。这当然会使相机抉择的稳定性政策大大地偏离它的传统目标。"[2] 其结果，将是市场经济中出现通货收缩的倾向。

合理预期理论的出现对西方经济学的意义，还反映于经济学必须重视预期的研究。正如西方经济学界所承认的，"在长期令人遗憾的中断之后，宏观经济分析再一次认真地研究预期的作用了。没有对预期的解释，经济理论就不能对一个把将来估计在内的世界中的宏观经济现象的理解做出贡献。合理预期理论的挑战和对这一挑战的反应将是一场为了迅速地改善宏观经济理论而对它进行的改造"。[3] 具体到就业理论的研究来说，那种把劳工市场的结构分析和各种形式的结构性失业作为主

---

[1]　坎特：《合理预期理论与经济思想》，载《现代国外经济学论文选》，第7辑，商务印书馆，1983年版，第36页。

[2]　同上。

[3]　同上，第37页。

要研究对象，并以为这样就可以弥补凯恩斯的总量就业理论的不足的想法，似乎不如对劳动供给者的预期的研究重要。这是因为，只研究结构性失业问题，仍然说明不了持久性失业的原因，而只有用合理预期的观点来解释，才能把持久性失业的原因解释清楚，即持久性失业可能是由劳动供给者对就业的期望值过高所引起的，或可能是由劳动供给者对劳工市场前景的估计不符合实际所引起的。这就是合理预期的就业理论的意义。

二、合理预期学派就业理论的错误

以上简要地说明了合理预期学派的基本论点（包括在就业问题上的论点），以及它们在经济政策和经济理论研究方面的含义。虽然合理预期学派在一般经济理论方面和就业理论方面提出了与其他西方经济学派别不同的论点，并且这些论点对今后西方经济学的发展可能有重要的影响，但就合理预期学派对资本主义制度下经济动荡的原因的解释，对资本主义社会中持久性失业的原因的解释，以及对资本主义国家反经济危机措施无效的原因的解释而言，这些解释却是不科学的。这些解释置资本主义现实经济中的矛盾于不顾，而把人们的主观心理状态视为造成经济动荡和持久性失业的基本因素，这显然是对实际情况的曲解。

再就合理预期理论分析的前提而言，这一理论假定市场是由一批"通晓市场行情"的人参加的，他们都有充足的信息，都能准确地总结过去，并且市场上不存在垄断现象，这样才能形成合理预期，但事实上，这种情况是不存在的。不仅商品市场、资金市场是这样，而且劳工市场更是如此。劳工市场是一个信息不充分，每个劳工的文化技术水平相距很大的市场，在这样的市场上，更难形成合理预期。合理预期学派

281

的就业分析以这种假定作为前提，肯定得不出符合实际的结论。比如说，根据合理预期理论，工人将根据自己的经验和预期而做出加入就业队伍或自动离职的决策，这就与资本主义劳工市场的现实不符。正如西方经济的实际情况所表明的，在经济衰退的时期，典型的情况是工人被解雇，而不是工人自动离职；在经济高涨的时期，也不是工人想找到工作就能如愿以偿的，他们如果不符合劳工市场的需要，仍然不容易找到工作，至少不容易找到合适的工作。

至于合理预期学派的下述观点，即认为"预期既然是合理的，这种预期的失误也就和其他失误一样只是偶然的，而且同一切有关的宏观经济变量的过去数值并没有联系"[①]的观点，同样经不住实际情况的检验。要知道，在一个非常复杂的资本主义市场竞争与垄断并存的环境中，经济当事人不可能没有预期的失误，预期的失误不能归结为偶然，否则就把资本主义的经济活动过分简化了。预期的失误同有关的宏观经济变量的过去数值也不是没有联系的。合理预期学派的这种把经济当事人的经济行为理想化的观点，恰恰与他们对宏观经济最优模型的批评相抵触。他们认为宏观经济最优模型之所以没有成效，因为经济的变动过程中有许多不可知的东西，而他们认为预期失误只不过是偶然现象的观点，却是建立在经济当事人经济行为理想化、最优化的假设之上，这显然难以自圆其说。

总之，在评论合理预期学派的经济理论（包括就业理论）时，只能得出这样的结论：他们歪曲了资本主义社会经济的实际情况。合理预期学派宣扬资本主义制度本身能够自行维持稳定，似乎只要政府放弃对私人经济的调节，资本主义经济危机也就不会再发生了，这是对凯恩斯以

---

① 麦卡勒姆：《合理预期理论的意义》，载《现代国外经济学论文选》，第 7 辑，商务印书馆，1983 年版，第 45 页。

前的传统西方经济学说的重复。要知道，在经济学研究中，不是说不应当分析人们的预期因素的作用，但如果像合理预期理论那样，竭力夸大心理因素的作用，甚至把整个经济理论建立在预期概念之上，那是不科学的。

评加尔布雷思的《经济学和公共目标》

——加尔布雷思《经济学和公共目标》中译本序言

引自加尔布雷思:《经济学和公共目标·序言》,商务印书馆,1980 年版。

约翰·肯尼思·加尔布雷思（John Kenneth Galbraith，1908—2006）是当代美国著名的经济学家。他于 1908 年出生在加拿大安大略省一个农场主家庭，1931 年毕业于安大略农学院，毕业后去美国，在加利福尼亚大学伯克利分校研究农业经济，1934 年获博士学位。此后，历任哈佛大学讲师、普林斯顿大学副教授、美国物价管理局副局长、《幸福》杂志编辑、美国战略轰炸调查团团长、美国国务院经济安全政策室主任。从 1949 年起，他任哈佛大学教授。

加尔布雷思早年在哈佛大学任讲师时，即与肯尼迪家族结识，并通过肯尼迪家族接近美国民主党上层人士。1952 年以来历届美国总统竞选期间，他几乎都为民主党的总统候选人策划，或充当顾问和撰稿人。1960 年肯尼迪当选美国总统后，加尔布雷思受命出任驻印度大使（1961—1963），离任后仍回哈佛大学任教授。1972 年，他被选为美国经济学协会会长。同年，他偕同美国著名经济学家托宾和 W.里昂惕夫作为美国经济学协会会长代表团的成员来中国进行访问，并应邀在北京大学经济系做了题为《不平衡发展问题》的学术讲演。

加尔布雷思著述甚多。他的主要著作有:《美国资本主义:抗衡力量的概念》(1952)、《一种价格管制理论》(1952)、《大崩溃:1929

年》(1955)、《丰裕社会》(1958)、《经济发展论》(1965)、《新工业国》(1967),《经济学和公共目标》(1973)、《货币》(1975)、《没有把握的时代》(1977)等。虽然加尔布雷思在 20 世纪 30 年代曾受到当时刚出现的资产阶级经济学垄断竞争理论的影响（这具体反映于他对农产品价格形成问题的研究 [1]），也受到凯恩斯就业理论的影响（这具体反映于他对公共工程经济效果问题的研究 [2]），但在经济思想方面，他基本上遵循着由 T. 凡勃仑（1857—1929）开创的美国制度经济学的传统，并在此基础上发展了凡勃仑的学说。目前，加尔布雷思被认为是制度主义新阶段或所谓现代制度主义的重要代表人物，[3]是既沿着凡勃仑的路线进行"探讨"，又在研究课题等方面不同于 30 年代制度主义者的制度学派经济学家之一。[4]

在加尔布雷思的许多著作中，最集中、最全面地反映了他的制度经济理论的要点和特征的，就是 1973 年出版的《经济学和公共目标》一书。正如加尔布雷思自己所说的，在这本书出版前所写的《丰裕社会》和《新工业国》等著作中的基本论点，已经被包含在本书前二十章之内了，除了个别提法有所修改外，《经济学和公共目标》一书的前二十章在某种意义上也可以被看成是《丰裕社会》和《新工业国》的浓缩本。而从《经济学和公共目标》的第二十一章起，直到本书结束，约占全书三分之一的篇幅，被用来阐释作为加尔布雷思经济理论特色的"社会改革"学说和具体建议。这是全书的重点部分，也是在这以前出版的加尔布雷思其他著作中所缺少的内容。所以加尔布雷思在本书前言里写道："我恳请读者，读了这么二十章左右之后，不要半途而废。只是

---

① 加尔布雷思：《垄断力量和价格刚性》，载《经济学季刊》，1936 年 5 月。
② 加尔布雷思：《1933—1938 年联邦公共工程支出的经济效果》，1940 年。
③ 普列斯顿：《公司和社会：模式的探讨》，载《经济学文献杂志》，1975 年 6 月。
④ 艾伦·格雷泽：《制度学派》，载《国际社会科学百科全书》，第 4 卷，1968 年版。

从那里起，才讨论到我们应当怎么办的问题。"（第 7 页）至于在这以后出版的加尔布雷思另外两部专著《货币》（1975）和《没有把握的时代》（1977），它们虽然也很重要，但由于所研究的问题各有偏重，因此它们在一般经济理论方面远不如《经济学和公共目标》那样有代表性。《货币》一书主要阐述货币和货币制度的发展史，重点是对凯恩斯主义的财政政策和货币政策及其引起的后果进行评论。《没有把握的时代》一书则是一部关于经济学说史的著作。加尔布雷思在这里着重评介了亚当·斯密、李嘉图、T.马尔萨斯、马克思、凡勃仑和凯恩斯的经济思想，并解释为什么这些经济学说史上享有盛名的经济学家的理论在当时能广为流传，而今天又应当怎样给予他们以恰当的评价。有关货币史和经济学说史的论述只可能反映加尔布雷思的经济学说的部分内容，因此，《经济学和公共目标》应当被看成是加尔布雷思的最主要的理论代表作。

加尔布雷思在《经济学和公共目标》一书中提出了哪些论点？它们具有哪些特征？怎样评价加尔布雷思的理论和政策主张？它们有哪些错误，但还有哪些多少还符合实际情况？为了说明这些问题，我们准备从主导思想、分析方法、理论模式、未来社会设想这四个方面来加以评述。

主导思想：对"公共目标"的关切

作为一部系统反映加尔布雷思经济理论的著作，《经济学和公共目标》全书的主导思想就是强调要关心所谓"公共目标"。在加尔布雷思看来，为什么现代资本主义社会会发生这样多的问题？为什么会遇到失业、通货膨胀、贫富不均、经济畸形化、环境污染、社会腐败、道德败坏、生活质量下降等一系列麻烦？关键在于"公共目标"被忽视。如果不正视这个问题，不突出"公共目标"，那么任何旨在缓和社会矛盾的政策措施都是无济于事的。

不仅如此，加尔布雷思还认为，在居于正统地位的资产阶级经济学家的著作中，"公共目标"概念被偷换了。这些经济学家把本来不是"公共目标"的"目标"，冒充为"公共目标"，并为之进行论证，这就在广大读者当中造成一种错觉，误以为经济学教科书上所说的"目标"就是应当争取实现的"公共目标"。因此，加尔布雷思把纠正资产阶级经济学著作中关于"公共目标"的"错误"看法，把人们从正统经济学所造成的"错误"信念之下"解放"出来，使社会重新树立"公共目标"的信念，看成是自己的任务。这本书之所以题名为《经济学和公共目标》，原因正在于此。加尔布雷思这样写道："本书要充分强调的是，经济学根本不是一种说明科学，它也为支配经济利益服务。它培养信念，同时培养这种利益所需要的行为。我所希望的是，经济学教导将反映当前的现实。至于为合时宜的信念做宣传，则不是这里的目标所在。写这本书时在我心目中的是大众读者。还有我所十分关怀的是，把学生从课本中解放出来。"（第6页）根据这一主导思想，加尔布雷思在书中处处把自己的"分析"与"结论"同正统经济理论（包括新古典派、凯恩斯派）的"分析"与"结论"相对立。

那么，究竟什么是加尔布雷思心目中的"公共目标"呢？这首先是一个与价值判断准则有关的伦理学问题。如果不能对经济行为的是非善恶标准有所判断，当然也就无从决定什么样的"目标"是不应当为之奋斗的，什么样的"目标"才是必须争取实现的。加尔布雷思的《经济学和公共目标》一书的显著特色之一，就是自始至终用资产阶级制度经济学的是非善恶标准来衡量一切，鉴别一切。

加尔布雷思认为，在正统的经济学理论中，以及在受正统经济理论影响的官员和一般公民的思想里，"经济增长"似乎成了不可动摇、不可否定的信念。"无论如何不应当妨碍经济增长",这句话成了一个保护伞,遮盖了许许多多坏事。"经济增长"似乎就是"善",妨碍"经济增长"显然就是"恶"。"经济增长"可以"解决"政府面临的各种难题,于是没有一个官员不把这说成是应当争取的目标。"经济增长"可以给人们以丰富的消费品,使人们普遍富裕,于是没有一个正统经济学家不为之喝彩。"经济增长"可以使企业扩大、收益增多,于是没有一个公司高级经理不把这当作自己的职责。在这种是非善恶标准之下,对经济增长数字的关心超过了对人们生活本身的关心,对"物"的注意超过了对"人"的注意。结果怎样呢?加尔布雷思指出:"从商品的生产和消费两个方面都会发生对环境的损害——发电厂对空气的影响,由此产生的氛对视力的影响,制钢厂对左近湖泊的影响,汽车对肺部的影响……造纸厂不能推卸它的责任,而汽车主对于汽车使用所产生的一般后果尽可以表示遗憾,却不存在个人的责任感,因为他个人在总的损害中所增入的一份是微不足道的。"(第282页)"经济增长"使环境不断遭到污染,从而使公众利益受到侵害,而个人消费品的增加也同样带来了新的问题。"商品的拥有和消费超过某一限度时,除非把由此而来的辛劳能委托给别人,否则就会变成累赘。例如,食品越来越精细,或者是越来越富有异国风味,但是,要有人代为备办,消费才会是一种真正享受。否则,除了个别有偏好者外,单是由此所花费的时间,就会使食用时的乐趣渐灭无余。"(第35页)家庭生活的各种消费品,莫不如此:需要保养,需要管理,需要付出劳动,需要时间。而社会恰恰对私人服务业最不重视。工业越发达,经济越增长,越需要这种私人服务,最后只好找到一个"替身"——负担加到了妇女身上。妇女是管家,是家庭的奴仆。"显得很奇妙的是,家庭的收入愈多,除个别仍然雇用仆役者外,妇女的充当奴婢的任务就愈加艰巨。"(第38页)

加尔布雷思认为更重要的是,以"经济增长"作为"目标",必然导致为生产而生产，而不问产品的实际效用如何。要增长，就要有技术革新，有新设计、新发明。撇开它们给环境带来的破坏，给消费者增加的累赘，以及给妇女加重的奴仆作用不谈，新设计、新发明究竟有什么用处，热衷于"经济增长"的公司高级经理、把"经济增长"说成是"公共目标"的政府官员和正统经济学家是从来不予考虑的。加尔布雷思认为最明显的例证就是武器的研究和制造，大量公共资源被投入这个领域，技术革新使前一代的武器成为废物，而这一代的武器很快又被下一代的武器所淘汰。消费品方面也有类似的情况，"革新的目标所在不是适应需要，而是所革新的产品能不能行销……既经过变革就必然是新产品，单凭这一点，就投合了新胜于旧的信念，就可以扩大销路，对生产者说来，就比原来的、经证明其适用性较高的产品更加有利于行销。"（第203—204页）加尔布雷思由此认为，这一切都同"对人的关心"大相径庭；不把人们从这些错误的信念之下"解放"出来，"经济增长"不可能是公众的幸福，而只会是社会的祸患。

从这一是非善恶标准出发，加尔布雷思提出了所谓"信念的解放"问题（第二十二章）。他所说的"信念的解放"，就是指摆脱目前资产阶级经济学教科书上对"目标"的解释，以及公司高级经理们和政府官员们对"经济增长"的宣传的影响，重新树立对"人生"的看法，选择"生活的道路"，确定应当值得争取的"目标"。这个"目标"，在他看来并不是什么新东西，而是早就被人们所意识到的、只不过被有权有势者偷换了内容的"陈词滥调"——"公众的利益"或"最大限度地"满足"公众的需要"。

以上就是贯穿于《经济学和公共目标》一书中的主导思想。不难看出，加尔布雷思在这里提出的对"公共目标"问题的看法以及对居于正统地位的资产阶级庸俗经济学的"批判"，在一定程度上揭露了当前帝国主义国家中社会经济的危机现象和现代凯恩斯主义等庸俗经济学理论的谬误。与那些竭力掩饰资本主义经济的严重问题和百般吹捧垄断资本的统治的资产阶级辩护士们相比，加尔布雷思多多少少接触了一些实际问题。从这个意义上说，加尔布雷思作为不满意垄断资本统治现状的制度经济学家，他的著作对于研究资本主义、帝国主义社会经济的人来说，有某种参考价值。

然而加尔布雷思与制度学派的其他经济学家一样，整个经济理论并未脱离凡勃仑开创的传统。他使用超阶级的研究方法来探讨经济学的价值判断标准，他用空洞的、抽象的"公共利益"和"公共需要"来代替资本主义社会中客观存在的"阶级利益"和"阶级需要"。他所谓的对"公共目标"的关切，根本没有脱离旧的制度经济学的窠臼，因为从20世纪初以来，凡勃仑、J.康蒙斯等制度经济学家，也总是打着"全民"的旗号，宣称要"关心一切人"。抽象的是非善恶概念是从来不存在的，"公共目标"离不开特定的阶级内容。加尔布雷思用超阶级的道德概念来论证所谓"公共目标"的重新确定问题和对"经济增长"的评价问题，尽管在形式上与其他制度经济学家的论断有所不同，实际上仍然是对资产阶级道德标准的一种美化。恩格斯说："一切已往的道德论归根到底都是当时的社会经济状况的产物。而社会直到现在还是在阶级对立中运动的，所以道德始终是阶级的道德。"[①]加尔布雷思避而不谈是非善恶的阶级性，不谈"公共目标"究竟从属于哪一个阶级的利益，他所提出的价值判断标准或道德标准，这样的分析很难说能有什么现实意义。

分析方法：从"权力的分配"着手

《经济学和公共目标》一书在分析方法上十分清楚地反映了制度经

[①]　恩格斯著，中共中央马克思恩格斯列宁斯大林著作编译局译：《反杜林论》，人民出版社，1970年版，第91页。

济学的方法论的特色，这就是反对正统经济学家们所采取的数量分析，强调制度因素分析的作用。

加尔布雷思认为，资本主义现实中所发生的问题不是宏观经济分析或微观经济分析等方法所能说明的。宏观经济学只注意总需求水平的调节，微观经济学只注意成本和价格的形成，二者之间的分工是不幸的，因为有关社会的制度结构问题恰恰被忽视了，二者都只关心数量的变动，社会的制度结构中的最基本问题，即权力分配问题，恰恰被遗漏了。加尔布雷思在这里坚持的是凡勃仑以来的制度经济学的传统分析方法，而他在制度因素分析中，尤其着重的是对"权力分配"的分析。加尔布雷思正是从"权力分配"着手，得出他的一系列论断的。

问题的焦点仍然在"目标"方面。在今天的资本主义社会中，明明不是"公共目标"的东西为什么被当成"公共目标"呢？公众并不需要那些花样翻新的新产品，为什么把新产品的发明和制造看作"公共目标"呢？公众不想增加防务费用，不想生产新武器，也并不对航天旅行感兴趣，为什么这一切都被当作"公共目标"而向公众兜售呢？加尔布雷思用"权力的分配"来加以解释。他写道：一切有权有势的人，总是把自己的有权说成是无权，说自己似乎是在奉命行事，不敢违抗。古代的君主习惯于把自己打扮成神意的执行者，替天行道。"现代的政治家仍然保持着这一本能：他说（无论怎样难以置信），他只是选民的工具，他的所言所行，不是出于自己的偏好，而是为了公共的利益。"（第11页）现代的资本主义大企业也是这样。它们有自身的"目标"：使本企业越办越兴旺，产品越来越有销路，企业收入有牢固的保证。它们有权力做到这一点，因为它们同政府有联系，得到政府的各种照顾；它们能控制产品销售价格，并拥有庞大的推销机构和宣传手段，使消费者听从企业的指示去购买。但这些企业在把它们自身的"目标"冒充为"公共目标"硬塞给社会的时候，也是口口声声说自己无权，自己不过是消费者的仆从而已。加尔布雷思的看法是：现代资本主义企业的权力已经扩大到把自己的意志强加给社会的地步。"这样的公司已不再受市场的限制，已凌驾于市场之上，市场已成为它的工具，它就像一驾战车，社会即使不是被拴在它的车轮上，也至少是附在它的车轮上。新古典派模式当然是否认现代公司具有这样的权力的。我们却在这里看到这是现实。"（第91页）

从生产者和消费者之间的关系，亦即现代大公司和市场之间的关系来看，"权力的分配"发生了下述这种显著的变化：生产者有权支配政府和市场，消费者俯首听命于现代大公司。而在现代大公司内部，"权力的分配"同样发生了显著的变化，并且后一种变化与前一种变化相比，是更带有根本性的。用加尔布雷思的话来说，现代资本主义大公司的权力已经转到了一些在生产、经营管理、财务、推销、法律、科学技术研究等方面有专业知识的专门人才的手中，他们担任公司的经理、工程师、各级主管等职务，他们集体做出决策，他们的决策具有权威性。这样一来，"权力已经从股东转移到管理部门，……所有权和管理权分开以后，对追求最大利润这一假设引起了剧烈的争论。"（第90页）加尔布雷思认为，正统经济学家所谓资本主义企业追求最大限度利润的说法如今不再适用，因为权力既然不在股东手中，而在管理部门手中，管理部门所要达到的是企业的稳定和增长（这样才能牢牢地把持权力），而不是最大限度的利润（这样会带来风险，不利于把持权力）。而为了企业的稳定和增长，管理部门必须实行"计划生产"和"计划销售"，必须把企业自身的"目标"说成是"公共目标"，以便得到稳妥的政府订货，博得社会的好感，支配消费者的行为，保证产品有越来越大的销路。加尔布雷思由此认为，现代资本主义公司内部"权力分配"的变化使得企业"目标"发生变化，新掌握了企业大权的管理部门为了实现自己的"目标"，就必须采用一切手段来影响消费者，支配消费者。"如果生产者对消费者能够加以控制，或使之屈从于他的需求，那么经济最终是为消费者服务的说法，就不再能使人信服。一旦发现生产者对消费者或他的商品的其他使用者是多少有点权力的，这就敞开了采取进一步攻势的大门，涓涓之水会成为江河。到那个时候就可以说，所有对价格、成本、消费者需求和政府的控制，无非是出于权力发展的必要。"（第136—137页）

加尔布雷思在《经济学和公共目标》一书中，正是从"权力分配"这一点着手分析而建立他的理论体系的。

其实，加尔布雷思的这种"权力分析"和占统治地位的凯恩斯派经济学家们所采用的数量分析方法并无本质上的差别。资产阶级正统经济学的数量分析方法抹杀资本主义社会的阶级对立，只分析各个数量之间的表面联系，而不去探究这些数量之间的内在联系及其矛盾，而加尔布雷思的"权力分析"也同样掩盖了资本主义社会的阶级对抗关系，单纯从"权力"本身进行所谓"质"的分析。他根本不是把"权力"与所有制结合在一起，把"权力"同一定的阶级在社会中所处的地位相联系，而只是从政治上、法律上和职业性质上解释权力的由来。马克思认为，如果要分析权力的话，那么"政治权力只是经济权力的产物"。[1] 在阶级社会中，一个掌握了社会的基本生产资料的阶级，必然获得社会政治权力，获得对于丧失基本生产资料的阶级的支配力量。因此，"工业上的最高权力成了资本的属性，正像在封建时代，战争中和法庭裁判中的最高权力是地产的属性一样"。[2] 加尔布雷思完全否定阶级分析，用所谓所有权与管理权的分离来说明企业实际权力转移到专业管理人员的手中，更进而由此断言现代资本主义企业已不再追求最大限度利润和转而

---

① 中共中央马克思恩格斯列宁斯大林著作编译局译：《马克思恩格斯全集》，第9卷，人民出版社，1972年版，第80页。

② 中共中央马克思恩格斯列宁斯大林著作编译局译：《马克思恩格斯全集》，第23卷，人民出版社，1972年版，第369页。

实行"计划经济"。这种说法不仅毫无事实依据，而且在理论上是非常错误的。既然权力不是什么抽象的、超阶级的东西，它来自对基本生产资料的控制，那么权力在资本主义社会中只可能被资产阶级所把持；既然剩余价值规律是资本主义生产方式的绝对规律，那么资本主义企业始终只可能在剩余价值规律的作用之下进行活动。加尔布雷思对"权力分配"的变化及其后果的"分析"，不可能真正说明现代资本主义社会中的阶级关系，以及经济变化的原因与后果。

理论模式："市场系统"和"计划系统"二元结构

　　加尔布雷思从对"权力分配"的分析着手，进一步提出了他对现代资本主义经济的整个结构的看法。他认为，以现代的美国而论，尽管它已经与一百年前或五十年前的美国大不相同，但它仍然是不完善的、有缺陷的。所谓"丰裕社会"，在他看来并不是尽善尽美的社会，这里存在着畸形、丑恶和贫穷。为什么会这样？他认为基本原因在于"权力分配"的不平衡，而权力的不平衡性是与现代资本主义的二元结构分不开的。

　　加尔布雷思写道：现代资本主义经济不是单一的模式，而是由两大部分构成的，一部分是有组织的大经济，即由一千家左右的大公司组成，另一部分是分散的小经济，由一千二百万个小企业主、小商小贩、农场主、个体经营者等所组成。这两部分既有联系，又有显著的区别。在前一部分，这些大公司有权力控制价格，支配消费者；在后一部分，小企业主、个体经营者等人无权控制价格，无法支配消费者，反而要受到市场力量的支配。加尔布雷思说，在前一部分的大公司中实行的是"计划生产"和"计划销售"，采取的是"操纵价格"，所以这一部分经济可以称作"计划系统",而后一部分的小企业主、个体经营者们听命于市场,由市场波动决定其命运,所以这一部分经济可以称作"市场系统"。两个部分的权力是不平衡的。现代资本主义经济被认为是"有权力的"计划系统和"无权力的"市场系统两个部分的结合。

在现代资本主义经济的这两大部分之间"权力分配"的不平衡,据说有着极其重要的、深刻的影响。加尔布雷思写道:"经济发展不平衡,是计划系统内部权力和它与市场系统对照下的权力强弱有差别的结果。两个系统之间收入的不均等也是出于这个根源。在多数情况下,计划系统向市场系统卖出时的价格和它向后者买进时的价格,它都有控制权,因此双方交易时的条件总是倾向于对它有利的一面。"(第248页)这就是说,"权力分配"的不平衡造成了大公司对小企业的剥削,造成了收入的不均等,造成了大公司的壮大、致富,小企业的凋敝、败落。加尔布雷思在《经济学和公共目标》这本书中,用整整三章(第十八、十九、二十章)的篇幅来论述大公司与小企业之间的不平等地位,以及由此给现代资本主义经济带来的危害。他认为现代资本主义国家的政府只关心大公司的利益,只为大公司效劳,而不会为小企业服务。他认为这种政府根据凯恩斯理论所实行的经济政策(调节总需求的措施),只有利于大公司,不利于小企业。他还认为,今日资本主义社会的经济畸形发展和比例失调,也是由于经济中两大部分的权力不平衡所造成的,因为军事工业等部门内主要是实行"计划原则"的大公司,它们得到各种有利条件,促使经济迅速扩张,而民用住宅建筑业、服务业等部门内主要是听从市场支配的小企业和个体经营业在活动,它们的社会经济条件都是十分不利的,以致这些部门得不到发展,甚至萎缩。他把大企业对小企业的剥削(通过不等价交换进行的剥削)看成是与发达国家对第三世界发展中国家的剥削相类似,甚至是更为厉害的一种剥削。这就是加尔布雷思对现代资本主义经济的结构分析的基本论点。所以他写道:

"很明显，要彻底纠正计划系统与市场系统之间的关系，必须从这两部分经济间权力的均等开始。这不是个空谈学理的问题。这将牵涉到关于两个系统中的价格、工资和收入是怎样规定的许多实际问题。"（第248页）加尔布雷思关于社会改革的设想和经济政策的建议，都是以所谓"权力分配"的不平衡作为理论的着眼点，以所谓"权力均等化"作为开始，具有决定性意义的步骤。

用所谓"计划系统"和"市场系统"两个部分的特征及其相互关系来分析现代资本主义经济，证明大公司对小企业和个体经营者的剥削的存在，这是加尔布雷思制度经济理论的一个特色。应当承认，加尔布雷思的这一论点是比较符合实际的，他的揭露和分析有一定的参考价值。《经济学和公共目标》一书中对大企业剥削小企业事实的揭露、对小企业主和个体经营者的地位的分析以及对他们的不幸遭遇的注意，是可以予以肯定的。加尔布雷思对当前第三世界国家因不等价交换而遭受的损失的分析，也是可取的。

但是，加尔布雷思关于现代资本主义经济二元结构的分析的理论基础仍是错误的，因为他曲解了大企业与小企业、个体经营者之间的矛盾的性质。应当指出，大企业和小企业之间的矛盾固然不能被忽视，但不能把这种矛盾提到主要地位，也不能因此掩盖资本主义社会中无产阶级和资产阶级之间的矛盾是主要矛盾这一事实。更加错误的是，加尔布雷思在谈到现代资本主义社会里小企业的困难处境时，竟说在某些行业中，小企业主不仅受到大企业的剥削，而且也受到强大的工会的压力，小企业主成为两头受夹攻的最不幸的人之一。例如加尔布雷思写道："市场系统中有许多行业，特别是服装业和建筑业，系由许多小工商业者与一个或少数几个强有力的工会相处。在这里，工资提高确实会使价格提高；而全行业或全社会的工资提高，实际就是迫使业主同意将价格提高。这么说，工会有决定价格的权力，业主却没有。"（第184页）另一方面，加尔布雷思认为在大公司经济中，工会力量已与经营部门旗鼓相当，势均力敌，工会工人不再遭到"古典式的剥削"，公司方面较易于答应工会的要求，而把增加的支出通过操纵价格，转嫁到小企业主和一般消费者身上。总之，在加尔布雷思的理论模式中，我们看不到对于当前资本主义社会中无产阶级和资产阶级之间的阶级对抗关系的分析，所看到的只是把大公司与强大的工会这两种"垄断力量"作为一方，把小企业作为另一方的矛盾的"分析"，从而对现代资本主义社会的性质做了不正确的解释。

加尔布雷思的理论体系是否具有进步性？这个问题不能仅仅从它在何种程度上揭露现代资本主义社会的某些阴暗面来判断，而应当根据它对于现代资本主义社会中阶级斗争的作用来鉴别。我们在指出加尔布雷思在个别问题上的论述（例如对小企业状况的分析）有可取之处的同时，并不认为他的理论体系具有进步性，这是因为他的政策主张是改良主义的。下面，我们将着重评论这一点。

未来社会的设想：所谓"新社会主义"

加尔布雷思一直认为，自己的任务不仅在于说明现实社会是一个什么样的社会，而且在于提出两套关于未来社会的设想，设计出使之付诸实施的具体方案。他指出现代资本主义社会中"计划系统"和"市场系统"二元结构的并存以及与之有关的"权力分配"不平衡、收入不均等的现象是不合理的。他主张尽快结束这些现象。作为替代物，加尔布雷思在《经济学和公共目标》中提出了所谓"新社会主义"的设想。

加尔布雷思写道："首先需要积极提高市场系统的权力和能力，提高它在计划系统下的发展程度，从而从这一方开始，缩减这两个系统之间在发展方面一贯存在的不均衡状态。这里应采取的步骤是，从事缩减两个系统收益的不均等，提高市场系统的谈判力量，减少计划系统对它的剥削。我们把这个叫作'新社会主义'。"（第217—218页）根据加尔布雷思的说法，在这种"新社会主义"之下，大公司的权力受到限制，政府不再被大公司所掌握，小企业地位得到改善，同时，"公共目标"也被重新重视起来，个人的生活福利得到保障，医疗保健事业有很大发展，环境卫生和住宅条件得到改善，文教、艺术事业也不断取得进步。但加尔布雷思强调说：这种"新社会主义"与社会主义者、马克思主义者通常所讲的意识形态无关，"新社会主义不是属于意识形态的"。（第274页）

加尔布雷思把"社会主义"称作"必不可少的"，在他看来，无论在小企业经济中或在大公司经济中，"社会主义"都是一种可行的"解决"问题的道路，因为据说"社会主义"才能从"公共利益"出发，使政府承担私人企业所不愿承担的发展经济中落后部门的责任（如服务部门），使"计划系统"和"市场系统"二者的缺陷得到补救。然而，提出"新社会主义"的加尔布雷思，他心目中的未来社会究竟是什么样？他宣传的达到"社会主义"的途径是什么样？只要我们把这两个问题弄清楚了，加尔布雷思理论的阶级实质就十分清楚了。我们知道，科学的社会主义有它确切的含义。社会主义社会取代资本主义社会，这是人类社会发展史上的大飞跃。在社会主义社会里，无产阶级专政代替了资产阶级专政，生产资料公有制代替了生产资料的资本主义所有制。无产阶级由被压迫被剥削阶级成为社会的主人。然而历史上各种假社会主义者却打着社会主义的招牌，闭口不谈无产阶级专政，不谈社会主义公有制，不谈无产阶级和劳动人民的社会地位的根本变化，而把国家垄断资本主义、资产阶级改良主义冒充为社会主义。今天，在加尔布雷思所宣传的"新社会主义"中，也仍然存在着资产阶级国家机器和资产阶级专政，资本主义所有制仍然保留着，广大劳动人民和无产阶级的被压迫被剥削地位依旧存在着。所不同的只是，垄断资本的权力似乎受到一些限制（姑且不论这是否能实现），政府增加了若干"福利措施"，以及小企业主扩大了自己的收入（注意：其中包括了剥削雇工的收入）而已。这样的"未来社会"，从本质上看，仍然是资本主义社会。

再看，加尔布雷思主张通过什么途径来实现"新社会主义"？他在本书第二十五、二十六、二十七、二十八等章中用较大的篇幅，列出了他的一系列建议：从改革市场的定价制度到修订工资条例，从制定新的反垄断法到扩大妇女就业机会。但没有一条是要求改变现存资产阶级政治统治机构及其所依据的经济基础的。加尔布雷思自己就承认是一个"改良者"，而不是一个"革命家"。他认为"新社会主义"不是通过任何革命行动，而是通过"结构改革"实现的。这种主张使他的"新社会主义"纲领的实质进一步暴露无遗。原来他自始至终把希望寄托在资产阶级议会制度之上，寄托在资产阶级的"善良"愿望之上。他写道："对任何补救办法来说，总统是具有决定性重要意义的。因此，今后于选举总统时一个十分重要的问题必须是，候选人对计划系统利益与公共利益是不是分别对待，并且致力于后者。"（第 294 页）他把现代资产阶级国家的政府首脑看成是超然于一切党派利益、阶级利益之上的，似乎只要有"明智的""有公益心的"政府首脑，改革就易于付诸实践了。这使人们不得不想起历史上空想社会主义者们向国王呼吁的例子，但那是多少年以前的往事了。早在 1848 年，马克思和恩格斯就指出："阶级斗争愈发展和愈具有确定的形式，这种超乎阶级斗争的幻想，这种反对阶级斗争的幻想，就愈失去任何实践意义和任何理论根据。"[1]加尔布雷思的《经济学和公共目标》出版于 1973 年。在垄断资本主义的社会经

---

① 中共中央马克思恩格斯列宁斯大林著作编译局译：《马克思恩格斯选集》，第 1 卷，人民出版社，1972 年版，第 283 页。

济危机日益深刻化的 20 世纪 70 年代，宣传不切实际的"乌托邦的改良主义"①论调，其客观效果只能是"引诱工人阶级离开那实行攻击现代社会真正应持的阵地"，②脱离革命，走向阶级调和。

正如 20 世纪初期凡勃仑提出的资本主义改良方案和"技术人员委员会"的设想在当时已没有什么进步性可言一样，③目前加尔布雷思提出的这些改革方案和"新社会主义"的设想也起不了什么进步作用。可以说，所有制度学派经济学家的社会改革理论都是如此。

加尔布雷思的文风有其特色。他的用词有时是尖酸刻薄的。字里行间，也颇有愤世嫉恶之意。他为了引人注意，爱做惊人之笔，以致往往被视为"激进派"一流人物。其实，"貌似激进"也是制度学派经济学家共有的特点。加尔布雷思与现阶段美国激进政治经济学派（"新左派"）的经济学家们在基本论点上有着重要的区别。瑞典经济学家林德白克把二者之间的重要理论区别归结为以下几点：④

第一，"新左派"经济学家（例如 P.巴兰、P.斯威齐等人）自称是马克思主义的信徒，他们立论时多多少少以马克思主义经典作家的论述为出发点和依据，而加尔布雷思并非如此。加尔布雷思的论述被认为是"非马克思主义的"。

第二，"新左派"经济学家在谈到"未来社会"的设想及其实现途径时，总是把这一转变同资本主义国家中的工人运动联系在一起，而加尔布雷思则不强调工人运动的作用，加尔布雷思关于"未来社会"的设想与工人运动似乎没有直接的关系。

---

① 斯威齐：《乌托邦的改良主义》，载《每月评论》，1973 年 11 月。
② 中共中央马克思恩格斯列宁斯大林著作编译局译：《马克思恩格斯选集》，第 2 卷，人民出版社，1972 年版，第 285 页。
③ 李宗正主编：《十九世纪末二十世纪初资产阶级庸俗政治经济学》，人民出版社，1964 年版，第 57—62 页。
④ 林德白克：《新左派政治经济学：一个局外人的看法》，1971 年版。

第三，在"新左派"经济学家看来，加尔布雷思虽然对资本主义提出了各种批评，并且其中许多批评意见与"新左派"的观点相接近，但"新左派"认为加尔布雷思实际上仍是欣赏大公司的统治的，而加尔布雷思的建议则被认为是肤浅的。"新左派"认为不能接受加尔布雷思的这些论点。

林德白克作为一个"局外人"的上述看法，是有一定道理的。所以不能把加尔布雷思列入"激进政治经济学派"之内。

* * *

以上我们从主导思想、分析方法、理论模式、未来社会设想这四个方面评介了加尔布雷思的主要代表作《经济学和公共目标》。根据我们的看法，一方面，《经济学和公共目标》中的论述有比较符合实际之处，从而有一定的参考价值（如前所述，这里是指书中对垄断资本现状的某些揭露、对小企业地位的分析等）；另一方面，就整个理论体系和方法论而言，它有不少错误。本书中译本的出版，对于我国学术界了解加尔布雷思的学说、制度学派理论的内容和演变过程，将会有所助益。

当代西方宏观福利理论述评

引自《世界经济》1983 年第 7 期。

一

　　福利经济学中的收入再分配和资源有效配置属于微观经济学领域内的课题，所以福利经济学说通常被认为是资产阶级微观经济学的一个部分。虽然在凯恩斯的《就业、利息和货币通论》一书出版后，20 世纪 40 年代资产阶级经济学家中也有一些人着手探讨宏观福利经济问题，但总的说来，这个问题当时并未引起注意。

　　美国的 A. 勒纳是较早研究宏观福利经济问题的福利经济学家之一。他在 1946 年出版的《统制经济学：福利经济学原理》一书的第 21 至 25 章，从投资、利息、就业之间关系的角度对宏观福利经济问题进行了考察。勒纳提出了这样的论点：为了符合社会的利益，政府应当承担起维持充分就业和防止通货膨胀的责任，政府拥有的六种主要手段是：征税、政府支出、政府举债、政府贷款、政府购买、政府销售，只要政府运用这些手段，就可以达到维持充分就业和防止通货膨胀的目的。勒纳的论述主要是对凯恩斯已经表述的论点的阐释。但勒纳作为一个福利经济学家，他的学说的特点在于他从福利经济学角度对政府的调节方法做了分析。

　　勒纳指出，政府应当力求使政府支出和私人支出的边际社会利益相等。在这里，边际社会利益是指增加一定量的产品使社会所得到的利益，也就是使社会上一切成员所得到的净利益。在勒纳看来，政府进行调节时应当考虑全部支出（包括政府支出和私人支出）的结构，应当尽可能使得任何一美元支出都能给社会带来相等的利益，这样就可以使得资源得到充分的利用。但勒纳还指出，要把直接边际社会利益同间接边际社会利益区分开来，即既不仅要考虑直接边际社会利益，也要考虑间接边际社会利益。比如说，为了减少失业人数，政府有必要增加一笔公共工程的支出，但这笔公共工程的支出的直接边际社会利益可能很低，甚至可能是一个负数，但如果这笔公共工程支出能够使其他地区和部门增加收入和就业，那么这就是它的间接边际社会利益。所以在计算支出的边际社会利益时，要计算总边际社会利益，即直接边际社会利益与间接边际社会利益之和。

　　根据勒纳的看法，不仅政府用于各种不同目的的支出的边际社会利益应当相等，而且各种不同的赋税的边际社会成本也应当相等。他所说的边际社会成本是指社会边际机会成本而言，也就是：社会把追加的生产要素用于生产某种产品而不能用于生产其他产品所受到的损失。政府使各种不同的赋税的边际社会成本相等，据说可以使纳税人受到的损失减少到最低限度。

　　这样，勒纳就得出了关于政府的调节（包括政府支出和税收）的福利经济原则，这就是：如果总支出不足，那么一切形式的赋税都必须减少，一切形式的支出都必须增加，直到各种边际社会成本已经减少并在充分就业条件下彼此相等为止。要是为了防止通货膨胀而必须限制需求的话，则一切支出都应当缩减，一切赋税都应当增加，直到各种边际社会利益和各种边际社会成本又在一个更高的水平上彼此相等为止。勒纳认为只有这样才能在政府调节中符合资源充分利用的目的，才能保证经济既达到充分就业又防止通货膨胀。

二

1958 年，当时在英国伦敦经济学院任教的新西兰经济学家菲利普斯，提出通货膨胀与失业交替关系的论点。此后，西方经济学界关于宏观福利问题的讨论大大深入了一步。这时讨论的主要问题是，在通货膨胀与失业交替条件下，如何使福利最大化？

根据菲利普斯曲线关系的含义，除了物价增长率和工资增长率之间有正比关系外，工资增长率和失业率之间还有反比关系，因此，通货膨胀率和失业率之间也存在反比关系。

对菲利普斯曲线关系，流行于资产阶级经济学界的一种解释是：这种交替关系来自工会的活动。这就是说，工会领导下的有组织的工人的行动能使工资率增长幅度超过生产率的增长。这导致产品价格不断上升。特别是在失业率较低时，更是如此。由于失业率较低通常也就是企业利润较多的时候，所以企业一般宁愿答应"过分的"工资增长要求，而不愿有罢工。反之，在高失业和低利润的情况下，企业会在相当大的程度上抵制工资增长的要求。按照这种解释，可以预计到每一种失业率之下有什么样的工资增长率，以及在不同的工资增长率时可以预计有什么样的通货膨胀率。

菲利普斯曾从对英国资料的研究得出结论：货币工资水平在 5% 的失业率的情况下是稳定的。另一些资产阶级经济学家对 20 世纪 50 年代和 60 年代初期的美国经济的研究表明，要使工资增长不超过生产率增长，也许需要有 5%—6% 的失业率。此外，要满足不超过 3% 的失业率（这是 60 年代一般接受的"充分就业"定义），价格可能有必要每年上升 4%—5%。[①]

60 年代后期资产阶级经济学界对菲利普斯曲线进行研究，提出了菲利普斯曲线向上移动的观点，即 5% 的物价上涨率与 4% 的失业率一起发生，而在较早一些时候，与 5% 的通货膨胀率一起发生的则是 3% 的失业率。这些研究还提出，要把通货膨胀率压低到 2%，将会要求有 5.5% 的失业率。[②] 70 年代初期，资产阶级经济学界进一步注意到菲利普斯曲线的向上移动，并指出了其原因何在。一是劳动力构成发生了变化，特别是青少年和妇女所占的比重增大了。由于青少年和妇女有较高的失业率，所以失业率虽然上升，但劳动力市场仍然出现缺乏合适的劳动力的现象，所以工资仍有可能上升，这样，与任何既定的失业率相联系的通货膨胀率，比过去高了。另一个原因是工人根据经验，在进行有关货币工资率的谈判中考虑到通货膨胀，他们提出的工资要求将会大于在通货膨胀率较小的气氛下所提出的工资要求。这也使得菲利普斯曲线向上移动。

从 60 年代起也有一些资产阶级经济学家提出不同的看法，他们认为，以较高的通货膨胀率作为代价而得到的较低的失业率，只是暂时性的。工人不久就将发现实际工资已经被通货膨胀减少了，他们将要求货币工资率有较大比例的增加，以便抵消较高的通货膨胀率。一旦发生了这种情况，曾经被通货膨胀压低了的实际工资率又开始回到它原先的水平。这样一来，失业率也回到它最初的水平。结果是较高的通货膨胀率和较高的货币工资率增长率一起发生，失业状况没有变化。弗里德曼就持有这种观点。

使劳动力供给和对劳动力的需求相等的实际工资率水平上的实际失

---

① 萨缪尔森、索洛:《反通货膨胀政策的剖析》，载《美国经济评》，1960 年 5 月。
② 夏皮罗:《宏观经济分析》，第 4 版，1978 年版。

业率，被弗里德曼称作自然失业率；按照他的说法，这种失业率依赖于"劳工市场和商品市场的实际结构特征，其中包括市场的不完全性、需求和供给的随机可变性、收集有关职位空缺和劳工可利用性的信息的成本、流动的成本，等等"。[①]因此，只有改善劳工市场条件，例如使工人有较大的流动性，使他们易于获得有关职位空缺的信息，消除产品和劳工市场垄断等，才会出现使菲利普斯曲线向下移动的趋势。

　　总之，近年来资本主义经济的实际情况，使资产阶级经济学家们对菲利普斯曲线关系提出了怀疑。关于菲利普斯曲线向上移动的论点也好，失业和通货膨胀只是暂时交替的论点也好，都表明他们承认菲利普斯曲线交替关系的恶化，表明通货膨胀和失业已经交织并发，即资本主义经济危机复杂化了。通货膨胀与失业并发症对资本主义的国民经济生活发生了全面的影响。于是有些资产阶级经济学家感到，福利经济学问题不仅不能只从微观经济学角度来考虑，而且也不能只从假定存在充分就业或者假定存在过度需求的角度出发。通货膨胀条件下的就业水平，或零通货膨胀率条件下的失业代价，成为当前宏观福利经济学领域内的一个新的研究课题。换句话说，这方面的重要研究项目就是所谓在尽可能低的通货膨胀率条件下降低失业率的问题。关于这一点，美国经济学家托宾1971年12月28日在美国经济学协会第84届年会上所做的会长演说《通货膨胀与失业》中，曾这样说道："至于宏观经济政策，我已经主张它应争取失业在零通货膨胀率下达到更低的目标。降低多少失业呢？低到足以使失业与空位相等吗？我们不知道。理所当然地没有简单的充分就业公式——概念的，更不必说是统计的。社会不可能避免非常困难的政治上与时间上相互间的选择。随着我们更加清楚关于劳工市场、流动性、失业，以及更加弄清楚失业与通货膨胀两者在社会上和分

---

　　① 弗里德曼：《货币政策的作用》，载《美国经济评论》，1968年3月。

配上的损失的时候，我们经济学家们是能够说明这些选择的。继凯恩斯之后 35 年，福利宏观经济学仍然是有关系的、挑战中的主题。我敢相信，它有灿烂前途。"①

从托宾的这段演讲词中，我们可以了解到，宏观福利理论所要探讨的零通货膨胀率或低通货膨胀率下的低失业率问题，包括两个方面。一个方面是如何协调通货膨胀与失业的交替关系，以便使这种交替成为"最优的"。为此必须对通货膨胀与失业造成的分配上的"损失"进行比较。另一个方面是如何从社会上、政治上来选择通货膨胀与失业的交替点，以便使这种交替成为可以被社会所接受的或容许的。为此就必须对通货膨胀与失业所引起的社会动荡或政治不安定进行研究。

让我们着重分析一下当前资产阶级经济学家关于通货膨胀和失业的最优交替的论述。

什么是最优交替？对这个问题的论证涉及"收益"和"成本"的比较。所谓"收益"，是指降低通货膨胀率或失业率可能带来的好处；所谓"成本"，是指通货膨胀率或失业率上升可能造成的损失。因此，据说"最优交替"应当放在这样一种位置上，一离开它，"成本"的增加就会大于"收益"的增加。因此，为了确定这种"最优点"，就要对通货膨胀和失业的"成本"与"收益"进行权衡，尽管这种权衡被认为是困难的，而且持有不同经济理论观点的人有不同的解释，但不管怎样，凡是主张对通货膨胀和失业的"成本"和"收益"进行比较的人都认为，政策的制定者不应该在任何情况下使通货膨胀或失业中的任何一项达到使社会不能容忍的地步，而应当使通货膨胀和失业二者都保持在适当的水平上。

---

① 托宾:《通货膨胀与失业》，载《现代国外经济学论文选》，第 1 辑，商务印书馆，1981 年版，第 286—287 页。

托宾倾向于把失业"成本"看成比通货膨胀"成本"高一些。[1] 从这一立场出发，托宾认为，不能渲染通货膨胀对收入再分配的不利影响，如把通货膨胀说成是"最无情的税"，或把通货膨胀说成是将导致资源配置不当，等等。他认为，即使不是通货膨胀，而是通货收缩，那么只要这种通货收缩是未被人们预计到的，也会产生类似的对收入分配和资源配置的不利后果。

托宾不同意货币主义者提出的"自然失业率"理论。根据那种理论，经济中对于"自然失业率"似乎是无能为力的，因此不把消除失业作为稳定政策的明确目标。托宾反驳道："自然失业率——即和零通货膨胀率一致的失业率——从经济福利的立场上看，是没有特殊理由存在的。"托宾接着说："认为不能达到和维持较低的失业率，不符合实际情况。根据自然失业率的假设，较低的失业率实际上只能用加速通货膨胀才能达到和维持。'加速'这个词并不一定像人们所想象的那样，就一定是灾祸。实际上，加速通货膨胀不会像某些通货膨胀过程的抽象模型所表现的那么千篇一律。无论如何，还是应当把加速通货膨胀最后造成的损害，和它在就业和生产方面带来的好处进行一番比较，看看到底是利大还是弊大。"[2]

三

当前，还有一些西方经济学家认为，从福利经济学的角度来看，失业与通货膨胀影响福利的后果是不一样的，需要进行较细致的分析。例

---

① 托宾：《通货膨胀与失业》，载《现代国外经济学论文选》，第 1 辑，商务印书馆，1981 年版，第 282 页。

② 托宾著，钟淦恩译：《十年来的新经济学》，商务印书馆，1980 年版，第 85—86 页。

如，C.夏皮罗指出，失业当然会使一部分人的福利状况较显著地恶化，使这些人与社会其他成员的收入差距扩大了，而通货膨胀则对较多数的社会成员的实际收入产生影响，其中较多数人的实际收入会下降，但收入差距并不会因通货膨胀而显著地扩大。从这个意义上说，社会还是可以同通货膨胀共处，而要同失业共处，则比较困难。但这仅仅就"温和的通货膨胀"而言。如果"温和的通货膨胀"一变而为急剧的、恶性的通货膨胀，那么它对社会全体成员将带来可怕的后果，不仅社会福利状况会大大恶化，而且由于它将使整个经济瘫痪（如20世纪20年代德国那样），使失业猛增，那么它将变得比部分人的失业更加难以忍受，这样，在考虑"成本"时，通货膨胀的"成本"（即它可能带来的损失）就必须放在更突出的位置上了。

关于通货膨胀对人们福利的影响，夏皮罗认为需要从以下三个方面来考察：[1]

（一）通货膨胀对收入分配的效应

如果货币收入并不同物价水平一样快地增长，那么每当物价水平提高时，实际收入就减少。例如对于未参加工会的工人来说，由于货币工资率的向上调整是滞后的，对那些订了完全按生活费调整的合同的工会工人而言，货币工资率调整的滞后则是较短的。

从19世纪以后的历史来看，得到利润的人是通货膨胀的受益者，因为产品出售价格的上涨要比产品生产成本的增长更快。在完全竞争条件下，虽然较高的物价水平也会导致工资率上升，因为在较大的利润的诱导下，雇主力图扩大产量，从而增雇工人。但工资上升是落后于利润上升的，所以利润的获得以牺牲工资作为代价，于是那些从利润得到收

---

① 夏皮罗：《宏观经济分析》，第4版，1978年版。

入的人通过通货膨胀而受益。

在不完全竞争条件下，企业经常用按本加价的方式来制定价格（例如按利润率定价），那么从利润得到收入的人更有可能从通货膨胀获得好处。

至于说到由长期合同得到利息和租金收入的人，那么他们是受到通货膨胀的损害的。这种情况直到合同满期为止。一旦长期合同到期了，新合同可能以较高的利息率来替代旧的低利息率。但是，只要是不包括自动调整条款的长期借贷或租赁合同，那么得到利息和地租收入的人总会不可避免地因通货膨胀而减少收入。

最后，受通货膨胀打击最厉害的就是退休者，因为他们的收入几乎完全来自养老金和社会救济金。如果说社会保障津贴的数额还有可能自行增长，以抵消消费品价格上涨的话，那么养老金却只提供固定数目的金额。假定退休后若干年内一直有通货膨胀，通货膨胀就会勾销固定数额的养老金的相当大一部分。

此外还应看到，通货膨胀引起了居民收入的再分配。处于课税的较高等级的居民，平均每一户缴纳的税金要大于处于课税的较低等级的居民平均每一户所缴纳的税，所以通货膨胀后，随着居民货币收入的增长，有一些居民从课税的较低等级升到了课税的较高等级。

（二）通货膨胀对财富分配的效应

居民财富状况受通货膨胀的影响，依赖于通货膨胀影响居民拥有的资产的货币价值的方式，以及它影响居民所欠的债务的货币价值的方式。居民所欠的房产抵押贷款、汽车抵押贷款、银行贷款等在偿还时要求还清原来的货币额，它们不因物价的涨跌而变得更大一些或稍小一些。在居民的资产中，有一些要求按固定额偿还的款项（如借给别人的钱，存款），也有一些则是可变价格资产，包括房屋、土地、汽车等物质资产，以及像股票这样的金融资产。至于居民手头的现金，由于它也以货币（如美元）形式固定下来，所以等于一种要求以固定额偿还的资产，它也受到通货膨胀的不利影响。

居民的净财产值是其资产值和债务值之间的差额，所以它究竟受到通货膨胀的不利影响还是受到有利影响，主要取决于居民的资产结构和债务结构以及二者总额的比较。但是，在一些居民受到通货膨胀的不利影响的同时，另一些居民则会受到通货膨胀的有利影响，结果，通货膨胀将使财富从一些居民手中转移到另一些居民手中。

在资本主义现实条件下，政府部门和企业通常是净债务人，因为政府可发行公债，企业可发行公司债券或向银行借钱。作为净债务人，它们都因通货膨胀受益。

（三）通货膨胀对就业的效应

通货膨胀会不会使某些失业者重新就业，这关系到这些人究竟是从通货膨胀中得到好处还是受到损失。如果他们只有在通货膨胀条件下才能就业，他们显然受益于通货膨胀，而不管通货膨胀所引起的收入再分配使他们得到好处还是受到损失。但与此同时，通货膨胀也可能有阻止资源最优配置的趋势。比如说，有些部门在通货膨胀期间扩大产量（指价格上升大于成本增长的行业），也有些部门在通货膨胀期间会收缩产量（指价格上升受到限制的行业）。通货膨胀期间各部门价格上升程度的不一致和产量的增减，将引起资源配置的失调。这也会对就业发生影响，从而对工人的福利发生影响。总的说来，通货膨胀对就业和产量的影响被认为取决于一些条件。一个重要条件是：通货膨胀后货币工资率的调整落后于价格上升的时间间隔究竟有多大。如果工人对通货膨胀进行预测，不让实际工资率下降，那么失业就不会减少。另一个重要条件是：存货的变动情况。如果认为通货膨胀将继续存在，甚至还会加速，那么资本家可能增加存货，使之超过近期销售增加所需要的量。这种预期除了鼓励企业增加存货外，还可能鼓励它们增购设备。消费者会增加购买，他们会积存易于保管的消费品。这种过度的购买还会促进投机。这些情况可以促使失业减少，产量增加，直到达到一定限度，使生产和购买的调整成为不可避免的事情为止。而一旦开始了这种调整，生产量很可能比过去低，失业人数很可能比过去高。这不但抵消了过去因产量增加和失业人数减少而增加了的福利，甚至福利还比过去减少。根据以上所述，只能得出这样的结论，通货膨胀对就业和产量究竟发生有利的效应还是有害的效应，这个问题并没有简单的"是"或"不是"的答案。这个答案依通货膨胀的程度以及经济的变动为转移。

必须指出，资产阶级经济学家所谓通货膨胀与失业"最优交替"的学说在理论上是十分错误的。通货膨胀与失业是资本主义制度的产物。资本主义基本矛盾，即生产社会化和私人资本主义占有之间的矛盾，是通货膨胀和失业的根源。通货膨胀和失业二者之间并不存在此长彼消的因果关系。20世纪70年代通货膨胀和失业的交织并发，表明所谓最优交替只是某些资产阶级经济学家的一种设想。至于最优条件下的福利最大化，则更是毫无根据的。无论通货膨胀还是失业，都只可能既造成国内资源配置的失调和资源的浪费，又使得低收入者、失业者、靠固定福利补助费为生者的实际收入下降，使贫富差距扩大。即使是"可以被接受的"失业率和通货膨胀率，仍避免不了这种结果。因此资产阶级政府处于两难境地，"收入均等化"和资源有效配置中的任何一点都不可能达到，更谈不到二者如何同时达到理想的程度了。

四

在资产阶级福利经济学中，经济增长历来被看成是国民福利增大的同义语。因此，通货膨胀对于经济增长的影响也就被看作是通货膨胀对于国民福利变动的影响。这个问题近年来在有关宏观经济福利的讨论中，同样成为重要的研究课题。

问题首先涉及什么样的物价水平可以有较高的经济增长率。比如说，温和的通货膨胀时的经济增长率较高，还是价格稳定时的经济增长率较高？等等。一些资产阶级经济学家认为，从历史资料来看，经济增长率较高时，物价不易稳定；于是在工资的增长落后于物价上升的情况下，利润将增大，而利润的增大又会促进经济增长，因为投资多了。但另一些资产阶级经济学家认为，当前由于工会的压力，不需要多长时间就能消除工资落后于物价的现象；这样，利润不会增加，于是通货膨胀对于经济增长的影响是不明显的。至于猛烈的通货膨胀，由于它使正常的经济关系紊乱，所以被认为是不利于积累，从而不利于经济增长的。

有些资产阶级经济学家认为，有必要把对通货膨胀与经济增长之间关系的分析再深入一步。例如，需要通过通货膨胀对储蓄的效应来分析通货膨胀对经济增长的影响。他们认为，如果通货膨胀时工资的增长在较长的时间内落后于物价的上涨，这将引起工资在总收入中所占的比重缩小，总收入中归于利润的部分扩大。由于利润收入的获得者具有较高的储蓄倾向，因此，当工资在收入中所占比例缩小时，收入中用于储蓄的部分就会扩大。根据古典派的假定，资源中用于生产消费品的份额是与工资在收入中比重的大小有关，资源中用于生产资本品的份额则与利润在收入中比重的大小有关。这样，通货膨胀后，由于工资在收入中所占比重减少，于是一部分资源将从生产消费品的部门转移出去，而随利润和储蓄在收入中所占比重的增大，用于生产资本品形式的那部分资源就增长。这样也就促进了经济增长。

但也有与此相反的论点，即认为通货膨胀可能不利于储蓄。夏皮罗认为，猛烈的通货膨胀无疑阻碍着储蓄；但是，只要工资的增长继续落后于物价的增长，温和的通货膨胀仍有可能使储蓄的增加超过消费支出的增长。因为利息率将上升，以抵消通货膨胀带来的损失，而储蓄者有可能购买各种各样的保值的资产，以防止由于通货膨胀引起的损失。因此，在夏皮罗看来，除了过度通货膨胀的特殊情况而外，总的说来，储蓄是否因通货膨胀而增加，决定性的因素就是工资滞后现象是否存在。[①]

夏皮罗接着指出，除了资本积累率外，还有许多影响经济长期增长率的因素。但是，不管资本积累的重要性可能有多大，由于工资的大大滞后在工业国已是过去的事，所以通货膨胀不再表现出像它过去曾经明显表现的促进增长的作用。如果把第二次世界大战以来这段时期内主要工业国的通货膨胀率和实际国民生产总值增长率比较一下，看不出有什么明显的一致性。例如，通货膨胀率最低的西德是增长率最高的国家之一；英国有最低的增长率，但在通货膨胀方面，它曾是最高的国家之一。通货膨胀究竟是加速还是减慢主要工业国家的经济增长率，这个问题至今在资产阶级经济学中仍被认为是不易确定的问题。

五

综上所述，近年来资产阶级经济学家在宏观福利经济问题研究方面的"新"观点，实质上仍然是和新福利经济学一样的，其主要目的在于企图证明资本主义国家能够通过政府的有关措施来调节价格和生产，使社会资源合理配置。这就是宏观福利学说的中心思想所在。我们不应忘记它们在本质上是为资本主义制度服务的，是从属于庸俗经济学的理论体系的。

---

① 夏皮罗:《宏观经济分析》，第 4 版，1978 年版。

以宏观福利理论中有关通货膨胀与失业相交替的学说来看，资产阶级政府对经济的某些调节可以在经济生活中起到一定作用。但必须注意到，由于国家机构是掌握在垄断资产阶级手中的，它必然服从垄断资本的利益，因此它的经济政策总是为了达到这样一个目的：把它用各种方式征收到的钱用于维持垄断利润。根据一定的资产阶级福利经济理论而制定的政策推行的结果，必然加强垄断组织的力量，加剧垄断集团之间的竞争，扩大资本主义生产与消费之间的矛盾，使资本主义制度中的固有矛盾更加尖锐。

从传统西方福利经济学到新福利经济学

引自《当代西方经济学说》，北京大学出版社，1989 年版。该书由罗志如、范家骧、厉以宁、胡代光四人完成，并由罗志如统稿。有关福利经济学一章，由厉以宁执笔写作。

当代西方经济学家把经济学区分为实证经济学和规范经济学。实证经济学根据有关经济行为的假定，分析经济活动的过程和预测经济活动的后果。它力求说明"是什么"的问题。规范经济学以一定的价值判断准则为基础，提出行为标准，探讨和制定满足这些行为标准的行动步骤和政策建议。它力求说明"应当是什么"的问题。福利经济学属于规范经济学之内，它是当代西方经济学的一个分支。

福利经济学研究的是社会经济福利问题。它在探讨社会经济福利问题时始终把价值判断问题作为基础。这里所说的价值判断，主要是指对人类经济行为的"是非善恶"做出伦理学方面的评价。

第一节　西方福利经济学的产生和发展

一、庇古的福利经济学

西方福利经济学产生于 20 世纪初。英国经济学家庇古（1877—

1959）于1912年出版《财富和福利》一书（1920年扩展为《福利经济学》），开创了西方福利经济学的完整体系，从此福利经济学一词大为流行，庇古也就被西方经济学界推崇为"福利经济学之父"。①

庇古的福利经济学建立在边际效用学说之上。他以18世纪末和19世纪初英国哲学家J.边沁的功利主义理论为基础。他依据边沁提出的"最大多数人的最大福利"这一功利原则，把福利规定为个人获得的效用或满足，把一个人的福利规定为这个人所获得的满足的总和，把社会的福利规定为个人福利的总和，并认为要使社会的福利增加，应当使社会上较多的人得到较大程度的满足，而社会福利的最大化也就是社会上最大多数人的最大满足。

庇古把福利分为两类，一是广义的福利，即社会福利，另一是狭义的福利，即经济福利，经济福利对于社会福利具有决定性的影响，福利经济学主要研究经济福利。庇古认为，广义的福利是难以计量的，从而也是难以研究的，而狭义的福利可以用货币来计量。

在庇古看来，狭义的福利，即经济福利，是由效用构成的，效用意味着满足，人们追求的是最大限度的满足，亦即最大限度的效用，而效用则可以用货币来计量，这样，经济福利就可以通过对效用的计量而被计算出来。

庇古的福利经济学在理论上主要归结为以下两个基本的论点：

第一，一国的经济福利可以用国民收入的多少来表示。换句话说，国民收入是一国的经济福利的同义语。一国的国民收入量越大，则其经

① 在庇古的《福利经济学》（1920年版）一书出版前，英国经济学家威廉·斯丹来·杰文斯（1835—1882）在其1871年出版的《政治经济学理论》一书中就已提出，政治经济学应当接受边沁的功利主义学说，用它作为判断是非的标准。后来，马歇尔在《经济学原理》（1890年版）中，又在均衡价格论基础上，"论证"资本和劳动利益在劳动生产率增长条件下的协调，并提出国家需要照顾低收入阶层的主张。他们因此被当作福利经济学的先驱。

济福利越大。经济福利的增加表现为国民收入量的增加。[1]

在这里，庇古接受了马歇尔关于国民收入的基本论点。马歇尔认为："一国的劳动和资本作用于它的自然资源时，每年生产一定的纯商品总量，其中有的是物质的，有的是非物质的，各种服务也包括在内。而'纯'这个限制词，是指补偿原料和半制成品的消耗以及机器设备在生产中的耗损和折旧。必须从总产品中减去所有这种种消耗，我们才能求得真正收入或纯收入。国外投资所提供的纯收入也必须包括在内。这就是一国的真正年纯收入，或国民收益。当然，我们可以按一年或按某一时期计算这种收益。国民收入和国民收益这两个名词是可以互用的。"[2]马歇尔还写道："凡普通不算作个人收入的一部分者，也不能算作国民收入或收益的部分。"[3]马歇尔关于国民收入的这些表述对于庇古的经济福利而言，是很重要的，因为国民收入被看成是个人的有代价的收入的总和，被看成是"可供分配的各种享受之新来源的总和"，[4]这样，就必然导出国民收入增长意味着经济福利增长的论断。

第二，一国的经济福利是国民中每个人的经济福利的总和，而每个人的经济福利由他所得到的物品的效用构成。根据边际效用递减学说，货币对于不同收入的人有不同的效用，货币收入越多则货币的边际效用越少。例如，穷人手头的一英镑的效用比富人手头一英镑的效用大。这样，如果把富人的一部分货币收入转移给穷人，将会增加效用，从而增加一国的经济福利。[5]

应当指出，在国民收入分配问题上，庇古也发展了马歇尔的观点。

---

① 庇古：《福利经济学》，1920 年版。

② 马歇尔著，朱志泰译：《经济学原理》，下册，商务印书馆，1981 年版，第196—197 页。

③ 同上，第 197 页。

④ 同上。

⑤ 庇古：《福利经济学》，1920 年版。

马歇尔虽然也谈到过国民收入分配不均等是资本主义社会的一个缺陷，但当他在把福利的大小同国民收入大小联系在一起时，主要是从增加国民收入，增加国民产品的数量方面来考虑。不仅如此，马歇尔甚至认为，要达到增加福利这一目标，增加国民收入与改善国民收入分配二者之间的矛盾是十分突出的。马歇尔写道："从国民收入的增长取决于发明的不断进步和费用浩大的生产设备的不断积累这一事实出发，我们不得不想到，使我们驾驭自然的无数发明差不多都是由独立的工作者所创造……我们不得不想到，国民收入的分配虽有缺点，但不像一般所说的那样多。实际上英国有许多技工的家庭，美国这种家庭甚至更多（尽管在那里曾发现了巨大的宝藏），它们会因国民收入的平均分配而受到损失。"[①] 因此马歇尔的结论是："财富的不均，虽没有往往被指责得那样厉害，却是我们经济组织的一个严重缺点。通过不会伤害人们的主动性，从而不会大大限制国民收入的增长的那种方法而能减少这种不均，显然是对社会有利的。"[②] 庇古在发展马歇尔的福利观点时所提出的上述基本论点，有它自己的政策含义，即要求政府采取一定的干预措施，这正是庇古与马歇尔在福利政策方面的不同之处。庇古的论点成为西方国家的政府此后制定资源最优配置政策和收入再分配政策的理论依据之一。按照庇古的论点，要使一国经济福利有所增加，必须增加国民收入量，如果各种生产资源在部门间的配置能够达到最适宜的程度，国民收入量也就能够得到最大限度的增长，所以资源最优配置政策是一项增进经济福利的重要政策。同时，按照庇古的论点，把高收入者的一部分货币收入转移给低收入者，将增加效用，从而增加经济福利，所以一国政府如果采取收入再分配政策，例如实行征收累进所得税和遗产税，

---

① 马歇尔著，朱志泰译：《经济学原理》，下册，商务印书馆，1981年版，第363—364页。

② 同上，第364—365页。

扩大失业补助和社会救济支出等措施，促进"收入均等化"，也将有助于经济福利的增大。

庇古创立福利经济学，提出社会福利和经济福利概念，研究经济福利的衡量标准和增进经济福利的途径，进而增加福利的对策，这在理论上和实践上都无疑地具有进步意义。但是，庇古的福利经济学也带有难以克服的矛盾。

首先，庇古的福利经济学坚持了基数效用论，而效用实际上是带有一定的主观随意性的，至少到现在为止还没法计量，充其量只有序数意义。因此，可以说庇古的福利经济学的理论基础是有问题的。

其次，庇古根据自己的福利经济学理论而提出的资源最优配置和收入再分配的主张，撇开了资本主义社会中的阶级矛盾，忽略了理论与实践的距离，既没有充分考虑资本主义社会中资源统配机制的缺陷，也没有适当研究收入均等化的社会经济代价。

庇古的福利政策把理论和现实世界同时理想化了。在庇古看来，要使生产资源实现最优配置，保持各部门发展的协调，就要通过国家的调节（征税或补贴）措施，使"边际私人纯产品"（指生产者每增加一个单位的生产要素所增加的纯产品）等于"边际社会纯产品"（指社会每增加一个单位的生产要素所增加的纯产品），让"边际私人纯产品小于边际社会纯产品"的部门承担较多的税收，这就可以了。但在实质上，个人与社会的边际纯产品只是一种理论假设，都只具有抽象的理论意义，根本不可计量，更没法作为实际政策工具的基础。退而言之，即使边际纯产品假设具有政策意义，资本主义国家的政府也不可能通过财政（税收和补贴）手段实现资源最优配置，因为政府政策的制定和实施，都是由一批具有自己的利益考虑、不具有完全信息、没拥有充分手段和完善机制、很少赋有先圣般智慧和才干的人，在错综复杂、千变万化的各种利益、矛盾冲突与大众的"反政策"中进行的。

再就通过收入均等化来说，抛开收入均等化在私有制市场经济中能否可能实现不说，收入均等化还必然要求在社会经济方面做出巨大牺牲，包括由于丧失经济动力使人们失去经济活动的积极性和创造性，由于缺乏效率而造成资源浪费，以及稀缺资源的跨国转移、政府的官僚化和腐败、整个社会的消沉和涣散，等等，这样，收入均等化最终往往并不是增进国民的福利，而是减少国民福利。当然，我们也绝非认为收入差距越大越好，我们只是说适度的收入差距是社会经济稳定发展所必要的，向大众提供均等的机会比实行收入均等化更可行、更有意义，也更能增加国民福利。

庇古以后，福利经济学在西方有较大的发展。西方经济学界把庇古以后的福利经济学称作新福利经济学，而把庇古的福利经济学称作旧福利经济学。

二、福利经济学的发展——新福利经济学

（一）序数效用论

新福利经济学是 20 世纪 30 年代以后发展起来的，其主要代表人物有萨缪尔森、希克斯、R.艾伦、卡尔多、A.伯格森、T.西托夫斯基、I.李特尔等人。新福利经济学无论在方法论上，还是在基本论点和政策主张上，都与旧福利经济学有所区别。因此，它是旧福利经济学的补充、修正和发展。

从方法论上看，尽管新福利经济学仍以边际效用价值理论为基础，但它摒弃了旧福利经济学的基数效用论，而采取序数效用论。基数效用论假定效用可以计量，并用基数一、二、三……来表示效用的大小。

序数效用论则假定效用不能用基数表示绝对值的大小，只能用序数第一、第二、第三……来表示效用的相对程度。

序数效用论最早是由意大利经济学家帕累托提出的，所以新福利经济学家们往往把自己的理论追溯到帕累托的学说，把他看成是新福利经济学的先驱。

新福利经济学从序数效用论出发，认为个人福利取决于个人的偏好，而个人偏好可以用消费者的无差异曲线来表示。无差异曲线是指消费者在一定的嗜好、技术和资源条件下，按照一定的价格和收入，对商品的不同组合进行选择，消费者选择任何一组商品都能带来相同程度的满足，把这些组合在坐标平面上的点联结成的曲线，称作无差异曲线。同一坐标平面上的不同曲线代表不同的满足水平，亦即意味着福利的不同。

例如，现有面包和布两种商品。如果这两种商品按下述 A、B、C、D 四种方式组合，每种方式都可给消费者带来同等程度的满足。

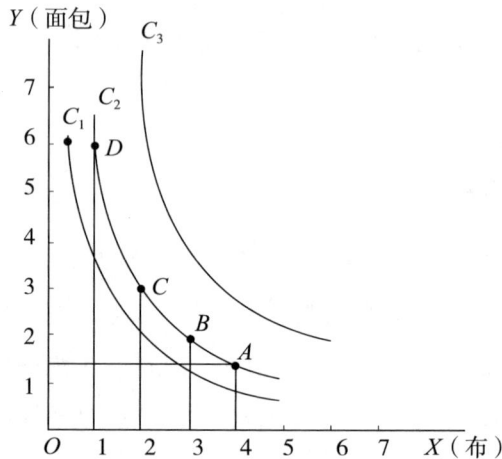

图 1

A 组——4 单位面包和 1.5 单位布

B 组——3 单位面包和 2 单位布

C 组——2 单位面包和 3 单位布

D 组——1 单位面包和 6 单位布

根据以上四种组合方式，可以在坐标图中用曲线表示偏好。以纵坐标 Y 代表面包的数量，横坐标 X 代表布的数量，图上的 A、B、C、D 点表示面包和布的组合情况。连接 A、B、C、D 点的曲线 IC_2 就是表示上述满足程度的无差异曲线。与 IC_2 相比，无差异曲线 IC_3 高于 IC_2，它意味着消费者得到了较高水平的满足；IC_1 低于 IC_2，它意味着消费者只能得到较低水平的满足，因此，无差异曲线图又被称为偏好图或福利图。

无差异曲线所表明的并非效用的总和，而是效用序数上的偏好，即消费者为了获得更大的满足而在商品组合之间进行的选择。至于消费者的偏好究竟如何确定，或无差异曲线究竟处于何种水平，则取决于消费者的收入和商品的价格。在一定的收入和价格水平的条件下，消费者可能达到的最大满足程度具体反映于他对商品组合的选择上。

新福利经济学以效用序数论取代基数效用论，应该说是经济理论的一大进步，因为序数论在能取得与基数论一样好的理论结果的同时，把具有一定主观随意性的效用定值，由一个点发展为一个有限制的区域，从而使效用定值与实际情形具有了更强的对应性。这虽然没有从根本上解决效用的计量问题，但使有关理论分析有了比较充实的基础。

新福利经济学在序数效用论基础上确立的无差异分析，是现代经济学中重要的理论分析工具。从现实经济生活中我们是不难看到这种无差异的替代的（虽然可能是无意识的，而且无法定量的）。不过，我们应当注意到，无差异分析涉及的是一般意义的消费者及其偏好和欲望，而现实生活中的人则是分属于不同社会阶层、社会集团从而有不同偏好序列的具体的人。同时，个人的无差异替代仅代表一定约束下的偏好选择，并不意味着个人福利的充分实现。

（二）最优条件论

新福利经济学在关于怎样实现最大限度社会福利的问题上，提出了最优条件论。

前面所提到的序数效用论，主要是用来说明福利概念应建立在什么基础之上（是建立在效用基数之上，还是建立在效用序数之上）。根据序数效用论提出的无差异曲线的论点，主要旨在说明消费者的福利程度（即满足程度）可以通过对商品组合的自由选择来实现和表示。而最优条件论所要说明的，则是在一定的收入和价格水平条件下，为达到最大限度的社会福利所需要的生产和交换条件。在这方面，新福利经济学家们也是从帕累托的论点出发。

最优条件论最初是帕累托提出的。按照帕累托的观点，在一定的收入分配标准前提下，生产和交换情况的改变如果能使每个人的福利都增加，则社会福利一定会增大，如果使得有些人的福利增加，而其他人的福利并未减少，那么社会福利也增大了。因此，生产和交换的最优条件，就是符合上述社会福利增加的定义的，使社会福利达到最大限度的条件。新福利经济学家们补充和发展了帕累托的最优条件论，并用数学公式来论证交换的最优条件、生产的最优条件，以及生产和交换的最优条件的结合。

新福利经济学认为，交换的最优条件是指在完全竞争的市场经济中，交易双方通过交换而使彼此得到最大限度的满足的条件。新福利经济学在这里运用了"产品边际替代率"的概念。"产品边际替代率"指的是消费者或使用者在使自己的满足程度不变的条件下，当一种商品减少，需要相应增加一定数量的另一种商品作为替代时，两种商品之间的这种替代关系。因此，所谓交换的最优条件，就是说，在一定的收入、价格和嗜好的基础上，任何两种商品之间的边际替代率，对于使用这两种商品的每个人来说，应当是相等的，否则就不可能使每个人所得到的效用或满足程度不变，而可能使双方或其中一方在交换后减少了所得到的效用或满足程度。

新福利经济学认为，生产的最优条件是指在完全竞争的市场经济中，生产要素最有效地进行配置，从而使产品被最有效地生产出来所需要的条件。新福利经济学在这里运用了"边际生产成本"和"边际产品转换率"的概念。"边际生产成本"是指生产最后一个单位所需要的成本。"边际产品转换率"是指两种产品的"边际生产成本"之间的比率。所谓生产的最优条件，如果仅指一种产品的生产而言，那就要求其"边际生产成本"和产品的价格相等，因为如果它高于价格，就会使生产者缩小生产，以防止亏损；如果它低于价格，生产者就会为追求利润而不断扩大生产，生产无从保持均衡状态。所谓生产的最优条件，如果指两种产品的生产而言，那就要求两种产品的"边际产品转换率"相等，否则生产要素的分配就有可能变得只有利于生产其中某一种产品，而不利于生产另一种产品，从而一种产品会在促使另一种产品减少的情况下增加生产。

新福利经济学认为，生产和交换的最优条件的结合是指同时满足交换最优条件和生产最优条件所要求的前提。新福利经济学在这里运用了"边际社会替代率"和"边际社会转换率"的概念。"边际社会替代率"是指为了使社会上每一个人所得到的产品效用或满足程度不变，要减少某一种商品的数量将要求相应地增加另一种商品数量的比率。"边际社会转换率"是"边际产品转换率"的引申。在两种产品生产的条件下，要使生产和交换的最优条件相结合，必须使两种产品的"边际替代率"和"边际产品转换率"相等，亦即使"边际社会替代率"和"边际社会转换率"相等。如果用坐标图来表示，"边际社会替代率"体现于"社会无差异曲线"上（"社会无差异曲线"是指在一定的嗜好、技术和资源条件下，按照一定的价格和收入，表示商品的各种组合对于全社会各个消费者都给予同等程度满足的一条曲线），"边际社会转换率"体现于"社会转换曲线"上（"社会转换曲线"是指在一定的嗜好、技术和资源条件下，按照一定的"边际生产成本"，表示生产要素的各种组合对于全社会各个生产者都是同样适宜的一条曲线），那么"社会无差异曲线"与"社会转换曲线"相切之点，就是所谓生产和交换的最优条件的结合处。新福利经济学认为，只有在这一点上，对于消费者、生产者和社会全体成员而言，都是最优的。这样就达到了社会福利的最大限度。

新福利经济学关于交换最优条件、生产最优条件，以及生产和交换最优条件的上述论述，是根据一系列假设的前提推论出来的。它意在说明经济体系的最优组织是能使社会全体成员获得最大福利，或者使一部分成员增加福利而又不使其余成员的福利有所减少的组织。但要知道社会并不是个人的简单加总，人与人之间常常存在着有时甚至非常尖锐的利益冲突，能够达到最优条件的情形是极其罕见的，因此，新福利经济学的最优条件论，虽然作为一种假说有其重要的理论和方法论意义，并且因而能指导人们为最优化而努力，但如果有人要把它同现实混同起来，那就只能使这种最优条件论沦为乌托邦式的信念。

新福利经济学在论证最优条件时，提出了反对垄断，实行完全竞争的目标。应当说，这种目标本身是好的，它的基本精神是要通过一切资源的自由流动，实现资源最优配置，达到社会福利最大化。但在现代资本主义社会中，一方面由于垄断势力的强大，反垄断是很困难的，因而完全竞争早已只是一种理想或愿望；另一方面，即使能够完全竞争，但由于竞争的初始条件不同而形成的分配格局，也未必就能实现社会福利的最大化。所以，新福利最优化政策目标的实践意义是有限的。

此外，新福利经济学所分析的生产和交换的最优条件也并不符合资本主义经济的实际情况。在资本主义社会中，尽管单个企业的经营活动是有组织的，但整个社会的生产和流通却处于高度带有严重缺陷的市场机制控制之下，部门间的失衡，对抗性的分配关系形成的消费与积累矛盾等，都使生产和交换的最优条件及其结合成为一种偶发事件。当然，这不仅仅是市场经济是这样，事实上，世界上的所有经济都是这样。最优化实际上只能趋近而不可能实现。因此，当代西方福利经济学中，产生了次优理论及第三优理论，它们研究当最优化的一个或数个非必要条件不能满足时的优化问题。

（三）补偿原则论

新福利经济学通过对效用序数和最优条件的论述，实际上保存了庇古的福利经济学中的资源有效配置的论点和政策建议，并对之做了较大的补充和修正，而摒弃了庇古关于"收入均等化"的论点和政策建议。在新福利经济学家看来，如果把富人手头的一部分货币收入转移到穷人手中，并不能增加福利。理由是：一方面，效用不可计量，不同的人的效用不可比较；另一方面，根据新福利经济学的观点，如果在社会上某些人的福利增加的同时，减少了其他人的福利，那就不能认为这是福利的增加。所以，新福利经济学家认为庇古的"收入均等化"论点是不可取的。

但收入再分配问题的提出与资本主义条件下阶级矛盾的尖锐化分不开，新福利经济学家们不可能回避这个问题。在有关最大福利和收入再分配的关系方面，新福利经济学家在20世纪30年代末期曾经提出过补偿原则论和社会福利函数论两种主要的论点。

H.霍泰林是补偿原则论的最早提出者。[①]稍后，卡尔多和希克斯二

---

① 霍泰林：《普遍福利同赋税和铁路运费率、公用事业费用率的关系》，载《经济计量学》杂志，1938年7月。

人对补偿原则论的分别论述，是这一理论的主要代表作。[①]根据他们的论述，补偿原则论的基本论点如下：

政府实行的任何经济政策都会引起市场上价格体系的变化，使一方得利，另一方受损失，这样就不符合帕累托的最优条件的福利原则。为此，就应当通过赋税政策或价格政策进行调整，即从受益者那里取走一部分收入，作为对受损失者的补偿；如果补偿后还有剩余，则意味着增加了社会福利，这样的国家调节就被认为是合理的。这种补偿可以是实际的补偿，也可以是一种虚拟的补偿，即把社会的受益者增加的收益与受害者所蒙受的损失相比较，如果前者增加的收益大于后者蒙受的损失，那么对全社会而言，仍然是福利的增大。不仅如此，补偿原则论者还认为，如果从较长期进行考察，那么经济政策对收入分配的影响是深远的和多方面的，例如，在一系列政策中，有些对这一部分人有利，另一些对另一部分人有利，很可能经过一段长时间后，人人都可能因政策的结果而受益，这样，受损失者也就自然得到了补偿。

补偿原则论为西方国家实行经济干预措施提供了一种理论依据。但是，这个理论包含着一些明显的问题。所谓以全社会福利的增长作为对受害者损失的补偿的说法，回避了问题的实质，因为受害者的损失是具体的，全社会福利的增长则是抽象的。在资本主义社会中，全社会福利事实上并不存在。而长时间内"相互抵销"式的补偿，并没有根据，这是因为，受害者的损失是现实的，未来可能得到的、足以抵销损失的补偿则是臆测的。而且，"长时间"这种说法很难成立。这时间究竟有多长？是一代人的时间，还是几代人的时间？这与某种宗教的论调并无多少差别，因为宗教总是要人们忍受目前的苦难，而用死后的或来世的幸

---

① 卡尔多：《经济学的福利命题和个人间的效用比较》，载《经济学杂志》，1939 年 9 月；希克斯：《福利经济学的基础》，载《经济学杂志》，1939 年 12 月。

福来安慰目前的受难者。

（四）社会福利函数论

社会福利函数论也出现于 20 世纪 30 年代末期，主要代表人物有伯格森、萨缪尔森等人。[①]这种理论的要点是：社会福利是社会每个成员所购买的商品和所提供的要素以及其他有关变量的函数，帕累托提出的生产和交换的最优条件被认为只是达到最大福利的必要条件，而不是充分条件，因为在不同的收入分配情况下，都可以使生产和交换的最优条件得到满足，从而可能存在许多种最大的福利，而不是仅有一个"最大福利"。因此，要达到"最大福利"，必须满足充分条件，这就是要做到收入分配的合理化。

社会福利函数论者曾用这样的公式表示社会福利函数：

以 W 代表社会福利，F 表示函数，Z_1，Z_2…表示所有可能影响福利的变量，则：

$$W = F(Z_1, Z_2 \cdots)$$

在这里，各种影响福利的变量有各种不同配合的可能性。收入分配不同，个人消费的商品种类和数量不同，个人对效用的选择及先后次序的排列也就不同。这样，在一定的收入条件下，根据社会福利函数理论，福利的最大化在于各种影响福利的变量的排列组合，在于个人对这种排列组合的选择，而个人的选择则取决于个人的偏好，归根到底，这是一个道德领域内的问题，即个人将按照自己的主观评价，择取自己认为最理想的一种。

社会福利函数理论的政策含义在于：由于个人的自由选择是决定个

---

① 伯格森：《福利经济学某些方面的重新表述》，载《经济学季刊》，1938 年 2 月；萨缪尔森：《经济分析的基础》，1948 年版。

人福利最大化的重要条件，而社会福利又总是随着个人福利的增减而增减，所以要促使社会福利的最大化，政府应当保证个人自由选择的可能性，而不应限制这种自由选择。同时，要促使社会福利最大化，还应当以"合理的"收入分配作为前提，这种"合理的"收入分配并不是指收入分配的均等化，因为据说平均的收入对于有不同偏好的个人来说，并不能保证他们的福利都能增进。那么，什么是社会福利函数论者所要求的"合理的"收入分配呢？这个问题再次被纳入道德领域内。社会福利函数论者认为，"合理的"收入分配要由某种道德信念或"超人"来确定，这种"超人"可以被解释为资本主义国家的舆论，或者国会，或者政府，等等。由此可见，社会福利函数理论所主张的收入分配政策，并不是某种具体的收入再分配的政策或收入均等化的政策，而是可以随意解释的一种收入再分配政策，只要认为这符合于某种道德信念或"超人"的意志就行了。

社会福利函数理论突出了自由主义的经济思想倾向，它比补偿原则论更强调福利的主观性。它认为最大福利来自个人的自由选择，个人是自己的福利的最好判断者，这是不无道理的。这里应该注意的是，福利的主观性仅仅是指在一定的收入分配（物质拥有量）基础上，根据个人偏好选择变量组合的自由，绝非表示个人可以随意评估福利大小。

从上面所提到的社会福利函数理论的两点政策含义可以看到，这一理论对西方国家的政策制定提供了便利。一方面，既然最大福利来自个人的自由选择，那么政府就不应当对个人的自由选择有所妨碍，一切限制垄断的政策建议都可以被指责为不利于实现最大福利的措施。另一方面，既然"合理的"收入分配取决于道德信念和"超人"意志，而道德信念之类的东西又是主观评价所决定的，那么政府的决策就不必拘泥于旧福利经济学所倡导的"收入均等化"措施了。现存资本主义条件下的收入分配结构也可以被解释为"合理的"、符合某种道德信念或"超人"

意志的了。

（五）"社会主义"学说

在西方经济学文献中，流行着各种不同的"社会主义"学说。新福利经济学家在旧福利经济学基础上提出的"社会主义"学说，就是其中的一种。这一学说出现于 20 世纪 30 年代末期和 40 年代。迪金森、勒纳等人是主要代表者。[①]他们的学说的特点是：

第一，他们认为，"社会主义"的本质不在于生产资料的公有制或哪一个阶级占有生产资料，而在于一种社会生产组织形式能否增加社会福利。在他们看来，"社会主义"乃是一种增进社会福利的理想的社会生产组织，而福利经济学则提供了福利判断的理论依据，所以"社会主义"学说与福利经济学理论是密切联系的。

第二，他们认为，生产和交换的最优条件以及生产和交换最优条件的结合是实现最大福利的条件，因而，"社会主义"经济的特征在于通过"中央的管理"或"计划化"来满足生产和交换最优条件的要求。在这里，"社会主义"的"计划化"的出发点通常被认为是"消费者主权"，即认为消费者的偏好是给予生产者的指示，这种指示是通过市场机制传递给生产者的，生产者应当按照消费者的意愿来安排生产，提供产品。换言之，在这些宣传"社会主义"的福利经济学家看来，只有在"消费者主权"的前提下，才能确定资源的最优配置，以达到最大的社会福利。

第三，他们认为，在"社会主义"经济中，收入的"合理"分配仍然是一个道德判断方面的问题，分配的原则涉及社会成员对福利的理

---

① 迪金森：《社会主义经济学》，1939 版；勒纳：《统制经济学：福利经济学原理》，1964 年版。

解，对最大福利的评价。他们一般并不把收入的均等化看成是"社会主义"的必不可少的措施，而是认为通过政府的"福利措施"，使低收入阶层的福利有所增加，这就符合"社会主义"的要求了。

第四，在他们所设想的"社会主义"经济模式中，"计划化"（或"中央计划原则"）与"自由企业经营"（即私人资本主义生产资料所有制基础上的生产组织）不是抵触的。他们认为，从"消费者主权"这个出发点提出的"社会主义"的"计划化"，并不是硬性规定生产资源的配置，而只是起着指导和调整生产资源配置的作用。在"自由企业经营"基础之上，市场竞争可充分发挥作用，以维持供给和需求之间的均衡，并让企业的生产安排适应消费者的意图。例如，按照福利经济学家勒纳的观点，"社会主义"就是一种"混合经济"模式，就是在市场机制中加上中央计划的指导和调整，也就是通过竞争和"中央计划原则"这两条渠道达到的资源有效配置。

福利经济学家所倡导的这种"社会主义"，充分反映了西方经济学中"社会主义"学说的特征，即他们并不认为生产资料社会主义公有制是社会主义经济的基础；在他们的"蓝图"中，社会主义是某种有助于促进"社会福利"的生产组织。其次，他们所一再强调的"社会主义"的"计划化"，也不是建立在生产资料社会主义公有制基础上的计划化，而是政府使生产资源实现有效配置的一种调节方式，被认为在私有制基础上同样可以实现。这反映了西方福利经济学家设想的"社会主义"经济模式只不过是一种政府调节经济的模式而已。

第二节　当前西方福利经济学中若干重要理论问题的讨论

上一节评论了西方福利经济学的产生及其在 20 世纪 30—40 年代内的基本发展状况。第二次世界大战结束后，西方福利经济学大体上仍循着 30—40 年代"新福利经济学"所探讨的课题方面发展。在 60 年代后期和 70 年代内，由于资本主义世界通货膨胀的加剧以及通货膨胀与失业并发症的爆发，再加上经济增长速度普遍减低、环境问题严重、社会动荡等原因，在西方福利经济学中出现了一些新的课题，它们成为持有不同观点的西方经济学家们争论的问题。了解这些争论，既有助于认识当前西方福利经济学的发展动向，也有助于弄清楚西方经济学当前所处的理论危机状态，因为福利经济学作为西方经济学的一个组成部分，它的动向与后者的理论危机是不可分的。

一、相对福利学说

相对福利学说是在新福利经济学的基础上发展起来的。它除了接受新福利经济学关于个人所得到的效用不可以比较，福利取决于每个人对福利的主观评价，以及最大社会福利并不一定需要实现收入均等分配等基本命题而外，更加突出了福利的主观性质和相对性质，并且强调最大社会福利是一个既无实际意义，又无实现可能性的幻觉。相对福利学说的这一特色，反映了 20 世纪 60 年代后期以来西方经济学界一部分人在资本主义社会经济新形势下，对西方传统福利经济学说无法解释现实问题而表露出来的一种不满。

相对福利学说的主要代表人物是 R. 伊斯特林、E. 米香。[①]20 世纪 40 年代后期西方经济学中相对收入学说的产生，50 年代和 60 年代的西方经济学家、社会学家和心理学家关于福利含义的讨论，对相对福利学说的发展都有重要的影响。

相对收入学说是杜生贝在其 1949 年出版的《收入、储蓄和消费者行为理论》一书中提出的。其要点是：每个人的消费支出不仅受到自身收入的影响，而且受到周围的人的消费行为及其收入和消费相互关系的影响，比如说，某人的邻居购买了某种商品，将使此人受到影响，促使他模仿或与之竞赛。因此在消费者行为中存在一种"示范"作用，每个人总是想追赶别人，不甘落后。根据这种相对收入学说，A. 罗斯在其主编的《人类行为和社会的作用》（1962）一书中，用"关系集团"这一概念来解释人们的消费行为，所谓"关系集团"，是指个人在心理上把自己与之联系起来的那一批人，他在实现消费行为时受到这个集团的"评价和规范"的影响。一个人属于什么样的"关系集团"，他的意愿和行为就与这个集团的其他人相似，彼此有着相近的偏好、习惯和生活方式。相对收入学说和"关系集团"概念对福利经济学的一个重要影响在于：一个人对自身的福利程度的看法，看来不取决于个人的绝对收入水平，而取决于相对收入水平，即与别人相比较的收入状况，而且在与别人相比较时，不是同全国收入平均水平相比较，而是同自己心理上与之联系的那一批人（"关系集团"）的收入水平相比较。相对福利学说正是从这一点出发进行分析的。

---

① 伊斯特林：《经济增长改善人类的命运吗？》，载保罗·戴维、黑尔文·雷德尔编：《经济增长中的国家和家庭》，1974 年版。米香：《福利经济学》，载《国际社会科学百科全书》，第 16 卷，1968 年版；《经济增长需要怀疑》，载《劳埃德银行评论》，1972 年 10 月；《增长和反增长：问题何在？》，载威廉·米契尔编：《宏观经济学文选：当前政策问题》，1974 年版。

　　40 年代以来关于福利含义的讨论是较多的，多数看法把"福利"与"快乐"看成一回事。例如 1957 年，李特尔在所著《福利经济学评述》第一章一开头就认为："福利"指的是"幸福"的原因或影响"幸福"变化的因素，而"幸福"主要取决于"快乐"。这样，"福利"和"快乐"实际上是密切联系在一起的。1968 年，米香在他为《国际社会科学百科全书》写的《福利经济学》条目中，把"福利"说成是"快乐"的同义语。①1972 年，R. 艾考斯在《基础经济学》中替"福利"做的解释是"福利"与"快乐"是一回事，经济的任务是致力于"福利"，亦即致力于"人类的快乐"。②但对"快乐"又应当如何理解呢？坎屈里尔在其 1965 年出版的《人类关心的型式》中提出，财富或收入的多少不是"快乐"的标志，如果说有人因为有钱而"快乐"，那么同时却有一些人虽然钱较少，但"快乐"并不稍减。他举美国人和印度人对"快乐"的理解为例。他说，据他的调查，1965 年，一个印度农民最希望的是有一个儿子、一块土地、一头母牛、在乡下有一座房子，如果满足了这些，就感到"快乐"了；一个印度工人最希望的是能买到一辆自行车或一个收音机，子女能受到教育，本人不生病，如果满足了这些，就感到"快乐"了。然而一个美国工人的想法则是：能买一辆新汽车，有一座好房子和较好的家具，有更多的假日，能去打猎和游玩，这样才感到"快乐"。可见"快乐"因人而异，没有统一的标准，也不能用收入水平的高低来衡量。③这些有关福利含义的讨论，也对相对福利学说的产生发展有着重要的影响。

　　简单地说，相对福利学说就是在新福利经济学的基础上，吸收了相

---

　　① 米香：《福利经济学》，载《国际社会科学百科全书》，第 16 卷，1968 年版。

　　② 艾考斯：《基础经济学》，1972 年版。

　　③ 坎屈里尔：《人类关心的型式》，路特格斯大学出版社，1965 年版，第 184、205—206、222 页。

对收入学说和有关"福利"或"快乐"的社会学、心理学的解释而发展起来的一种学说。根据伊斯特林和米香等人的论述,相对福利学说的要点可以归纳如下:

第一,"福利"和"快乐"应当被看成是同一回事,"快乐"的客观标准是不存在的,它并不取决于个人的收入多少,它是个人的心理感受,是主观的东西,没有尺度可以衡量。只有个人才能感受到自己是否快乐。由此可以说,"福利"和"快乐"一样,都是相对的,它只存在于与别人相比的自我感觉中。比如,一个人只有自己才能回答"我感到我比较幸福"或"我感到我不如别人幸福",等等。

第二,既然福利是相对的,因此随着个人的收入增长,自己并不一定会感到比过去快乐:他可能感到快乐些,也可能感到更不快乐,关键在于别人(或周围的人)的收入是否也有所增长。如果大家的收入水平都提高了,那么个人并不感到自己的幸福增大了。米香曾这样写道:"一个人宁肯自己收入减少 5%,而别人减少 10%,却不愿大家的收入都提高 25%。"[1]

第三,既然福利是相对的,福利与个人收入水平之间并无直接的关系,那么由此而得出的政策含义之一是,旨在普遍提高国民收入水平的政策措施并不能增加国民的福利;由此得出的政策含义之二是:旨在缩小国民之间收入差距的政策措施也不能增加国民的福利,因为除非全体居民的生活水平完全一样(这当然是不可能的),否则总有人感到不满足,特别是由于收入差距缩小了,对差距的"敏感性"反而增大了。人们对差距越是"敏感",就越是感到不快乐。伊斯特林写道:"如果相对地位不变,收入差异减少一半,那么快乐程度会大一些吗?至少表面上

---

[1] 米香:《增长和反增长:问题何在?》,载威廉·米契尔编:《宏观经济学文选:当前政策问题》,1974 年版。

讲得过去的是，对收入差异的敏感性可能提高了，因此，收入较低的人在收入相距为 50% 的新环境中可能同他们在过去收入相距为 100% 的环境中一样地感到苦恼。如果是这样的话，那么主观的福利可能无变化。"[①]

第四，即使个人收入增长，个人的欲望也会随之增大。一个欲望刚被满足，另一个新的欲望又出现了，任何已被满足的欲望都创造着新的、未被满足的欲望。后者将带来新的烦恼。所以个人收入增长也不会给自己带来快乐。由此得出的另一个政策含义是：欲望无止境，福利满足不了，不必为未来的福利政策目标和规划去操心，下一代人有他们自己的评价标准，谁知道他们那时会有什么想法，何必去为他们设计"富裕社会"的蓝图呢？

以上就是西方经济学中相对福利学说的基本内容。这种学说具有片面强调福利的主观随意性的倾向，实际上否认力图增进社会福利的任何措施，带有极端自由主义，甚至虚无主义色彩。

在具体论证过程中，相对福利学说实际上假定人人都是有极大嫉妒心的利己分子，"宁肯自己收入减少 5%，而别人减少 10%，却不愿大家的收入都提高 25%"。其实，这种情形即使存在，也只是个别的。相对福利学说把这种个别场合的事例当成一种规律性现象，显然是不科学的。

但相对收入学说也在一定意义上反映了消费领域内某些实际情况，例如人们的消费行为可能受到周围生活环境的影响，受到街坊邻居、亲戚朋友和同事的影响。生活方式的模仿和消费支出的"竞赛"的确是存在的。可是，不能任意夸大这一点。模仿和"竞赛"不是凭空出现的，

[①] 伊斯特林：《经济增长改善人类的命运吗？》，载保罗·戴维、黑尔文·雷德尔编：《经济增长中的国家和家庭》，1974 年版。

它们都以一定的绝对收入水平为基础。同时，它们还需要受到多方面的因素的制约（社会地位、制度、文化传统、购买方式等）。如果不考虑这些，单纯从心理因素去着手分析，就是片面的。相对福利学说在以相对收入作为判断"福利"（或"快乐"）的依据时，正是抓住了人们的某些心理活动的特征和表现，夸大它们，以至于得出上述结论。这种情况正如近年来梅尔顿、古尔等人把相对收入学说用于政治学领域，得出所谓"相对不满情绪导致革命"的结论一样（这就是说：人们为什么起来革命？原因在于一些人虽然生活已比过去改善，但他们感到自己仍然落后于另一些人，或认为别人改善得更多、更快。这种不满情绪使他们倾向于革命）。[1] 总之，相对收入学说夸大相对收入水平的作用，并用它来解释社会、政治、经济问题（如"福利""革命"等），这种论证方式是不科学的。

二、国民经济福利的尺度

在西方经济学文献中，传统的看法是以一国国民生产总值（GNP）作为衡量福利的一个标志。但不少西方经济学家现在已经认识到国民生产总值这种尺度本身具有局限性和缺陷。例如，国民生产总值被认为不能全面地反映"福利"或生活水平；不能反映产品的类别；不能反映产品的质量和质量的改进；不能反映产品的占有和分配情况；不能反映收入的分配情况；等等。因此，在他们看来，如果不在国民经济度量体系上有所改进，政策上就可能走向谬误。[2]

---

[1] 梅尔顿：《社会理论和社会结构》，1968 年版。古尔：《人们为什么造反？》，普林斯顿大学出版社，1970 年版。

[2] 霍根多恩：《管理现代经济》，第三、十四章，1972 年版。

萨缪尔森在 20 世纪 70 年代初曾提出一个用以替代国民生产总值的度量概念，它被称为 NEW，即"纯经济福利"（Net Economic Welfare）。

由于 GNP 被认为未能准确地反映国民经济福利，所以在萨缪尔森看来，需要做到以下两点：

第一，从传统的核算中减掉那些妨碍国民福利使用或造成损失的费用（或折合的价值）。例如环境污染引起的损失，城市生活中的麻烦（如交通拥挤、噪声、来往奔波，等等）。[①]

第二，把传统的核算中被排除在外的一些项目加进去，例如家庭主妇的劳务、增加了的闲暇的价值，等等。

按这种方式计算的 NEW 显然与 GNP 是不同的，但萨缪尔森认为这将是走向衡量社会成员的生活质量的一个初步步骤。

萨缪尔森承认，NEW 和 GNP 的增长之间存在着矛盾，这种矛盾实际上就是生活质量与经济增长之间的矛盾，如果要 NEW 增长快一些，那么 GNP 的增长就可能要放慢一些。

1976 年，日本经济学家都留重人在《走向新政治经济学》一书第五章《代替 GNP》中，对这一问题做了阐述。他指出，如果把"生产"看成是"社会财富"的追加，把"消费"看成是它的减少，由于"收入"基本上与"社会财富"存量成比例，所以"消费"对"收入"有负的作用，"生产"对"收入"有正的作用。都留重人认为，可以利用社会财富增减的概念来代替 GNP。

都留重人指出，以国民生产总值和国民收入作为衡量福利的尺度，与以"社会财富"作为衡量福利的尺度，所得出的结果是很不相同的。如果按国民生产总值和国民收入来衡量，由于它们增长较快，所以显得福利增加很多，但如果用"社会财富"来衡量，那么福利的增加远不是

---

① 萨缪尔森：《从 GNP 到 NEW》，载《新闻周刊》，1973 年 4 月 9 日。

那么快。

有关国民福利衡量尺度的讨论至今尚未结束。看来，要想使讨论在短期内取得一致的意见，并找出切实可行的计算福利的方法是困难的。这场讨论不仅暴露了经济增长所产生的社会经济问题，以及社会各阶层由此产生的对单纯追求增长率的不满情绪，而且也反映了衡量福利的困难，反映了传统的西方国民核算理论和方法的缺陷与不足。

必须指出，由于福利在资本主义社会中不是全民性的，因此西方经济学家关于代替 GNP 的设想以及他们提出的某些具体的估算方法，即使在统计方面切实可行，也仍然无法反映资本主义社会的国民经济福利的实际状况。

三、"平等"和"效率"的交替问题

从庇古开始，西方福利经济学一直把收入再分配和资源有效配置作为重要课题来研究。"收入均等化"是否是实现福利的必要条件，这一点在新旧福利经济学之间是有所争议的；资源有效配置（或保证生产和交换的最优条件）作为促进福利的手段，则是新旧福利经济学一致认为无须怀疑的。

"收入均等化"意味着"平等"，资源有效配置意味着"效率"。福利经济学既要探讨"平等"问题，又要解决"效率"问题。"平等"和"效率"二者同时成为福利经济学的政策目标。

但近年来，一些西方经济学家感到"平等"和"效率"这两个政策目标是互相抵触的，二者之间存在着此长彼消的交替关系。据说，如果要做到"平等"（即收入均等化），那就要牺牲"效率"（即资源有效配置）；反之，如果要提高"效率"，那就必然要扩大收入差距，难以实现"平等"。

"平等"和"效率"的交替被认为是很难解决的。这个问题之所以被认为难以解决，据说是因为在资本主义社会中，收入分配的基本依据是市场对个人贡献的评价和付酬制度。经济效率高，收入就多，经济效率低，收入就少，因此"效率"和"平等"不可能兼而有之，而只可能有所侧重，即为了强调"收入均等化"，就宁肯牺牲效率，或者为了强调效率，就宁肯让收入差距扩大。

"平等"和"效率"的先后次序问题涉及西方经济学说中更为深刻和重要的一个问题，即价值判断问题。新自由主义和货币主义经济学家在谈到"福利"时，认为"福利"首先与"自由"相联系，如果"平等"的获得以"自由"作为代价，那么这种"平等"是不可取的。他们还认为"平等"只能通过市场竞争机制来实现，而不能依靠政治组织的措施来实现。例如，哈耶克说道："由特殊干预行动对自发过程中造成的分配状况的'纠正'，就一个原则同等地适用于每一个人而言从来不可能是公正的。"[1]按照新自由主义和货币主义经济学家的意见，应当把市场竞争放在首位，侧重经济效率的提高，而不应当采取人为的"收入均等化"措施，强求"平等"，给社会带来更大的损失。制度主义经济学家的观点恰好相反。他们认为，如果听任市场竞争机制充分发挥作用而不采取人为的干预措施，那么不仅收入不可能公平地分配，甚至资源也不可能有效地配置。他们的主张是"使平等优先"。[2]他们强调把"收入均等化"放在首位，缩小市场的调节作用。

第三种意见即折中的意见是这样的：既不是"效率"优先，也不是"平等"优先，而是试图找到一条既能维护市场机制又能消除收入差别

---

① 哈耶克：《法律、立法和自由》，第2卷，《社会正义的幻景》，1976年版。
② 约翰·劳尔斯：《正义论》，哈佛大学出版社，1971年版，第62页。

扩大的途径，即设法使"平等"和"效率"二者都增加的途径。奥肯就是持有这种观点的主要代表者。

奥肯在其 1975 年出版的《平等和效率：巨大的交替》一书中，这样分析道：

如果"平等"和"效率"都得到重视，那么在二者发生冲突的地方，应当达成妥协。在这种场合，某种"平等"将以牺牲"效率"作为代价，而某些"效率"将以牺牲"平等"作为代价。但其中任何一项的牺牲，必须被判断为可以得到更多的另一项的必要手段。[①]

这就是说，在奥肯看来，市场竞争机制在某些情况下需要加一些限制，但不能限制过分；"收入均等化"措施需要保留一些，但也不能过度。这是因为：为了实行"平等"需要政府进行干预，但政府的干预将侵犯个人自由，产生官僚主义，所以有必要同时发挥市场的调节作用，它能限制官僚制度的权力，有助于维护个人自由，并能刺激工作者去努力工作，提供更多的产品，鼓励创新。反之，如果不对市场机制的过度膨胀加以适当限制，货币将成为专横跋扈的力量，低收入者得不到保障。[②]

奥肯认为，一个社会如果不采取在"平等"和"效率"之间妥协的做法，而是真正要实现收入的"平等"，那将是一种空想，这是因为收入"平等"概念本身是不明确的。他指出，由于各个家庭的需要不同，所以要达到同等程度的福利水平，需要的是不同的家庭收入水平；反之，如果真正实现了收入的"平等"，那么各个家庭所得到福利将会不一样。他举了一个简单的例子，这就是城市居民和乡村居民因需要的差别而在得到同等福利方面所要求的收入水平的差别，也就是说，不能

---

① 奥肯：《平等和效率：巨大的交替》，1975 年版。
② 同上。

简单地利用城乡居民在收入方面的"不平等"来说明他们在福利方面的"不平等"。除此以外，奥肯还认为人们的福利并不一定来自收入，而可能有收入以外的来源，这样，即使致力于实现收入方面的"平等"，也不可能使人们的福利相等。

在分析了以上这些问题之后，奥肯进一步指出，强调把"效率"放在优先地位的经济学家们所鼓吹的"机会平等"，它的含义比收入的"平等"更加难以捉摸，而且在这方面很难加以度量。比如说，各个人的天赋能力是不一样的，各个人的家庭背景也是不同的，只要承认人与人之间有这些差异，那就很难说机会是完全平等的。又比如说，一个穷人和一个富人都需要向别人借钱来买房产，富人很容易借到钱，穷人不容易借到钱，或者，穷人即使能借到钱，但要按较高的利息率付利息。既然实际生活中存在这种情况，那就很难说机会是平等的。

奥肯由此认为，社会只能在"平等"与"效率"之间采取某种妥协的做法，而不可能直接实现完全的"机会平等"。

奥肯还认为，社会主义制度并不是理想地使"平等"和"效率"协调的制度。他说道，集中计划的社会主义国家在"效率"上遇到两个障碍，一是生产无效率是不可避免的。工厂根据上级指示生产，实际总产值并不下降，但很可能品种不齐全。例如，一个铁钉厂，如果上级按钉子数目来衡量它的成果，它可能拼命生产小号钉子，如果上级按钉子总重量来衡量，它可能转而生产大号钉子。二是生产不是根据消费者的偏好，而是根据计划者的偏好安排的，因此产品不符合消费者的意愿。[①]

奥肯把上述这些缺乏"效率"的情况称为"官僚制度的代价"。他还认为，在这样的场合，不仅缺乏"效率"，而且也不可能实现"平等"，因为在他看来，收入的平等以职业的机会平等为条件。如果劳工

---

① 奥肯:《平等和效率: 巨大的交替》，1975 年版。

市场缺乏平等的就业机会，存在着某种排他性，那么收入就不可能是平等的。奥肯把"不平等的机会""不平等的收入""无效率"三者联系在一起，他认为，如果机会平等原则被破坏，人们就得不到赚取同等收入的机会，个人的才能和积极性不能发挥，于是"无效率"也就以复利的形式成倍地增长。只有较大的机会平等才能产生较大的收入平等。[①]

因此，奥肯同其他一些主张兼顾"平等"和"效率"的西方经济学家一起赞成"混合经济"结构。所谓"混合经济"结构，是指既保存私人财产权和个人自由，使之不受国家权力的侵犯，又存在国家对收入再分配的调节（如累进所得税制和低收入补助），以促进较大程度的"平等"。

在"平等"和"效率"交替问题上，有些西方经济学家还提出要改变以往的收入再分配的具体做法。他们认为，"工作积极性"和"闲暇"之间也存在着一种交替关系。如果累进的个人所得税率太重，人们宁肯闲着，也不愿增加工作量，从而减少"效率"；如果遗产税太重，人们不仅宁肯闲着，不愿多干活，从而减少"效率"，甚至宁愿大肆消费，不愿储蓄，从而不利于经济增长。因此，要使"平等"和"效率"协调，就需要运用专门的税收政策。例如，征收特种消费税主要会影响不同产品和劳务的替代，而不至于影响"效率"；而增加土地税，则可以提高建筑用地的利用率，促进建筑业发展（刺激人们折旧房，朝高层和地下发展），以及提高农业土地的利用率，促进农业发展（刺激人们提高单位面积产量）。[②]再以对穷人的补助来说，如果为了促进"平等"，由政府补助差额，把低收入者的收入一律提高到某种标准线，以维持一定的生活水平，那么这被认为是对"闲着少干活""干和不干一个样"

① 奥肯：《平等和效率：巨大的交替》，1975年版。
② 海曼：《政府活动经济学》，1973年版。

的一种鼓励，会引起"效率"损失；而由政府提高法定最低工资率的做法，则被看作是更大的效率损失，因为这样会促使企业大量解雇或拒绝使用最低工资工人。但据说，如果改变以往的补助办法，实行所谓"负所得税"（即政府定"收入保障数额"，然后根据个人实际收入给以适当的补助金。为了不把低收入者的收入一律拉平，补助金将根据个人实际收入的多少按比例发给），或实行所谓的有限的"工资津贴"（即政府规定每小时的工资津贴额，然后根据每个获得最低工资的工人的实际工时发放，使多干活人多得到补助），那就可以既有利于缩小收入差距，又不影响工人的效率，也不会挫伤企业投资和扩大生产的积极性。例如奥肯建议，假定最低工资率是每小时 2 元，平均工资率是每小时 4 元，全国平均每户收入为 14,000 元，这样，政府发放的"工资津贴"可以定为最低工资与平均工资之差的 50%，即每小时 1 元，而让成年工人得到每小时 3 元收入，全年收入接近 6000 元，略低于全国平均家庭收入的一半。[①]

经济收入的完全相等（平等）从来只是乌托邦主义者的梦想，在任何社会都不可能实现，在资本主义社会就更是天方夜谭。把乌托邦式的梦想作为社会目标本身就是不科学的，因此，西方经济学家除非放弃这一目标，否则，将永远无法走出"平等"与"效率"相交替的困境，最多只能做一些滑稽的折中和妥协，把对二者的选择完全归入规范（价值判断）问题而自慰。

事实上，对资本主义社会来说，首先需要的不是经济收入的均等，而是创造收入的机会的均等，即公平。任何社会所需要的都是在公平的基础上形成公众基本认可的比较合理的收入结构。公平与"平等"和"效率"都是一致的，抛开公平，就既谈不上"平等"也谈不上"效

---

① 奥肯:《平等和效率：巨大的交替》，1975 年版。

率"。在福利经济学中，公平应该说是真正的难点，也是真正触及资本主义现实问题深处之点。西方经济学家在研究国民福利时虽然也谈到了公平问题，但从未明确地把它作为关键所在，重点研究。因而，他们的福利经济学难免有缘木求鱼之嫌。

西方经济学家在"平等"和"效率"问题上对社会主义经济的指责是没有根据的。在现实生活里，社会主义经济中确实存在一系列复杂的问题（如一方面是因体制不完善而导致机会不太均等，进而形成不合理的收入差距；另一方面局部收入分配的平均主义导致效率不高及宏观上的攀比等），但这些问题都不是社会主义制度的必然结果。通过政治经济体制的不断改革和完善，社会主义国家是完全有可能实现公平基础上的"效率"和"平等"的。

四、宏观福利经济学说

收入再分配和资源有效配置是西方福利经济学所要探讨的中心问题，因为在西方福利经济学看来，要实现福利的最大化，或者要使"收入均等化"，或者要做到资源的最优配置，或者使二者协调起来。在西方经济学中，收入再分配和资源有效配置都属于微观经济学领域内的课题。所以福利经济学说通常被认为是微观经济学的一个部分。

早在20世纪40年代，勒纳就提出了这样的建议，即为了符合社会的利益，政府应当承担起维持充分就业和防止通货膨胀的责任；政府拥有的六种主要手段是：征税、政府支出、政府借债、政府贷款、政府购买、政府销售；只要政府运用这些手段，那就可以达到维持充分就业和防止通货膨胀的目的了。勒纳作为一个福利经济学家，他的学说的特点在于他从福利经济学角度对政府调节做了分析。

勒纳指出，政府应当力求使政府支出和私人支出的边际社会利益相等。在这里，边际社会利益是指增加一定量的产品使社会所得到的利益，也就是使社会上一切成员所得到的净利益。在勒纳看来，政府进行调节时应当考虑全部支出（包括政府支出和私人支出）的结构，应当尽可能使得任何一美元支出都能给社会带来相等的利益，这样就可以使得资源得到充分的利用。但勒纳还指出，要把直接边际社会利益同间接边际社会利益区分开来，不仅仅考虑直接边际社会利益，也要考虑间接边际社会利益。比如说，为了减少失业人数，政府有必要增加一笔公共工程的支出，但这笔公共工程的支出的直接边际社会利益可能很低，甚至可能是一个负数，但如果这笔公共工程支出能够使其他地区和部门增加收入和就业，那么这就是它的间接边际社会利益。所以在计算支出的边际社会利益时，要计算总边际社会利益，即直接边际社会利益与间接边际社会利益之和。

根据勒纳的看法，不仅政府用于各种不同目的的支出的边际社会利益应当相等，而且各种不同的赋税的边际社会成本也应当相等。他所说的边际社会成本是指社会边际机会成本而言，而社会边际机会成本就是：社会把追加的生产要素用于生产某种产品而不能用于生产其他产品所受到的损失。政府使各种不同的赋税的边际社会成本相等，可以使纳税人受到的损失减少到最低限度。

这样，勒纳就得出了关于政府调节（包括政府支出和税收）的福利经济原则，这就是：如果总支出不足，那么一切形式的赋税都必须减少，一切形式的支出都必须增加，直到各种边际机会成本（在赋税的情形下是各种边际社会成本）已经减少并在充分就业下彼此相等为止。要是为了防止通货膨胀而必须限制需求的话，则一切支出都应当缩减，一切赋税都应当增加，直到各种边际社会利益和各种边际社会成本又在一个更高的水平上彼此相等为止。勒纳认为只有这样才能在政府调节中符合资源充分利用的目的，才能保证经济既达到充分就业又防止通货膨胀。

近年来，由于通货膨胀和失业的并发对资本主义的国民经济生活产生了全面的影响，有些西方经济学家感到，福利经济学问题不能仅仅从微观经济学角度来考察了，必须也从宏观经济学角度来分析。通货膨胀和就业水平，是宏观经济学领域内的课题。把福利的最大化与这些宏观经济学问题结合在一起考察，成为当前西方经济学界又一个新的福利研究课题。

这方面的最重要的研究项目之一就是通货膨胀和失业的"最优交替"下的福利最大化问题。

关于福利最大化的问题，西方经济学家认为不能仅仅考虑收入再分配和资源有效配置这两个政策目标，而要放在多种政策目标的格局中重新考虑。当前资本主义国家政策的制定离不开对通货膨胀和失业问题的处置。如果说通货膨胀无法根除，那就应当适应它；如果说失业现象始终会存在，那就应当调节它。于是就存在"可以被社会接受的通货膨胀率"或"可以被社会接受的失业率"问题。而在认为通货膨胀和失业之间存在着长期交替关系的一部分西方经济学家看来，既然存在长期交替关系，那就产生通货膨胀和失业的最优交替点的确定问题。

什么是最优交替？对这个问题的论证涉及"收益"和"成本"的比较。"收益"是指降低通货膨胀率或失业率可能带来的好处；"成本"是指通货膨胀率或失业率上升可能造成的损失。因此，据说"最优交替"应当放在这样一种位置上，一离开它，"成本"的增加就会大于"收益"的增加。基于这种考虑，政策的制定就应当放在使通货膨胀和失业二者都保持在"可以被社会接受的"准则上。

对于这一问题，西方宏观福利学说的代表者之一托宾在所著《通货膨胀与失业》中这样写道："无论是宏观经济政策的制定者还是当选的官员和他们对之负责的选民，都不能回避衡量失业的代价与通货膨胀的代价的轻重。正如费尔伯斯指出的，这一社会选择有一个一定的时间性的含义。非自愿失业的代价是最明显和直接的。通货膨胀的社会代价来得较晚。"[①]托宾显然持有把失业"成本"看成比通货膨胀"成本"更高的观点。

从这一立场出发，托宾认为，不能渲染通货膨胀对收入再分配的不利影响，比如把通货膨胀说成是"最无情的税"，或把通货膨胀说成是将导致资源配置不当，等等。他认为，即使不是通货膨胀，而是通货收缩，那么只要这种通货收缩是未被人们预计到的，也会产生类似的对收入分配和资源配置的不利后果。[②]

从福利经济学的角度来看，失业当然会使一部分人的福利状况较显著地恶化，使这些人与社会其他成员的收入差距扩大了，而通货膨胀则对较多数的社会成员的实际收入发生影响，其中大多数人的实际收入会下降，但收入差距并不会显著地扩大。从这个意义上说，社会还是可以同通货膨胀共处的；而要社会同失业共处，则比较困难。于是在最优交替的选择中，在考虑"成本"时，失业的"成本"（即失业可能带来的损失）应当放在更重要的位置上。但这仅仅就"温和的通货膨胀"而言。[③]如果"温和的通货膨胀"一变而为急剧的、恶性的通货膨胀，那么它对社会全体成员将带来可怕的后果，不仅是社会福利状况会大大恶化，而且由于它将使整个经济瘫痪（如20世纪20年代德国那样），使失业猛增，它将变得比部分人的失业更加难以忍受，这样，在考虑"成本"时，通货膨胀的"成本"（即它可能带来的损失）就必须放在更突出的位置上了。

① 托宾：《通货膨胀与失业》，载《美国经济评论》，1972年3月。
② 同上。
③ 夏皮罗：《宏观经济分析》，1974年版。

联系到通货膨胀与失业的最优交替问题，在何种情况下可以使通货膨胀和失业对收入分配和资源配置的不利后果减少到最低限度，或使社会福利达到最大化，这是当前西方经济学界尚无定论，但引起经济学家和政府经济政策制定者们广泛注意的问题。托宾曾经断言，在凯恩斯出版《就业、利息和货币通论》之后 35 年的 20 世纪 70 年代，宏观福利经济学仍然是一个中肯的和富有挑战性的课题，并肯定它有很大发展前途。[①] 在 70 年代其他若干重要的西方经济学著作中，在涉及通货膨胀和失业问题时，也都把通货膨胀和失业交替的收入分配效应和资源配置效应视为一个突出的研究方面。我们应当注意西方经济学界的这一动向。

必须指出，所谓通货膨胀与失业最优交替条件下的福利最大化，在理论上是错误的。通货膨胀与失业是资本主义制度的产物，资本主义基本矛盾是通货膨胀和失业的根源。通货膨胀和失业二者之间并不存在此长彼消的因果关系。而且，无论是通货膨胀还是失业，都只可能既造成国内资源配置的失调和资源的浪费，又使得低收入者、失业者、靠固定福利补助费为生者的实际收入下降，使贫富差距扩大。即使"可以被接受的"失业率和通货膨胀率，也避免不了这种结果。

70 年代，某些西方经济学家根据政府政策着重点的变换，提出了"政治周期"的理论。这是当前西方宏观福利经济学说的又一新的动向。

"政治周期"的含义是：资本主义国家经济的波动和政府经济政策的重点，随几年一度的大选而变化。这就是说，在临近大选时，政府为了取得选民的支持和"信任"，往往采取措施扩大政府开支以减少失业和"救济"贫民，使经济中呈现繁荣景象，而一旦选举结束，新总统上台后，为了弥补财政中的窟窿，防止通货膨胀率过高从而影响

---

① 托宾：《通货膨胀与失业》，载《美国经济评论》，1972 年 3 月。

社会经济，往往压缩福利支出，再等到下一届大选临近时，又重新增加福利。

根据"政治周期"的演变，通货膨胀和失业的交替或"收入均等化"和经济效率的交替都将依照下述情况进行：

在临近大选时，政府强调"收入均等化"，强调应付失业问题，强调实现福利目标；

在大选结束，新政府上台后，就强调经济效率，强调抑制通货膨胀，强调经济增长。

西方经济学家认为这是多年来资本主义国家经济变动所表明的实际情况。但有关"政治周期"的研究，尽管它反映了资本主义国家实际政治和经济生活中的某些现象，在理论上却是错误的，因为它掩盖了资本主义国家的政府的本质，而把资本主义国家用以维护统治的福利措施看成是政治家为了个人捞取选票的手段，至于政府本身却似乎是不偏不倚的。我们知道，政治家的个人行动和诺言固然有一定作用，但这必须放在资本主义社会阶级关系中去考虑，而不能予以夸大和绝对化。

第三节　西方经济学中的福利国家理论

"福利国家"理论与福利经济学之间有一定的联系，但二者并不是一回事。"福利国家"理论的出现要比福利经济学的出现早一些。它所涉及的范围也比福利经济学广泛一些。福利经济学中关于福利标准和福利政策的论述，为"福利国家"理论提供了一部分依据。

下面分三部分来对"福利国家"理论进行剖析。

一、"福利国家"理论的出现

早在 19 世纪末期，德国新历史学派就宣传过"福利国家"理论。其主要代表人物 G.施穆勒认为国家是人们在道义上的结合，国家可以通过办理社会保险和铁路国有化等方式来协调劳资之间的矛盾；其另一主要代表人物 L.布伦坦诺，主张主要通过劳资谈判来改善工人生活状况，增加福利。他们都把当时的德国视为"福利国家"。同一时期，英国的费边派也倡导"福利国家"理论。它主张用温和渐进的改良办法，通过选举和代议制，利用现存的资产阶级国家结构，调节经济，主持收入再分配，并逐步把土地和资本转归社会所有，以实现"社会主义"。20 世纪初年，英国工党建立时就在理论上接受了费边派"福利国家"理论的许多观点，把实现"福利国家"作为自己的纲领。20 世纪 30 年代，资本主义世界发生了空前严重的经济危机，失业人数剧增。为了缓和阶级斗争，西方经济学家纷纷提出由国家举办社会救济、社会保险和公共工程等方案。美国罗斯福"新政"时期采取的某些反危机措施（如国家举办公共工程，实行社会保险等），就是这种思想的体现。

凯恩斯在 1936 年出版的《就业、利息和货币通论》一书，本身虽然不是一部宣传"福利国家"理论的著作，但由于其中强调国家通过财政和货币政策来扩大需求，刺激投资，减少失业，并且提出了收入再分配和消灭食利者的"社会哲学"，因此凯恩斯经济学成了现代"福利国家"（以"充分就业"为标榜的资本主义国家）理论的重要依据。

第二次世界大战结束时，英、美等国都通过了维持就业的法案，规定政府有维持就业的责任，同时在西欧一些国家进行了国有化的措施，国家在经济中的作用大大加强了。于是"福利国家"理论比以往任何时候更为流行。"福利国家"的宣传者从不同的角度出发，不仅主张现代资本主义国家应当以"福利国家"作为目标，并声称世界上一切国家必将殊途同归，最终都要成为"福利国家"。

二、"福利国家"理论的中心思想

"福利国家"理论在其产生以来的八九十年内，虽然有过不同的表述方式，但中心思想基本上没有变化。归纳起来，有以下三点：①资本主义国家应当成为"福利国家"，②强大的国家财政手段（政府预算）是实现"福利国家"的保证，③"福利国家"能给全体国民带来福利。

"福利国家"理论在谈到资本主义国家应当以"福利国家"作为目标时，并不讳言资本主义社会中存在经济危机、失业、贫困等现象，但认为这些现象在现存政治结构之内是可以消除的，其方法就是实行"福利政策"或"社会政策"，包括充分就业、"收入均等化"和社会福利设施等。按照这种观点，一个国家只要致力于经济增长，使平均每人的国民收入数量达到一定水平，并使国民有社会保障和失业救济等福利待遇，就可以称作"福利国家"。

为什么它们能实现这一目标呢？"福利国家"理论认为，第二次世界大战结束后，发达的资本主义国家的政府预算在国民生产总值中所占的比重越来越大，国家拥有这一强大的财政手段就可以大办社会福利事业，给低收入阶层以补助，促使社会各阶层收入差距缩小。"福利国家"理论的宣传者往往同时也是"混合经济"的宣传者。在这里，"混合经济"中的"公有经济"并不一定指国有化而言。他们认为，"公有经济"主要指国家对经济的调节作用的加强，指政府预算在国民生产总值中所占比重的增大。

"福利国家"理论还认为，"福利国家"是为全民利益服务的国家，它能给全体国民带来福利，最终消灭贫困现象，这样，"普遍富裕"和"公平分配"这些"理想"就可以通过渐进的、改良的方式实现了。

三、关于"福利国家"成因与后果的观点

资产阶级统治者从长远利益出发在阶级冲突的推动下实行的福利措施，导致并促进了"福利国家"理论的形成和发展，而这种理论的发展又引发了"福利国家"的进一步发展。例如，到20世纪70年代后期，除英国以外的欧洲共同体国家，其社会支出超过了公共总支出的50%，即便许多国家政府想扭转形势，仍有增无减，荷兰、丹麦、瑞典和西德等国1981年的社会支出居然超过各自GDP的1/3。这就激发了越来越多的西方学者对"福利国家"，特别是其成因和后果的分析。

关于西方"福利国家"的成因，西方学者众说纷纭，归纳起来大致有三种，即集体选择理论、现代化理论和"马克思主义理论"。

集体选择理论的解释，以R.米沙拉1984年出版的《危机中的福利国家》一书为代表。米沙拉在书中认为，政治上争取选票的竞争，由税收特征微弱而引起的选民行为缺乏成本约束，院外利益集团，特别是工会和专业团体的利益压力，以及政府中官员的预算最大化倾向，再加上凯恩斯主义经济理论的作用，对福利计划及其支出产生了向上的"棘轮"效应，这是福利支出异乎寻常地增长的原因。

与此相反，用现代化理论解释福利国家成因者则认为，福利国家是现代化的结构要求的反映。他们提出，现代经济的发展强化了劳动分工，削弱了以前由家庭和社团执行的"保障功能"，从而产生了新的社会问题和要求，扩大了国家的责任。其中，有的学者强调福利国家是使劳动力和其他社会制度适应现代化经济发展要求的结果，有的学者则认

为福利国家主要是现代经济发展过程中社会整合新模式的反映。

福利国家成因的"马克思主义理论"则把福利国家与资本主义生产方式的结构和发展联系起来,认为它是各种资本主义利益冲突的结果,是国家力图通过修正市场过程而平抑劳工运动的一种形式。

可以看出,当代西方学者解释福利国家成因的三种理论都只是从一定角度做了部分解释,同时在具体解释中也是众说纷纭,所以,西方学者认为,这一问题还有待进一步研究。

关于福利国家的后果,亦即其对资本主义经济的影响,当代西方学者中大致有相容论与不相容论两种。

相容论包括凯恩斯主义者、现代化理论家和激进的功能主义者。他们强调福利国家的经济和整合作用,认为在战后几十年的经济增长和政治稳定中,福利国家与资本主义已结成了一种广泛而协调的同盟。但是,1973年的经济危机削弱了这种论断的基础。

不相容论则来自左右两个政治派别的学者。右派认为当代福利活动已给政府造成"缺陷"和"超负荷",结果是通货膨胀、社会计划不能实现和个人责任心与独立性减退。福利国家的责任随公民的期望而扩张,会导致民主政治的不稳定。

左派认为,福利国家与资本主义的不相容性来自资本主义福利国家的中心矛盾。因为,福利国家对于商品经济和非商品经济都是必要的,但商品经济要求保证市场机制的运行以实现经济增长,而非商品经济(集中调节)也要求解决它不能控制的经济制度所引起的问题。

20世纪70年代中期以来,不相容论已广泛流行,并在英语国家占据主导地位,成为撒切尔政府实行货币主义,里根政府遵从供应学派、实施降低政府福利开支和税收这种经济政策的基础。不过,这种理论同时还受到理论和经验上的批评。有经验调研表明,福利国家的消极作用虽已大大加强,但可以被它的积极效应抵销,同时,它也是政治稳定的积极源泉。在实践上，像挪威、瑞典等国的福利政策和充分就业政策也仍在强化。这表明，不相容论并不是普遍适用的理论，福利国家的后果需再做研究。

必须承认，最近二三十年来，发达的资本主义国家中，政府用于"社会福利"的支出确实有了较大的增长，失业津贴、困难户救济、养老金和社会保障制度、医疗补助等事实上都是存在的。那么我们究竟应当怎样看待近二三十年来发展起来的这些福利设施呢？

第一，发达资本主义国家中政府的福利设施，首先应当被看成是这些国家的劳动人民斗争得到的成果。这与历史上工作日长度的缩短是一样的。

第二，资本主义国家内劳动人民争取实行社会福利设施，改善生活条件和劳动条件的斗争，是一种经济斗争。经济斗争具有局限性。以福利设施的实行来说，即使工人可以在失业时得到某些津贴，在就业时可以得到某些社会保障，在年老退休后可以得到某些补助，但这些福利设施并未从根本上改变资本主义所有制的性质和劳资之间的关系。相反地，它们是在承认资本主义雇佣关系的前提下才存在的。

第三，近年来发达的资本主义国家内劳动人民争取改善生活条件和劳动条件的斗争取得了一定的结果，但同时必须了解到，社会福利设施的费用，归根到底仍是由劳动人民自己负担的。我们不能仅仅看到劳动人民作为某些福利设施的受惠者所得到的收入（如失业津贴、低收入补助等），而忽视他们作为福利设施费用的负担者为此遭受的损失。比如说，他们除了要为社会福利设施直接缴纳一部分费用（如社会保险税）外，更大的损失来自通货膨胀。资本主义国家的福利支出的激增，不可避免地使国家财政支出扩大。那么，政府怎样筹措经费呢？如果有了庞大的财政赤字，政府怎么弥补呢？一个最常见的办法就是政府举债。发达的资本主义国家为了弥补财政赤字而发行的公债，加剧了通货膨胀。这是因为，它们当前主要采取下述方式发行公债：

一种方式是：政府把公债券出售给中央银行或以公债券向中央银行贴现，抵押借款。中央银行自有资金是有限的。它往往把公债价款作为财政部存款收下，而给财政部开一支票户头。财政部可以利用这个户头动用"存款"。财政部开出的支票进入市场，市面上的货币流通量就增大了。

另一种方式是：在私营商业银行拥有"过度储蓄"（即超过法定储蓄金限额以上的多余资金）时，政府以公债券吸取这笔"过度储蓄"。在"过度储蓄"转化为公债之前，这只不过是停留于商业银行库房里的呆滞的货币。但它一旦转化为公债之后，这笔钱落入财政部手中，财政部把它用于购买商品、劳务或支付其他费用，它就进入市场，市面上货币流通量也就增大；而商业银行还可以用公债进行抵押，使之转为活期存款，并开支票动用它，这样又可能增加市面上的货币流通量。

通货膨胀不利于工资收入者，尤其不利于养老金和各种社会津贴的收入者。所以在考虑这一问题时，不能只看到劳动人民作为某些社会福利设施受惠者的一面，而忽视他们作为通货膨胀受害者的一面。

第四，资本主义国家财政收入建立在税收的基础上。即使公债券的发行可以筹集收入，但公债券的还本付息归根到底仍要以税收为基础。因此，在分析资本主义国家的福利支出问题时，还必须对它的税收制度加以考察，了解究竟谁是税金的主要负担者。

资本主义国家主要征收以下五种税，即个人所得税、公司所得税、社会保险税、消费税、财产税。在这五种税中，消费税（指对国内消费的商品和劳务征收的税）是由企业主缴纳的，但企业主并不实际负担这笔税，而是把它附加到商品或劳务价格上，由消费者负担。财产税（指对各种形式的财产征收的税）由财产（房屋、土地）所有者缴纳。除了自有房屋的人自己负担税金以外，如果土地被用作生产农矿产品，则税金可附加到产品价格上；如果房屋是企业建筑或供出租的，税金也可附加到产品价格或房租上。在后面这几种场合，消费者（包括住宅租户）实际负担财产税。

个人所得税（指对每个达到起征点的人的收入征收的税）由个人负担，其中大部分是向工资收入者征收的。而个人所得税是这五种税中最重要的一项。

公司所得税（指对公司企业的利润收入征收的税）究竟由谁负担，是由公司所有者负担，还是可以转嫁给消费者，西方经济学界尚无定论。[①] 假定在某个工业部门中存在着少数可以控制产品销售和价格的最大的垄断组织，它们是能把预先估计到的公司所得税额预先附加到商品价格之上，由消费者负担的。

社会保险税（指国家用作社会保险基金的收入）由雇主和雇工分担。雇主承担的这笔税金，被列入成本，附加到产品价格上，由消费者负担。雇工承担的部分，在工资中扣除。

综上所述，工资收入者和消费者是资本主义国家的税金的主要负担者。

第五，战后发达的资本主义国家实行社会福利设施的过程，反映了这样一个带有规律性的现象：先是人民进行改善生活条件和劳动条件的斗争，斗争取得一定的成果，实行了某种社会福利设施或增加了某些福利支出。但随着福利支出的扩大和财政赤字的增加（当然，财政赤字的主要原因并非由于政府增加了福利支出，而是与刺激需求的措施有关），

---

① 克尔齐扎尼亚克和麦斯格雷夫在合著的《公司所得税的转嫁》（1936 年版）一书中，认为公司所得税转嫁给消费者了。克拉格、哈伯格、密兹科夫斯基在合写的《关于公司所得税归宿的经验证据》一文（载《政治经济学杂志》，1967 年 12 月）中，认为公司所得税由资本所有者负担。海曼在《政府活动经济学》（1973 年版）一书中，认为这个问题目前尚无定论。

通货膨胀加剧了，经济恶化了，这样又使得人民群众再次为增加福利支出而斗争。这个过程持续未已。在这个过程中，靠政府福利支出生活的穷人（养老金、救济金领取者等）是"福利国家"实行中不可避免的通货膨胀的直接受害者。

总之，我们既要承认社会福利设施的实行和福利支出的增加是近年来发达的资本主义国家中实际存在的现象，承认这些福利设施使低收入阶层和失业者得到某些好处，同时又要指出福利支出的主要负担者仍是作为主要纳税者和消费者的劳动人民。不仅这样，我们既要看到劳动者作为福利设施的受惠者这一面，又要看到他们作为通货膨胀的受害者的另一面。前一个方面是有形的，因为"受惠"很容易被看到；后一个方面是无形的，因为物价上涨，人们的收入又不知不觉地减少了。只看到这一面而忽略另一面，是不对的。

熊彼特的创新理论及其演变

引自《当代西方经济学说》，北京大学出版社，1989 年版。该书由罗志如、范家骧、厉以宁、胡代光四人完成，并由罗志如统稿。有关熊彼特一章，由厉以宁执笔写作。

西方经济学中的创新理论是由约瑟夫·熊彼特（Joseph. A. Schumpeter，1883—1950）最早提出的。熊彼特原籍奥地利，后移居美国，入美国籍，担任美国哈佛大学教授。他的主要著作有《经济发展理论》（1912）、《经济周期》（1939）、《资本主义、社会主义和民主》（1942）、《经济分析史》（1954）等。熊彼特在西方经济学界享有很高的声誉，他被认为在经济发展和经济周期理论领域内开辟了一个新的研究途径，创立了经济理论、经济史、经济统计三者相结合的研究方法。

熊彼特以他的创新理论作为经济学说的核心。他的经济学说在当代西方经济学中是自成体系的。熊彼特的创新理论不仅对于经济增长理论和经济发展理论，对于 W. 罗斯托的经济成长阶段论和加尔布雷思的新工业国理论有着重要的影响，而且他的追随者已把熊彼特的创新理论发展成为当代西方经济学的另外两个分支——以技术变革和技术推广为对象的技术创新经济学，以制度变革和制度形成为对象的制度创新经济学。其中，像 E. 曼斯菲尔德、M. 卡曼、N. 施瓦兹这样一些熊彼特的追随者，如今被一些西方经济学家称为新熊彼特学派，他们的创新模式被称为第二代创新模式，以区别于熊彼特本人的创新模式。

第一节　创新理论的要点

可以把熊彼特的创新理论的要点归纳为以下几点：

第一，什么是创新？按照熊彼特的定义，创新是指企业家对生产要素的新的结合，它包括以下五种情况：①引入一种新的产品或提供一种产品的新质量；②采用一种新的生产方法；③开辟一个新的市场；④获得一种原料或半成品的新的供给来源；⑤实行一种新的企业组织形式，例如建立一种垄断地位或打破一种垄断地位。[①]因此，在熊彼特的理论体系中，创新是一个经济概念，是指经济上引入某种"新"东西。它与技术上的新发明不是一回事。一种新发明，只有当它被应用于经济活动时，才成为创新。发明家也不一定是创新者；只有敢于冒风险，把新发明引入经济的企业家，才是创新者。

第二，在熊彼特看来，企业家之所以进行创新活动，是因为他看到了创新给他带来了盈利的机会。但创新者同时却为其他企业开辟了道路。一旦其他企业纷纷起来模仿，形成创新浪潮之后，这种盈利机会也就趋于消失。创新浪潮的出现，造成了对银行信用和对生产资料的扩大需求，引起经济高涨。而当创新已经扩展到较多企业，盈利机会趋于消失之后，对银行信用和对生产资料的需求便减少，于是经济就收缩。如果排除了其他各个影响经济活动的因素，那么资本主义经济活动实质上就是由"繁荣"和"衰退"两个阶段构成的周而复始的重复活动。创新使这两个阶段定期地调换位置。这就是熊彼特的所谓"纯模式"。

第三，"纯模式"只包括由于创新所引起的两阶段重复出现的周期。但熊彼特认为，资本主义经济周期实际上包括四个阶段：繁荣、衰退、

---

① 熊彼特：《经济发展理论》，哈佛大学出版社，1934年版，第66页。

萧条、复苏。四个阶段的周期是如何形成的呢？如何用创新理论加以解释呢？按照熊彼特的说法，这一切与所谓"第二次浪潮"直接有关。

熊彼特认为，在"第一次浪潮"中，创新引起了对生产资料的扩大需求；同时，由于银行要为创新提供资金，所以创新引起了信用扩张。但这种对生产资料的扩大需求促成了新工厂的建立和新设备的增产，从而也就增加了对消费品的需求。在物价普遍上涨的情况下，社会上出现了许多投资机会，出现了投机。这就是"第二次浪潮"。它是"第一次浪潮"的反应。然而，"第二次浪潮"与"第一次浪潮"的重要区别在于"第二次浪潮"中的许多投资机会与本部门的创新无关，这时信用的扩张也同创新无关，而只是为一般企业和投机提供资金。这样，"第二次浪潮"不仅包含了"纯模式"中不存在的失误和过度投资行为，而且它不可能具有自行调整走向新的均衡的能力。这就是说，在"纯模式"中，创新引起经济自动地从衰退走向繁荣，又从繁荣走向衰退，而由于"第二次浪潮"的作用，经济中紧接着衰退而出现的却是一个病态的失衡的阶段。在这个阶段中，不仅投机活动趋于消失，而且还使经济处于萧条之中。萧条发生后，"第二次浪潮"的反应逐渐消除，经济转向复苏，所以复苏阶段是作为从病态中恢复过来的必要阶段而存在的。要使复苏进入繁荣，则必须再次出现创新浪潮。这就是熊彼特用创新理论对资本主义经济周期四个阶段循环的说明。

第四，按照熊彼特的说法，无论是两阶段的周期（"纯模式"）还是四阶段的周期（"第二次浪潮"的作用），关键都在于创新活动。但经济领域是广泛的，生产部门是有差别的，因此并不会存在单一的创新，事实上存在着多种创新。熊彼特认为：有的创新影响大，有的影响小；有的需要相当长的时间才能实现，有的只需要较短的时间就能引进经济之中。这样就势必会出现多种周期，各个周期的时间长度也不一样。由于周期种类繁多，不可能十分精确地予以分类，而只能大致上分为长周期

（其平均长度大约是 55 年）、中周期（其平均长度是 9—10 年）、短周期
（其平均长度少于 50 个月）。每一种周期都可以与特定的创新活动联系
起来，例如影响深远和实现期限较长的创新是长周期的根源，影响较小
和实现期限较短的创新则是短周期的根源。

以上是熊彼特创新理论的四个要点。简单地说是：创新的定义、
"纯模式"、四个阶段循环的形成、多种周期的由来。

第二节　熊彼特的社会过渡理论

熊彼特从创新理论出发，论述了资本主义社会的前景问题。这就是
他的社会过渡理论。他认为，资本主义的发展前景是"社会主义"，但
他对社会主义有自己的解释。他指出，"社会主义"是这样一种"制度
形式，在那里，对生产资料和对生产本身的管理是授予中央当局的，或
者可以这么说，在那里，社会的经济事务原则上属于公共领域，而并非
属于私人领域"。[①] 按照熊彼特的说法，社会主义并不一定意味着生产
资料所有制的改变，判断一种制度形式是不是社会主义的，关键在于对
生产资料和对生产本身的管理是不是交给了中央计划当局。熊彼特接着
说，这里所说的把生产资料和生产的管理权交给中央计划当局，并不是
指中央计划当局可以独断专行。一方面，中央计划当局的计划要由议会
审定；另一方面，中央计划当局必须进行成本核算，合理生产，满足市
场的需要。

熊彼特所设想的未来的社会主义经济将是这样的：中央计划当局确

---

① 熊彼特：《资本主义、社会主义和民主》，1942 年版。

定生产要素的价格，各个生产部门按照既定的生产要素价格安排生产；它们在安排生产时，应当按照资本主义制度下厂商使用的方法来组织产品的供销，使自己从消费者那里得到的货币大于付给中央计划当局的货币，以实现自己的"利润"。熊彼特认为，在社会主义经济中，效率的提高是必然的，而且也是必要的，为此，需要利用原来的资产阶级分子，使这些人担任新社会中的经理。这些经理是管理人员，是专家，但并不是生产资料的所有者。

在谈到资本主义为什么要向"社会主义"过渡时，熊彼特认为，这主要是生产技术发展的必然性，而并非由于资本主义制度本身已经成为腐朽的制度了。他认为资本主义并不像马克思主义所描绘的那样必然会导致战争和贫困。他写道："现代和平主义和现代国际道德是……资本主义的产物。……事实上，一个国家的结构和态度越加完全是资本主义的，我们看到它就越加是和平主义者，它就越加倾向于计算战争的成本。"[1] 至于资本主义社会中存在的贫困现象，熊彼特承认这是事实，但认为这并不是不可克服的，因为在他看来，资本主义经济本身有一种自行调整的力量，只不过调整需要一段时间，从失衡到均衡的重建会有一段过程。20 世纪 30 年代之所以发生那样严重的经济危机，熊彼特把它看成是偶然的。他把这次大危机的原因说成是长周期、中周期、短周期三种周期的最低点凑巧碰到了一起，再加上政治历史等原因，等等。因此，熊彼特反对马克思主义的无产阶级革命理论。他认为资本主义制度不会像马克思主义所预言的那样出现总崩溃。

熊彼特也完全反对列宁关于帝国主义是资本主义最高阶段的理论。熊彼特认为，帝国主义并不是资本主义发展的一个阶段，而主要是一种政策，即在国内政治压力下实行的对外扩张政策，帝国主义的由来是很

---

[1] 熊彼特：《资本主义、社会主义和民主》，1942 年版。

久的，古罗马就是帝国主义的典型之一，法国路易十四王朝也是帝国主义的一例。不仅如此，熊彼特还认为，资本主义从本质上说是与帝国主义不相容的，因为帝国主义只使少数资本家获利，而大多数资本家是反对帝国主义的。所以，从这个意义上说，帝国主义是前资本主义社会的残余的产物，而不是资本主义发展的最高阶段。

那么资本主义的前景究竟是什么呢？熊彼特的总的看法是：资本主义的发展有其内在的逻辑，等到资本主义完成了它的历史使命后，它就走到了头，那时候，"社会主义"将是不可避免的。

熊彼特是这样进行论证的：他说资本主义本质上是一种经济变革的形式或方法，它不仅从来不是静止不变的，而且也从来不可能静止不变。[①] 资本主义经济通过不断的创新活动，使经济不断增长，这样就替它自身造成了两个局限性。

第一，经济的增长使经济生活中出现越来越多的新问题和新要求，企业家的历史使命将会结束，因为经济进一步增长的结果使得企业家的私人组织无法应付新问题和新要求，由中央机构组织管理生产资料和生产本身的必要性出现了。熊彼特在这里，突出了生产技术发展的作用，因为按照他的看法，正是由于生产技术的发展，企业生产规模越来越大，社会各生产部门和单位之间的联系越来越广泛，越来越复杂，所以必须出现一个代替私人资本家行使职能的中央机构，这就是熊彼特所理解的"社会主义"经济的领导机构——中央计划部门。

第二，资本主义的发展将产生一个日益巨大的知识分子队伍，他们对资本主义并无好感，在这样一个日益对立的知识界的环境中，企业家将感到越来越难以履行他们的基本职能。值得注意的是，熊彼特是把资本主义制度同所谓"老式的"私人企业家联系在一起的，这些"老

---

① 熊彼特：《资本主义、社会主义和民主》，1942 年版。

式的"私人企业家尽管在资本主义发展史上起过作用，但他们由于缺乏应付新环境、新问题的能力，他们胜任不了日益复杂的生产，而知识分子则随着生产技术的发展而日益众多，于是"老式的"私人企业家就得让位。熊彼特根据这个理由，认为生产技术的发展将使资本主义的厄运来临。

熊彼特由此预见到社会将从资本主义过渡到他所理解的那种"社会主义"去。在他理解的"社会主义"中，中央计划当局代替私人企业家起组织生产的作用，而中央计划当局所属各个生产部门、生产单位的领导人（经理们）则是专家，是知识分子，其中包括有能力的"资产阶级分子"，后者将被任命来管理企业。但在熊彼特理论体系中，这一切不是通过无产阶级革命实现的，而是通过民主的方式实现的。熊彼特认为，如果通过渐进的、和平的方式来实现从资本主义向"社会主义"的过渡，那么资本主义制度中的民主政治就可以继续在"社会主义"社会中存在，而如果采取暴力的方式来推翻资本主义社会，民主政治也就不存在了。

熊彼特（熊彼特之妻）在熊彼特死后出版的《从马克思到凯恩斯十大经济学家》一书的前言中曾这样写道：熊彼特和马克思都研究了经济发展理论，都认为经济发展过程本身的内在逻辑将会导致社会体制的变革"这种看法是他们共有的，但却引向极不相同的结果：它使马克思谴责资本主义，而使熊彼特成为资本主义的热心辩护人"。[①] 熊彼特的这段话，十分清楚地说明了熊彼特分析的基本结论。

熊彼特的创新理论是一个极为复杂的体系，这个理论不仅是经济理论，而且是历史的社会发展理论。作为经济理论，熊彼特用以解释了经济周期现象；作为历史的社会发展理论，熊彼特得出了资本主义到"社

---

① 参见伊丽莎白·熊彼特《〈从马克思到凯恩斯十大经济学家〉前言》。熊彼特著，宁嘉风译：《从马克思到凯恩斯十大经济学家》，商务印书馆，1965 年版。

会主义"的社会发展和过渡理论。

熊彼特的创新理论孕育了它的主要发展。他的创新的五个方面可归纳为三种形式的创新：其一是技术创新（如新产品制造、新生产方法的采用、新原料的利用）；其二是市场创新；其三是组织创新，表现为组织形式的变化。他的创新理论还仍然局限在生产方面，即生产力和生产关系方面。然而，他的理论在他之后在两个方面得到了发展：第一方面：技术创新与扩散、技术创新与市场结构得到了深入的研究；第二方面：制度创新理论得以发展，这种制度创新不仅仅局限于生产关系方面的变革，而且扩展到上层建筑的革新。

生产的两个方面的创新分为两个独立的部分，这既是理论的一种精细化，又是理论的一种危险。这两者在熊彼特那里以一种原始形式结合在一起，而且，利用这种结合解释了社会发展和过渡理论。由此，我们应该承认熊彼特深受马克思物质决定论的影响。然而，在其他的一系列方面又与马克思分道扬镳。这清楚地表现在社会发展的动力、经济危机的起因上。

马克思认为社会发展的根本动力在于生产力和生产关系的矛盾，而经济危机是这一矛盾在资本主义条件下具体化的结果。实际上，生产力的飞速发展表现为技术创新的结果，而这种结果又以一定的制度创新作为前提条件。换言之，只有在一定的制度保障之下，技术创新才是可能的。熊彼特视创新为资本主义发展的动力，他注重的常常是创新的结果，而不是创新的过程，因而，他将不同层次的创新视为并行的平等的创新过程。在这一点上，马克思要深刻、明确得多。

如果说马克思和熊彼特在生产力的创新内涵上具有相互包容的性质，那么他们在主体选择上却大相径庭。熊彼特将创新视为资本主义生产的动力，那么创新主体——企业家则成为社会发展的中坚力量，而企业家进行创新又依赖于他们的预期收入与成本的比较。但是，预期收入的计算必须具有制度化的前提。因此，我们得出以下结论：熊彼特的社会理论只能是一个社会过渡理论，其中，社会运行的制度化前提并未改变。换言之，熊彼特的社会理论囿于制度之中。而马克思理论的生产力的主体是劳动者，按马克思的观点，生产力和生产关系的矛盾表现为无产阶级和资产阶级矛盾。因而，马克思的社会理论是生产资料所有制的变革理论，从而表现为社会革命理论。

然而，在经济危机的论点上，熊彼特却囿于社会经济现象之中，并未考察这种现象之后深刻的矛盾冲突。这也是西方经济学的一贯传统。

历史表明，资本主义社会在进入大机器工业时期以后，从 19 世纪 20 年代起，每隔一段时间就经历一次经济危机，这是资本主义经济发展的必然产物，根源在于资本主义的基本矛盾。资本主义经济危机的直接原因，是资本主义生产无限扩大的趋势和广大群众有支付能力的需求相对狭小的矛盾。这个矛盾是资本主义基本矛盾的具体表现。然而熊彼特认为"衰退"（实际上就是危机）的原因是"创新"浪潮的消逝。这样，他就否定了资本主义经济危机的性质，即否认它是由资本主义基本矛盾引起的生产相对过剩的危机，而仅仅把它说成是对新生产能力的投资停滞。熊彼特的两个阶段（繁荣与衰退）构成的"纯模式"，也就成了对新生产能力的充分投资和对新生产能力的投资停滞的交替（前一种情况意味着"创新"浪潮的来临，它引起繁荣；后一种情况意味着"创新"浪潮的消逝，它引起衰退）。事实上，无论是对新生产能力的充分投资或对新生产能力的投资停滞，都只是经济危机前或经济危机过程中表现出来的一种现象，不是经济危机爆发的原因。

熊彼特关于四个阶段循环的解释与他的"纯模式"一样，是不确切的。他认为由于"第二次浪潮"伴随着投机和由投机引起的信用扩张等现象，从而在"衰退"之后不可避免地出现一个病态的失衡阶段——萧条。这是不符合实际情况的。资本主义经济之所以在危机持续一段时间以后转入萧条，与危机对生产能力的破坏和存货的逐渐减少有关。决不能像熊彼特那样，对危机（即他所说的"衰退"）是一种解释（"纯模式"中的解释），对萧条则是另一种解释（四个阶段循环中的解释）。

再次，熊彼特对多种周期的解释也是站不住脚的。长周期、中周期和短周期的说法，本是其他一些经济学家提出来的。熊彼特用创新理论把这些彼此抵触的周期理论协调起来，即用创新类型的不同来解释周期长短的不一和多种周期的并存。我们知道，资本主义经济危机的周期性的原因和周期性的物质基础不是一回事。周期性的原因在于资本主义的固有矛盾，危机不过是资本主义再生产过程中各种矛盾的暂时和强制性的解决，而不是这些矛盾的消失。危机过后，资本主义经济的恢复和发展，还会使资本主义固有矛盾激化，这样，资本主义生产产生了新的"恶性循环"。[①] 至于周期性的物质基础，则在于每隔一定时期就发生的固定资本的大规模更新。固定资本的大规模更新，一方面扩大了市场的容量，带动了各个经济部门的高涨，成为资本主义经济走向恢复和发展的转折点，同时又促使社会生产的扩大重新超过有支付能力的需求，为更加深刻的危机的到来提供了物质前提。但周期性的物质基础并不是周期性的原因，熊彼特在这里恰恰把周期性的物质基础和周期性的原因混为一谈，把前者说成是后者，从而掩盖了周期性的真正原因。此外，还有必要补充一句，正如前面已经指出的，熊彼特的创新并不等于固定资本的大规模更新。如果说新生产技术的采用和新产品的出现这两项多多少少还与固定资本更新有点联系的话，那么包括在创新概念中的市场的开拓和新生产组织形式的建立则与固定资本更新没有关系。

---

① 恩格斯著，中共中央马克思恩格斯列宁斯大林著作编译局译：《反杜林论》，人民出版社，1971 年版，第 272 页。

第三节　当代西方经济学家关于技术创新的主要论点

一、曼斯菲尔德的"技术推广模式"

爱德温·曼斯菲尔德（Edwin Mansfield，1930—1997）是美国卡内基理工学院和耶鲁大学教授，主要著作有《技术变革的采纳：企业的反应速度》（1959）、《工业研究和技术创新》（1968）、《垄断力量和经济行为：工业集中问题》（1974）等。西方经济学界认为，曼斯菲尔德对创新理论的一个重要发展是对"模仿"和"守成"的研究。"模仿"是指某个企业首先采用一种新技术之后，其他企业以它为榜样，也相继采用这种新技术。"守成"是指某个企业首先采用一种新技术之后，其他企业并不模仿它，依然使用原来的技术。"模仿率"是指以首先采用新技术的企业为榜样的其他企业采用新技术的速度。"模仿比率"是指采用某种新技术的企业占该部门企业总数之比。

曼斯菲尔德认为，对"模仿率"的研究很重要，这是了解一种技术上的"创新"如何在本部门逐步推广，如何被其他企业相继采用的关键。曼斯菲尔德提出了他的所谓技术推广的"模式"。

曼斯菲尔德为了研究同一部门内技术推广的速度和影响技术推广的各个经济因素的作用，做了如下假定：

①假定处于完全竞争的市场条件下，即假定新技术不是被垄断的，可以按照模仿者的意愿自由选择和采用。

②假定专利权的影响很小，小到不足以阻止模仿的进程。

③假定在新技术推广过程中，新技术本身不变化，从而不至于因新技术本身的变化而影响模仿率。

④假定企业规模大小的差别不至于影响采用新技术。这就是说，那

些低于一定资本和产量水平的小企业，以及那些没有经济力量采用需要大量投资的新技术的小企业，不在讨论之内。

由此，他提出了影响模仿率的基本因素，即认为一定时期内，一定部门中"守成"的企业减少的程度（亦即转而采用某项新技术的企业增加的程度）由下列三个基本因素决定：

①模仿比例。任何一项新技术刚开始被采用时，由于情报和经验的不足，采用新技术的企业往往要承担风险，因为采用新技术的利润率是事后计算出来的，而不是事先已知的。这时，由于许多企业处于观望状态，所以守成比例很高。采用新技术的企业的数目增多，意味着有关采用新技术的情报和经验不断增加，模仿者冒风险的可能性越来越小。于是模仿比例的增大将对守成的企业发生作用，促使后者及早做出是否模仿的决定。

②采用新技术的企业的相对盈利率。这是指相对于其他可供选择的投资机会的盈利率，而不是指绝对盈利率，在经济周期的不同阶段，相对盈利率的变动可能小于绝对盈利率的变动，所以它对采用新技术的影响是重要的。相对盈利率越高，模仿的可能性就越大。

③采用新技术所要求的投资额。在相对盈利率相同的条件下，采用新技术所要求的投资额越大，则资本供给来源越困难，从而模仿的可能性就越小。在所要求的投资额相等的条件下，资本供给的难易影响着模仿率。此外，还必须考虑所要求的投资额占企业总资产的比例，这一比例越高，模仿的可能性也就越小。

除了上述三个基本因素之外，曼斯菲尔德还提出以下四个补充因素。他认为，补充因素虽然可能对模仿率有一定的影响，但从统计学来说，并不重要，从而不会使基本因素的作用发生重大的变化。这四个补充因素是：

①旧设备被置换之前已被使用的年数。从理论上说，如果新技术所

要代替的旧设备是耐用的，即旧设备还可以使用相当久，那么模仿的可能性就要减少。即使置换是有利可图的，企业仍可能不让旧设备报废，而愿意继续使用它。

但在实际工作中，假定存在以下三种情况，则旧设备的耐用程度不影响新技术的采用：

a.新技术主要是旧设备的一种补充或附件；

b.新技术与旧设备的用途不一样（比如在食品工业中，一是罐头设备，另一是瓶装设备）；

c.新技术只是替代劳动力，而不是替代旧设备。

②一定时间内该工业部门销售量的年增长率。如果某一部门产品的销路扩大很快，那么为了适应市场的扩大，将会建立新企业，而新企业将会采用已经出现的新技术。如果市场扩大缓慢或没有扩大，则新技术的采用将同旧设备的置换结合起来被考虑。此外，如果在市场扩大的同时，原有企业的生产能力有较大的过剩，那么即使市场扩大了，也不一定会建立新企业和采用新技术。

如果建立采用新技术的新企业的盈利率低于在原有企业中更换旧设备的盈利率，那么市场的扩大也不会促使建立新企业和采用新技术。

③该工业部门某项新技术初次被某个企业采用的年份。新技术初次被某一个企业采用与新技术后来被其他企业采用之间有一段时间间隔。在这段时间之内，可能发生下列变化：

a.通信手段改善和通信渠道发展，情报交流加强了；

b.对设备更新的估算技术改进，估算得更精确了；

c.人们对某项技术进步的态度发生了变化；

d.模仿的企业越来越多。

因此，一个企业在采用某项新技术时，要注意该项新技术被初次采用的年份。时间间隔的大小对模仿率是有影响的。

④该项新技术初次被采用的时间在经济周期中所处的阶段。如果新技术初次被采用的时间是在高涨阶段，那么采用新技术的企业可能考虑到某些与经济高涨有关的特定条件。如果它初次被采用是在经济萧条阶段，那么采用新技术的企业也可能考虑到某些与萧条有关的特定条件。这种情况将被模仿者注意到，从而会影响模仿率。

根据上述假定和因素分析，曼斯菲尔德的结论是：

第一，"模仿比例"与"模仿率"成正比。这就是说，如果采用某种新技术的企业占该部门企业总数之比增大，那么对"守成"的企业技术变革的影响也就增大（因为这意味着"模仿"的风险减少了）。

第二，"模仿"与"守成"相比的相对盈利率与"模仿率"成正比。

第三，采用新技术所要求的投资额越大，资本供给来源越困难，所要求的投资额占企业资产总额之比，与"模仿率"成反比。

曼斯菲尔德的"技术推广模式"主要想说明这样一个问题：一种新技术首次被某个企业采用之后，究竟要隔多久才被该部门的多数企业所采用？据说情况是不同的：例如在美国，有的新技术在短短几年之内就推广于该部门（如连续采煤机），有的则拖延了半个世纪左右（如摘棉机）。"模仿率"差别之所以如此之大，据说可以从上述"技术推广模式"中对有关因素的分析和估算而找到答案。这就是曼斯菲尔德"技术推广模式"对创新理论的新贡献。

曼斯菲尔德在分析新技术采用速度时所列举的因素可以在一定程度上说明问题，从而可以作为我们研究个别技术推广项目、个别部门或企业的技术变革的参考。但这一理论中存在着一些不科学的成分。

曼斯菲尔德对于新技术推广问题的研究，建立在纯理论分析的基础上。它所讨论的技术进步和推广脱离了资本主义现实，似乎它们与现代资本主义经济中的垄断无关。我们知道，国民经济中技术装备的改进、工艺流程的变革以及新技术的推广速度，取决于占统治地位的社会生产关系。在资本主义社会中，技术的发展和新技术的推广服从于资本家追逐最大利润的规律的作用。一种新技术本身既是提高劳动生产率的有力手段，同时也是排挤雇佣劳动者，扩大失业工人队伍的有力手段。资本家之间的激烈竞争迫使他们去改进技术和采用新技术，而失业队伍的扩大、工资水平的下降，又使资本家有可能不必更换设备和不必采用新技术也能获取同样多的利润。这样，资本主义制度下的技术进步和技术推广始终是在上述矛盾之中进行。在垄断条件下，由于垄断组织可以通过规定垄断价格保证获得高额垄断利润，所以它们为了维护自己的垄断地位，不但往往采用各种办法来阻碍技术的改进和推广，甚至还收买别人的技术发明成果，束之高阁，以防止竞争对手采用。而曼斯菲尔德研究的技术推广只是一种舍去了社会特征的、抽象的"技术推广"。

第一，曼斯菲尔德假设的"完全竞争"的技术推广环境并无现实意义。他说，在这种环境中，新技术不被任何人垄断，专利权不存在，由于政治原因造成的新技术保密和封锁也不存在，任何模仿者都可以自由选择和采用新技术。他的"技术推广模式"就是在这一前提下制定的。这不符合现代资本主义社会中的实际情况。

第二，曼斯菲尔德假设市场上不存在大小企业的差别，假设小企业不存在，假设一切企业不仅可以自由选择新技术，而且有能力采取新技术。这同样是不现实的，因为在任何国家，纯垄断是不可能的，纯粹的大企业统治也是不可能的。

第三，曼斯菲尔德假设新技术在推广过程中不会继续发生变革，这与实际情况不符。初次采用的新技术在被其他企业模仿时，不是简单地被抄袭，而是被不断地改进、提高、发展。这样，采用新技术所要求的投资额就不一样，利润率也不一样。

二、特列比尔科克关于部门间技术扩散的论点

新技术的推广主要包括两方面的内容，一是新技术在本部门的推广，二是新技术对其他部门生产技术的影响以及由此引起的其他部门的技术变革。上一节提到的曼斯菲尔德"技术推广模式"，涉及的是新技术在同一个部门的推广问题，即"模仿"与"守成"的问题。这一节所涉及的是新技术对其他部门的技术变革的影响问题。

克莱夫·特列比尔科克是英国经济学家，主要研究"技术扩散"问题，即一个部门出现的新技术如何"扩散"于其他部门，从而引起其他部门的技术变革。他的主要著作有《英国经济史上的"技术扩散"》（1969年，《经济史评论》）、《"技术扩散"与军火工业》（1971年，《经济史评论》）、《英国的军火工业和欧洲工业化》（1973年，《经济史评论》）等。

特列比尔科克的主要论点如下：

第一，他认为，一个时代的先进技术集中反映于武器生产技术上。一种先进武器的生产（例如军舰），集中了当时本国各种最先进的生产技术和科学成就。一座新建的兵工厂（例如制造军舰的工厂），就是当时本国已达到的最先进生产技术和科学水平的综合反映。民用工业的生产技术水平总是相对落后于军事工业。因此，要研究部门间的技术扩散，应当研究军事工业中最先采用的先进技术和最集中反映的生产技术水平传播到民用工业各部门的过程。

第二，他认为一国军事工业中的先进技术对民用工业各部门的技术变革的影响主要通过两种方式进行。一是军事工业中首先采用的许多生产技术适用于一般机械制造、造船、冶金工业的生产，军事工业生产中对产品质量要求的精密性、严格性和标准化也适用于许多民用工业，因

此，一国如果先建立了先进的军事工业，它的许多民用工业部门也就能相继采用类似的新技术。二是军事工业中使用过先进生产技术的熟练工人有可能转入民用工业部门工作，这样也就把新技术传播开来。

第三，新技术在部门之间的推广不仅与生产技术本身的适用性有关，也不仅需要以熟练工人的存在作为必要条件，而且还需要具备相应的原料、燃料和生产管理经验等必要条件。但这些问题在特列比尔科克看来，随着先进的军事工业的建立，可以较快地得到解决。他认为，军事工业使用的新生产技术刺激了它所需要的某些类型和质量的原料和燃料的生产，民用工业在采用新技术之后也能得到同类型和同质量的原料、燃料供应。军事工业在采用新技术之后所积累的生产管理经验，对那些采用了新技术的民用工业部门也是有价值的。

第四，他由此断言：先进的军事工业的建立对一国来说，不仅具有国防上、政治上的重要意义，也不仅具有一般的维持就业和稳定经济的重要意义，而且在部门间新技术推广方面，在带动国内民用工业技术变革方面具有重要意义。特列比尔科克举了英国和俄国等国部门间技术推广过程为例。他说：在19世纪末和20世纪初的英国，主力舰是当时最先进的武器，它集中反映了当时英国各种最先进的科学技术成果（如冶金、机械、通信、火炮、航海等技术成果）。为了制造主力舰，出现了许多重要的技术创新（包括高压合金、金属切削工艺、新式车床等）。这些新技术虽然首先应用于军事工业，但接着就发生了新技术从军事工业向民用工业推广的过程，使这些技术创新获得了普遍的意义。在俄国，20世纪初年的技术水平是落后的。日俄战争中，沙俄舰队遭到毁灭性的打击，于是出现重建沙俄海军的问题。俄国从英国和法国引进新的军事工业技术（特别是制造军舰和新式火炮、鱼雷的新技术），这些新技术不仅对俄国的军事工业有重要意义，而且对俄国的冶金、机械、商船制造、燃料等民用工业部门的技术改造也起了重要作用。在俄国也发生了新技术从军事工业向民用工业推广的过程。特列比尔科克指出，英国和俄国不是绝无仅有的例子，日本、意大利、西班牙、土耳其等国历史上都存在着相似的技术扩散过程。他由此得出结论，从历史上考察，即使从新技术推广和促进国内普遍技术进步的角度来看，优先发展具有先进技术水平的军事工业也是值得的，不能把这一点看成是对资源的浪费。

特列比尔科克的某些论点是可供参考的。例如他说，一个时代的先进技术集中反映于武器生产技术上，一座新建的兵工厂是当时本国已达到的最先进生产技术和科学水平的综合反映，某些新技术往往是开始采用于军事工业，然后才被民用工业部门所采用，等等。这些看法在一定程度上符合资本主义工业发展历史。但应当指出，新技术首先出现和被应用于军事工业部门，然后再由军事工业推广到民用工业的说法，只是资本主义社会中部门间技术扩散的方式之一。它既不是唯一的技术扩散方式，也不成为一个规律。特列比尔科克把这一现象夸大了。以英国来说，产业革命时期的技术推广，首先是从棉纺织工业向其他轻工业部门传播新技术的过程。19 世纪中期航海业中蒸汽机的使用，也是首先开始于民航，很长一段时间内是蒸汽机推动的客货海轮与使用风帆的军舰并存的局面，隔了很久靠蒸汽机推动的军舰才普遍代替了使用风帆的军舰。① 可见，对具体问题必须做具体分析，这样才能科学地说明新技术推广的实际过程。

---

① 这主要因为一开始使用的船用蒸汽机是明轮装置，攻击目标明显，不利于海战。而且军舰上一侧有了明轮装置，就不得不减少这一侧的火炮，削弱了战斗力。加之，当时船的吨位有限，使用蒸汽机必须经常中途加煤加水。军舰和民用轮船不同，不能随便在中途加煤加水。所以作战时，还是使用风帆更方便些。直到后来，造船技术和蒸汽机有了改进，用风帆的军舰才被淘汰。

三、卡曼和施瓦茨关于"技术创新与市场结构的关系"的论点

莫尔顿·卡曼（Morton Kamien）和南赛·施瓦茨（Nancy Schwartz）研究了技术创新与市场结构的关系。他们的主要著作有：《竞争条件下创新的时间性》（《经济计量学》杂志，1972 年）、《最大创新活动的竞争程度》（《经济学和管理科学数理研究中心的报告》，1974 年）、《市场结构和创新》（《经济学文献杂志》，1975 年）等。

卡曼和施瓦茨的研究之所以被认为是熊彼特创新理论的重要发展，主要由于他们提出了以下三个新看法：

第一，有三个变量是决定技术创新的重要因素。这三个变量是：竞争程度、企业规模和垄断力量。竞争引起技术创新的必要性，因为技术创新能使创新者在与对手们的竞争中获得较多的利润。企业规模影响一种技术上的创新所开辟的市场前景的大小，即一个企业规模越大，那么它在技术上的创新所开辟的市场就越大。垄断力量影响技术创新的持久性，即企业的垄断程度越高，对市场的控制越强，那么它所进行的创新越能耐久，越不容易在短期内被模仿者所仿制。

第二，对于技术创新来说，最有利的市场结构是介于垄断和完全竞争之间的市场结构。据说，在垄断统治条件下，虽然可能出现一些较小的技术创新，但却不容易引起重大的技术创新，因为这时缺少竞争对手的威胁。而在完全竞争条件下，一方面由于企业规模一般较小，另一方面由于缺少足以保障技术创新的持久收益的垄断力量，因此也不利于引起大的技术创新。所谓介于垄断和完全竞争之间的市场结构，是指存在着"中等程度的竞争"的市场结构。或者说，市场的竞争最好保持在一定程度上，这样，技术创新速度将是最快的，技术创新的内容也将是比

较有价值的。

第三，与上述竞争程度、企业规模、垄断力量三者是决定技术创新的重要因素，以及对技术创新的最有利市场结构是介于垄断和完全竞争之间的市场结构的观点相一致的是，技术创新可以分为两类，一类是垄断前景推动的技术创新，一类是竞争前景推动的技术创新。所谓垄断前景推动的技术创新，是指一个企业由于预计自己所进行的创新能够获得垄断利润的前景而采取的创新。所谓竞争前景推动的技术创新，是指一个企业由于担心自己目前的产品可能在竞争对手模仿或创新之下丧失利润，从而采取的创新。如果只有前一种创新而没有后一种创新，创新活动到一定阶段就会停止。如果只有后一种创新而没有前一种创新，那么创新活动就很难出现，因为人人都想做花费较小成本的模仿者，而不想做花费较大成本的创新者。企业家将会考虑到，既然创新的结果没有垄断利润可得，即没有预期的最大利润的前景，那又何必过早地投入较多的研究和发展费用呢？

以上就是卡曼和施瓦茨关于技术创新和市场结构之间关系的主要观点。由于熊彼特关于创新的分析主要是以完全竞争的存在为出发点的，所以卡曼和施瓦茨的分析被认为填补了资产阶级垄断竞争理论和熊彼特创新理论之间的空白。

卡曼和施瓦茨上述观点的错误明显地表现于对垄断和竞争的解释是以西方经济学的垄断竞争理论为依据的，从而曲解了垄断和竞争的性质。

首先，西方垄断竞争理论关于垄断和竞争的解释是超历史的，它否认在资本主义发展过程中，从自由竞争到垄断的这一演变是生产关系的演变，而不是产品本身差别的增大所造成的变化。西方垄断竞争理论混淆了垄断组织和非垄断组织的界限，而以产品本身差别的大小和增减来划分垄断和非垄断。卡曼和施瓦茨在论述技术创新与市场结构的关系时，仍然遵循西方垄断竞争理论的这一论述方式，似乎只要能通过技术变革而向市场提供与其他厂商的产品有差别的产品，就能成为垄断；如果所提供的产品与其他厂商的产品没有明显差别，那么垄断就不存在了。正因为卡曼和施瓦茨循着这种论述方式来分析技术变革，所以他们所谓技术创新的最有利市场结构介于垄断和完全竞争之间，以及把技术创新区分为垄断前景推动的技术创新和竞争前景推动的技术创新等说法，都是不科学的。

其次，卡曼和施瓦茨在分析现代资本主义社会中技术创新与垄断、竞争之间关系时，否定了下述事实，即在垄断组织操纵着一个或几个部门绝大部分生产和销售，可以规定垄断价格的条件下，不必改进技术，它们也能获得高额垄断利润。不仅如此，垄断组织为了获得巨额垄断利润，还往往人为地阻碍技术进步。这种情况，今天在资本主义社会中仍然明显地存在着。例如，原子能这一科学成果虽然在军事上已被应用了三十多年，但在美国国内，原子能利用于民用工业还是进展缓慢，这不是技术上不能解决，而是由于垄断组织为了自己的利益，阻挠原子能在民用工业中的应用。

当然，由于垄断不排除竞争，而且加剧了竞争，特别是由于国际市场上竞争的尖锐化，在战后一段时间内生产和技术出现了跳跃式的发展，这也是毫不奇怪的。这正是资本主义经济政治发展不平衡规律作用的结果。某些资本主义国家的生产和技术在一段时间内的较快发展，仍然落后于当时已达到的科学技术水平所提供的巨大可能性，这一事实也不容忽视。

四、曼斯菲尔德、维尔金斯关于国际间技术转移的研究

在国际间技术转移问题的研究中，曼斯菲尔德、M.维尔金斯等人

的下列看法有较多的可供参考之处。这是西方经济学关于技术创新的研究中比较有实际意义的部分。

根据曼斯菲尔德研究，国际间技术转移可以分为垂直转移和水平转移两类。垂直转移指把甲国关于基础科学研究成果转用于乙国的应用科学中，或把甲国关于应用科学的研究成果应用于乙国的生产领域。水平转移指把甲国某些已被应用于生产的新技术转用于乙国的生产领域。在前一种场合主要涉及科学技术情报的转移；在后一种场合还包括物质转移（甲国向乙国出口产品）、设计转移（甲国向乙国转移设计、图纸等）、能力转移（由甲国输入的新技术结合乙国的条件，在乙国形成生产能力）。

曼斯菲尔德认为，在国际间技术转移中，能力转移的重要性值得注意，因为只有在被输入国形成生产能力，才能称为技术真正转移过来。而在实现能力的转移，技术人才不可缺少，技巧与人是不可分开的。

根据维尔金斯的研究，国际间技术转移可以分为简单技术转移和技术吸收两类。简单技术转移指某种先进技术转移到国外，而不问在国外采用这种先进技术的单位能否复制出来。技术吸收指先进技术转移到国外，并被国外采用该种先进技术的单位复制出来。

简单技术转移是技术吸收的前提。但它有局限性，因为一旦引进的设备损坏，本地无法仿制，就不得不再进口一次。因此技术吸收更为重要。这样，出现了两种"时间间隔"（"时延"）。一是简单技术转移时延，即一国首次出现某种新产品的时间与另一国首次出现该种新产品的时间之间的差距。二是技术吸收时延，即一国首次出现某种外国新产品的时间与该国能够有效地自己制造出该种新产品的时间之间的差距。缩短技术吸收时延比缩短简单技术转移时延更有意义。

维尔金斯还分析了国际间技术转移的障碍。国际间技术转移存在来自技术输出国方面的障碍和来自技术输入国方面的障碍。来自技术输出国方面的障碍包括技术保密、专利权、政策考虑等。来自技术输入国方面的障碍，据维尔金斯分析，主要包括以下九种：

①需求障碍——利用国外新技术制成的新产品在本国无销路。

②资本障碍——本国缺少资本，从而无法吸收国外新技术。

③自然资源障碍——本国缺少为使用和发展该种新技术所需要的自然资源，从而无法吸收国外新技术。

④劳动成本障碍——本国劳动力供给充裕，工资水平较低，从而不愿意采用国外某种新技术。

⑤技术障碍——本国缺少为使用和发展该种新技术所需要的技术力量，从而无法吸收国外新技术。

⑥规模障碍——一定的新技术是同一定的企业规模相适应的。由于本国企业规模的限制，如果企业采用某种国外新技术后，产品成本较国外同类企业的产品成本高些，因而企业不愿采用该种国外新技术。

⑦基础结构障碍——本国缺少为使用和发展该种新技术所必要的动力、运输、港口、库藏、技术服务、修理等条件，或缺少采用该种新技术的补充技术条件，从而无法吸收国外新技术。

⑧文化障碍——指意识形态方面的障碍。本国政府或国民出于意识形态方面的原因，对一般引进国外技术或对某种技术有不好的评价，从而阻碍吸收国外新技术。

⑨轻重缓急安排方面的障碍——本国政府或企业安排投资有轻重缓急、先后次序之分，因此可能拒绝或推迟某些新技术的引进。

可见，上述障碍中，除经济方面的以外，还有政治上的、意识形态方面的障碍。一国要吸收国外新技术，应当扫除这些障碍。

曼斯菲尔德也对国际间技术转移的成本问题做了研究。他认为，国际间技术转移的成本可以包括以下项目：

①专利和特许的使用费。这方面的成本不包括在资源成本之内，因

为专利和特许的使用费不是用于资源的，而是一种对权利的支付。

②技术转移的资源成本。这是指在一定的技术转移过程中所消耗的资源的总和（包括用于物质资源的和人力资源的费用）。

③效率损失。这是指在使用新技术之初，由于工人不熟练或其他原因而造成的较低的劳动生产率和较差的产品质量，从而带来的损失。

④为使引进的技术适应于本国条件而支付的研究和发展费用。

最后，关于国际间技术转移的途径问题。据维尔金斯的研究，从理论上说，一个私营企业或一国政府能通过四个途径向国外输出新技术，也能通过四个途径从国外得到新技术。

一个私营企业或一国政府向国外输出新技术的途径是：

①向国外销售新产品。如果销售的是资本品，这就直接转移了新技术。如果销售的是消费品，而外国又能仿制，这也是转移新技术。

②在外国出售专利权或设计。

③同外国政府或企业发展技术援助关系，传授技术知识。

④在外国投资建厂，随着投资建厂，雇用当地职工，新技术也就传播出去。

一个私营企业或一国政府从国外得到新技术的途径是：

①从国外进口新产品、新机器设备，并仿制它们。

②向国外购买专利权或设计，在国内组织生产。

③接受外国政府或企业的技术援助，或派人去国外学习技术。

④从外资在国内建立的工厂中得到新的生产知识。其途径也可能是迂回的。例如，一旦外国公司在本国建厂后，不仅会带来本行业的先进技术，而且会附带地带来生活服务、交通运输、通信联系、职工住宅建筑等方面的先进技术。

总之，我们可以看到，有关技术创新问题的研究在涉及具体的、技术性的问题的场合，是有较多的内容可供参考的。

第四节 当代西方经济学家关于制度创新的主要论点

当代西方经济学家认为，除了有技术的创新外，还有制度创新。制度创新论的主要代表人物是美国经济学家 L. 戴维斯和 D. 诺尔斯。1971年，他们合著《制度变革和美国经济增长》一书（剑桥大学出版社出版），对制度创新理论做了比较系统的论述，从而受到了西方经济学界的重视。

戴维斯和诺尔斯关于制度创新的基本观点如下：

1. 制度创新是指能使创新者获得追加利益的现存制度的变革。它与技术创新有某种相似性，即技术创新往往是采用技术上一种新发明的结果，制度创新往往是采用组织形式或经营管理形式方面的一种新发明的结果。只有在预期纯收益超过预期成本时，技术创新才得以实现；同样的道理，只有在预期纯收益超过预期成本时，制度创新才能成为可能。技术创新与制度创新的区别在于：技术创新的时间依存于物质资本的寿命的长短，制度创新的时间则并不取决于物质资本的寿命的长短。

关于促成制度创新的因素，戴维斯和诺尔斯认为，市场规模、生产技术发展、一定社会集团对自己的收入预期的改变，将会促使成本和收益之比发生变化，从而促成制度创新。

①市场规模——随着市场规模的扩大，交易额增加，经营管理方面的某些成本的增长率是递减的，或者在成本方面做等量的投资可以引起收入有更大程度的增长，这就引起了改革现有制度的需要，即通过制度创新去获取潜在的利益。

②生产技术发展——一方面，技术进步使生产扩大能获得越来越多的收益，从而使较复杂的生产组织和经营管理形式变为有利可图。另一方面，生产技术进步引起生产的积聚，使人口集中于大城市和工业中

心，从而提供了一系列新的盈利机会。这样就促成了制度创新，去取得潜在的利益。

③一定社会集团对自己的收入预期的改变——这将引起它们对现存制度条件下的成本和收益之比的看法做出修正。它们需要有制度创新来使自己适应预期收入改变后的地位，或阻止预期收入继续朝着不利于自己的方面变化。

戴维斯和诺尔斯举例说，19 世纪的美国，由于国内市场的发展，历史上形成的地方性垄断被打破，但却使许多企业陷入彼此激烈竞争之中。企业打算防止这种激烈竞争的恶果，而传统的组织或经营管理方式失灵了，这时就"发明"了卡特尔形式。采用卡特尔形式的预期纯收益大于预期成本，于是卡特尔形式被广泛采用。市场卡特尔化就是一项重要的制度创新。

2.制度创新过程可以概括为以下五个步骤：

第一步，形成"第一行动集团"（即预见到潜在利益，并认识到只要进行制度创新就可以得到这种潜在利益的决策者）。

第二步，"第一行动集团"提出制度创新的方案。如果还没有可行的现成方案，那就需要等待制度方面的新发明。

第三步，在有了若干可供选择的制度创新方案之后，"第一行动集团"按照最大利益原则进行比较和选择。

第四步，形成"第二行动集团"（即在制度创新过程中帮助"第一行动集团"获得利益的单位）。它能促使"第一行动集团"的制度创新方案得到实现。

第五步，"第一行动集团"和"第二行动集团"共同努力，实现制度创新。

戴维斯和诺尔斯举例如下：

第一例：工厂对周围环境有污染，附近居民受损失。他们认识到，如果进行制度创新（比如说建立环境保护制度）将会使自己免受损失（即增加收益）。于是他们形成"第一行动集团"。他们通过自己的代表在议会中进行斗争。议会通过了禁止工厂污染环境的立法，并成立防止和监督污染的管理机构（"第二行动集团"）。这个管理机构有权命令工厂赔偿损失，或命令工厂停工。于是环境保护这一新制度得以实现——即制度创新得以实现。

第二例：农产品滞销，农产品价格下降。农场主认识到，如果进行制度创新（比如说建立农产品价格维持制度，政府收购价格降到一定限度以下的农产品），将会使自己增加收入（即少受损失）。于是他们形成"第一行动集团"。他们争取到了政府的支持，政府这时是"第二行动集团"。为了帮助农场主，它会执行有利于稳定农产品价格的新制度、新政策。农场主通过这一制度创新而增加了收入。

此外，戴维斯和诺尔斯还举例说，当市场活动扩大，私人企业家感到组织大规模公司能节约成本、增加收益时，他们便组成争取公司制度变革的"第一行动集团"。当工人感到收入分配不利于自己，而要求获得较多收入时，他们便组成争取建立工会组织的"第一行动集团"。在这两种场合下，政府都是"第二行动集团"。政府采取立法、行政等手段来协助"第一行动集团"。正是在"第一行动集团"和"第二行动集团"的共同努力之下，实现了两项制度创新——即建立了现代公司组织和工会组织。

3. 制度创新时延的原因主要有三个：

①现存法律限定的活动范围。如果现存法律不容许制度上某种新的安排的出现，那么只有在修改法律之后才有制度创新的可能。

②制度方面的新的安排代替旧的安排所需要的时间。在这方面，旧制度通常是逐渐被认为过时，应当废弃，新制度通常是渐渐地替代它。

③制度上的新发明是一个困难的过程，需要一定的时间来等待这种

新发明。

④制度创新实现之后，就出现制度均衡的局面。制度均衡是指这样一种情况，即这时无论怎样改变现存制度，都不会给从事改革的人带来追加利益，于是就没有制度创新的可能。一直要等到外界条件发生变化（例如采用新生产技术，或有了组织形式和经营管理形式的新发明，或社会政治环境有了变化），同时出现了获取潜在利益的机会时，才产生制度创新的可能性。这样，制度发展的过程就是从制度均衡到制度创新，再到制度均衡，又再到制度创新的过程。

这一过程可以图解如下：

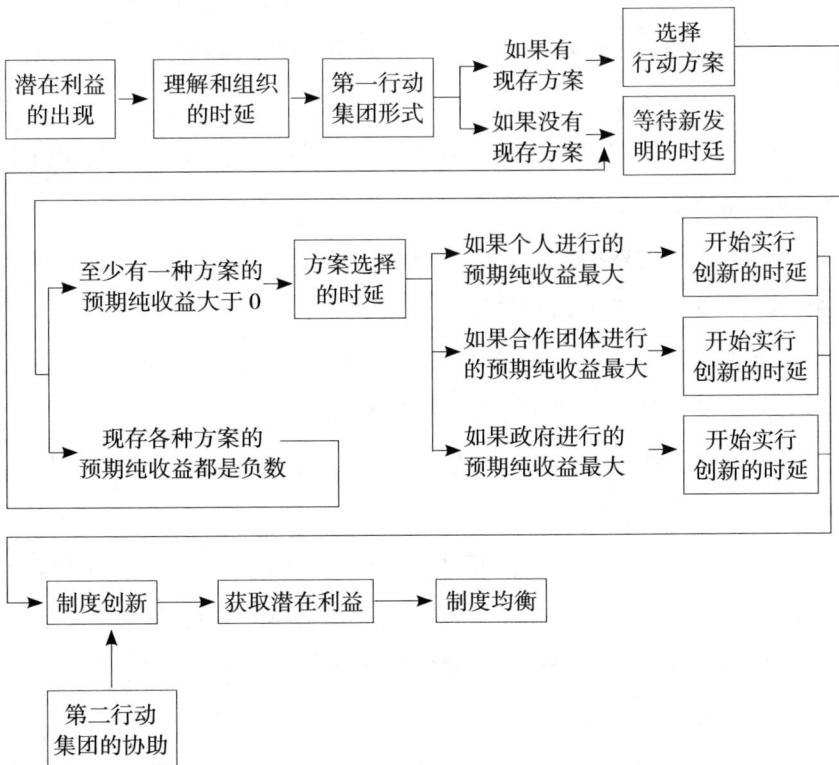

图 1

⑤制度创新可以在三级水平上进行，即由个人进行，由合作团体进行，或由政府机构进行。制度创新也就相应地分为三种，即分别由个人、合作团体或政府机构担任"第一行动集团"的制度创新。在任何一种情况下，都包括以下变量，即"第一行动集团"从制度创新中得到的预期纯收益、进行制度创新的预期成本、为制度创新而付出的预期经营成本、付出成本时间和取得收益时间的一段间隔和利息率等。一项制度创新究竟在哪一级水平上进行（究竟由个人担任创新者，还是由合作团体或政府担任创新者），要根据预期纯收益的大小来决定。如果所有各种方案的计算结果都使预期纯收益为负数，那么这时谁也不会去进行制度创新。

⑥戴维斯和诺尔斯认为，在有上述水平可供选择时，由政府进行的制度创新的特点包括：

a. 在私人市场不曾得到充分发展的条件下，只有政府实行制度创新才能获取潜在利益。

b. 如果获取潜在利益受到私人财产权的阻碍时，只有依靠政府的强制力量。这时，只有让政府来担任"第一行动集团"。

c. 如果潜在利益将归全体社会成员，而不归个别成员所有，那么谁也不愿承担创新费用，这种制度创新只可能由政府实行。

d. 如果某种制度创新涉及强制性的收入再分配时，只有靠政府实行。

e. 在实行制度创新时，需要付出成本。个人往往承担不了一笔巨大的费用，而合作团体为了取得一致意见，需要进行协商，从而增大了成本。因此由政府进行制度创新是比较合算的。

f. 政府进行的制度创新，社会成员并不具有任意退出的权利，而且在实行之前并不要求社会成员一致同意，只要符合某种决策原则就行了。如果某个社会成员不同意政府实行的某种制度创新而要退出安排，付出的代价将是巨大的（如迁出国境），甚至是无穷大的（以个人死亡作为代价）。

以上就是戴维斯和诺尔斯的制度创新理论的要点。他们认为，这一理论不仅可以用来解释历史上制度创新的原因和过程，而且可以预测未来的制度创新的方向和趋势。

制度创新理论虽然提供了一种新的研究思路，但其中存在着若干错误的内容。可以从以下四个方面对它进行分析：

第一，制度创新理论中讨论的制度，在概念上是混乱的。制度有经济基础和上层建筑之分。社会经济制度是经济基础，它是社会生产关系的总和。经济制度是第一性的，经济制度的变化决定着作为上层建筑的各种制度的变化。但制度创新理论不区分经济基础和上层建筑，不分各种制度的主次关系，把所有制、分配制度、劳动组织、公司形式、市场管理方式、税收制度、信用机构等笼统地都列入所要考察的制度之内，而它所说的制度创新，就是指这些制度的变化和调整，并且把人们追求利润的动机作为每一种制度产生和消失的依据。这不仅否定了经济基础和上层建筑之间辩证关系的原理，否定了上层建筑变更过程中的复杂性，而且由于把人们追求利润的动机放在最重要的位置上，这就把心理活动当作推动制度变革的根本动力。

第二，制度创新理论采用"纯经济分析方法"，把"社会政治环境"当作"已知的""既定的"因素，把制度创新置于"抽象的""纯理论"的模式中去分析，从而抹杀了不同历史时期内制度变更的不同性质、不同内容和不同后果。

第三，作为制度创新理论核心的创新决策理论，也是错误的。它把决策单位分为个人、合作团体和政府机构三级，而不分析它们的阶段属性。作为决策单位的个人，既包括垄断资本家，也包括小生产者和工人。作为决策单位的合作团体，既包括垄断组织（如托拉斯、辛迪加、卡特尔），也包括工人的团体（如工会）。在制度创新理论看来，凡是旨在进行制度创新的决策单位，即"第一行动集团"，一律受最大利润原则支配，处处皆以预期最大纯收益为考虑的出发点。实际上，它把一切阶级全都"资产阶级化"了。

戴维斯和诺尔斯以《制度变革和美国经济增长》为题，分析了美国二百年来各种制度的兴起和衰落，以及整个这段时间内美国经济的变化，以此证实制度创新理论。他们的论述中虽然有不少新的见解，但应当指出，他们对美国经济史上某些事件的原因和过程的解释是不正确的。

以股份公司的发展史来说，早在美国独立以前，即在英属北美殖民地资本原始积累时期，股份公司就已经产生，但只是到 19 世纪 30 年代以后，它才有较大的发展，而它的迅速发展则是 19 世纪 70 年代以后的事情。一律用私人企业家预见到潜在利益的存在而组成"第一行动集团"来推动公司制度的创新的说法，不能说明这一过程。股份公司不仅是旨在获取企业利润的资本组织形式，而且是大资本控制和利用中小资本的形式，是大资本实现资本集中的手段。股份公司是随着大资本支配权的加强而发展起来的。这是资本主义竞争和资本集中的必然结果，是不以"第一行动集团"的主观意志为转移的。

罗斯托的经济成长阶段论

引自《当代西方经济学说》，北京大学出版社，1989 年版。该书由罗志如、范加家、厉以宁、胡代光四人完成，并由罗志如统稿。有关罗斯托一章，由厉以宁执笔写作。

美国经济学家华尔特·惠特曼·罗斯托（Walt Whitman Rostow，1916—2003），1940 年在耶鲁大学获博士学位后，先后任哥伦比亚大学和麻省理工学院教授。1961 至 1969 年间，曾任肯尼迪和约翰逊政府的国家安全事务副特别助理、国务院顾问兼政策计划委员会主席，成为政府"智囊团"的核心人物之一。1970 年起，任美国得克萨斯大学教授。他的主要著作有《十九世纪的英国经济》（1948）、《经济成长的过程》（1950）、《经济成长的阶段》（1960）、《政治和成长阶段》（1971）、《这一切怎么开始：近代经济的起源》（1975）、《世界经济：历史与展望》（1978）、《由此及彼》（1978）、《穷国与富国》（1987）等。

罗斯托在他的一系列著作中，力图提出一个概括世界经济和历史的普遍的经济成长模式，以此与马克思主义政治经济学理论相对抗。他的经济学说是自成体系的。

罗斯托认为，人类社会发展共分为六个"经济成长阶段"：①传统社会；②为起飞创造前提阶段；③起飞阶段；④成熟阶段；⑤高额群众消费阶段；⑥追求生活质量阶段。其中关键性的是"起飞"和"追求生活质量"两个阶段。据他说，"起飞"是相当于工业化开始的阶段，"追求生活质量"阶段则是"工业社会中人们生活的一个真正的突变"。[①]罗斯托主要就这个成长阶段的更替问题进行论述，特别是对"起飞"和"追求生活质量"这两个阶段进行论述。他认为这样就可以"阐明"世界经济发展的规律性。

第一节　罗斯托的起飞学说

一、起飞的定义和起飞的条件

什么叫"起飞"？按照罗斯托的解释，起飞就是突破经济的传统停滞状态，这好比飞机起飞一样，起飞之后，它就可以顺利地滑翔飞行了。

罗斯托认为，起飞的主要条件有以下三个：

第一，要有较高的积累比例，要使积累占国民收入的 10% 以上。

第二，要建立起飞的主导部门。这个主导部门发展较快，它既能带动其他部门，本身又能赚取外汇，以便引进技术，购买外国产品和还外债、付利息。

第三，要有制度上的改革，即建立一种能保证起飞的制度。例如，建立使私有财产有保障的制度，这样，资本家才愿意投资。或者，建立能代替私人资本进行巨额投资的政府机构，这样，就能兴建因投资大收效慢而私人资本一开始不可能或不愿意经营的兵工厂，以及铁路、港口建设等。

[①]　罗斯托：《政治和成长阶段》，剑桥大学出版社，1971 年版，第 253 页。

怎样创造这三个条件呢？关于第一个条件，罗斯托认为，可以靠私人积累，也可以靠国家积累（发公债、征税、出卖公有土地等）。如果本国无法积累巨额资本，可以依靠外国资本输入（借款或外国直接投资）。关于第二个条件，罗斯托说，要按照各国具体条件来建立起飞主导部门，例如，英国在起飞中建立的主导部门是棉纺织工业，瑞典建立的是木材工业，日本建立的缫丝工业等。关于第三个条件，罗斯托认为也要根据各国具体情况而定。他举例说，在英国，起飞所需要的制度变革是容许私人投资经营工商业，国家则帮助私人企业去开辟国外市场和原料产地（占领殖民地）；在德国和日本，起飞所需要的制度变革是国家直接从事投资（建立国有企业），国家扶助私人投资（给私人企业以津贴、技术帮助和订货），同时也包括国家帮助私人企业去开辟海外市场和原料产地（占领殖民地）。

罗斯托认为，一国只要具备了上述三个条件，经济就可以实现起飞。一旦起飞，经济也就可以"自动持续成长"了。

为什么起飞之后经济能够"自动持续成长"？罗斯托举了以下四个理由：

第一，经济发展所需要的资本不会感到不足。因为积累比较大，可以避免在人口增长条件下把剩余"吃光"，同时由于产品有销路，投资者有利可图，就不愁没有"利润再投资"。

第二，经济发展所需要的技术不会感到不足。因为有"赚取外汇"的主导部门产品，可以依靠这些产品出口来引进技术；同时，由于进行了保障投资利益的制度变革，外国可以直接投资建厂，带来新技术。

第三，经济发展所需要的原料生产、交通运输、劳动力供给等问题也可以得到解决，因为一旦建立了主导部门，它就会对一国整个国民经济起"连锁反应"，它会带动其他部门的发展，会引起地方经济的变化，会增加劳动力的供给。

第四，起飞之后，经济发展中会遇到某些难以解决的问题，例如某种原料显著供不应求，或者动力不能满足需要，或者运输紧张。这样，就推动了这些方面的科学研究和技术革命，就会引起一系列新的"突破"。一旦完成了新的"突破"，经济就可以继续向前发展了。

以上就是罗斯托关于起飞阶段的基本论点。罗斯托认为，世界上每一个工业化国家都经历了起飞，每一个发展中国家正处在起飞之中或即将面临起飞。因此，起飞当前是一个对一切国家都有重要意义的理论问题：完成了起飞的国家有责任帮助尚未实现起飞的国家。罗斯托认为未实现起飞的国家最容易走革命的道路，只要一国完成了起飞，经济"自动持续成长"了，它就不会信奉马克思主义了，人民就不会起来革命了。

二、起飞与基本经济结构的剧变

罗斯托认为，在人类社会经济成长的六个阶段中，"起飞阶段"相当于一国工业化的初期，这是一个"具有决定性意义的转变时期"，它的时间较短（二十年到三十年），但基本经济结构和生产方式上的转变是剧烈的。[①]

这是罗斯托的一个十分重要的论点。这就是说：起飞并不仅仅意味着投资率的上升或经济增长率的上升，而主要意味着一国基本经济结构发生剧烈的变化，意味着技术的吸收并产生扩散性的结果。为此，罗斯托声称不要把他的起飞条件同"纯刘易斯行为"混为一谈。所谓"纯

---

① 罗斯托：《经济成长的阶段》，第 2 版，剑桥大学出版社，1971 年版，第 8、39、189 页。

刘易斯行为"是指经济学家 W. 刘易斯在 1954—1955 年间发表的下述论点。刘易斯说道："经济成长理论的中心问题，就是要了解社会从 5%（占国民收入）的储蓄者转变为 12% 的储蓄者的过程。"[①] 而这个问题之所以为中心问题，是因为"经济发展的主要事实是迅速的资本积累"，"如果不能说明储蓄相对于国民收入的增长的原因，也就不能说明任何'工业'革命"。[②] 罗斯托认为，刘易斯关于投资率上升的论点是重要的，但这个论点本身并不说明社会"转变"时间的长短："转变"既可能是缓慢的，也可能是急剧的。罗斯托声称，他所指的起飞包括了三个条件，而投资率上升只是其中一个条件，它与另外两个条件不能割裂开来；那些认为工业化初期的"成长"是"渐进"过程的人们正是把他的论点同刘易斯的论点混淆在一起了。他们看到某些国家历史上投资率增长得比较缓慢（如英、法），从而断言这些国家不存在起飞阶段，这样实际上是把起飞的三个条件简单地理解为一种"纯刘易斯行为"。[③]

罗斯托解释道：在起飞时期，由于各国人口增长率不同，由于各国起飞前和起飞期间社会经营资本（主要是运输业）所需要的投资水平不同，由于各国资本和产量的比率不同，因此各国投资率的上升程度可能有所不同。即使如此，这一现象也不足以否定起飞的存在，因为起飞包括了三个条件，而不仅仅指一种"纯刘易斯行为"。罗斯托认为"纯刘易斯行为"（指投资率由占国民收入的 5% 上升一倍或一倍以上）是一个"重要的"、但不是"足够的"判断"起飞"的"标准"。[④]

罗斯托声称他所采用的是非总量分析（总量分解）的方法。总量分

---

① 刘易斯：《经济成长理论》，1955 年版。

② 刘易斯：《劳动力无限供应条件下的经济发展》，载《曼彻斯特学报》，1954 年 5 月。

③ 罗斯托：《经济成长的阶段》，第 2 版，剑桥大学出版社，1971 年版，第 190、192、205 页。

④ 同上，第 192—193 页。

析是凯恩斯在其《就业、利息和货币通论》中所采用的研究方法，它着重分析的是国民生产总值、国民收入等总量的变动及其与就业量和物价水平的关系。以总量分析方法来研究经济增长问题时，主要是对投资率和资本——产量比率进行分析。罗斯托指出：哈罗德－多马模型就是依据凯恩斯理论而编制的一种高度总量分析的模型。罗斯托强调指出，他在研究起飞时所采用的主要不是总量分析，而是非总量的部门分析，是对总量的分解，这种分析方法既不同于凯恩斯的总量分析，也不同于凯恩斯以前的经济学家所采用的个量分析（即分析单个市场或单个企业的商品供给、需求和价格之间的均衡关系）。罗斯托的非总量的部门分析，是分析部门的总量；它们对个量而言，是"总量"，对整个国民经济而言，则是"非总量"。罗斯托说："过去十年内我在成长论方面学习到的一切，使我深信，《经济成长的阶段》（第1版）内关于成长的非总量的、部门的基本论点是正确的。"[1]

为什么罗斯托认为不能采取总量分析方法呢？他认为总量分析有以下缺陷："起飞的决定性因素是在一个发生扩散性效果的环境中引进新的技术"，[2]而按人口平均计算的国民生产总值是由许多"并不与经济中吸收技术的程度相联系的变量决定的"。罗斯托解释道："技术被吸收于特定的工业和工业各个部门之中"，"而不是被吸收于国民生产总值之中"[3]，国民生产总值的变化既反映技术吸收的过程，也反映其他变量的作用。这样，按照罗斯托的看法，部门中由于引进新技术而产生的剧烈变化及其扩散性效果，并不一定立刻在按人口平均计算的国民生产总值的变化方面得到显著的反映（比如说，假定两个国家人口增长率不同，尽管它们在部门中实现了同样程度的技术改造，按人口平均的国民生

① 罗斯托：《经济成长的阶段》，第2版，剑桥大学出版社，1971年版，第XIV页。
② 同上，第223页。
③ 同上，第180、197页。

产总值的上升就不一样），而按人口平均的国民生产总值的变化也很可能与部门的技术改造没有直接关系（比如由于游览业的发达而引起的国民生产总值或国民收入的变化）。所以罗斯托再次声明他的论点：总量分析方法"不能使我们对实际发生的情况以及在起飞阶段中起作用的因果过程有很多的了解"。[①]

罗斯托认为，只有由于工业部门采用新技术，降低成本而引起的工业生产量绝对水平的增长，才是真正的起飞的开始，因为起飞的实质在于部门的扩张及其扩散性效果。[②]所以只有采用了新技术并降低了成本，才能为部门的扩张奠定可靠的基础，才能使一个部门的影响扩展到其他部门，形成"工业扩张的浪潮"。"起飞发生时间的估计不可能是一种简单的统计演算，虽然它要求利用一切有用的统计资料。必须考察经济的全部活动情况，以判明对于由主导部门可能引起的扩散性效果，它是如何积极反应的。"[③]

罗斯托在分析了起飞与基本结构的剧变之间的关系后，进而分析了区域起飞与全国范围内的起飞之间的区别。他说，从美国经济史来看，新英格兰的区域起飞确实较早开始，棉纺织工业是这个区域起飞的主导部门，并对全区有广泛影响，但由于距离因素和地理因素是美国早期成长中的基本问题，只是随着铁路技术的采用，使美国成为一个有效的大陆市场后，才有全国范围的起飞，所以1820年新英格兰的区域起飞只不过是一种"早熟现象"，它并未引起美国基本经济结构的剧变，所以它还不是美国国民经济的起飞。

[①] 罗斯托：《经济成长的阶段》，第2版，剑桥大学出版社，1971年版，第191页。
[②] 同上，第193页。
[③] 同上，第195页。

三、工业化进行到一定程度之后的 "持续成长"

罗斯托认为起飞之后的持续成长是依靠新主导部门不断代替旧主导部门而实现的，他把这个过程叫作起飞的重复。从这个意义上说，罗斯托理论体系中的起飞一词有两种含义。第一，起飞是指人类社会六个经济成长阶段中的一个阶段，即 "起飞阶段"。第二，起飞是指经济成长过程中不断打破停滞状态，使经济保持前进的冲力。所谓起飞的重复，就是指后一种含义而言。

罗斯托认为，笼统地提起飞以后成长过程受限制的说法是不明确的。限制有两种，一种是来自传统社会的限制，另一种是经济成长本身所引起的限制，前一种限制在起飞阶段中已被打破了，后一种限制是在成长过程中不断出现的，主要表现为主导部门的减速趋势。那么，主导部门的减速趋势是怎样引起的呢？罗斯托认为减速可能是由以下各种原因引起的：人口增长率的下降；新兴国家的竞争；资本供给的不足；与主导部门相配合的补充工业部门的缓慢发展；企业家才能的逐渐减退；收益递减规律的作用；消费倾向的下降；等等。罗斯托认为这些因素虽然不可忽视，但不是主要的。造成主导部门减速的主要原因，在他看来，就是工业部门的技术改造（尤其是新技术在工业中被采用）的缓慢和停顿。罗斯托说："什么是经济成长的基础？我相信我们大家都同意这样一点，即成长是不断地、有效地把新技术吸收到经济之中的结果，"[1] "现代成长的根源在于新技术在一个有效的基础上的不断扩散。"[2]他进一步解释道：在一定的成长阶段，经济的成长总是由于主导部门采用了先进技术，降低了成本，扩大了市场，增加了利润和积累，扩大了

---

[1]　罗斯托：《经济成长的阶段》，第 2 版，剑桥大学出版社，1971 年版，第 179 页。
[2]　同上，第 XII 页。

对其他一系列部门的产品的需求，从而带动着整个经济，但是，经过一代（或两代）之后，一旦当初的先进技术及其影响已经扩散到各个有关部门，这个革新的浪潮就过去了，原有的主导部门所担负的特殊使命也就完成，部门技术改造的变慢势必导致经济增长率的下降。罗斯托认为，这种减速趋势是不可避免的，"从这一点看，如果一个社会需要保持高的平均增长率，它必须不停地同减速趋势进行斗争"。[①] 而要反减速，则必须不断掀起革新的浪潮，不断采用新技术，不断产生新主导部门。采用了新技术的新主导部门的出现，等于开始了另一次起飞，而通过新主导部门对其他有关部门的影响（回顾影响和旁侧影响），通过技术的扩散，再通过利润的再投资，成长就可以继续进行下去。在这里，回顾影响是指一个部门的经济成长对向它投入生产要素的部门的影响。例如：铁路部门的发展将带动向铁路部门提供铁轨、枕木、机车、煤炭等部门的发展。旁侧影响是指一个部门的经济成长对所在地区和邻近地区的影响。例如，修建铁路后，沿线的经济将发生相应的变化。

某些西方经济学家曾经怀疑：新主导部门刚出现时，它在整个经济中所占的比重，从统计资料来看，无疑是很小的，它能起到带动经济成长的作用吗？罗斯托的回答是：各个部门所占比重的统计数字不足为据，因为这个问题不是单纯统计演算的问题。罗斯托认为：在一定时期内，新主导部门的产值在国民生产总值中所占的比重可能很小，并且新主导部门增长率最大的时期同它产生影响的最大的时期可能不一致，但这些情况并不能抹杀它的回顾影响和旁侧影响的存在；新主导部门不是简单地靠它自身的产量来带动经济成长，而主要是靠它的回顾影响和旁侧影响来带动经济成长，回顾影响和旁侧影响很难用精确的统计数字来

---

① 罗斯托：《经济成长的阶段》，第 2 版，剑桥大学出版社，1971 年版，第 175 页。

查明。罗斯托以美国铁路在经济成长中的作用为例，他写道："一个新主导部门的出现常常改造了它影响所及的整个区域，例如棉纺织业革命改造了曼彻斯特和波士顿，汽车工业改造了底特律。不管铁路通到哪里，铁路都引起旧城市中心的改造或新城市中心的兴起，这不仅是为了铁路的维修保养，而且也是为了从事因铁路使之存在和有利可图的市场经营和商业贩运。这些以起飞时期城市化加速为标志的旁侧影响，扩大了新式居民在总人口中的比例，加强了对生产过程的新态度，这些都远远超过了新活动本身的狭小影响，超过了它所直接影响的那些部门产量的狭小范围。"[①] 罗斯托接着说，由于旁侧影响极难在数量上加以确定，所以铁路在加速经济成长中的直接和间接作用也不可能用统计学方法来孤立地度量。

罗斯托认为，新主导部门的出现并不是任意的、偶然的现象，新主导部门和旧主导部门之间有密切的联系，旧主导部门的发展就已经预示着新主导部门的产生，具体地说，旧主导部门的前瞻影响是新主导部门产生的依据。他指出，从主导部门的影响来看，起飞应当划分为两个阶段，在第一个阶段，它产生回顾影响和旁侧影响；在第二个阶段，"经济还必须显示出发挥前瞻联系的能力，从而新主导部门在旧主导部门减速时得以出现"。[②]

按照罗斯托的看法，旧主导部门创造了一种可以"诱导"新的工业活动的背景，例如，它提供的产品和服务可能降低另一种工业的成本，从而刺激着后者产量的增长；又如它能够造成瓶颈，从而吸引企业家到某方面去寻找利润或刺激新技术的发展；再如，它可能使收入增加，从而引起社会上需求量的变化或刺激新的需要。这些就是旧主导部门在成

---

① 罗斯托:《经济成长的阶段》，第 2 版，剑桥大学出版社，1971 年版，第 226 页。
② 同上，第 194 页。

本和供给方面的前瞻影响以及在需求方面的前瞻影响。前瞻影响和前瞻联系的存在使新主导部门的出现有所依据。罗斯托以英国经济史为例，说明旧主导部门（棉纺织工业）与新主导部门（铁路建造业）之间的关系。他说，19世纪中期以后，铁路的兴建是与棉纺织工业的前瞻影响分不开的，棉纺织工业的技术发展大大降低了这具有高的收入需求弹性的制成品（棉纺织品）的成本，使其产量剧增，同时原料（棉花）的消费量也大为增长，于是出现了运输问题，即如何以新的运输方式把工厂、港口和国内市场连接起来，第一条铁路——从曼彻斯特到利物浦之间的铁路就是在这种情况下出现的。

四、起飞——持续成长的一般公式

罗斯托说："在一种意义上，每一个国家发展的历史都是独一无二的"，"没有两个相同的例证"，[①]但另一方面，"也有一些共同的力量和原则在起作用，它们产生足够的相似之处，从而有可能进行分类，系统分析，或至少做出某种程度的预测"。[②]他认为，有些人只看到了成长过程的独特性，而不了解成长过程的一般性。

什么是成长过程中的一般性？罗斯托认为，这种一般性就是："在近代史的特定时期内，从本质上看，技术是同一的。"[③]罗斯托解释道："尽管各国的文化、社会结构和政治状况不同，各国大小不同、资源不同、人口与资源之比不同，与国际间的经济联系不同，受其他国家军事威胁程度不同，从而用于军事目的的资源所占比重不同，但这些特点并

① 罗斯托：《经济成长的阶段》，第2版，剑桥大学出版社，1971年版，第178页。
② 同上，第179页。
③ 同上，第180页。

不排斥下述的共同之点：各国国民生产总值的增长也必然反映着技术发展和应用的过程，这样，尽管各国是在不同时间进入现代化过程（即进入起飞），并且很可能各自吸收了当时较先进的技术，但完全可以根据技术被吸收的程度以及主导部门序列的变化来加以概括。而对吸收新技术的程度、主导部门、成长阶段三者之间的关系进行分析，就是说明不同国家的成长过程的普遍适用的一种方法。"

罗斯托进一步断言：某些经济学家之所以强调各国成长的独特性，也是由于他们对起飞以前的时期缺乏分析，他们所谓的历史遗产就是指各国在进入起飞以前的不同历史条件。罗斯托说：尽管条件不同，任务却是一样的。这就是各国都要走向现代化，经济成长成为一种派生的需要。[1] 而为了走向现代化，各国都需要为加速经济成长做准备，包括采取一切措施使人口增长的压力有所减轻，使投资率有可能上升，使一个或几个能赚取外汇的部门有可能发展起来，等等。这样，到了起飞之前的几十年内，各国的社会经济都发生了类似的变化。如农业制度和技术的改造，新式工人的培养，城市和国内外贸易的发展，工业产值的一定程度的增长，以及其他为起飞所必需的变化。因此，起飞——持续成长的一般公式与历史例证的特殊性并不矛盾。

罗斯托认为历史上有过一些所谓"流产的工业浪潮"的例证，如19世纪末20世纪初的印度，第一次世界大战期间的中国，等等。他说，这些国家在这段时间有过一阵工业增长，但并未导致自我持续成长，接着而来的则是停滞或倒退，所以这不是起飞。[2] 他认为这一类例证既说明了不同国家的经济成长的特殊性，也说明了起飞理论对于各种历史例证的适用性：即在"起飞的前提条件还没有具备的地方"，如19世纪末

---

① 罗斯托：《经济成长的阶段》，第2版，剑桥大学出版社，1971年版，第174页。
② 同上，第195页。

20 世纪初的印度和第一次世界大战期间的中国，即使棉纺织工业有较大增长（棉纺织工业是英国起飞的主导部门）、铁路建筑事业有较大规模（铁路建筑事业曾是美国起飞的主导部门），也"并不能产生一个起飞阶段"。[①]

罗斯托说：历史上的统计资料当然不够完备，但不能被这种情况吓倒，如果总是认为统计资料不全或水平不够高而不去做出智力上的判断的话，那么既写不出经济史，也制定不了经济政策。如果经济理论的经典著作——从《国富论》到《就业、利息和货币通论》——的作者们，一直要等到他们的数量概念能以统计形式严格地表述出来的话，那么就没有一本经典著作会发表。[②]

接着，罗斯托谈到如何利用历史统计资料的问题。他写道：现有的统计资料往往是官方机构为了制定政策的需要而收集的，对于研究经济成长过程并不合适，因此有必要加以重新收集和组织。比如说，要打破典型的制造业的九项分类法（指美国官方把制造业分为这样九大类：①食品、饮料、烟草；②纺织品；③皮革和橡胶；④林业产品；⑤纸张和印刷；⑥石、黏土和玻璃；⑦化学品和石油；⑧金属制品；⑨杂项），而要按主导部门本身（例如汽车）加上其他工业中与之有联系的部分（如钢材、橡胶轮胎、石油精炼等）来进行分类。罗斯托认为，只有这样才能把部门中对新技术的采用同部门的扩散性效果联系起来，说明经济成长的过程。

罗斯托认为，按照主导部门综合体系的分类方法，可以把世界上所有各国的起飞和起飞以后的持续成长纳入下述的一般公式，即每个国家的经济成长都将发生这样的过程：由起飞阶段的主导部门综合体

---

① 罗斯托：《经济成长的阶段》，第 2 版，剑桥大学出版社，1971 年版，第 195 页。
② 同上，第 53、56 页。

系过渡到成熟阶段的主导部门综合体系，再过渡到高额群众消费阶段的主导部门综合体系，最后过渡到追求生活质量阶段的主导部门综合体系。

罗斯托声称，他的关于起飞的理论以及整个成长阶段的理论既适用于经济史考察，也适用于现状分析，既适用于发达国家，也适用于目前的发展中国家。他认为适用的依据在于：无论哪一个时期，无论哪一个国家，经济成长都是按部门进行的，如果要制定经济发展计划，也必然是按部门制定的，而起飞理论和整个成长阶段理论的方法论就是非总量的部门分析，所以在罗斯托看来，从分析主导部门及其扩散性效果着手，是考察任何经济成长（包括发展中国家的成长）的共同出发点。

罗斯托认为，一个不发达的国家或地区之所以会发生革命，是因为它想起飞，而未能起飞的结果。如果这个国家或地区经济很落后，而且处于封闭阶段，不接触外界，那么它是不会想使经济起飞的。只有在它想使经济起飞，但又由于种种条件的限制，而未能实现这一愿望时，它便求诸革命了。因此，在罗斯托看来，革命无非是换一种起飞的途径而已。比如说，私人没有力量实现工业化，便由革命后的政府来实现工业化。罗斯托认为俄国革命、中国革命都是这样发生的，所以他把"共产主义"称作过渡时期的一种病症。

罗斯托由此断言，一个国家或地区如果实现了起飞，那么它们就能进入起飞后的持续成长，它们也就不会被"共产主义"所夺去了。发达资本主义国家应当帮助不发达国家和地区实现起飞，以免这些国家和地区受到"共产主义"的影响，这就是罗斯托起飞理论的政治结论。

第二节 罗斯托对起飞以后各个成长阶段的论述

一、成熟阶段的终结

据罗斯托的论断，高额群众消费阶段是一个高度发达的工业社会，它在技术上的成熟使得社会的主要注意力从供给转移到需求，从生产转移到消费。这时，越来越多的资源被用于生产耐用消费品，这些耐用消费品逐步普及到一般居民家庭。这时的经济成长以耐用消费品的大量生产为基础，居民家庭对耐用消费品的购买保证了经济繁荣。

罗斯托认为，美国是世界上第一个由成熟阶段进入高额群众消费阶段的国家。20 世纪 20 年代，在美国就已为居民提供了以私人小汽车为主要代表的耐用消费品。30 年代，由于严重而持久的萧条，以耐用消费品为基础的经济成长遭到了打击。在罗斯福"新政"时期，较多的资源被用于公共福利支出。而从 1946 年以后，美国又重新开始了高额群众消费。而西欧大陆和日本，在 50 年代先后进入了高额群众消费阶段，这就是罗斯托所解释的高额群众消费阶段的历史。罗斯托认为，在这里需要说明的是：为什么这些国家在成熟阶段之后必定走向耐用消费品时代？

在罗斯托看来，高额群众消费阶段之所以代替成熟阶段，这是由于成熟阶段本身的局限性以及由它引起的一些新问题造成的。

什么叫作成熟阶段？罗斯托说成熟阶段是指起飞之后，经过较长时期的经济持续成长而达到的一个阶段，这时，经济中已经吸收了技术的先进成果，并有能力生产自己想要生产的产品。一般说来，铁路建筑、钢铁工业以及大量使用钢铁的通用机械、采矿设备、化工设备、电力工业和造船工业等部门的发展，是一国经济成熟的标志。在向成熟阶段推进的过程中，成长所依靠的是对供给方面的投资，也就是靠对工业设备部门的投资。由于工业中不断吸收新技术，不断降低成本，生产出来的工业设备不断被企业所需要，投资被认为是有利可图的，从而对工业设备的投资带动了经济成长。这一点，既是向成熟阶段推进过程中经济成长的冲力，同时也是成熟阶段本身的局限性的反映。

为什么说这一点反映了成熟阶段的局限性？因为按照罗斯托的解释，经济成长是不断地、有效地把新技术吸收到经济之中的结果，一旦经济中对新技术的吸收和推广的速度放慢了，经济成长就失去了冲力，所以经济中需要不断掀起革新的浪潮，同减速趋势进行斗争。成熟阶段的局限性表现于以对工业设备部门的投资为基础的、以工业设备部门吸收新技术为内容的这种经济成长，在先进的技术成果已被充分吸收并被应用于大多数生产部门之后，就不可避免地出现减速趋势，因为这时（姑且不谈来自其他工业国家的竞争）投资已不再像达到成熟之前那样有利可图，也不再吸引企业家的注意了。为了对付成熟阶段到达终点时所出现的减速趋势，一个国家基本上面临着两种可能性：一是对外侵略扩张，一是向更高级的、新的成长阶段过渡。如果对外侵略扩张受到阻碍或挫折，那么就只有一种可能性，即向新成长阶段过渡。

新成长阶段的出现不是偶然的。成熟阶段对新成长阶段的出现有下列"诱导"作用或"前瞻影响"：

第一，随着经济的成熟，一种新型产品——汽车——出现了。特别是1913年福特工厂采用自动装配线之后，这种新产品被大量廉价地生产出来。

第二，随着经济的成熟，劳动力结构起了变化。不仅城市居民人数不断增多，而且这些人的实际收入也增加了。

第三，随着收入的增加，人们的欲望起了变化。他们不再满足于对基本的衣、食、住的消费，而要求获得新的消费果实。

第四，在消费者主权起作用的条件下，社会必须设法满足消费者的需求，把越来越多的资源用来满足消费者对消费品的需要。

罗斯托断言：这样，在成熟阶段到达终点之时，尽管对原有的主导部门（铁路、钢铁以及工业设备部门）的投资收益不再像向成熟阶段推进时期那样吸引企业家，尽管原有的主导部门出现了减速趋势，但由于上述这些"前瞻影响"的作用，社会必然转向以汽车为主要代表的新产品的生产，从而开始了新的经济成长。汽车，不是作为一种生产设备而被大量生产出来，而是作为既被消费者所需要，又能被消费者所接受的一种耐用消费品大量生产出来。这个以汽车工业为新主导部门的新成长阶段，就是高额群众消费阶段。

二、由高额群众消费阶段向新阶段的过渡

所谓高额群众消费阶段的主导部门，据罗斯托的说法，就是汽车工业部门综合体系。这一综合体系不仅包括汽车工业本身，而且包括同汽车制造业的产品消耗有回顾联系的各部门，如钢铁工业、橡胶轮胎工业、石油精炼工业、玻璃工业，等等。汽车工业的发展带动了与汽车的使用有旁侧联系的各部门，如私人住宅建筑（特别是郊区住宅建筑）、高速公路建设、为汽车使用服务的部门（加油站、公路旁的零售店和餐馆、停车场，等等）。而私人住宅建筑的发展又引起了对其他各种家庭设备（耐用消费品）的需求，并影响到食物消费习惯的改变，引起对罐头食品、冷冻食品等的需要。大规模的公路建筑则又推动了筑路机械和建筑材料的生产……此外，汽车工业部门综合体系的建立和汽车的使用，在罗斯托看来，还改变了美国居民的生活方式，加速了美国社会的人口移动（表现于郊区人口激增），等等。

　　罗斯托认为,高额群众消费阶段的主导部门对经济成长的推动作用与前一个阶段,即成熟阶段的主导部门对经济成长的推动作用是有区别的。在成熟阶段,经济成长以对工业设备部门的投资为基础。在这种情况下,即使消费者需求水平较低,但只要劳动力成本和原料成本都比较低,对工业设备部门的投资仍然被看成是有利的。但在高额群众消费阶段,主导部门是以汽车为主要代表的耐用消费品工业,经济成长以对耐用消费品生产部门的投资为基础。在这种情况下,必须保持高额的消费者需求水平,否则不仅耐用消费品生产部门会开工不足,而且向耐用消费品生产部门供给产品的各个部门也会开工不足,从而投资被认为无利可图。如果这些部门吸引不了投资,经济成长也就失去了基础。

　　但罗斯托认为高额群众消费阶段不能永远存在下去,它转入另一个新的成长阶段是不可避免的。成长阶段的更替的原因仍在于旧的成长阶段发展到一定程度之后其主导部门所产生的减速趋势。罗斯托说,在美国,从 20 世纪 50 年代中期起就出现了减速趋势,正是高额群众消费的减速趋势开辟了一个新的成长阶段——追求生活质量阶段。就这一点而言,由高额群众消费阶段转入追求生活质量阶段,是与由起飞阶段转入成熟阶段,或由成熟阶段转入高额群众消费阶段的道理是一样的,都归因于减速趋势。

　　罗斯托认为,减速是对相对的增长率而言。美国汽车工业部门出现了减速趋势,并不意味着汽车和其他耐用消费品绝对产量下降或在美国已经失去销路。耐用消费品是需要更新的,而且美国还有一些人没有获得它们,他们还将继续购买。同时,由于其他国家正在走向成熟阶段或高额群众消费阶段,耐用消费品可以出口。但无论如何,汽车工业部门在今天已不像它刚兴起时那样具有前进的冲力了。由于其他国家也相继建立了这一部门,而它们的工资率比美国低,所以美国汽车出口的前景也不可乐观。这就是影响着这一部门的远景的有利因素。它的命运正如产业革命时代英国的棉纺织工业的命运一样。当时英国的棉纺织工业，在越过了它的极盛阶段之后，它的增长速度就放慢了，它失去了带动经济成长的能力，它会被新的主导部门所代替。从这个意义上说，可以认为底特律很可能走英国兰开夏的老路。

三、布登布洛克式的动力的作用

罗斯托在解释成长阶段的依次更替时，提出了所谓布登布洛克式的动力（Buddenbrooks' dynamics）的作用。

布登布洛克式的动力一词来源于德国作家托马斯·曼的小说《布登布洛克家庭的衰落》（Buddenbrooks：Verfall einer Familie）。托马斯·曼，1875 年生于德国，1929 年获得诺贝尔文学奖，1933 年后移居美国，1944 年入美国籍，1955 年去世。《布登布洛克家庭的衰落》是他的重要著作，出版于 1901 年。小说以 19 世纪中期德国卢卑克城一个资产阶级家庭的兴衰作为背景。老布登布洛克早年经营粮食生意，奔走各地，拼命积累财富，终于办起了一个大的粮食公司，成为地方上的富户。一直到晚年，他始终把这个家庭办的企业当作自己的全部世界，一心一意经营它，发展它。他死后，产业遗留给孙子托马斯·布登布洛克来经营。托马斯出生在已经有钱的家庭，他对继续追求金钱不再感兴趣，只把经营粮食生意看成是对家庭的一种责任。他追求社会地位，后来当了参议员。托马斯的儿子汉诺·布登布洛克出生在既有钱，又有社会地位的家庭中，他对金钱和社会活动都不感兴趣，他追求精神生活，爱好音乐。托马斯去世后，老布登布洛克一手创办的粮食公司关闭了，产业被卖掉，仆人被打发走，家庭里接连发生变故，汉诺不久也去世，布登布洛克家庭完全衰败，小说也就到此结束。托马斯·曼的本意是想说明"企业家精神"与"知识分子的精神生活"之间的冲突，指出二者不能并存，所以后者的出现是前者的衰落征兆。罗斯托则根据小说的情节，用布登布洛克式的动力一词来说明一家几代人因生活环境不同，从而追求的目标不同，满足各自欲望的方式也不一样。罗斯托认为，布登布洛克式的动力不仅可以说明一个家庭在几代之中变化的过程，也可以说明一个社会在几代时间内的变化。

罗斯托认为：人类社会的发展可以划分为若干个成长阶段，每一个成长阶段都有与之相适应的主导部门，而每一个主导部门的出现又同"新的人物"及其利益、兴趣和要求联系在一起。因此，成长阶段的置换、主导部门的变动、中心人物的更替，三者实际上是不能分开的。布登布洛克式的动力说明人们一代又一代总是在寻找新的满足欲望的方式。[1]在西方经济史上，为起飞创造前提阶段的新教徒，起飞阶段的企业家，向成熟阶段推进的"铁路大王""钢铁大王""石油大王"，直到成熟阶段完成之后管理着企业的专业经理人员，都是与他们本身所处的时代相适应的中心人物。他们依次更替，他们各自代表着他们那一代。他们对问题的看法以及他们所追求的目标是不一样的。这就是布登布洛克式的动力的作用。

因此，罗斯托认为，社会在进入高额群众消费阶段之前，人们没有小汽车时向往小汽车，这是可以理解的。在进入高额群众消费阶段之后，如果实际上所有的人都能够得到一辆廉价的汽车，他们还会要求什么呢？在布登布洛克式的动力不停地起着作用的条件下，美国当前这一代人——年轻的一代——将追求什么呢？在罗斯托看来，他们不会再追求汽车了，汽车对他们来说，效用是递减的。他们的收入将用到汽车

---

① 罗斯托：《经济成长的阶段》，第 2 版，剑桥大学出版社，1971 年版，第 11 页。

以外的方面去，他们的精力和才能将不再放到追求耐用消费品方面。布登布洛克式的动力说明人们的欲望一代一代地变化着：没有钱的时候想赚钱；有了钱就想要社会地位，想要生活环境的舒适，想受更高的教育，想到外国去旅行，想要精神上的享受。这种心理的变化以及它所造成的影响，促使美国社会必然向着高额群众消费阶段之后的另一个阶段发展。

四、新的成长阶段——追求生活质量阶段

那么，美国社会将从高额群众消费阶段走向何处？罗斯托认为，下一个成长阶段不是任意地、凭空地产生的，而是与高额群众消费阶段内已经发生的某种转变和它存在的一些问题有关。他从以下三个方面来考察下一成长阶段的性质。

第一，以服务业的发展情况来考察。在美国，服务业具有重要的意义。服务业包括许多部门，尽管那些与耐用消费品有关的服务部门正在减速，而与医疗、教育、文娱、旅游有关的服务部门则在加速发展。同时，服务业目前的生产率增长速度虽然比较缓慢，但就业人数的增长是迅速的，在服务业就业所占的比重日益增大。这些情况表明在高额群众消费阶段之后，服务业将越来越重要。

第二，从汽车工业部门的发展和汽车的大量使用造成的问题来考察。罗斯托认为，在高额群众消费阶段内，由于汽车工业部门的发展和汽车的大量使用而引起了空气和水源污染以及大城市的衰败，因此下一个阶段必须认真处理环境污染、城市交通拥挤不堪和人口过密等问题。在罗斯托看来，这些问题如果得不到解决，那就谈不到所谓"生活的质量"，同时，要解决这些方面的问题，需要有政府的大量支出，而迄今

为止，政府在这些方面的支出还很不够。公众在这些方面给予政府以巨大的压力，政府面临着挑战。这就是下一个阶段必须解决的课题。

第三，从"充分公民权利"的角度来考察。罗斯托认为，在美国，这个问题就是种族问题，主要是黑人问题。罗斯托说，这个问题看起来似乎只是美国特有的问题，其实在加拿大、比利时、北爱尔兰也存在一部分受益较少的居民，他们也要求改变目前的政治、社会和经济地位，只不过其程度不如美国的黑人问题那样突出。

罗斯托说，从 1940 年到 1960 年之间，美国的黑人在地域分布上有两个大的变动：一是由乡村转入城市（1940 年，黑人城市居民为 620 万人，乡村居民为 660 万人；1960 年，黑人城市居民为 1380 万人，乡村居民为 510 万人），一是由南部移入北部（从 1940 年到 1960 年，南部的黑人总数基本上没有变动，北部的黑人总数由 280 万增加到 720 万）。黑人在地域上的分布使美国的黑人同白人的接触更多，从而提出了一些新问题。"从本质上说，黑人所想得到的就是美国白人从他的社会所得到的东西：高额群众消费阶段的乐趣，包括使自己的孩子受同等的教育、平等的选举权、平等的就业和居住权，结束一切形式的社会隔离。争取民权的运动是在高额群众消费阶段失去推动经济前进的力量时加强起来的；就那一点而言，争取民权的运动必定在 60 年代产生一种自相矛盾的因素：当美国的政治忙着要力求满足黑人的需要时，它也遇到了高额群众消费之后追求质量方面的公共问题。"[1]

因此，在罗斯托看来，美国必须在高额群众消费阶段之后的成长阶段内，继续解决黑人的"充分公民权利"问题，否则将造成政治上的严重不稳定局面，但他认为这个问题可以通过资源的重新配置一并解决。他说道："事实上，公共资源转到教育、福利和住宅方面，在很大程度

---

[1]　罗斯托：《政治和成长阶段》，剑桥大学出版社，1971 年版，第 226 页。

上——不是全部，而是很大程度上——是美国种族问题的尖锐性的反映。与那种更明确地说要提高黑人社会生活的情形相比，在这样一些职能项目之下获得资金是更容易一些。"①

在分析了服务业的发展、汽车的大量使用造成的问题以及黑人问题之后，罗斯托指出了美国高额群众消费阶段之后的成长阶段的性质。他说：这是一个提高居民生活质量的阶段。

罗斯托写道："20 世纪 50 年代中期美国高额群众消费的减速开辟了一个新阶段，即对质量的追求，这个阶段给政治的议事日程提出了一大套要求：要求增加教育和保健费用；要求大量投资以减轻——如果说不是消除的话——汽车时代的污染和城市的畸形化；要求做出计划来处理与穷人的收入和不平等的范围有关的问题，因为在平均收入水平增长的情况下，这种问题变得更加显著和更加不能令人满意；要求做出计划来对付这样一些人，即在观察周围生活状况和所面临的各种机会时打算进行抗议或以违反法律的方式挣脱这个社会的人。"②

五、新的主导部门——生活质量部门

罗斯托认为高额群众消费阶段的主导部门是以汽车制造业为代表的耐用消费品工业部门，追求生活质量阶段的主导部门则是以公共服务业和私人服务业为代表的提高居民生活质量的有关部门，即"生活质量部门"。

生活质量部门包括公共投资的教育、卫生保健、住宅建筑、城市和

---

① 罗斯托：《政治和成长阶段》，剑桥大学出版社，1971 年版，第 242 页。
② 同上，第 222 页。

郊区的现代化建设、社会福利等部门。

追求生活质量阶段内以服务业作为主导部门与以前各个成长阶段的主导部门有一个显著的区别：以前各个成长阶段的主导部门都是生产有形产品的，这些产品可以出口，而追求生活质量阶段的主导部门是服务业，提供的是劳务，是丰富居民生活的，是提高生活质量的，这样，当资源和人力大量转入服务领域之后，是不是会使美国本来已经严重的国际收支状况更加恶化呢？罗斯托认为这个问题迄今尚未被系统地研究，但如果弄清楚了下一个成长阶段的主导部门与技术发展之间的关系，对新主导部门给予国际收支的影响仍有可能做出一些判断。

在罗斯托看来，一个主导部门之所以能对一国的国际收支起积极的作用，关键不在于它生产什么样的产品，而在于它拥有什么样的技术水平，用什么样的技术进行生产。他说美国比其他国家早进入汽车工业部门综合体系，曾使得它在一系列拥有较新技术的工业部门中居于领先地位，从而有助于提高美国的生产率和加强美国的国际收支地位。西欧和日本在市场效率的条件下对这些技术的吸收，已经向美国的贸易剩余施加了沉重的压力。[①] 可见，按照罗斯托的看法，如果美国不能在技术水平上领先，即使仍然以汽车工业为主导部门，仍不能减轻国际收支方面的窘境。

罗斯托接着说："把新技术引进服务业的可能性绝没有耗竭。而在像美国这样幅员广阔和资源丰富的国家的经济中，正如美国农业已经显示的那样，服务业中很可能有着提高生产率方面的未发掘的潜力，例如利用电视和其他群众性教育设施的潜力（这些设施只不过被浮光掠影地探讨过）；在医疗和医院设计中也许有着节约人力物力的很大可能性。并且，在人们几乎普遍有着到国外旅行的冲动（只要他们能够负担得起

---

① 罗斯托：《政治和成长阶段》，剑桥大学出版社，1971 年版，第 233 页。

这笔费用）的情况下，新一代商用飞机横渡大西洋的竞赛可能决定国际收支差额究竟落到哪一边。"①

罗斯托得出了这样的看法：主导部门由汽车工业部门转向服务部门之后，仍有进一步创新的可能性，因为各个服务部门不仅需要采用新技术（如电子计算机技术）来促使本部门的业务革命化，而且从企业、部门直到工业结构都可能采取新的经营方式以适应市场的特点，亦即实行所谓"组织的创新"（innovations of organization）。罗斯托的结论是："因此，在高额群众消费阶段的技术被西欧和日本有效地吸收的时候，在西欧和日本把强有力的行政领导用充足的运营资本、现代的研究和发展，以及有效率的多种经营的生产单位结合在一起，而学习到经营管理方法的时候，如果美国要保持其领先地位，那么它必将是通过某些服务部门的创新（包括组织的创新），以及通过把现代科学技术的潜力推广到比以往广泛得多的范围之中而被保持住的。"②

六、追求生活质量阶段中的美国黑人问题和白人青年问题

罗斯托认为，任何一个新成长阶段的主导部门都是在前一个成长阶段的主导部门日益减速的条件下发展起来的，它起着带动经济成长的作用。追求生活质量阶段的主导部门——生活质量部门——也具有这样一种作用。但由于这一部门本身的性质，即由于它同资源的重新配置（指公共投资比重的扩大和向教育、卫生和住宅建设等方面投资的增加）联系在一起，它除了起着带动经济成长的作用之外，还有平衡社会和经济

---

① 罗斯托：《政治和成长阶段》，剑桥大学出版社，1971 年版，第 233—234 页。
② 同上。

的作用。在解决美国黑人问题时可以看到这种作用。

罗斯托说道：至于黑人中的少数激进分子，因为他们对美国社会的看法不仅仅来源于社会经济方面，而且还来源于政治和意识形态方面，来源于美国南部奴隶制时代的一种精神遗产，甚至类似于结束殖民统治以后的国家中的激进民族主义。黑人激进分子的问题将在政治生活中得到解决。他们面临的选择与向成熟推进阶段时美国工人曾经面临的选择一样：是把精力投入激进的政治斗争之中，还是集中精力于改良？是力求改变政体，还是致力于在现存政体组织内增进福利？"其结果也正如美国工人的选择一样，将依赖于他们对于自认为可以取得的现实选择机会的估价。"[1]

罗斯托还谈到了美国白人青年问题，他认为这个问题与黑人问题有很大的差别。"黑人问题主要是要求得到高额群众消费的充分利益，而富裕的白人反对派所反对的，则是他们使之同高额群众消费联系在一起的那种生活方式、制度和情绪。"[2]他又说："只有极少数黑人才把他们的问题同资本主义的本质联系在一起和要求推翻这个制度，以此作为取得社会经济平等的必要条件。把黑人和白人的经济和社会的不满连在一起，是美国传统的共产党政策的主要目标。但迄今为止这是一个比较不足道的论题；并且在黑人的坚持下，黑人和白人的激进运动是十分明显地分道扬镳的。"[3]

罗斯托认为，如今一部分美国白人青年们的不满情绪不是由经济不发达造成的，而是由美国社会的富裕生活本身造成的。这些青年在城市中长大，他们的家长有体面的职业，而且思想比较开明。他们的家长以及他们本人一般受过高等教育。但他们与家长之间的隔阂在于：他们所反对

---

① 罗斯托：《政治和成长阶段》，剑桥大学出版社，1971年版，第248页。
② 同上。
③ 同上，第388页。

的正是他们的家长所珍视的和维护的。双方对事物有截然不同的评价。

罗斯托认为，尽管自高额群众消费阶段以来，在美国社会中出现了上述"富裕的白人青年"问题，但进入追求生活质量阶段后，通过生活质量部门的发展和对于生活质量的关心，这方面存在的问题是有趋于解决的希望的。

罗斯托从以下几方面进行分析：

第一，在美国青年总人数中，富裕的白人青年激进分子仍然只占少数。社会上还有大量的白人青年不是那么富裕，他们仍然需要从经济中寻找，力求得到可能得到的满足的地位。在汽车工业部门减速的条件下，有必要通过新的主导部门的发展，通过政府的力量，以及使用一切现代技术可以提供的成果来解决这一点。这仍是一项重要的工作。

第二，富裕的白人青年激进分子不满的原因直接与社会生活的质量有关。如果社会今后能提供一种良好的生活，解决高额群众消费阶段所造成的问题，如环境污染问题、医疗保健问题、黑人权利问题、贫民区问题，以及让一切有才能的人都有受教育的机会，对解决富裕的白人青年激进派的问题是有帮助的，因为这些激进分子的不满反映了他们对社会生活的一种看法。[1]

第三，富裕的白人青年激进分子之所以有不满情绪，另一个原因来自美国民主政治的不完善。而在美国社会进入追求生活质量阶段之后，"对质量的追求在美国结束了一个以维持较充分的就业、建筑公路和听任私人市场去满足群众高额消费作为政治的中心任务的阶段"，[2] 政治生活中的许多问题提上了议事日程，在现存制度内改革的希望是很大的。美国社会将证明有能力在现存制度内使自己完善起来。

---

① 罗斯托：《政治和成长阶段》，剑桥大学出版社，1971 年版，第 252、254 页。
② 同上，第 238 页。

第四，富裕的白人青年激进分子产生不满的另一原因是他们的"厌倦之感"。关于这一点，罗斯托写道："我们在先进社会中还没有达到这样一个地步，即私人的和公共的对资源的需求允许大大缩减每周工作日数，从而我们不大了解人们将如何使用大为增加的闲暇时间。至少，在美国，对公共资源增大了的要求，使人人都享受高额群众消费阶段全部利益的争吵不休的压力，再加上休养、旅游等的费用，这一切有可能使得在追求生活质量的早期阶段，需要紧张的国民的努力。"[1]罗斯托由此断言，在追求生活质量方面需要做的事情还很多，这将吸引大多数不满者把自己的才能和注意力用到这些"未完成的事业"中去。[2]

七、追求生活质量与国家安全

罗斯托说："无论从追求生活质量在私人活动中的表现或在公共活动中的表现来看，追求生活质量的固有的性质可能导致人们向内看，而减少对世界舞台的注意和关心……"这样，就产生了一个日益具有现实意义的问题：20世纪20年代，当美国刚开始进入高额群众消费阶段时，由于国民的注意力被吸引到耐用消费品和高额消费中去了，在美国出现了孤立主义倾向，美国人很少关心自己的国家在世界舞台上的作用；现在，当美国开始进入追求生活质量阶段时，对生活质量的关心是不是会使孤立主义倾向重新出现？这就是说追求生活质量与国家安全之间将形成一种什么样的关系？

罗斯托认为，20世纪20年代美国的孤立主义倾向是因30年代的

---

[1] 罗斯托：《政治和成长阶段》，剑桥大学出版社，1971年版，第265页。
[2] 同上，第258、264页。

大萧条和第二次世界大战的爆发而结束的，虽然今后不一定再会发生像30年代那样的大萧条，虽然第三次世界大战并不是不可避免的，"但无论美国的经济状况或世界形势，看来都不会容许美国单纯地致力于美国生活质量的改进"。所以，尽管在美国国民舆论中已经出现了新孤立主义的呼声，但这种呼声是否会占据上风，仍然是可怀疑的。

罗斯托认为，在经济方面，美国不可能不关心世界的经济形势，因为在追求生活质量阶段，"控制通货膨胀的问题是尖锐的；国际收支的平衡仍然没有把握；同时，转向某些公私服务业这一点，可能使美国生产率的增长速度慢于其他先进国家"。[①]

罗斯托总的看法是："虽然把精力、才能和资源用于国内方面的需要增大了，美国在追求质量时代的政治是在世界结构状况所赋予的限制之内起作用的；如果忽略了这一点或漫不经心地对待它，可能像20世纪30年代的情况那样，产生一种完全的威胁，这种完全的威胁将会压倒在国内成长与福利、法律和秩序之间寻找新的平衡的努力。"[②]

罗斯托认为，尽管在考虑追求生活质量阶段的美国安全问题时要估计到上述种种情况，但整个说来，美国作为非共产主义世界的核保护者的不可削减的作用不可能因国内追求生活质量而减退。重要的问题是在"成长与福利""法律和秩序"，以及"安全"三者之间求得平衡。罗斯托说道："如果我们转向国内而从冷战走向稳定的世界秩序的艰苦奋斗中逐渐松劲，如果我们未能真诚地帮助那些跟在我们后面发展的国家，特别是那些还不曾成功地完成起飞的国家，如果我们未能注意到这一前途未卜的世界弱点，未能注意到它的那些生活于核武器阴影之下的，处于各个不同成长阶段并有着不同抱负的居民的弱点，那么肯定地说，

---

① 罗斯托：《政治和成长阶段》，剑桥大学出版社，1971年版，第258页。
② 同上，第260页。

我们所面临的祸患，甚至会大于高额群众消费时期产生的、如今在追求生活质量早期阶段严重压迫着我们的那些祸患。"[①]

八、向追求生活质量阶段过渡是人类生活中的突破

罗斯托在 1971 年出版的《政治和成长阶段》一书中，在论述"汽车时代以后的情况"时，重复了他在《经济成长的阶段》里提出的一些问题。他问道：在"汽车时代"之后，人类会不会陷入长期精神停滞状态，精力、才能等是否找不到有价值的表现机会？人类会不会提高出生率而再过艰苦奋斗的生活？魔鬼会不会迷住懒汉的心窍，使他们去干坏事？人类会不会学习怎样进行一种既可以作为很好的运动，并可以加速资本折旧，但又不至于把地球炸掉的战争？太空的探险会不会为资源和雄心提供一种相当有趣和耗费巨大的出路？人类会不会重过 18 世纪乡绅式的郊区生活，从类似打猎、射击和钓鱼之类的生活方式之中，找到足以使人生有乐趣的新的生活天地？

罗斯托认为上述可能性是存在的，但人类不会选择这些出路，而会致力于提高自己的生活质量。

罗斯托说人类社会至今已经经历了五个成长阶段，"传统社会""为起飞创造前提阶段""起飞阶段""成熟阶段""高额群众消费阶段"；而美国目前正进入第六个成长阶段，即追求生活质量阶段。他断言：美国又一次走在其他国家的前列。其他国家正按照各自的特点和条件，由低级阶段向高级阶段过渡。追求生活质量阶段，是其他国家最终将会达到的目标。他认为：人类社会发展中有两个重要的"突变"，一个是起

---

① 罗斯托：《政治和成长阶段》，剑桥大学出版社，1971 年版，第 265—266 页。

飞，另一个就是由高额群众消费转向追求生活质量。他把后一种过渡称为"工业社会中人们生活的一个真正的突变"。①

在罗斯托看来，当人类从追求耐用消费品的高额群众消费阶段进入要求提高生活质量的追求生活质量阶段之后，在包括文化教育、医药卫生、旅游和疗养、住宅建筑、城市改建等部门在内的生活质量部门中就业的人员越来越多，这些部门在国民经济中的重要性越来越突出，人类历史上将第一次不再以有形产品数量的多少来衡量社会的成就，而要以生活质量的增进程度作为衡量成就的新标志。据说，对以往一切社会来说，这已经是一项显著的变化了。

罗斯托还认为，以美国而言，在进入追求生活质量阶段之前，政府除了维护宪法和秩序，保障国家安全的作用以外，在经济生活中，政府的主要作用是维持比较充分的就业，而让私人市场去完成满足居民需求的任务。在追求生活质量阶段，政府将把运用公共支出来增进福利作为中心的任务，提高生活质量不再仅仅由私人经济来实现，政府的公共支出将日益增大，政府与私人经济在提高生活质量方面将密切配合，共同合作。

罗斯托进而认为，向追求生活质量阶段的过渡将使人们做出对社会前途具有极其重要意义的选择——不走法国革命和俄国革命的道路，不会接受共产主义、法西斯主义和无政府主义，不会选择暴力的手段。他断言追求生活质量是一种改良和渐进主义，并认为这就是美国社会所做出的选择。

罗斯托说，美国的民主政治"不是18世纪末期的法国，沙皇时代的俄国或共产党俄国那样的死硬的专制政治。抛弃渐进主义和改良的变革的机会是微弱的。共产主义和法西斯主义本质上认为大多数人是懒惰

---

① 罗斯托：《政治和成长阶段》，剑桥大学出版社，1971年版，第253页。

的和迟钝的愚人，权力或权力的重要部分能够被少数精明、有抱负、艰苦工作和纪律严明的人所夺取和把持。无政府主义本质上认为，破坏或削弱不完善的制度将导致它们的人道化。没有理由相信美国社会在历史的这一阶段不能抵制住上述这些学说以及由此而来的行动。但要抵制激进派信奉的那样一些目标，也许要付出很高的代价"。[1]

九、按照长周期的观点拟定当前的经济政策

在谈到当前世界经济的发展趋势时，罗斯托从对当前生活质量阶段的特征和面临的问题分析，进而扩展为世界经济成长道路及其动向的分析。运用苏联经济学家康德拉捷夫提出的长周期观点来进行分析，是罗斯托近来的三部重要著作（1975 年出版的《这一切怎么开始：近代经济的起源》，1978 年出版的《世界经济：历史与展望》，以及同年出版的《由此及彼》）的分析方法的特征之一。

康德拉捷夫在 20 世纪 20 年代提出，周期是长波运动，每一周期为50 — 60 年。以后，西方经济学家把这种周期命名为康德拉捷夫周期。罗斯托根据康德拉捷夫的长周期学说，认为从 1790 年以来，资本主义世界经济经历了如下阶段：从 1790 年前后到 1840 年前后为第一个长周期，1840 年前后到 1890 年前后为第二个长周期。这两个周期被认为相当于资本主义工业化过程中的蒸汽机使用和推广的阶段，以及铁路建设和重型机器工业建立的阶段。罗斯托接着指出，从 1890 年前后到 20 世纪 30 年代中期为第三个长周期。这个长周期又可分为两个阶段，第一个阶段是 1890 年前后到 1920 年前后，这是第三个周期的上升阶段，电

---

① 罗斯托:《政治和成长阶段》，剑桥大学出版社，1971 年版，第 257 页。

力的使用是这个阶段的特征。从 1920 年前后到 20 世纪 30 年代中期是第三个长周期的下降阶段，小汽车的推广使用是这个阶段的主要特征，正是在这个周期内，发生了 30 年代的大危机。从 20 世纪 30 年代中期到 1972 年前后，是第四个长周期。它也分为上升阶段和下降阶段。上升阶段大体上是从 30 年代中期到 1951 年前后，而从 1951 年到 1972 年为下降阶段。第四个长周期在罗斯托的理论体系中，相当于西欧和日本进入高额群众消费阶段和美国进入追求生活质量阶段的时期。罗斯托认为从 1972 年以来，西方资本主义国家已进入了第五个长周期，目前正处于它的上升阶段。在他看来，第五个长周期是美国处于追求生活质量阶段和西欧、日本转向追求生活质量阶段的时期，因此，着重研究这个阶段的社会经济问题是经济学家的迫切任务。

那么，这个阶段在发达的资本主义国家中究竟存在着什么样的社会经济问题呢？罗斯托认为，从现象上考察，粮食、原料和能源价格的猛烈上涨是一个特征。就是说，发达资本主义国家在追求物质生活质量阶段中，会因通货膨胀的加剧而感到头痛，因为通货膨胀的加剧与生活质量的提高相冲突。罗斯托认为，造成粮食、原料和能源价格猛烈上涨的基本原因是这些商品的供应不足，消费过度。要解决这个问题，从方法上看，凯恩斯的总量分析显然是不足的。罗斯托再一次强调部门结构分析的重要性。

罗斯托指出：有三个基本部门吸收了大部分公共投资，一是原料和能源供应部门，二是粮食供应部门，三是建筑和城市建设部门。而要解决通货膨胀问题，必须把投资的重点放在原料和能源供应部门、粮食供应部门中，以便提高粮食、原料、能源的供给。他认为，一旦在这些部门进行了重点投资，巨额投资，引起了这些部门的技术创新，造成这些部门的较高增长率，那就会带动整个国民经济的高涨，而供应问题的缓和也就会制止物价的上涨，使人们的生活质量得以提高。

罗斯托认为，根据第五个长周期的特点，像通货膨胀或提高生活质量这样一些问题，在性质上说，是不可能完全依赖私人竞争的市场活动的。为此，资本主义国家应当实行计划化。计划化的目的在于保证粮食、原料和能源的供给，以及在运输、环境保护、科学研究等方面使各部门取得协调。但罗斯托并不同意把计划化和国家的直接调节等同起来，他认为国家直接调节不等于计划化，而很可能是一种官僚主义的措施。他主张在计划化过程中，把国家的直接调节减少到尽可能低的程度，而让价格和税收措施发挥应有的作用，以达到政府预期的计划效果。这样，他心目中的计划化是政府部门与私人资本合作的产物，是施加国家的影响促使私人资本朝着有利于实现政府目标进行投资的一种做法。罗斯托认为，如果能做到这一点，那么资本主义国家的计划化和资产阶级民主制度将是协调的、共存的，而不完全是互相冲突的。

为了解决第五个长周期中所面临的通货膨胀和提高生活质量问题，罗斯托还强调要加强发达资本主义各国之间的合作和开展"南北对话"。关于发达资本主义国家之间的合作，罗斯托写道：这是为解决通货膨胀问题所必需的措施，因为只有加强这种合作，才能使科学研究的成果发挥更大的作用，才能普遍提高各国的劳动生产率，然后才能解决基本商品的供应不足的问题。关于"南北对话"，罗斯托认为，这主要有两方面的任务，一是消除发展中国家对发达资本主义国家的敌视态度，以利于国际间正常交往的开展；二是通过南北国家的合作，可以在粮食、原料和能源的供应方面取得较大的进展，以利于整个世界经济的稳定。在这里，罗斯托仍然把美国看成是世界政治和经济中举足轻重的力量，他认为美国有责任担负起领导世界的使命。因此，罗斯托的未来世界经济模式（从20世纪70年代中期到2000年）的基本特征就是：一个由美国肩负"领导"责任的、发达资本主义国家之间合作的、通过"南北对话"而达到南北之间协调的，以解决粮食、原料、能源供给不足问题的世界经济是有可能出现的，资本主义国家中的政治家们不必为此担心。但在这样一种未来的世界经济中，凯恩斯主义的一套应付战后资本主义国家经济问题的措施显然已经不符合需要了。代之而起的经济学将是部门分析的经济学，是国际合作的经济学。这就是罗斯托对未来世界经济的展望。

第三节　评经济成长阶段论

综上所述，罗斯托的理论具有如下的显著特征：一方面罗斯托比较着重于从经济史的角度来进行分析。例如，他把向追求生活质量阶段的过渡视为人类社会最后必然进入的成长阶段。这个成长阶段同以前的各个成长阶段之间既有根本性的区别，又有密切的联系，它是前二个成长阶段的必然结局。另一方面，由于罗斯托的理论建立在所谓"成长阶段更替""主导部门序列变化"和"布登布洛克式动力的作用"三者的一致性的基础之上，因此，从经济学说的渊源来考察，它更明显地表现为各种不同的西方经济学观点的组合。

一、关于成长阶段更替学说

19世纪末期以来，德国经济学家、历史学派代表人物 K.比谐尔、B.希尔德布兰德、施穆勒、W.桑巴特等人就曾按照交换和货币关系的发展、区域之间的商品货币联系等标准来划分人类社会的阶段。例如，比谐尔把经济发展分为下列三个阶段：①封锁的家庭经济时代（纯粹的自给生产、没有交换）；②城市经济时代（为顾客而生产、直接交换）；③国民经济时代（商品生产、间接交换）。希尔德布兰德把经济发展分为下列三个阶段：①自然经济；②货币经济；③信用经济。施摩勒把经济发展分为下列五个阶段：①农业自给经济和氏族生活时代；②城市经济和城市经济区域时代；③中小国家经济和地区经济时代；④大国经济和国民经济时代；⑤世界的国家和世界经济时代。桑巴特把经济发展分为下列三个阶段：①自给自足的个人经济（家庭经济）；②过渡性的（一半自给、一半营利）的低级社会经济（城市经济）；③以营利为宗旨的社会经济（国民经济）。尽管他们彼此之间的看法有分歧，各自提出的划分标准不一样，但实质上，他们的阶段论具有共同的特征，即否定生产方式的变革和更替对于社会发展的最重要的意义，忽视交换和货币关系发展在不同生产方式之下的不同内容，而把流通过程中的现象看成是决定社会一切活动的东西。罗斯托提出的成长阶段更替的理论，虽然比德国历史学派代表人物提出的阶段论要复杂一些，然而，正因为它否认生产方式的变革，所以它同样不符合人类社会发展的实际情况。

要知道，生产力和生产关系是社会生产的不可分割的两个方面。新技术的产生和推广是社会生产力发展的一个组成部分。如果脱离特定的生产关系来分析技术的变化，单纯以新技术的产生和发展作为确定社会发展阶段的根据，那么不仅不可能揭示社会发展的规律性，甚至不可能说明不同历史时期技术发展的不同性质和特点。例如，罗斯托把现代科学技术产生以前的社会统称为传统社会，把技术的长期停滞和缓慢变革规定为这个成长阶段的特征。这样，他把原始公社制度、奴隶制度、封建制度混淆在一起，抹杀了这几种生产方式之间的本质区别。

又如，按照罗斯托的定义，成熟阶段是指起飞完成之后，经过较长时期的持续成长而达到的一个阶段。这时，经济中已经普遍吸收了当时先进的技术成果，并有能力生产自己想要生产的产品。现代化工业生产体系的建立被认为是一国经济成熟的标志。显然，罗斯托的成熟阶段否定了不同生产方式下现代化工业生产体系建立的不同性质、特点和后果，没有注意社会经济制度对技术进一步改造和发展的制约性。

再如，据罗斯托的判断，高额群众消费阶段是一个高度发达的工业社会，技术上的成熟使社会的主要注意力从生产工业设备转移到生产耐用消费品。这时，一般居民家庭对耐用消费品的购买保证了经济的持续成长。可是对耐用消费品的购买是以相应的购买力为前提的，实质上也就是以与生产发展的要求相适应的收入分配结构的存在为前提的，而经济发展过程中是否一定能形成这种合理的收入分配结构，并没有经过充分确证的肯定答案。罗斯托抓住了经济成长过程中的核心因素——生产技术，但轻视了经济运动过程中其他因素（如分配、交换和消费）的作用。这种现象覆盖了罗斯托的整个经济增长理论。

二、关于主导部门序列变化学说

罗斯托用主导部门序列的改变来说明成长阶段之间的过渡，用旧主导部门的减速趋势和新主导部门采用新技术的反减速斗争来说明经济成长的全部过程。

在资本主义各国经济史上，确实出现过这种情况，即一些部门兴起较早，但后来衰落了，另一些部门出现较晚，但发展速度较快。英国的棉纺织工业和美国的铁路建筑业就经历了盛极而衰的过程。列宁指出："在资本主义制度下，各个企业、各个工业部门和各个国家的发展必然是不平衡的，跳跃式的。"[①] 各个企业发展不平衡性和跳跃性的主要原因

---

① 列宁著，中共中央马克思恩格斯列宁斯大林著作编译局译：《帝国主义是资本主义的最高阶段》，人民出版社，1971年版，第55页。

在于：资本主义企业主们为了追逐利润，必然要增加积累，扩大生产规模，不断改进技术，以便降低个别商品价值，在竞争中获胜。这样，在企业之间激烈竞争的过程中，有条件采用新技术的企业就会占优势，发展得更快一些。各个部门的情况与此相似，有较多的企业采用新技术的工业部门也必然具有较快的发展速度。此外，由于各个工业部门的生产和销售情况不同，它们的利润率存在着一定的差别，这就促使资本争先恐后地向利润率较高的部门转移，从而加剧了部门之间发展的不平衡性和跳跃性。

　　另一方面，从工业生产的技术条件来看，资本主义企业之间的竞争是十分激烈的，即使是垄断资本统治时期，技术停滞的总趋势并不能排除在一定时期、一定部门内技术的发展和改进。一旦某个部门在某个时期内采用了更先进的技术，另一些部门的技术装备就显得陈旧了。它们必须大规模地更新设备才能在技术上赶上先进水平。但如果要这样做，它们就必须追加巨额投资，必须使原有的技术设备报废或使之大大贬值。资本主义企业主们是不甘心遭受这笔重大的损失的，特别是当他们已经在国内外市场上享有某种独占地位时，他们更不愿意大规模更新设备。英国的棉纺织工业和美国铁路业在经过一段时期后，在技术上日益落后于其他较晚兴起的部门。落后于其他国家发展较晚的同一种部门，正是资本主义各个部门、资本主义各个国家发展不平衡规律的作用的表现，也正是英国的棉纺织企业主和美国的铁路公司既想保持已经获得的独占地位而又不愿使自己的固定资本遭受损失的必然结果。

　　由此可见，罗斯托的主导部门序列变化的理论是不完全符合资本主义制度下经济发展的实际过程的，是不全面的。各个部门在技术方面确有一定的联系，包括目前尚未出现但以后可能产生的联系。但如果认为这种联系就是人类社会发展阶段之间的纽带，就是社会从一个阶段向另一个阶段发展的依据，那就是失之偏颇了，因为人类社会的发展不仅仅是由技术本身决定的，社会发展阶段的划分并不以一种技术代替另一种技术为标准。即使两个部门在技术上本来存在一定的联系，但这种联系能否实现，以及它实现的程度，必然取决于在这些部门中占统治地位的生产关系的性质。

三、对起飞概念的评论

罗斯托在论述成长阶段更替和主导部门序列变化时，都使用了起飞概念。起飞既是指一个特定的成长阶段，又是指对经济停滞状态的突破。那么，我们究竟应当怎样看待起飞这一术语呢？

首先应当指出，在罗斯托把起飞当作一个特定的成长阶段，或用起飞直接来替代工业化时，这个概念是不正确的。罗斯托不区分不同社会制度条件下工业化的区别，把工业化单纯看成技术问题。我们知道，抽象的工业化历史上从来不曾有过。社会主义工业化和资本主义工业化的目的、方法和后果都是不同的。不仅如此，工业化本身不可能成为社会发展的一个阶段，资本主义工业化并不改变资本主义社会的性质，社会主义工业化也不改变社会主义社会的性质。一定社会的工业化主要是发展社会的生产力，巩固在该社会占支配地位的生产资料所有制的地位，加强占支配地位的生产资料所有者的力量。

罗斯托在论述起飞时曾认为，一旦有了积累，生产就上去了，市场就扩大了，销路就增加了，利润率就上升了，于是就有源源不断的利润再投资，就会有不断的技术革新，等等。总之，按照罗斯托的看法，只要实现了起飞，经济就会自动地成长。从理论上说，有了积累，的确有可能扩大再生产。但这种可能性能否实现，取决于生产力同生产关系、经济基础同上层建筑相适应的过程，取决于社会各生产部门之间的比例关系。

罗期托提出，1917 年之所以发生俄国十月革命，因为俄国当时还没有实现工业化；1949 年之所以有中国革命的胜利，也因为当时中国经济不曾起飞。由此他断言，一国只要实现了起飞，就可以免于患上"共产主义的病症"，"共产主义"乃是经济不发达的产物，等等。这是极其错误的观点。社会革命是由社会基本矛盾的发展所引起的。当生产力发展到一定阶段，旧的生产关系同它不相适应，当经济基础发展到一定阶段，旧的上层建筑同它不相适应时，就必然爆发社会革命，以新的生产关系代替旧的生产关系，以新的上层建筑代替旧的上层建筑。1917 年的俄国革命，以及 1919—1949 年间的中国革命，都是社会基本矛盾发展的必然结果。

但另一方面，应当注意到，如果不把起飞看成是人类社会的一个成长阶段，也不当作产业革命或工业化初期的同义语，而指经济为持续增长而进行的一种努力，根据这一含义，一国在经济发展的过程中，由于先进技术被有效地采用，成本降低，市场扩大，收益增加，所以经济能以较快的速度增长。但隔了一段时间，一旦当初的先进技术及其影响已经扩散到各个有关部门，这个经济增长的浪潮、创新的浪潮就过去了，于是经济的增长速度便减缓下来。假定这时没有再出现新的重大技术变革及其在经济中的运用、推广，经济的持续增长便缺乏推动力，长期的停滞将是不可避免的。在这种情况下，一国经济需要再一次起飞，即采用和推广新技术，形成新的经济增长的浪潮和创新的浪潮，以打破这种停滞状态。如此反复进行，即经济中不断出现新的增长，不断出现经济停滞，又不断发生起飞，不断打破停滞状态。正是在对起飞这个含义的论述中，有些内容可供我们参考。这是因为，在技术不断创新、新技术不断代替旧技术的过程中，一个后进的国家要在生产力发展方面赶上发达国家，不能不重视新技术的采用和推广。如果仅仅沿着先进国家技术发展的老路前进，把已经并不先进的技术当作新技术来加以吸收，那么，即使它仍然可以在原来的基础上提高一步，但它同不断采用最新技术的发达国家在技术水平上的差距却会扩大，它同世界最新技术水平之间的差距会越来越大。因此，起飞，即打破经济停滞状态所做的巨大的努力，不仅仅是指一般地吸收对本国说来是新的技术和推广这种新技术，而是指尽可能有效地吸收当前世界上名副其实的新技术和在本国经济中推广这种新技术。所以，罗斯托提出的起飞概念，就起飞指新技术的采用和推广，从而使经济突破停滞状态而言，有一定的可取之处。

四、对主导部门分析法的评论

前面已经指出，罗斯托的主导部门序列变化学说是不正确的。但是主导部门分析法作为一种经济分析方法，并不是没有可取之处。下面准备从两个方面进行评论。

第一，主导部门概念能否成立？也就是说，在一国经济发展过程中，是否存在着"主导部门"？

按照罗斯托的定义，主导部门是指现代经济增长过程中，本身有较高的经济增长率而且又能带动其他部门增长的部门，主导部门同受它影响而增长的各个有关部门一起构成了一个主导部门综合体系。

这里，我们姑且不去讨论在一定生产技术发展的条件下什么样的部门是"主导部门"，什么样的部门不是"主导部门"的问题，而是单就经济发展过程中是否存在主导部门这一点来考察，那么应当认为这种本身有较高经济增长率而又能带动其他部门增长的部门是确实存在的。罗斯托在这里肯定了主导部门的存在，并且采用里昂惕夫的投入产出分析方法来说明主导部门同其他部门之间的联系，用主导部门的回顾影响与旁侧影响来说明主导部门带动其他部门的增长，从而带动整个经济增长的作用，这种分析方法有一定的道理。部门间联系的存在和部门间联系能在何种程度上被保持与实现，是两个不同的问题，不能简单地把它们混为一谈，不能用部门间联系在一定条件下的被破坏来否定主导部门的客观存在，否定里昂惕夫链条的客观存在。

第二，如果承认一国经济发展过程中存在着主导部门的话，那么主导部门是不变的呢，还是可变的?

按照罗斯托的说法，同经济成长阶段的序列相适应的是主导部门的序列。既然主导部门有一定的序列，那就是说，主导部门是随着经济的发展状况而变换的。应该认为，罗斯托的这种关于主导部门并非固定不变的观点是符合实际的。但我们承认主导部门在不同经济条件下的变化，并不意味着我们承认罗斯托关于主导部门序列变化观点的正确性。我们只是说，不同的部门在不同的经济条件下的重要性不一样，所以不能认为永远只能有某一个部门起主导作用，而其他任何部门则永远是非主导的。

五、对布登布洛克式的动力的分析

如上所述，罗斯托提出人们"欲望的更替"是社会发展的动力，是一个成长阶段必然向另一个成长阶段过渡的心理上的依据。他把欲望的更替的这种作用，称为布登布洛克式的动力。

布登布洛克式的动力一词来自德国作家托马斯·曼的小说。托马斯·曼关于布登布洛克一家命运的构思和陈述，反映了他自己对德国资本主义进入垄断阶段之后所产生的一系列矛盾的看法。这部小说出版后之所以受到当时德国社会的重视，也正因为小说中所反映的布登布洛克家庭的衰落在一定程度上是作为 19 世纪前半期某些资本主义企业在垄断资本主义形成过程中衰落的典型的例证。托马斯·曼所叹惜的"企业家精神"（老布登布洛克的形象）的结束，正说明了不以资产阶级意志为转移的垄断代替自由竞争的这一过程，至于某些没落的资产阶级家庭和家庭经营的企业，只不过是激烈的资本主义竞争和兼并活动的牺牲品而已。罗斯托提出的布登布洛克式的动力，不符合小说作者托马斯·曼的写作本意。罗斯托用人类欲望的更替来说明追求生活质量阶段产生的必然性的观点，更是对托马斯·曼小说内容的曲解。

西方经济学往往强调人的心理活动对于经济变化的决定性意义，认为经济范畴是主观的东西，把人类的经济活动归结为个人欲望的满足，归结为对享乐的追求。它把个人追求享乐的利己主义动机视作推动社会发展的动力和支配社会上人与人之间关系的基本原则。但实际上，经济学是不能离开人们的社会地位和实践活动去探究对幸福的理解的。

罗斯托关于布登布洛克式的动力的论点代表了西方学术界关于人类生活目的下述观点，即人类生活的主要目的就是生活的享受：没有钱的时候，拼命追求钱；有了钱，但没有社会地位，就拼命追求社会地位；钱有了，社会地位也有了，就追求所谓精神享受。一代又一代的欲望就是这样更替不已。其实，人生活在社会中，人们的阶级地位决定了他们的生活状况和对生活的看法。不同的阶级过着不同的生活，对生活有着截然不同的看法。因此，罗斯托所谈的布登布洛克式的动力，不能作为人们对生活的看法的概括。

前面已经指出，罗斯托的世界经济模式是以下述两个命题作为理论根据的：第一，在罗斯托看来，根据康德拉捷夫长周期学说，当前资本主义世界正处于第五个长周期的上升阶段。而长周期上升阶段的特点是原料、能源、粮食的供给不足和物价的普遍上升。第二，在罗斯托看来，当前发达的资本主义国家，如美国，正处于追求生活质量这一经济成长阶段，如西欧和日本，则正在走向追求生活质量阶段，至于大多数发展中国家，它们或者处于起飞阶段，或者正走向成熟阶段，或者还未开始起飞。因此，作为经济最发达的美国，它对处于各个不同成长阶段的国家的经济成长负有重要的责任，美国应当担负起领导世界政治经济的任务，以帮助其他国家的经济成长。

罗斯托从这两个命题出发，提出增加原料、能源和粮食的供给以应付通货膨胀，以及加强发达国家之间的协作，协调"南北"国家之间的关系的对策。他认为如果按照这种对策去做，下一世纪就可能出现一个比较普遍富裕的世界。

我们知道，康德拉捷夫的长周期学说以经验统计资料为依据，得出了每隔50—60年资本主义经济出现一次周期波动的结论。这种长周期理论过分强调了技术的作用，而罗斯托的世界经济模式正是以这种长周期理论作为基础的。至于罗斯托认为当前资本主义世界正处于所谓第五个长周期的上升阶段的说法，不能反映当前资本主义世界通货膨胀与失业并发的特征，因为按照康德拉捷夫的长周期学说，每一个长周期开始阶段，正是经济的繁荣导致了物价的上涨，而在每一个长周期的后期，由于经济的停滞而引起了物价的下跌，但康德拉捷夫长周期所说明的这种情况与当前资本主义世界的经济情况是不同的，所以罗斯托关于第五个长周期上升阶段的论点也就不可能从康德拉捷夫的学说中找到根据。

关于消费经济学的几个问题

引自《经济研究参考》1984 年第 1 期。

什么是消费经济学？消费经济学是经济学中的一个新的分支学科。从它作为一个独立的学科产生，至今不过三四十年的历史。第二次世界大战以后，它才真正发展起来。它现在的发展速度是相当快的。传统经济学理论中一般不谈消费问题，或很少谈消费问题。经济学中主要谈生产、流通和分配。消费则被看成是个人的事情，不做专门的考察。这与第二次世界大战以前各国经济发展水平有关。战后的情况有很大不同，消费经济学产生了，它专门讨论消费经济问题，讨论消费和经济发展之间的关系。下面，我准备讲四个问题：第一，消费和收入之间的关系；第二，社会的消费趋势；第三，消费结构的分析；第四，消费行为的引导。

一、消费和收入之间的关系

在西方经济学中，一个传统的观点是收入决定消费。这里的收入是指什么呢？是指现期的收入，也就是目前的收入。收入决定消费，是指现期的收入决定消费。另一个传统的观点是消费增长的幅度小于收入增长的幅度。这是什么意思呢？就是说收入在增长，消费也在增长，但收入增长的幅度是比较大的，消费增长的幅度是比较小的。举个例子说，假如一个人的收入是100元一个月。他一个月的消费是80元，也就是消费占收入的80%。现在他的收入增加了，增加到每月200元。但他的消费是否仍然占80%呢？不一定。很可能是下降的。也就是说，收入100元时消费80元，收入到200元时可能消费140元，那就是说比重从80%下降到70%。当他的收入增加到300元时，消费的比重又可能下降，也许消费只占到收入的50%，等等。我们知道，任何一个人的收入都可以分解为两部分，一部分是消费，另一部分是储蓄。收入不用于消费就用于储蓄。消费增长的幅度小于收入增加的幅度，意味着储蓄占的比重将越来越大。储蓄增长的幅度是大于收入增加的幅度的。收入100元时消费80元，储蓄20元；收入200元时消费140元，储蓄60元。那就是说，消费与储蓄之比从8∶2变为7∶3。收入300元时，可能变为5∶5，等等。这是传统的观点。这个观点在消费经济学中被称为"绝对收入假定"。这是第二次世界大战以前占主要地位的观点。

第二次世界大战以后，国外的经济学家对消费的问题展开了比较深入的研究。他们认为上述看法不符合实际。有人提出了一个新的假定，就是"相对收入假定"。这同刚才讲的"绝对收入假定"不一样。它是指：一个人的消费不只是受本人收入的影响，而且受别人收入和消费的影响。也就是说，一个人在社会上，不是孤立的。他总是同某一个阶层的一个圈子里的人交往，他们的消费行为，不仅受到本人收入的影响，还受到别人的消费和收入的影响。比如说，你住在一幢楼里，楼里很多人已买了电视机，就你家里没有买，你收入没有变化。但你一定要设法去买。为什么呢？因为你受到别人的影响。别人都买了，你的小孩看别人家里有电视，回到家里总跟你闹。这使你无论如何也要同别人一样，买一台电视机。所以，一种时装为什么会流行，一种发型为什么会流行，一种消费行为会感染别人，都因为一个人的消费受到了别人消费的影响。这就叫"消费的示范作用"。示范就是榜样。"消费的示范作用"的提出，说明对消费的研究进了一步。此外，根据"绝对收入假定"，一个人的消费受到本人现期收入的影响，但根据"相对收入假定"，这个看法并不完全正确。一个人的消费不仅受现在收入的影响，而且受过去收入的影响，特别是过去收入高峰的影响。为什么呢？因为人们在日常生活中养成了消费习惯。比如，某人过去养成一种习惯，抽香烟总要抽"前门"牌的或比这更好的，假定奖金或工资这个月减少了，那么就不再抽"前门"牌了吗？不会的。这是因为，在这段时间内，消费习惯在支配着消费行为。又如，某人过去习惯每天喝二两酒，这个月奖金突然减少了，酒就戒掉了吗？是戒不掉的。所以，过去收入高峰时期所形成的消费习惯在支配着现在的消费行为。总之，"相对收入假定"是说，社会上人们的消费相互影响，消费有示范作用。比如不同国家之间的交往，就通过各种途径在消费方式上发生影响，而且这个影响是无形的。同时，消费还受本人过去消费习惯的影响，过去的消费习惯决定着现在的消费。这个观点在消费经济学领域内被认为是新的。

隔了不久，国外经济学家进行研究后，又提出一种假定，就是"持久收入假定"。"持久收入假定"是什么意思呢？就是说，一个人的消费不仅受本人现在收入的影响，而且主要是受未来收入的影响。什么叫未来收入的影响呢？就是说，每个人对自己未来得到的收入心中大体上是有数的。这个收入是可以得到的持久的收入。比如说：每月工资80元，如果工资没有变化的话，今年可以得到960元的收入，明年又是960元。假定工资不增加，十年的工资就是9600元。每个人都可以这样算。因此在决定消费的时候，不仅是根据现在的收入，而且也可以提前动用未来若干年的收入。人们的消费正是在这样的情况下进行的。为什么会这样呢？因为消费信贷在起作用。可以分期付款，先买东西后付款。所以人们在一个时期内，消费可以大大超过现在的收入。你每月只有 80 元或 60 元收入，但你就可以买电视机，因为你能提前使用明年的收入或借款来买。这样，消费和收入之间的关系就更加复杂了，因为人们可以用未来的收入决定现在的消费。

后来，国外的经济学家又进一步研究，发现这个情况还不能说明问题，因为以上所说的这些观点都是在一个前提下提出的，就是说收入是第一性的，消费是第二性的。无论是现在的收入决定消费、过去的收入决定消费，还是未来的收入决定消费，都总是把收入作为第一性的，消费作为第二性的。有人提出了一种新的假定。这种新的假定就是：在经济发展到一定程度的时候，可能是消费决定收入，而不是收入决定消费。这就把以往的消费经济学的观点改变了。现在再举一个例子。因为社会中人们是相互影响的，各种新产品层出不穷，这就使人们会经常这样想到，本来一个月收入 80 元就可以了，但现在就不行了。他首先想到的是多种新产品的添置，如彩电、收录机；他首先想到的是消费，甚至说：先买了再说，第二步再去想办法寻找收入。如何寻找收入呢？他有各种办法。如果决定要买一辆新自行车或一台彩电，先决定消费，然后回来开个家庭会议或自己先想好再去想办法寻找收入。首先，如果妻子原为家庭妇女，现在可以出去工作一段时间，增加家庭收入。其次，丈夫决定，是不是加班加点，是不是到外面兼职。如果是教员，是否可以到别的学校、单位去代课，以便增加收入。再次，如孩子已到十八岁了，是继续升学，还是就业？因为就业可以有收入，等等。人们往往先决定消费，然后再去寻找收入。这是在消费信贷越来越普遍的情况下，妇女找工作越来越容易的情况下，也就是说，在第三产业越来越发展的情况下，或者是社会对某种职业特别需要的情况下出现的。这就改变了以往的所有看法，即使不能说完全由消费决定收入，起码是消费影响收入。这样，对消费的研究又深入一步了。

接着，国外的经济学家对消费再进行研究，认为仍不是这么简单。为什么呢？因为以往的分析仅仅把消费作为一种不同于投资的行为来看待。就是说消费是消费，投资是投资。以往在论述经济的时候，也把消费和投资作为两个不同的领域来看待；现在发现，消费和投资往往是不能分离的。在不少情况下，消费和投资两种行为是结合在一起的。因此，就需要用研究投资的眼光来研究消费问题。这样，对消费和收入之间的关系就需要重新解释。举个例子说：农民买自行车，是把自行车作为消费品还是作为生产资料？它既是消费品，也可能是生产资料。为什么这样说呢？农民可以在自行车后面再驮上一袋东西或一头猪去卖，这样自行车就成了生产资料。在一个农民家庭里，妇女买了一台缝纫机，缝纫机是消费品还是生产资料？很难说。它可以是生产资料，因为它可以替别人制作衣服。还有，农民盖房子，这房子是消费品还是生产资料？也很难说。是消费品，他可以自己住；也可以作为生产资料，作为仓库，放农具；甚至可以出租，取得收入。房子过一段时间以后还可以卖掉。所以消费行为在很多情况下跟投资行为是不能分离的。假定说是不能分离的话，那么以上谈的各种假定都有局限性。要知道，假定把消费作为投资来看待的话，那就不一样了。投资行为和收入之间的关系是很复杂的。它不是取决于个人的收入，而是取决于利息率和利润率的比较。每一个投资者都在考虑利润率和利息率二者之间的差距。利润率越大于利息率，就越愿意投资；利润率越接近利息率，就越不愿意投资。这样，投资、消费和收入之间的关系就不能像过去那么简单了。假定消费跟投资不能完全区分的话，就必须用投资的眼光来看待消费。这样，对消费的考察领域就更加扩大了。

国外经济学家在进一步研究后，发现还有一个问题在以往的消费研究中没有研究到。这就是：消费品跟其他产品一样，有一个保有量或消费品占有量问题。每个消费者的心目中有两个数量，一个是消费品的理想占有量，一个是消费品的实际占有量。什么是理想占有量？就是每个消费者在目前情况下，希望有多少消费品。如果这与实际占有量一致，收入再多，也不会去添置。比如我理想的手表占有量是一块，现在手表已有了，收入再增加，我也不会去买手表。假如我心目中电视机是两台，但现在只有一台，那么在未达到两台以前，仍有消费要求。这个情况与工厂的存货相似。工厂的存货（原料、燃料）有两个量：一是理想的某种原材料的储备量。理想的储备量够一个月或三个月用。一个是实际的原材料储备量。实际的原材料储备量假定同理想的量一致了，工厂不会进货。进货就会积压，就会占用资金。实际的量与理想的量之间有缺口，就要想法弥补这个缺口。个人的消费是同样的道理。所以每个人都在这两个量之间考虑。当出现差距时，他会消费；不出现差距时，即使收入增加了，也不会消费。这样，对消费的研究就增加了一个问题。增加了一个什么问题呢？就是把生产资料领域里面的问题移到消费领域里面来，要研究耐用消费品的折旧问题，如自行车能骑多久、房子能用多久等。这同样有一个折旧问题。因此在一段时间内，不仅出现生产资料大批更新，而且消费品也大批更新的问题。

根据以上所谈的，看来消费不是一个简单的问题。自从消费经济学产生以后，在消费跟收入之间的关系问题上，研究是一步一步深入的。现在国外很多人发现消费难以预测，市场变化不定，为什么呢？其中一个问题是：消费和收入的关系。到目前为止，人们看得不很清楚。因为有这么多因素影响消费。现在的收入、别人的收入、过去的收入、未来的收入，消费还能决定收入，跟投资行为又结合在一起，并且有消费品保有量的问题、产品更新的问题。假定不考虑花色品种，光从收入与消费的关系来看，就已经非常复杂。所以，在消费和收入之间的关系上，一定要打破过去那种传统的观念。要认真地吸收消费经济学中一些最新的研究成果来研究当前的消费问题。

二、社会的消费趋势

社会消费的趋势，不只是一般的消费经济学的问题。社会消费的趋势是一个多学科的研究领域。经济学家在这里做过研究，社会学家、心理学家，还有从事各项工作的实际工作者，都和社会消费趋势的研究有关系。消费趋势的研究到底研究什么问题呢？主要是研究消费发展的规律，研究社会消费最后会走向什么样的状态。我们应该怎样根据时代的变化、工业技术水平的变化来重新考虑某些概念。下面简单地谈一下这些问题。

关于社会消费趋势的研究，根据消费经济学的研究，大体上有这样一些看法：

1. 社会消费水平总是随着科学技术水平的进步而不断进步的。为什么呢？因为技术进步提供了一些新的消费品，提高了社会的消费水平。不同时代的消费水平比较是无意义的。举例说：现在每户人家都有电灯，农村里也用上了电灯。但我们不能因为古代的皇帝还点蜡烛，就认为我们的消费水平比他高。这个比较是没有意义的。现在可以用自来水，而过去连皇帝也没有用过自来水，这种比较是没有意义的。但是社会发展必定表现出这么一种趋势，即社会消费水平是随着科技水平的进步而不断提高的。

2. 在社会消费水平不断提高的过程中，社会上出现了两种不同的消费方式。什么是两种消费方式呢？根据消费经济学的研究是这样两种：一种是家庭内部的方式，另一种是社会公开场合下或者是社交场合下的消费方式。这两种消费方式，不管我们本人意识到或意识不到，都是存在的。比如，我们在家里，衣服、袜子、鞋穿旧一点没有多大关系；如果是出来上班或进行社交活动，就要换一套好一点的。这就说明这两

441

种消费方式在人们思想中是存在的。很多消费品，在第二种方式中才被使用。但两种消费方式是共同存在的。只不过在有些家庭，这种情况很明显；在有些家庭，则不很明显。关于这两种消费方式，简单地说，一种消费方式是比较简朴的，就是家庭内部的；另一种消费方式花钱是比较多的。举个例子，为什么大饭馆能赚钱呢？这是因为，越是豪华的饭馆，越是大的饭馆，越是适应第二种消费方式的需要；越是大众化的饭馆，越是接近第一种消费方式，接近于家庭的消费方式。随着人们收入的不断增加，社交活动的不断开展，第二种消费方式将越来越重要。从社会的发展来看，人们的消费水平达到一定的程度以后，就会有这种变化。

大家可以看到，人们在第二种消费方式上的支出在总支出中所占的比重是增大的。比如一般亲戚朋友之间的送礼（撇开不正之风的送礼不谈），是属于第二种消费方式，随着收入的变化而不断变化。因此，有许多商品是自己舍不得买的，但可以买来送给别人。往往自己消费的是别人送给你的。这里丝毫没有贬低第二种消费方式的意思。这是从纯粹的消费经济学的角度来看问题的。第二种消费方式有它存在的必要性。这是因为，人在社会中交游越来越广，人与人之间的联系是多方面的。假定一个人的生活圈子就限于家庭，这样就不存在第二种消费方式。这两种消费方式还可以转化。比如说，你的小孩在跟着你生活的时候，你的家庭消费属于第一种消费方式，关起门来都是一家人。你的女儿结婚后，她和女婿同你的交往就转变到第二种消费方式了。兄弟、姐妹也是这样，小时候都是在第一种消费方式中生活，长大以后，东南西北一分，将来的交往都是第二种消费方式了。当然，有时候仍保留第一种消费方式，但这是一种例外。

3. 假定按收入和生活方式来划分社会上的人的话，他们可以被划分为不同的阶梯。消费经济学不把它叫阶级或阶层，而把它叫阶梯。有人收入高一点，属于较高的阶梯；有人收入低一点，属于较低的阶梯。这样，社会上的人被分成不同的阶梯。因此，就有了这样的一个发展规律：较低阶梯的人总是以比他高一级梯队的人的生活方式作为自己的生活标准。这在消费经济学中是很重要的一点。这是什么意思呢？是指这样一种情况，即每一个人都生活在一定的圈子里面，周围有各种各样的人，你同他们的收入是差不多的，因此，消费方式是相同的。但你并不把这作为你的标准，你总向上一级看。如自己是每月60—70元的收入，电视机是黑白的，你会向往月收入100多元的、电视机是彩色的生活方式，以此作为希望达到的标准。因此，在消费上，较高一级阶梯的生活方式对处于较低一级的生活方式的人有一定的吸引力。你承认也好，不承认也好，它有这样的吸引力，人们以这个标准来看待今后生活的改善。但当他进入了这一阶梯后，他又不满足，看得又高一层，始终是这样的。所以说，消费有一种不断向上的趋势。我们在日常生活中，可能都会遇到这样的问题。

4."浪费"这个词的含义又将不断发生变化。根据消费经济学中的研究，在日常生活中，总是会遇到这样一种情况，某种新的消费品、新的消费方式出来以后，一开始往往被视为"浪费"。但过了一段时间以后，就被认为不是浪费，而成为生活必需品开支。与此有关的是，什么叫作"奢侈品"？这个含义也将发生变化。什么叫奢侈品？国外一些研究消费经济学的人举了三个明显的例子。

第一个例子：妇女用的化妆品。人们一开始认为这是奢侈品，只有富裕家庭和贵族们才使用。但渐渐就不这样认为了。因为随着科技水平的不断提高，这样那样的化妆品出现了，人们的收入也不断增加，使用的人也多了。因此，人们对化妆品的看法也就改变了。

第二个例子：旅游是否浪费？当人们都不去旅游时，如某个人花钱去玩了一趟西湖，就被认为是浪费。但渐渐地人们也就认为这不是浪费了。一年中有假期，又有这种支出的可能，去玩一趟有什么不对呢？

第三个例子：营养食品和补药。一开始，社会上很少人食用营养品和补药，认为是一种浪费，认为没有必要，既然身体很好，没有病，干吗要吃补药？但这个看法渐渐也改变了。

类似的例子可以举很多。再如服装，女同志穿的旗袍被认为是奢侈品，当穿这种衣服的人多了以后，人们就改变了看法。男同志穿西装也有相同的情况，到后来，人们不把这当回事了。戴首饰，现在被认为是奢侈品，到将来也会渐渐地转变的。问题在于收入的变化、环境的变化以及由此而来的人们消费观念的变化。因此"浪费"一词的概念也就会不断改变。但是，在某一个时代，总有一种支出被认为是浪费，是奢侈；然后过一段时间以后，人们就会改变看法，但那时又会出现新的"浪费"和"奢侈"。整个消费的变化就是这样一种情况。

5.一种消费方式由"简"入奢容易（即由简单到华丽、花钱多是比较容易的），但由奢入"简"难。为什么呢？人们有改变生活水平的愿望，要么他没有达到，一旦达到以后，再往下退，是不容易的。生活水平易上不易下。经济中很多东西是不可逆的。如大家知道的，福利是不可逆的。没有公费医疗就算了，如果给了再取消，是很难办的。没有给你房租津贴就算了，如果给了又取消，很难。消费水平也是这样。达到了一种消费水平，不容易降下来，人们要求维持它。除非出现特殊的情况，或者用很大的压力，才可以做到这一点。但只要压力一松，膨胀会更加厉害。这种情况在各国都是很普遍的。这种消费水平的不可逆性，使人们对今后的消费水平和经济增长有一种乐观的看法。除非社会长期把人们锁在一个封闭的环境中，不对外接触，维持一种最低水平的生活方式，否则这种低水平的生活状况不会持久。对消费，只有因势利导，以促进经济增长；硬把消费水平往下压，是不会促进经济增长的。

6.越到以后，闲暇时间将会变得越来越重要。一般经济学不研究闲暇问题。消费经济学则用很大篇幅来研究闲暇问题。道理很简单，人们有货币，有时间。时间胜于金钱。为什么呢？货币可以储蓄，而时间不能储蓄。货币用了可以再来，时间就不会再来了。所以人们必然会越来越重视业余时间，要在未来的时间里想办法使业余时间过得更有意义，想办法来满足各种物质和精神的要求。根据消费经济学中一句很有名的话：闲暇如果不能很好地利用，是一种痛苦，会使人们闲得无聊。假若放假时什么地方也去不了，玩也没有地方可玩，即使给你再多的时间，又有什么意思呢？所以消费经济学要研究人们如何利用闲暇。闲暇跟消费之间的关系是这样：闲暇能促进人们更多的消费。现在是一周工作6天，一天工作8小时。假定今后经济发展了，一周不是工作6天，而是5天、4天；而且一天不是工作8小时，而是7小时、6小时，闲暇就会越来越多。这样，闲暇时间必然促进消费。另外，只有在消费品充足供应的情况下，人们才有充足利用闲暇的可能性。这里包括各种服务业及各种消费品的供应。因此闲暇问题可能成为将来消费经济学的一个很有意义的研究课题。一个单位、一个政府如何把人们闲暇充分地利用起来，是社会消费发展趋势的一个很重要的问题。

7.货币和信用的发展将会创造出新的消费方式。我们现在可能看不到这一点。为什么呢？因为我们现在的消费是现买现卖。但今后必定是越来越利用信贷。最早人类历史上的消费是实物交换，如我拿一把斧头换一只羊；然后发展到货币交换。今后必然会用个人的信用卡或支票来代替现金交易，这就会大大促进消费。今天我们这样讲，可能为时过早，但经济发展到一定的程度后，人们将凭支票或信用卡来购买东西。这就创造了新的消费方式。

8.人类最后会不会有一个反物质文明阶段？这个问题的提出是很有意义的。在今天的西方国家已出现了这样的问题。因而这个问题被提到议事日程上来。也就是说，"消费"这个词的本身有了新的含义。以往我们谈消费的时候，消费是指购买东西，满足我们的需要。而现在西

445

方出现了这种情况，即消费意味着"平等"。为什么说消费意味着"平等"呢？就是说，人和人在资本主义社会中处于不平等的地位，这是人们在生活中感觉到的。但人们是要求平等的。如何平等呢？在消费领域内去寻求"平等"。如张三有钱，张三的妻子戴珍珠项链；李四没有钱，但李四的妻子可以买一根塑料项链，看起来一样。目的是让你知道，你有我也有，我们是"平等"的。你有钱可以到国外去旅游；我没有那么多钱，但可以买一辆旧汽车，把老婆、孩子带上在国内兜一圈，以此表明我和你是"平等"的。我为什么要买电视机？这意味着我同你是"平等"的，你能看到最好的节目，我也能看到。所以消费具有"平等"的含义。不仅如此，消费还代表着"独立"。为什么呢？在生产资料资本主义私有制情况下，人们在工厂是被束缚在生产流水线上的，这时人的个性不能表达出来。可是到了业余时间，到了消费领域，我将表现出我的个性来。我有我的爱好，我有我的特长。我可以去看电影、看赛球，可以上馆子去吃一顿，我也可以在家蒙头睡上一觉。这一切，我可以完全支配我自己，我是一个独立的人。是不是这样一种趋势？即使这样的趋势不是普遍的，可是在一部分的家庭里是有可能会存在的。到那时，人们可能看到明明有钱，但偏偏穿着带补丁衣服的人，他表示自己的生活方式与众不同。

以上种种表明：一方面，消费问题很难预测；另一方面，消费问题不像传统经济学中那样干巴巴的。消费经济学是一个引人入胜的研究领域。

三、社会消费结构

什么是社会消费结构？消费结构就是各种不同的支出在总的支出中

所占的比重。随着社会经济的发展、科学技术的进步，不同种类的消费的支出在总的消费的支出中所占的比重，不断发生变化。但这种变化是有规律的，研究这种消费结构变化的规律，对我们的经济和我们的商业工作、服务工作都有很重要的意义。所以，消费经济学作为一个独立的分支学科，其中一个很重要的问题，就是研究消费结构的变化。

在这方面，先谈一个问题，家庭是消费的基本单位、基本独立核算的单位。要研究消费结构，必须首先研究每个家庭的消费变化的情况。这个变化影响到整个社会的消费结构的变化。国外的消费经济学在这方面做了不少的研究，其中很多研究是相当仔细的。下面谈谈他们在研究中所遇到的一些问题。

1.谁是消费的决策人。是丈夫，是妻子，还是孩子？这个问题我们未注意到，但他们注意到了。根据大量的研究表明，这个问题相当复杂，不能一概而论。很难说谁是消费的决策人。这需要通过不同类型的家庭来研究这样的问题。关于这个问题，有几种不同的看法。

第一个看法是：跟消费的东西有关。在一般的家庭中，在买大件东西的时候，丈夫是决策人，如买房子；在买日常生活中使用的东西时，妻子是决策人。这是根据西方大量调查材料得出的结论。

第二个看法是：随着家庭生活时间的变化而发生变化。在刚结婚后不久，妻子是购买的决策人；在一段时间以后，丈夫开始参与对重大经济问题的决策；最后妻子又是决策人。

第三个看法是：跟家庭的分类有关。可以分成这么几类家庭。第一类家庭叫作以家庭为中心的家庭。这种家庭的特点是这样的：家庭内部的凝聚力是很强的，上一代人跟下一代人的隔阂不很明显。在这类家庭中，夫妻多半是在比较年轻时结婚，婚后不久就有了孩子的。此后许多年之内，家庭是把孩子作为中心的。在这类家庭中无论是妻子决策，还是丈夫决策，他们的消费都是围绕着孩子来进行的，包括孩子的生活、教育等。第二类家庭叫作以事业为中心的家庭。在这类家庭中，夫妇俩都有事业心，或者至少有一方有事业心。结婚通常是比较晚的，年龄比较大，而且很晚才有小孩。家庭是围绕着一方的事业而展开的。一方如果一直关心事业，而不关心家庭，那么家庭的消费由另一方过问。第三类家庭叫作以消费为中心的家庭。这类家庭既不以孩子为中心，也不以事业为中心，而是以夫妇两人的生活为中心。他们的目的是在生活中提高家庭中的生活水平，事业不占主要地位。这类家庭往往靠共同决策。

以上三类家庭的划分，被认为是符合当前一些工业化国家的情况的。以家庭为中心的、以事业为中心的、以消费为中心的，对消费都有不同的看法。其中，在第一类家庭中，孩子在某种情况下可能起着决策作用。孩子想要一个什么东西，马上就给他（她）买，因为孩子是中心。为什么要研究这个问题？因为这与广告有关。广告是给谁看的？广告是给家庭消费决策人看的。假定我什么也不管，那么你给我做广告有什么用呢？所以说，广告必须有对象。广告的对象必须是家庭消费决策人，吸引他（她）来购买。

2. 存在"家庭生活周期"或者叫"家庭生命周期"。这是说，每一个家庭都要经过几个必然的阶段。

第一个阶段是从建立家庭起，一般是从新婚夫妻成家开始，或者从成年的子女脱离父母独立生活开始。第一个孩子出世后，家庭便进入了另外一个发展阶段。然后到孩子一个个长大成人，离开家庭，这时家庭又进入一个发展阶段，这个阶段叫"空巢"阶段。"空巢"是工业化社会的一个特征。进入工业化社会以后，很多家庭到一定程度，将成为"空巢"。因为上一代和下一代是很难住在一起的，有各方面隔阂，仅仅维持着一种家庭的联系。最后，到一方死亡，然后另一方单独生活或者又并入了子女的家庭。每个家庭都要经过这么一个周期。消费结构的变化跟这个有关。比如说，在刚结婚的阶段中，主人所要考虑的是添置家具，购买耐用消费品。到了小孩出世，孩子的支出，特别是教育的支出必然占主导地位。然后孩子一个个成人，到了"空巢"阶段时，就不再添置其他东西，而主要用于老年的保健费用和旅游费用的支出等。所以家庭存在不同阶段，消费结构必然是变化的。因此消费结构要受到社会上不同年龄的结构和不同家庭的组成的影响。

工业化以后，家庭的规模将越来越小，这是一个必然的趋势。在农业社会的时候，家庭是很大的，往往是几代同堂。然后在农业社会向工业社会过渡阶段，家庭规模变小。变小有一个过程，最早搬到城市去的往往把农村的家庭作为自己的一个靠山，当他在城里待不下去的时候，还得回去，同农村还保持着经济上的联系。以后再发展，经济上的联系逐渐切断，但感情上的联系维持时间较长，一时切不断。最后，到上一代人死了，小家庭在城市独立了，就彻底地脱离了。而在城市里，到老年以后，子女同自己脱离。不管有没有计划生育，最后到工业化社会，家庭中孩子的数量必然是逐渐减少的。这是各国所发现的普遍的规律。为什么呢？因为对孩子的看法改了，不再把孩子作为家庭劳动力来培养，而是把他（她）作为夫妇感情上的一个联系，作为精神上的一个安慰品。家里有个小孩挺好玩的，但多一个孩子将影响家庭消费水平的提高。既然要生一个孩子，必然要考虑他（她）的前途。所以家庭规模将越来越小。而孩子长大以后，跟上一代的关系以及跟再上一代的关系是不一样的。因为他（她）的经济环境变了，所以家庭最终必然走向"空巢"。

3. 家庭规模的影响。为什么要考虑家庭规模跟消费结构的关系？因为这里涉及一个规模经济。什么是规模经济呢？生产有规模问题。企业规模太小，单位产品的成本太高，划不来；企业规模过大，又要增加许多费用，联系不方便，效率会降低。每一个企业都有合理的规模。对于家庭，就很难这么说了，为什么呢？因为家庭规模的趋势越来越小。所以研究家庭规模并不像研究工厂规模一样，是去求一个合理的问题，而是在现有条件下，如何使平均每人负担降低到最低程度。这个问题人们以为没有考虑，但实际上在考虑这个问题。举个例子说，买洗衣机，这就涉及家庭规模的问题。家庭规模多大最适合买洗衣机？如果家庭只有两个人，也没有孩子，买洗衣机就不一定合算。买各种耐用消费品都考虑到家庭规模的问题。家庭规模的大小，同样形成与购买各种产品的关系的问题。比如说，我家庭规模大，如果订书、订报，家庭每个人所负担的成本就低。如家庭就两个人，订那么多份报刊在成本上就不合算。还有消费和服务之间有一个相互替代的问题。比如说，买洗衣机，这是一种生活方式；自己洗衣服，这是另外一种方式；送到洗衣店去洗又是一种方式。这三种方式比较，究竟哪种合理？什么情况下，家庭买洗衣机合理？什么情况下送到洗衣店去合理？什么情况下自己洗合理？所以，家庭规模也跟消费结构有关系。

4. 关于恩格尔定律。经济学中有一个定律称为恩格尔定律。什么是恩格尔定律呢？E. 恩格尔是 19 世纪德国的一个统计学家、工程师。他对西欧的工人家庭进行了大量的调查。他调查的结果发现一个现象，就是一个家庭收入越少，这个家庭的食物支出在收入中所占的比重就越大。这在消费经济学中被认为是一个定律，叫恩格尔定律。它反映的是实际中的情况。假定你的工资是 40 元一个月，差不多你都用在吃的方面，你就存不了多少钱。你的工资是 80 元一个月，吃就占不了这么大的比重，可能只占 80%。你的工资是 200 元一个月，吃食物的量可能增加，但占的比重却是下降的。所以恩格尔定律表明了食物支出在收入中所占的比重。这个比重称为恩格尔系数。该系数是衡量一个国家经济发展程度的一个标志。经过抽样调查，在"文化大革命"前和"文化大革命"中，我国的恩格尔系数是很高的，约占 70%，即我们收入的 70% 都用在吃上了。现在大城市中恩格尔系数大概是 50%，也是相当高的。发达国家一般只占 20% ～ 30%。因此，要研究恩格尔定律，尽量把恩格尔系数降低。恩格尔系数降低以后，我们才有可能发展另外一些行业。在消费结构的变化中，经济学界认为，恩格尔定律基本上是适用的，对任何国家都是适用的。而且不仅是食物支出占的比重下降，其他支出所占比重也有下降的趋势。比如穿，可能一开始是有增加的，以后也会下降。吃穿都会下降。那么今后大量的支出花在什么地方呢？在用，在行（即旅游）。当然，我们在研究恩格尔系数中，必须考虑到几个特殊的情况。恩格尔系数在一个国家工业化刚开始时，它不会下降得那么快。在我国，也不会突然大幅度地下降的。这主要有四个原因：

第一，人们的食物消费结构会发生变化。为什么？过去在生活水平比较低的时候，虽然也是吃，但那是填饱肚子。现在就不同了，当收入增加后，开始对吃有新的要求。比如要求口味、要求营养，要吃瘦肉、蛋、鱼等，肥肉都不吃了。食物的结构发生变化了。这就影响恩格尔系数的变化，因为不同的食物的价格是不一样的。

第二，人们吃的地点会发生变化。为什么？过去人们一年 365 天，主要在家里吃，而现在不一定都在家里吃。由于钱多了，有可能到外面馆子吃，还有可能买罐头等加工食品吃。这样，消费支出也会发生变化。

第三，从农村转入城市的时候，要考虑一个因素：过去的食物支出中，可能一部分是自给性的，现在要变成完全商品性的食物支出。过去的自给性的食物是不计算它的货币价值的，而现在改为商品性的食物，要计算货币价值。这样，支出就会增加。如在农村住，鸡蛋不用买，自家的鸡可以下蛋。有一块地方就可以种蔬菜。到年底把猪杀了，猪肉就有了。当人口逐渐向集镇、城市转移的时候，自给性的支出将逐步减少，他们不再种菜、养猪，大部分是商品支出。这影响着恩格尔系数的下降。

第四，各国的情况表明，在工业化地区，工业品的价格呈下降趋势，副食品的价格呈上升趋势。这是工业化以后各国出现的一个普遍性的问题。这是因为：对副食品的需求量增大，人们对副食品需求的增长幅度超过一般需求的增长幅度。人们要改善自己的伙食，这样就影响恩格尔系数的下降。在我国，城市的恩格尔系数大概是 50%，今后一段时间内，不会下降得太多。再过一阵以后，经济发展到更高水平上，恩格尔系数才可能有所下降，消费结构的变化有这样一种趋势。

关于消费结构问题，我们觉得很重要。下面，再谈一个问题，为什么发展中国家要强调提高生产者的收入水平？为什么要让生产者富裕起来？这是因为，生产者富裕起来以后，由于恩格尔定律的作用，消费结构将逐渐发生变化。不管恩格尔系数变动得是慢还是快，它的趋势是下降的。恩格尔系数在下降，人们的消费结构在发生变化。这意味着对食物支出以外的支出的变化影响很大。这时人们的钱不完全是花在吃的上面，他将把钱花在穿和用的上面。就是吃，也不完全在家里吃，很可能在社会上吃，上馆子、旅游时吃。这样，新行业有发展的可能性。在社会发展中，就业问题怎么解决？从整个生产角度来看，劳动生产率是不断提高的。生产领域当然要增加人员，因为生产规模要扩大，新的部门要发展。但要看到，在工业生产部门中，劳动生产率是不断提高的，尽管需要增加一些人，但整个趋势是：对劳动者的需求是逐步下降的。最明显的例子是农业劳动生产率的提高，农业生产机械化和电气化后，多余的劳动力到哪儿去？需要安排就业。必须给他们找到出路，建立新的行业，其中许多是与消费结构变化有关系的。假定消费结构没有变化，人们主要还是在家里吃，新行业怎么能发展？就业问题将无法解决。就业问题的解决依赖着消费水平的提高，依赖着消费结构的变化，依赖着新的行业，特别是服务行业的发展。人们吃得少了，就要求穿，要求新衣服，这样服装行业就要发展，就需要裁缝。要旅游，旅游业就要发展。要求住房改善，建筑业就要发展。这些部门将成为劳动力的吸收部门。所以消费结构的变化的意义是很大的。对一个城市来说，也是一样，要考虑到人到十八岁以后，如不能继续升学，就要就业。否则，这些人到哪儿去？新行业的产生和发展、第三产业的发展是吸收劳动力的场所。由于吸收了人，每个家庭的抚养系数将降低，收入水平将提高，整个经济发展将进入一个良性的循环。所以消费结构的变化是很重要的。

光靠消费结构的变化还不行，还得有另外的条件。这个条件不在消费经济学研究领域之内，这里只顺便提一提。什么条件呢？比如说：职业技术教育跟不上去，还是不能解决就业问题。如收入增加了，消费结构发生变化了，用于吃的钱不是那么多了，而需要穿了，这样服装业就要发展。可是待业者没有技术，怎么办呢？发展旅游业，得培养导游；需要照相，得培养摄影师；需要饭店，得培养厨师，等等。各种行业要跟上去，不仅靠消费结构变化，还要靠职业技术教育。

四、消费行为的引导

刚才说了家庭是消费的基本单位，个人是消费决策者。政府只能从宏观的角度来规划全国的消费和积累的比例关系，消费品与各部门的比例关系，等等，但政府不能直接规定人们的消费。假定政府直接规定人们的消费，那么全国的人，只得穿一种衣服，吃一样的饭。这不会持久，也行不通。政府对消费唯一的办法是引导。在宏观方面，除了做好科学的规划外，对人们的消费行为要进行引导。对消费行为的引导，就涉及对消费行为的研究。这种分析实际上是要解决这么几个问题：为什么要购买？为什么要消费？为什么要买这个东西，而不买那个东西？为什么这个时间买，而不在那个时间买？为什么不在这个地方买，而在那个地方买？为什么不是通过这种方式，而是通过那种方式来买？分析研究后，才能制定出正确的引导人们消费的措施。

关于消费动机，过去的传统的研究很简单。人为什么要购买？是因为人有这种需要。实际上消费行为要比这复杂得多。其他一些因素对人们的消费动机有影响。比如说，你为什么购买，有两个力量在起作用，一是推力，一是拉力。推力是：我的欲望在推动着我去买。拉力是：我并没有这种欲望，而是东西在吸引着我，它把我拉过去。有很多例子。我本来不想买某个东西，甚至还不了解这种东西，是广告吸引了我。如电动剃须刀，我并没有想购买这种东西，对电动剃须刀还有点怕，别把肉剐了。厂商就需要做广告，需要表演。这就是说，这个欲望是被创造出来的。所以工厂里不断试验新的产品，新产品通过广告在对人们劝说，这就是拉力。

光有推力或拉力还不够，还要经过一些中间的环节。比如说，现在的消费同过去的消费是不一样的。现在消费，需要消费的知识和消费的技术。你没有消费的知识和技术，你就不会消费。最简单的例子，你要买一个高压锅，假定你没有这方面的知识，不知道怎样用，会把锅炸掉。你买了一个电器设备，就必须掌握初步的消费知识。所以，这就不仅是单纯的欲望在推动着购买，还有一个消费的知识的问题。

此外，购买也不只是一个价格问题。价格便宜，人们可以去买。但有时，价格便宜，人们并不一定都买。有些商品可能是这种情况，价格越便宜，人们越不想买。人们的消费结构的变化也影响消费动机。如肥肉再便宜，不吃肥肉的人是不会买的；瘦肉贵，还是有人买。特别是有些工艺品，价格是反常的，越便宜，就说明这种东西越不值钱，价格便宜时，人们就不买。还有对价格变动趋势的预测也起着作用。人们估计以后价格昂贵，可能就买；人们估计以后价格会下跌，可能就不买。所以消费者的动机比较复杂。不能轻易地用传统的理论来解释。

再进一步分析，消费者的看法也是同传统的看法不一样的。传统的看法是：你购买，是想从消费中得到最大满足。比如我去买一件衣服，我总想在衣服中得到最大的满足。但现在的情况发生了变化，主要是因为市场上的信息太多，而你得到的信息很可能是不充分的、很不全面的。你不能有充分的比较，你没有机会掌握全部的信息，因此，就没有一个最优的选择，只能做到尽可能少地遗憾。如女同志去买一件时装，她在所有商店走了一通后，不能说买到了一件很称心的衣服，只能说买到一件后悔程度比较小的衣服。为什么呢？因为她不知道有多少种衣服，不知道每件衣服的价格、性能、质量。她没有充分选择的条件，只能买到一件遗憾较小的就行了。购买是在这样一种情况下进行的。所以说，现在人们考虑问题的出发点同过去不一样。购买不是获取最大的满足，而是尽量避免可能出现的最大的遗憾，取得较小的遗憾。

另外一个问题是，消费是要冒险的。过去经济学中不谈这个，只谈在投资中要冒风险。就是说，投资要承担一定的风险，可能是赚钱，也可能不赚钱，而消费是个人的事。但现在的经济学家认为，在消费中也存在着风险，这是因为信息太多，而信息并不完全被你得到，也不可能真实地反映情况。你看了广告，但不一定广告都是真的。它的广告说它是新潮流，全国第一。你买到的那件是不是全国第一？产品这么多，总要冒一定程度的风险。这就产生了你如何去避免风险的问题，怎样去避免呢？

第一，要尽可能多地去掌握信息。

第二，要跟投资行为一样，使你的消费支出分散化。为什么现在的企业要分散化，这儿不赚，那儿赚，最后取得一个平均利润，这就是因为有风险存在。消费也是一样，不要把钱集中去购买一件东西，应分散去购买。这样万一遇到风险，可以减少心理上失望的程度。

所以说，现在消费者的心理确实是很复杂的。西方经济学有一句话说："消费者是一只不可捉摸的猫。"在这种情况下去引导消费，是不容易的。所以引导消费的问题，是一个很难处理的问题。西方经济学家有一段很有名的话，任何市场的预测，在经济学家抽屉里的时候是真理，是经过大量的调查后研究出来的真理。但你不能公布，你公布以后，真理就减少了，就要打折扣，最后甚至是谬误。比如我预测，明年女同志都爱穿浅绿色的上衣，或者粉红色的上衣。但你一公布以后，就不一定那么对了。本来我是为了与众不同才穿这种颜色的衣服的，你一公布，我偏不买了。市场预测也是这样。这就增加了引导消费的困难。还有一个困难是：消费行为总带有一定程度的盲目性。这是什么意思呢？就是说，任何消费者都不是三思而后行。很少人在进商店之前，已考虑三天三夜了。它带有很大程度上的盲目性。有的仅是在广告中看到，看到就买了，买了回来又后悔。所以这就不可能充分地加以预测。假若每个消费者都是经过深思熟虑去购买东西，那么商店也就不会有那么好的生意了。

还要研究一个问题，就是人们在做同样一件事情时，可能出于不同的动机。如连续购买问题。女同志买一条纱巾，买了又买。这说明了什么呢？什么也说明不了。她可能来自不同的动机。两种动机很可能是完全相反的。我第一次购买没有得到完全的满足，回来以后失望了，为了达到满足，又去第二次购买。也许是，第一次比较满足了，产生了好感，于是又去购买。因此，同样一种购买，可能出于不同的动机。在这种情况下，要引导消费是困难的。那么，应当采取什么样的措施来引导消费？可以通过以下三个途径：

1.提供给消费者比较多的，比较准确的、可靠的信息。所以广告还是要的。对生产单位，它可以打开销路；对消费者，它能帮助他们进行选择。但广告必须是真实的。广告如果不真实，给消费者以错觉，不符合实际的话，就达不到引导消费者的目的。所以对广告的研究又从消费经济学中分出来了，产生了广告学，专门研究广告。广告除了提供信息以外，广告本身也是消费知识与技术的来源。消费者的知识和技术是从哪里来的？是从书本，从别人的消费行为中学到的，或者是自己经验的积累。最明显的例子是买药。有时，买药不一定先问大夫，因为久病成医，你自己知道该用什么药，所以自己会到药房里去买这买那。这是从你自己的经验中得出的，另外一个重要的来源是广告。

2.改变人们对消费的看法。这对引导消费也是很重要的。什么叫改变人们对消费看法？比如说，什么叫奢靡？奢靡，从消费角度来讲，就是说你的消费不符合公众所认为的规范。这个规范是不断变化的。所以人们对消费的一些看法也应当改变。

应该认识到大多数的消费者，在一个健康的环境中会控制不正当的消费，但消费的规范的改变是很不容易的，特别是一个国家从农业型转向工业型、从封闭型转向开放型时，消费的规范更不容易改变。但改变毕竟是大势所趋。如养花，现在没有人认为这是闲情逸致，而认为是美化生活。人们自己也有一种改善自己生活的愿望。在北京，一位工人告诉我，在"文化大革命"前，我们工人从来没有想到要添置沙发，认为这是大干部家里的摆设。到"文化大革命"中，没事做，就想，我干吗不做一个沙发坐坐，于是自己就做沙发。这就是人们的消费观念在变化。农村的生活方式也在改变。社会是向前的，要善于引导人们进行新的消费。

3.从国家政策上来考虑，最难的是怎样处理消费和积累的关系。这是从宏观上来讲的。这个问题在理论上还要进一步研究讨论。为什么呢？因为涉及一些根本的看法问题。我们现在是低工资。能否说高工资、高消费一定能促进经济发展呢？高工资、高消费得有一个条件。假定这个条件具备了，高工资、高消费可以促进经济的发展；假定条件不具备，就会造成另外一种情况，就是拉丁美洲今天出现的情况，在经济学中称为"早熟的消费"。这对经济的发展是不利的。要知道，没有一定的积累，重点建设不能保证，基础工业不能建立，消费品也不能供应上去。

但经济发展的趋势，照我个人的看法，到一定程度以后，必然要转向高工资、高消费。关键是条件是否成熟。我们今天的改革，就是为此创造条件。这里就提出了一个问题：究竟如何引导消费？除了保证提供充分的信息以外，从整个国家的角度，就必须制定合理的政策和建立合理的价格体系。引导消费的内容还很多，比如说，对进口消费品要采取一个什么样的政策。完全不引进国外的消费品也不行，没有先进的消费品竞争，国内消费品老是落后的。但如果完全放开了，把国内消费品都搞垮了，那也不行，还得要靠消费品工业增加就业人数，还得靠它增加财政收入。还有，究竟什么是中国式的消费方式？中国式的消费方式包括什么内容？这就需要我们来加以研究。我们今天还没有进行这方面的研究。比如说家庭"空巢"是否一定就是我们将来的趋势，假定社会都变成这样了，上一代和下一代都没有关系了，老年人有孤独感，生活也就没有什么意义了。这就牵涉评价问题。讨论什么是中国的消费方式，需要我们对各种消费方式进行评价。

最后谈一个问题，即研究消费问题的重要性。引导消费牵涉国家的货币回笼的问题。储蓄大量增加，这对社会是一件好事。但储蓄大量增加以后，消费跟不上，货币靠储蓄方式来回笼，这不是真正的回笼，应该靠把消费品卖出去。假定不研究这个问题，光靠卖的确良能卖多少？光靠卖半导体能卖多少？到了饱和状态怎么办？黑白电视机今天就卖不掉，杂牌自行车积压。工厂扩大自主权以后，竞争的活力都来了，都要寻找出路问题。货币回笼怎么办？所以去年，我在香港时，对《大公报》记者说"中国一个宏观经济问题，就是将来的货币回笼问题"。货币回笼问题有三个主要渠道：

1. 建筑业产品的商品化。职工有了房子，就要买家具，买电器设备，买工艺品。房子十年分期付款还是二十年分期付款，都可以，这样就活了。每个国家都是以建筑业作为经济支柱之一的。我国的建筑业过去是不行的，一直没有重视它。现在认识到它是货币回笼的主要渠道，它带动一系列部门的发展。

2. 农村的轻型载货汽车。一吨半、两吨的，前面可以坐人、后面可以载货的轻型汽车，适合于专业户。而城市比较复杂，涉及停车场、道路、交通等一系列问题。农村用轻型汽车，既是生产资料，又是消费品。中国农村市场这么大，几千万辆都销得掉。这是农村将来货币回笼的一个大渠道。

3. 旅游业。这是社会消费的趋势。要充分地利用闲暇（阻拦是不行的）。虽没有提倡，但旅游业已经发展起来了。中国现在还没有工人的休假规定，但其他各国都有了，这是必然的趋势。工作时间要缩短，业余时间要增加。如何合理支配闲暇呢？旅游是可行的方式之一。这样，货币回笼问题也好办多了。

今天讲得很多，收入与消费之间的关系、消费的趋势、消费结构的变化、对消费行为的引导告诉我们一点，就是消费经济学领域内有很多问题今天还没有被研究，或刚刚开始被研究。我们要进一步深入研究消费经济问题，这对加快四化进程是有利的。

关于比较经济学的几个问题

引自《当前中国经济问题探索》，中国人民解放军政治学院出版社，1985 年版。

准备谈四个问题。①比较经济学的产生与发展；②工业化、现代化过程的比较；③经济发展战略的比较；④社会主义经济模式的比较。

在结束语中，准备谈谈如何评价西方的比较经济学，以及我们为什么有必要建立自己的比较经济学的问题。

一、比较经济学的产生与发展

什么是比较经济学？有一些不同的解释。我觉得这样一种解释比较符合这一学科的特点：比较经济学以不同的经济制度、不同的经济发展道路、不同的经济管理和决策方式作为研究的对象。它通过比较分析、衡量优劣、判明利弊、总结经验和教训，作为一国经济的发展、经济体制的改革、经济结构的调整，以及制定有关经济政策的依据。它的着重点是在经济理论方面，同时也涉及应用经济学方面的问题。

在经济学中，比较经济学是一个新兴的分支学科，它是 20 世纪 30 年代以后发展起来的。从经济学说史上看，比较研究方法具有较长的历史。重商主义者很早就采用这种方法来考察各国的货币流通量与物价波动的关系，考察西欧一些国家经济兴衰的过程。17世纪英国古典政治经济学的先驱配第，把比较研究的对象从流通领域深入到生产领域，得出了不同的劳动生产率是财富增长速度不同的主要原因。后来，法国重农学派的F.魁奈和杜尔哥，英国古典学派的亚当·斯密、李嘉图，都曾利用比较研究的成果来论证自己的经济学说和政策主张。此外，德国历史学派的经济学家，也重视比较研究方法。他们在把德国同英国进行对比之后，提出一条自以为可以使德国发展资本主义而又不同于英国的道路。

但比较经济学作为西方经济学的一个独立的分支学科，与20世纪30年代资本主义世界经济危机的爆发和苏联第一个五年计划的胜利实施密切有关。一方面，30年代空前严重的大危机，在西方经济学界引起了巨大的震动，它使传统庸俗经济学理论破产了。资产阶级经济学中的经济自由主义思潮与国家干预主义思潮在经过长期的激烈争论之后，国家干预主义思潮终于占据了上风。在美国、瑞典、英国、法国、德国、意大利都相继采取了资产阶级政府对经济的调节或统制措施。但这些措施不仅有不同的资产阶级经济学说作为理论上的依据，而且在不同的资本主义国家表现为不同的干预形式，遭遇到不同的困难，取得的效果也很不一样。这些都需要从经济理论上加以系统地归纳和说明。传统的经济比较研究方法显得不够用了。这时西方经济学界认为，既需要在比较研究方法方面有所突破，更需要把比较研究作为一门独立的学科，使之在理论上能系统化和条理化。于是比较经济学便应运而生。

另一方面，苏联第一个五年计划的胜利实施，向西方经济学界清楚地表明，社会主义经济制度和社会主义计划经济，不仅是切实可行的，并且这种优越性已经被实践所证明。事实已经给20世纪20年代西方经济学界长期进行的"计划经济"与"自由市场经济"之争做出了结论，从而使得同情社会主义经济制度和社会主义计划经济的经济学家逐渐增多。与此同时，苏联第一个五年计划实施过程中也暴露出一些问题，主要是资源配置不当、浪费和效率损失方面的问题。一些西方经济学家提出，假定在社会主义经济制度的基础上，不是采取过度集中的"中央计划经济"，而是采取适当程度的"自由市场经济"，会不会解决资源配置不当和浪费问题，促进经济效益增长呢？于是所谓"市场社会主义"理论进一步受到了重视，对几种不同的经济模式的研究也引起了西方经济学家的兴趣。这也是比较经济学作为经济学的一门独立的学科形成和发展的重要前提。

第二次世界大战结束以后，比较经济学有较大的发展。这时的世界政治与经济形势与 30 年代的已有很大不同。一些新的社会主义国家的出现、帝国主义殖民体系的解体和民族独立国家的产生，为比较经济制度和比较经济增长的研究提供了更为广阔的领域。50 年代和 60 年代内，除了继续对不同经济模式和不同经济干预方式进行比较研究外，西方经济学家们还对历史上各国经济发展过程进行广泛的比较，试图找出一些带有规律性的东西，以便指导现阶段各国的经济发展。例如，由艾特肯主编的论文集《国家在经济增长中的作用》（1959）就是一个典型的例子。该论文集收录了 13 位经济学家的论文，考察 19 世纪中期到 20 世纪初期美国、德国、法国、俄国、加拿大、澳大利亚、土耳其等国的经济发展过程。这是一部比较经济学的文集，讨论了一系列值得注意的理论问题。例如：

一个国家的经济发展，主要是由于"内生因素"的作用呢，还是由于"外生因素"的作用？主要是靠国民经济本身的积累呢，还是靠"边疆"的开拓或领土的扩大？

一个国家的经济发展，主要是靠"私人的自发作用"（即私营企业活动）呢，还是靠"政府的引致作用"（即国家的指导与调节）？

一个国家在经济发展初期，是"封闭型"的经济（保持自给自足的经济）比较有利呢，还是"开放型"的经济（打破自给自足局面，同国外保持经济上的联系）比较有利？如果说后一种经济更为有利的话，那么"开放"程度应当维持在什么样的标准上呢？如何调节这种"开放"程度呢？

西方经济学家们根据不同国家的历史经验，提出了不同的看法。但所有这些看法都立足在这样一个基调之上，即认为一个国家的经济发展有必要借鉴其他国家的经验和教训，有必要利用本国的有利条件，这样才能找到一条适合于本国的经济较迅速的发展道路。

60年代初，西方经济学界举行的一系列国际范围内的学术讨论，对于比较经济学的发展起着有力的推动作用。例如，1963年出版了罗斯托主编的《由起飞进入持续成长的经济学》一书。该书收集了国际经济学协会关于"起飞"进入持续成长的各篇论文和发言。它是一部比较经济学的重要著作。它环绕着这样几个主题进行讨论：各国的工业化是否有共同的途径可以遵循？不同国家的工业化各有什么特点？能否把历史上不同类型的经济发展纳入一个一般性的理论模式？发达的资本主义国家的工业化历史经验适用于目前的发展中国家吗？这些问题都属于比较经济学的研究范围。西方经济学家在这场讨论中，就上述这些问题发表了各自的看法，以至于形成了几种对立的观点。稍后，H. 罗索夫斯基在1965年发表了《起飞进入持续的争论》一文。一方面，承认所讨论的整个问题的复杂性，认为不可能使不同观点的学者取得相近的意见。另一方面，承认这场讨论是很有意义的，它表明有关经济发展的国际比较研究已经不再是用一种抽象的、空泛的概念所能代替的，理论的、历史的、统计的研究远比提出抽象的、空泛的概念重要。从另一个角度来看，尽管许多经济学家在比较经济学的研究过程中，竭力反对把不同类型的经济发展纳入一个一般性的理论模式，但他们也都认为发达的资本主义国家的工业化对于发展中国家是有借鉴作用的。舒帕尔在1965年

463

所写的《发达国家的早期历史有无现实的适用性？》和 R. 伊斯特林在 1965 年所写的《是否需要对不发达状况进行历史的研究？》两文，提出了比较经济学研究如何"服务于现实"的问题。据他们的看法，对发达的资本主义国家工业化以前历史的研究成果（例如对制度的作用、市场的影响、人口与土地的比率、企业经营状况等的分析）无疑适用于对当前的发展中国家经济的分析。举例说，他们认为非洲的现实状况就和中世纪西欧或 16 世纪西欧相似。如果考虑到由于采用当代技术与文化成果所引起的变化，那么对西欧的经济发展过程的研究是能够适用于对非洲的现实经济的研究的。他们提出了发展中国家的现状就是发达的资本主义国家的"历史的一部分"的结论。这样，比较经济学研究就不仅仅是同时代各国的"横向"的研究，而且也包括了不同类型经济的跨时代"纵向"与"横向"相结合的研究。

如果我们把从重商主义与古典学派开始直到 20 世纪 30 年代为止的传统比较研究方法的运用称作比较经济学的"史前期"；把 20 世纪 30 年代内因经济危机和苏联第一个五年计划的实施而引起的有关不同经济模式和不同经济干预方式的研究，称作比较经济学形成时期或比较经济学第一阶段的特征；把第二次世界大战结束后最初 20 年内关于经济发展的不同道路和各国之间经济发展的借鉴的研究，称作比较经济学第二阶段的特征；那么，从 20 世纪 60 年代后期起，比较经济学的发展实际上进入了第三阶段。这一阶段的特征是：西方经济学家对于不同经济模式、不同经济干预方式、不同经济发展道路的研究更深入了，此外，他们还加强了对于不同经济增长率、不同通货膨胀率，不同福利水平等方面的研究。

这是与 20 世纪 60 年代后期以来世界政治与经济形势的变化直接有关的。这段时间内，西方主要资本主义国家普遍发生了"停滞膨胀"（即经济停滞与通货膨胀并发），苏联和一些东欧国家开始实行经济体制的调整与改革，少数发展中国家的经济以较快的速度增长并在某些产品的国际市场上成为西方主要资本主义国家的有力竞争对手，若干最贫穷的发展中国家的经济发展缓慢，从而各国之间的收入悬殊程度扩大了。这一切都成为新阶段的比较经济学研究的重要课题。

这一时期内出版了大量比较经济学的论著。一方面，一些资产阶级经济学家看到西方主要资本主义国家的政府已经无法运用传统的凯恩斯主义政策来制止通货膨胀与失业的并发，特别是看到某些资本主义国家的政府逐渐转向经济自由主义的政策措施，从而认为20世纪30年代关于"计划经济"与"自由市场经济"之争至今并未失去意义，对不同经济模式和不同经济干预方式的探讨似乎有主张重新回到以市场决策为主的老路上去的趋势。另一方面，关于资源配置、收入分配和经济效率之间的关系的讨论，反映了国有化经济和"福利国家"似乎在西方主要资本主义国家已经走到了尽头。国有化经济与非国有化经济的比较、高税率与低税率的比较、高福利支出与低福利支出的比较，使得对英国、西德、北欧国家和日本等国经济进行比较研究的西方经济学家们得出了几乎与战后初期的研究结论相反的论点，即一个资本主义国家的国有化程度越高，可能资源配置失调的情况越严重；一个资本主义国家承担的福利费用在国民生产总值中所占比重越高，可能经济效率的损失越大。这些经济学家通过比较经济学研究而得出的上述论点，反映了现阶段资本主义经济问题的复杂性和严重性。

与此有联系的另一个重要的研究课题是：为什么战后初期曾受到重视的重型经济结构的发展道路在某些发展中国家已经被证明是效果较差的，而轻型经济结构的发展道路则在某些发展中国家却被证明是有效的？什么样的积累与消费之间的比例在发展中国家经济发展过程中是比较合适的？为什么战后初期一度流行的高积累的方针已被证明是不利于长期经济增长的？为什么20世纪60年代以来增长率较高的发展中国家更重视的是投资经济效果，而不是积累率本身？西方经济学家通过比较经济学研究而得出的不同于战后初期的流行观点的结论，既是对从 50 年代开始的一些发展中国家经济发展的曲折过程的总结，也是对近二百年来资本主义工业化历史重新探讨的成果之一。

总之，比较经济学第三阶段中的各项研究与前两个阶段的研究相比，不仅考察的范围更为广泛，对问题的分析更为深入，而且它还在若干理论问题上否定了过去的看法，或对过去的看法提出疑问。这个动向是很值得我们注意的。有一些书或文章在谈到比较经济学时，仅仅把社会主义经济模式（苏联模式、南斯拉夫模式、匈牙利模式等）的比较研究看成是比较经济学的内容，这是很不够的。应该说，这只是比较经济学中的一部分内容而已。

二、工业化、现代化过程的比较

在这里，需要先谈一谈第二次世界大战后流行的起飞理论。起飞理论是美国经济学家罗斯托提出的。罗斯托把人类社会分成不同的成长阶段，其中一个阶段叫起飞阶段，指工业化的开始，他认为对各国普遍适用。他指出：起飞时必须有很大的动力，起飞后，经济就可以顺利发展了。20 世纪 60 年代，西方经济学家举行了国际性的"关于起飞进入持续增长"的讨论，这是比较经济学的内容之一。起飞后能否进入持续增长阶段，各个国家的情况不一样。一些西方经济学家不同意起飞理论，认为有的国家历史上并没有起飞的迹象。这就涉及起飞的含义究竟是什么的问题。

"起飞"这个词，现在我们经常用。一些西方经济学家说，第二次世界大战以后，在经济学界流行的经济术语就是起飞。实际上，按照罗斯托本人的解释，起飞有三种不同的含义。第一种含义是专指人类社会发展的一个阶段。我们认为，这个定义不能成立，不能把起飞作为一个社会发展阶段，因为起飞只是表明一个国家的经济有较大幅度的增长，它只是一个过程。所以，如果罗斯托的著作中用的起飞是指一个社会发展阶段而言，那么这是不正确的。第二种含义是指工业化的开始。它不是指一个社会发展阶段，而是指一国工业化的开始时期。虽然这个含义并不是完全没有道理，但它是不明确的。为什么呢？因为工业化的标志究竟是什么，这个概念到现在也不是很明确的。比如说，以工业产值占国民生产总值的多少叫工业化，或者说以建立什么部门为工业化，这些都还没有定论。既然工业化这个概念本身还没有定论，用起飞来表示工业化的开始，也就是一个不明确的概念。第三种含义是指突破经济的停滞状态。就是说，经济发展原来处于停滞状态中，经济要突破停滞状态，通常要费很大力气，这个突破叫起飞。因此，根据这个定义，任何一国的起飞不是只有一次，而是要有多次。停滞后发生起飞，起飞以后又停滞，又再度起飞。任何一个国家的工业化、现代化过程都是在不断起飞中实现的。这个定义，对于我们来说是可以接受的，所以我们现在可以用"起飞"这个词。在比较经济学研究中，采用"起飞"这个词，是指经济突破长期停滞状态而言。没有起飞，经济就一直停滞。可以说，日本经济现在仍在不断地起飞。有些国家经济上不去，就是因为它没有起飞。起飞后，又过了一段时间，经济又处于停滞状态，就需要再起飞。既然起飞的含义是这样，那么就要讨论怎样才能起飞。

怎样才能起飞？有普遍意义的就是依靠技术创新，这一点是经过比较经济学研究而取得的一致的结论。靠技术创新，才能打破经济的停滞状态。没有创新，经济是不能起飞的。创新是指在经济中引进一种新的技术，包括从国外引进，也包括在国内引进。国内引进是说把科研部门的成果引进到经济之中。假定一种新技术仅仅停留在实验阶段，而没有在经济中开花结果，那么它不能构成创新，只能称作发明。所以发明和创新这两个概念的含义是不同的。发明是个科学技术的概念，创新是把发明引入经济之中，使它在经济中发挥作用，从而能降低成本，增加产量，开辟市场，带来积累，这样经济才能动起来。所以实现起飞的关键在于技术创新，在于引进新技术于经济之中。

不同国家的起飞具有不同的特点，从比较经济学的角度来看，不同国家的起飞特点，取决于四个因素：第一是制度因素。在什么样的所有制条件下，起飞就具有什么样的特点。比如说在社会主义公有制的基础上，起飞主要靠国家投资来实现。在资本主义私有制基础上也有两种情况，有一些国家的起飞完全依靠私人投资，也有一些国家在很大程度上要依靠国家投资。第二是资源因素。各国的资源条件不一样。比如说，有些国家由于某种矿产比较丰富，它的起飞就依靠这个门类给整个经济带来动力，典型的例子是一些产油国。第三是历史因素。比如有的国家较早发展某种工业，这一历史因素对它比较有利，它可以开辟很大的市场。还有些国家在竞争愈来愈激烈的情况下发展某种工业，这固然对它不利，但它在技术发展中也可能后来居上，它可以采用新的技术，不必走老路，这对它又是有利的。第四是文化因素。各国的文化传统不同，各国已经形成的风俗习惯和道德观念不一样，这也使各国的起飞各有特点。比如东方国家受东方文化的影响，这和西方的情况就不同。这对于比较研究各国的工业化、现代化也是很重要的。

要实现持续的经济增长，经济中需要建立主导部门。通过比较经济研究，一些人认为主导部门在经济中是存在的。主导部门指能够带动整个经济的发展并对经济发展起很大作用的部门。主导部门对经济发展的作用，主要通过三种影响来实现：第一种影响是回顾影响，指主导部门所需要的生产资料将由另一些部门来供给，这些部门又需要另一些部门来供给生产资料……这样，以这个部门为主，它的发展就带动了其他一系列部门的发展。比如说，假定汽车工业是主导部门，汽车工业会带动钢铁、石油、橡胶、玻璃、机器制造业的发展，钢铁工业的发展又会带动采矿、炼焦等部门的发展。第二种影响是旁侧影响，是指工业部门对所在地区发生的影响。比如，汽车工业的发展必然带来周围地区的发展，包括公路的发展，大城市人口向郊区迁移，沿公路两侧服务业，如加油站、饮食店、旅馆等的发展。第三种影响是前瞻影响，是指主导部门的发展会造成一些新的问题，这些新的问题又给经济发展提出了新的任务。比如汽车工业发展后会提出一些新问题，如需要清除污染、旅游业的发展等。这样，河流的整治、造林、空气和水源的净化就提上了日程，各种与旅游有关的服务和工艺品生产等也会发展起来。主导部门是通过它的回顾影响、旁侧影响、前瞻影响来发生作用的。通过这些影响，整个经济就动起来了。

根据比较经济研究，主导部门不是固定的，它根据不同情况会变换。比如说，在工业化的一定阶段，由于资本积累问题，市场问题的重要性增大，轻工业将成为主导部门。以后，可能会以机器制造业为主导部门，也可能会以耐用消费品生产为主导部门，等等。总之，主导部门是不断变换的。主导部门要根据市场情况、人民收入水平、自然资源情况等发生变化。假定固定在一个主导部门上面，这个主导部门的作用一旦全部发挥以后，又没有新的主导部门来代替它，整个经济又会停滞。

在比较各国工业化、现代化道路时，有一个如何看待国际分工的问题。国际分工本身并不是比较经济学的研究课题，但从比较经济学的角度看问题，现代世界上没有一个工业国是封闭型的经济。一个国家不可能任何技术都有，它需要从国外引进技术，这样才能促使经济起飞。这就是说，没有一个国家是在封闭型的经济条件下实现现代化的。

关于国际分工问题，可以这样认为：假定不是把国际分工当作一种原则，而是把它当作是形势所迫，当作不得不接受的客观要求，那么每个国家都应当尽可能发挥自己之长，去参加国际市场的竞争。为什么不能把它当作原则呢？因为这涉及一个社会主义国家的经济建设是处于依附于国际市场的地位，还是不依附于国际市场。我们当然不能依附于国际市场。但如果把国际分工当作不得不接受的客观要求，也就是说，世界形势就是如此，承认也好，不承认也好，不参加国际贸易和国际竞争，现代化过程就会推迟，甚至停顿。认识到这个现实以后，就要设法发挥本国的优势。只有在某种资源方面占优势，就可以参加国际分工，打入国际市场，并在国际市场的竞争中，发挥这个优势，换取所需要的东西。这个观点是可以接受的。所以说，一国必须从本国的实际情况出发，把国际分工当作不得不接受的要求来承认它。

那么，参加国际分工是不是一定导致本国经济的畸形发展呢？有一种意见认为，只要参加国际分工，本国的经济就会畸形发展，单一化。现在看起来，问题并不那么简单，因为任何一国都不可能仅仅从事一两种产品的生产。问题在于：并不是国际分工本身导致一国经济的畸形发展，而是过去长期的殖民统治和现行的不平等的国际经济秩序导致一国经济的畸形发展。不平等的国际经济秩序也是在殖民主义长期统治的基础上形成的。假定发展中国家能想办法减少它对本国经济的危害性，例如采取一些有效的保护措施等，那么，即使参加到国际分工之中，也不一定使经济变得畸形。由此得出的结论是：一个国家要实现工业化、现代化，应当发展本国的优势，发展自己的主导部门，应当参加到国际市场竞争中去。如果认为国际分工这个名词不好，可以不用这个名词，但必须加入市场，只有在竞争中才能得到世界先进技术，才能缩小本国与世界在技术上的差距。在现行的不平等的国际经济秩序未能改变以前，要采取一些经济政策来抵消它的有害的影响。这样，经济将不会走向畸形发展。比较经济学当前需要研究这个问题。

下面再考察生产要素的不同组合方式问题。生产要素有不同的组合方式，是以人力为主呢，还是以生产资料的物质消耗为主？通过对不同的组合方式的比较研究，可以发现各国工业现代化过程中的具规律性的现象。

在生产资料组合中，以劳动力消耗在产品成本中占主要部分的叫劳动密集型产品，这个部门叫劳动密集型部门。在一国工业化、现代化过程开始时，适宜于发展劳动密集型经济，这样能够以较低的成本进入国际市场，从而有助于取得外汇，换回所需要的产品。同时，发展劳动密集型经济时所需要的技术力量是比较少的。工业化刚刚开始的国家，一般缺乏技术力量，所以劳动密集型经济对这些国家来说比较适用。另外，劳动密集型经济所需投资也比较少。总之，劳动密集型经济之所以在工业化初期适用，一是由于工资成本较低，二是在技术力量方面的要求不很高，三是需要的投资较少。

但劳动密集型经济有它的局限性。这也主要表现在三个方面：第一，由于工业化、现代化是一个世界性的现象，世界各国都要工业化、现代化，所以必然还有一些工业化较晚的国家，以更低的成本进入市场。一个国家如果长期保持以劳动密集型经济为主，就会遇到工资成本更低的新的竞争对手。第二，一国工业化的过程中，国内市场将扩大，国内对劳动密集型产品的需求将增大。因此，继续以劳动密集型产品出口，将会受到来自国内市场的越来越大的压力。这些产品的出口增长率，必然受到限制。第三，劳动密集型产品受到现行的国际经济秩序的影响，交换比例对劳动密集型产品是不利的。除了以上三个局限性以外，它还有一个根本的弱点，即以劳动密集型经济为主，不能建立自己独立的完整的工业体系。当然，并不是每一个国家都有可能甚至有必要建立自己独立的完整工业体系。但我国不同，我国是一个社会主义大国，既有可能也有必要建立自己独立的完整的工业体系，而仅仅依靠劳动密集型经济，那是实现不了这一任务的。

　　资本密集型经济是以物质资料的消耗占产品成本的主要比重的经济，它可以避免劳动密集型经济的弱点，有利于建立自己的国家的独立、完整的工业体系。但资本密集型经济也有局限性。它通常以较大的投资做前提，不是很容易建立的，它还以较高水平的科技力量的存在为前提。而且资本密集型经济也只是一个过渡的阶段，经济还要向前发展，就是要向知识密集型经济发展。在谈到知识密集型经济之前，让我们先谈一谈西方经济学中的里昂惕夫之谜。

　　里昂惕夫是美国经济学家，以研究投入产出法而闻名于世。他研究了美国近一百年来对外贸易的历史，发现一个问题。大家知道，从历史上看，美国是一个资本比较充裕而劳动力相对不足的国家，所以工资较高。按照这个道理，美国长期以来的出口产品应该是资本密集型产品，进口的应该是劳动密集型产品。但根据对美国近一百年的对外贸易统计资料分析，发现美国出口的主要是小麦、棉花、玉米等，进口的是钢材、小汽车等。这就不好解释了。里昂惕夫提出的这个问题，被称为里昂惕夫之谜。怎么对此解释呢？西方经济学家对此给出了一系列解释，这里只讲一种解释，就是用人力投资来解释。根据这种解释，生产要素固然可以被看作人力和物力的组合，但也可以用另一种方式来区分，这是指：任何产品都需要劳动，劳动可能是熟练劳动，也可能是非熟练劳动。于是有些产品是熟练劳动密集型产品，有些产品是非熟练劳动密集型产品，如果以熟练劳动和非熟练劳动分类，美国是一个劳动生产率高的国家，它出口的小麦、玉米等，凝聚了高度的熟练劳动，是高劳动生产率的产品，是熟练劳动密集型产品，美国进口的汽车、钢材等，对于美国来说，则是非熟练劳动密集型产品。此外，美国出口的除小麦、玉米之外，还有精密仪器、电子计算机等，这些都是熟练劳动密集型产品。从这个角度看，经济同样分成非熟练劳动密集型经济和熟练劳动密集型经济两类，后者又称知识密集型经济。美国之所以在经济上占优势，是由于它的经济是知识密集型经济。

从比较经济学的角度来看，一国要最终在国际市场上站住脚，必然向知识密集型经济过渡。这方面最典型的例子是日本。日本当初是靠它的工资水平比英、美低而使产品进入国际市场的，后来日本遇到了新的竞争对手，如韩国、中国台湾、中国香港等。日本经济必须转向知识密集型经济，否则，可能不如韩国、中国台湾、中国香港。很多产品并不一定是日本发明的，它引进以后，靠本国的科学家、技术人员加以改造、发展。比如说手表，日本在这方面有所创新，打入了国际市场。一个国家要在国际市场上立于不败之地，就必须把本国的科研技术力量和生产结合起来，生产出来的产品将不是一般的产品，而是有创新的、有本国特点的产品。从劳动密集型、资本密集型向知识密集型经济过渡，反映了客观的经济规律的要求。

在工业化、现代化过程中，新技术的采用固然重要，但同样重要的是新技术的推广。一种新技术的推广，通常要经过三个阶段。第一个阶段，推广缓慢。推广之所以比较慢，主要有两个原因：一是对新技术推广所产生的盈利不一定有把握，要冒风险，很多企业采取观望态度，不想过早地采用该种新技术。二是新技术推广可能尚未找到最适当的地区。第二个阶段，推广加快。由于前面提到的两个条件被满足了，越来越多的企业采用该种新技术，其余的企业就不再观望，而是争着采用，否则就要落后。第三个阶段，推广又慢下来了。这是因为，有条件使用的企业多半已经使用了，剩下的那些企业是不适宜使用的或暂时没有条件使用的。要知道，任何新技术与旧技术一般总是互补的，而不是完全替代的，只有极少数的情况是完全替代的。所以经济中总会保留那么一点旧的东西。大家很清楚，先有邮政，后有电报，电报比邮政先进，但电报不能代替邮政。电话比电报先进，电话也不能代替电报。轮船代替不了帆船，帆船是轮船的补充。所以技术的发展都是互补的，任何技术总能找到它适当的位置。

三、经济发展战略的比较

首先解释一下什么是经济、社会发展战略。我们知道，任何一个国家都有自己的经济、社会的发展目标，总希望能够尽快地实现这个目标。为此，它需要在一定的经济理论指导下，研究实现这个目标的途径，并制定相应的对策。所以，经济、社会发展战略就是一国为了实现自己的发展目标而准备采取的带有根本性的措施。经济、社会发展战略的研究，一般包括三方面的内容：

①经济、社会的发展目标；

②实现这个目标的途径；

③制定目标和对策的指导思想。

换句话说，经济、社会发展战略的研究，是一国经济、社会发展的大政方针的研究，其范围要比经济政策的研究范围广泛得多。政策可能根据情况而随时调整，而发展战略在相当长的一段时间内是比较稳定的，不轻易改变的。所以，经济、社会发展战略的研究，就是中、长期宏观经济决策的研究。资本主义国家中，长期流行的对经济、社会发展的评价标准是国民生产总值或国民收入总量或按人口的平均数，认为国民生产总值越高，这个社会越先进，越发达；平均每人国民收入越多，这个社会就越进步。这是传统观点。怎样看待这个传统的评价标准呢？应当承认，它只能说明一部分情况，但却掩盖了不少问题。国民生产总值这个概念是模糊的。

第一，它不能说明产品的结构，即国民生产总值是由哪些产品构成的，不能说明各种产品之间的比例及其相对的增长率，不能说明哪些产品是对人民有益的。比如说，在资本主义国家，社会生产的产品中有不少是军火或有害的物资，这就不能代表人民得到的利益，但这部分产品的产值却计入国民生产总值。

第二，它不能说明为了达到这样的国民生产总值，曾经付出了多大的代价，包括人力、自然资源的消耗等。比如说，不顾资源情况，大肆砍伐树木或滥捕鱼虾，结果，国民生产总值增加了，但付出的代价却太大了。

第三，它不能说明这样的国民生产总值伴随着多大的污染和噪音，或给人们精神上和物质上带来多大的不利后果。如交通拥挤、生活不便等。

第四，按人口平均国民生产总值不能说明收入分配的实际状况。

因此，国民生产总值这个概念只是在一定程度上说明一定的问题，但不能成为评价经济、社会发展的标准，至少不能成为主要的标准，更不能成为唯一的标准。这个问题现在已经被一些国外经济学家注意到了。他们把以国民生产总值增长和平均每人国民生产总值增长的发展战略称作"传统发展战略"，而提出另一种可供选择的发展战略，即"新发展战略"，这种发展战略着眼于人们基本生活需要的满足和生活质量的提高。

当前在国外经济学界，对"新发展战略"的含义还没有定论，出现了若干种解释和方案。有一种方案认为，可以把国民生产总值加减一番，重新计算。比如说，传统发展战略中没有考虑人们的生活质量，现在加上"闲暇"，"闲暇"就是人们的业余时间。一个人原来一周工作 48 小时，现在一周工作 40 小时，这个变化，在产值中可能没有反映，但人们的生活质量提高了，即多了 8 小时业余时间。假定以后一周工作 4 天，工作 32 小时，那么生活质量就更加提高了。所以要把"闲暇"计算在内，也就是把减少了的工作时间折算成货币值，加到总产值里去。

举个例子，假定平均每人原来每周工作 48 小时，整个国家的产值是 100 亿元。现在总产值仍是 100 亿元，但平均每人每周工作只有 40 小时，总产值没增加，平均每人每周少了 8 小时工作，每年（52 周）就少干了 416 小时。由此可以算出一年内全国的工人共少干了多少小时的活。所以有必要把少工作的时间折算成货币值，相当于多少钱，加到总产值上去。另外，还要加上主妇的家务劳动。为什么要加上主妇的家务劳动呢？按照西方经济学家的解释，假定家里请一个保姆，每月得付给她一定的工资。她这个收入是计入国民生产总值之中的。家庭主妇也做饭，收拾家务，但她不拿工资，所以应在国民生产总值中加上她们不拿报酬的服务，即把这种服务折算成货币值，加到国民生产总值中去。与此同时，从国民生产总值中要减去由于污染造成的损失。比如说，生产了 100 亿美元的产值，可是给社会造成了 10 亿美元污染的损失。这样，实际产值只有 90 亿美元。经过这种加加减减后的国民生产总值，被认为可以反映"经济净福利"。

也有一些西方经济学家提出要用新的综合指标来代替国民生产总值。新的综合指标中包括平均每人的实际收入、文盲减少或文化程度的提高情况（用教育的普及率来表示）、人们的平均寿命、婴儿死亡率的减少，等等。尽管如此，国民生产总值指标仍是重要的。为什么呢？第一，这是国际上不少国家通用的指标，有可比性。新的综合指标则往往缺少可比性。第二，新综合指标计算起来非常复杂，而且争论不小，不如国民生产总值简便。第三，不要全盘否定国民生产总值指标，它还有用处，至少可说明生产力发展水平。

让我们接着再谈谈均衡目标与非均衡目标问题。

均衡目标，指经济发展中，以维持国内均衡和国际收支均衡作为目标。国内均衡是指既没有通货膨胀，又没有失业，也就是物价稳定条件下的充分就业。国际收支均衡是指既没有国际收支的盈余，也没有国际收支的赤字。均衡目标，也就是指以实现物价稳定、充分就业和国际收支平衡为目标。以往的西方经济学研究都从均衡目标来考虑。假定经济中出现了不均衡，那就应想法使它达到均衡。20世纪70年代以后，均衡目标已被一些人认为是不现实的。一个国家很难做到既无通货膨胀，又无失业，同时使国际收支处于均衡状态。即使政府可以通过各种调节手段来做到某一点，但往往做到某一点却又会产生另外的新的问题，所以均衡目标是不现实的、难以做到的。此外，人们还提出，究竟有没有必要这样做。就算有实现的可能性，但也没有必要性。这就是说，均衡不一定就好。有人就问道：充分就业一定好吗？充分就业后人可能变懒了，经济效率也可能降低。物价稳定一定好吗？物价如果绝对稳定的话，经济发展就会受到影响。国际收支均衡，一方面不容易做到，一方面也不一定好，因为这限制了对国外资源的利用。于是就提出了与此相对的非均衡目标问题。

非均衡目标，指允许有一定程度的国内不均衡和对外不均衡。首先说对外不均衡。就是说，一国不一定需要保持那么多的外汇储备，特别在通货膨胀条件下，不需要保持那么多的外汇储备。这是因为，假定处在国际通货膨胀环境中，国际通货膨胀率每年为6%，一国有100亿美元储备，放在库里不用，不是要贬值吗？不是每年损失6%吗？从非均衡的观点来，根据情况，有时需要有逆差，有时需要有顺差，这都是经济发展所需要的，均衡并不一定有好处。再比如说，假定某种产品国际价格太低，要赔本才能卖出，那就不如不卖。假定国际上处于经济危机阶段，东西很便宜，这时就应少出口，多进口，宁肯国际收支保持逆差。

再看国内非均衡目标。先谈物价。根据经济发展需要，物价不宜绝对不变，应当有升有降。但现在一些西方经济学家指出，物价的总趋势可能是缓慢上升的，这对于经济发展也许更有利些，因为物价缓慢上升，可以刺激企业加快资金的运用，加快资金周转速度，还可以鼓励企业技术更新，鼓励产品更新换代，加快经济增长。但物价上升幅度不宜大到使人感觉到有通货膨胀的程度，否则就转化为不安定因素了。这个观点究竟怎样评介？是可以考虑的。根据非均衡目标，一国也可以有较低比例的失业人数，因为充分就业可能会带来经济效益的降低，高失业率又会带来社会的不安定，保持既不使社会感到不安又有一定失业人数的失业率，对经济发展也有好处。重要的不仅使失业率保持在受控制的较低比例之下，而且不能让一部分人永远没有工作。这就是说，经济中应该保留一个劳动力的"蓄水池"，有进有出，"蓄水池"起着劳动力再训练和劳动力结构调整的作用。进入"蓄水池"的，只是因为经济结构和劳动力技术结构暂时不适应，因为一些人的文化技术水平达不到工作的要求。总之，社会没有必要为实现充分就业而充分就业。充分就业不是目标，而是经济发展和人力投资的后果。正如物价的缓慢上升并不是一种目标，而是现代经济增长过程中不可避免的一个趋势一样，要承认这个趋势，然后设法加以调节和适应。

当然，以上所谈到的非均衡目标问题，要结合各国实际情况来进行更细致的研究，这里提出的，仅供大家参考。

下面再谈谈开放经济条件下的对外经济战略的比较。开放经济有两种基本形式，即基本外向型开放经济和基本内向型开放经济。这是两种不同的经济发展模式。属于基本外向型开放经济的国家或地区，主要是面向世界市场生产的，它的进口的目的是为了出口。在这种基本外向型开放经济中，一个国家或地区可以更好地利用本国或本地区的经济优势，建立以国外市场为主的产业部门。即使本国或本地区缺少原料或劳动力，也没有什么关系，可以进口，然后利用本国条件进行加工，但产品主要是销往国外的。历史上，基本外向型开放经济的国家有荷兰、比利时、丹麦等。近年来，世界上一般承认的基本外向型开放经济中取得成就的例子，有韩国、中国香港、新加坡，还有中国台湾省。这些地区都被认为是属于基本外向型开放经济。这种形式的经济发展速度一般比较快，它能使一个国家或地区较快地由不发达状态转入发达或比较发达的状态。基本内向型开放经济的出口目的是为了进口。它主要面向国内市场。为了适应国内市场的需要，它建立以内销为主的产业部门。为了保护国内市场，需要防止来自国外同类产品的竞争，也就是说，需要采取保护关税、进口限制等政策。例如手表生产，为了保护本国的手表工业，就要限制或不允许国外的手表在国内销售。从历史上看，美国、德国都有采取基本内向型开放经济形式的典型例子。在第二次世界大战结束后的发展中国家中，一般认为印度、巴西是属于基本内向型开放经济的国家。

　　这两种经济发展模式各有适用范围。为什么这个国家要采取这种模式，那个国家要采取那种模式呢？有两个基本因素在起作用。一个因素是国内市场容量的大小。国内市场容量的大小又与本国产业部门和企业的规模有关。假定采取基本内向型开放经济，那么在国内市场容量为既定的情况下，如果一国的企业要取得经济效益，这就要根据国内市场的容量来确定企业的规模。企业只有达到一定的规模，才能使生产成本保持低水平。如果企业达不到一定的规模的话，生产成本就高。所以要使产品有竞争能力，各个产业部门和企业的适度规模是非常重要的。举一个例子，假定一个现代化的钢厂，年产 300 万吨钢是适度规模，可以使生产成本最低。但是不是任何一个国家都适宜于建立这样规模的钢厂呢？当然并非如此。假定一个国家的国内市场有限，那么，它要面向国内市场进行生产，就不可能建立一个年产 300 万吨钢的工厂，因为这样的产量在国内是销售不掉的。如果它的钢厂达不到适度规模，生产成本就高。但在一个以国外市场为主的基本外向型开放经济的国家，它就可以使钢厂达到年产 300 万吨的适度规模。如国内只销 100 万吨，其余

200万吨可以出口。可见，国内市场的容量是与规模经济有关的。另外一个因素是资源的自给程度。各国的资源状况不一样，资源自给程度也不一样。这在某种程度上与国家的大小有关。一般说来，一个国家越小就越有可能在资源方面依赖世界市场，只有这样，它才能加速自己的经济发展，也只有这样，它才有必要变基本内向型开放经济为基本外向型开放经济。所以什么样的国家适合于采取基本内向型的发展模式，什么样国家适合于采取基本外向型的发展模式，都不是任意确定的，必须根据各国国内资源的自给程度来确定。

基本外向型和基本内向型是两种不同模式的开放经济，它们也各有优缺点。

基本外向型开放经济的优点是：第一，在国际市场竞争中，它能充分利用国外的先进技术，缩小本国与外国在技术上的差距。由于它是面向国际市场生产，它的产品必须在国际市场上同其他国家的同类产品展开竞争，所以它必须随时赶上国际先进技术水平，这样才能使自己的出口产品有较强的竞争能力。第二，通过这种开放经济模式，较易于发展本国的经济优势。如果本国的劳动力资源丰富，或某种原料资源丰富，该国可以充分利用本国比较低的工资和比较丰富的原料这些优势来安排生产，将产品销往国外。这就是说，这种开放经济模式能使一国充分利用本国的优势来参加国际分工。第三，相对于基本内向型开放经济而言，采取基本外向型开放经济模式的国家，在对外贸易中是比较重视经济效益的。简单地说，它进行对外贸易的目的就是要赚钱，不然，它的经济发展就无法持续下去。

基本外向型开放经济的缺点是：第一，它使一国的经济不可避免地要依赖其他国家国内的经济情况。这是因为它是以出口为主的，以面向国际市场生产为主的，所以当其他国家经济发生萧条或衰退时，它的出口额就会发生较大的波动，出口产品的生产部门就会减产、萎缩，失业率将会上升。第二，它使一国经济易于受到国际市场范围内价格波动的影响，特别是在世界性通货膨胀时，国际市场的价格上涨会迅速"传递"到国内，国内也会跟着发生通货膨胀。第三，它使一国的出口易于受到其他国家经济政策的影响。比如说，当其他国家采取限制性措施时（如提高关税、采取进口限制、实行出口津贴等），这就会影响该国的出口品的销路，从而也就会影响该国的国内经济。

基本内向型开放经济也有其优点。它的一个主要的优点是：相对而言，能使国内经济比较稳定，不易受到国际的政治和经济因素的干扰。它的以国内市场为主的产业部门，只要产品能在国内市场上销售，并且只要不发生大的动荡，这些部门就能稳定地发展。

但必须指出，基本内向型开放经济至少有两个大的缺点：第一，它在技术上与外国先进的技术水平相比，往往是落后的，因为它要保护本国的市场，保护本国的产业部门。仍以手表工业为例，在以国内市场为主的基本内向型开放经济中，为了保护本国的手表工业，将采取措施限制外国的手表进口，本国的手表工业受到特殊的照顾，反正其产品有国内市场作为销售场所，从而对外国的先进技术也就不那么积极学习了，外国的同类产品再先进，由于进口受限制，也不易于在该国国内市场上打开销路。所以说，这种做法实际上是保护落后。久而久之，它同国际先进水平的差距越来越大。第二，由于基本内向型开放经济的对外贸易方针是出口为了进口，出口不是为了赚钱，而只是为了换取外汇，以便用外汇购买本国所需要的进口产品，这样，它就不注意对外贸易的经济效益，蚀本的外贸生意对它来说是无所谓的，反正只要能换取到外汇就行。

那么，我国在经济发展过程中，究竟应当选择什么样的开放经济模式？

我想先谈一个问题。世界各国，无论从纵的方面看还是从横的方面看，都可以发现一个带规律性的现象，即近一百年来，每个国家的出口贸易额在它的国民生产总值中的比重基本上是一个常数。这是经过长期的国际比较以后而得出的一个数据，所以大体上可以认为这是一个规律。这就是说，一个国家，它的出口究竟能在本国经济中占多大的比重，不是任意规定的，出口额基本上同该国的总产值保持一定的比率。例如美国，它的对外贸易是很发达的，可是近一百年来，它的出口大体上总是占国民生产总值的5%，基本上是常数。又如日本，它的出口也大约占国民生产总值的10%。而在比利时和荷兰这样的国家，出口贸易额在国民生产总值中的比重要高得多。这是不是同一个国家的大小有密切的关系呢？我想是可以这么说的。

一方面，我国是个大国，国内市场容量很大，并且随着城乡居民平均每人实际收入的增长，国内市场容量必定越来越大，对这一点，我们必须予以充分的注意。但另一方面，我们也应当看到，在目前的条件下，经济中有些比例关系不能适应，有些部门生产能力过剩，以至于开工不足，有些部门的生产能力远远赶不上需要，有些产品积压，特别在动力、能源、交通运输、港口、仓库等基础结构方面，远不能适应经济发展的需要，必须设法扭转这种局面。根据这种情况，我国不能采取基本外向型开放经济的发展模式。因为如果那样做，原来就已感到供应不足的燃料和某些原料就会更加紧张。新加坡、中国香港可以那样做，它们可以把依赖进口作为发展基本外向型开放经济的前提，而我们要学新加坡和中国香港，那是不行的，也是不可能的。不仅如此，如果我们采取基本外向型开放经济的发展模式，我们的国内经济必定要受到国际市场的销售量和价格波动的很大影响，我们的国内经济也不容易维持基本的稳定。

也许有人会问：目前我们没有条件那样做，那么将来能不能采取基本外向型开放经济的发展模式呢？当然，经过调整，结构失调的现象今后是会逐步缓和或消失的。但从根本上说，即使到那个时候，我们也不能够采取基本外向型开放经济模式。像我们这样一个大国，不能把自己的经济建立在以国际市场作为主要销售场所的基础上。一个小国也许可以这样做，大国是不可能这样做的。我们必须明确的是：国内市场始终是我们的产品的主要销售场所。我们有一个广阔的国内市场，我们的各类企业从规模经济的角度来看，都可以同国内市场的规模相适应，不存在达不到适度规模的标准的问题。

既然如此，这是不是意味着我们要返回封闭经济的老路上去呢？当然不是，封闭经济是错误的做法，它是一种倒退。那么我们是否一定要采取某些发展中国家曾经采取过的基本内向型开放经济发展模式呢？也不是。我们必须注意到前面已经指出的基本内向型开放经济的一个缺点，即保护落后。对这一点，我们一定要有足够的重视。当一个国家在技术上不能跟上时代前进的步伐时，不能同其他国家的同类产品在质量、性能方面进行竞争时，那么它的技术会越来越落后。所以，在我们实行基本内向型开放经济发展模式的同时，必须设法避免由此产生的保护落后这一缺点。如何避免呢？我认为，国内生产同类产品的工厂应该展开竞争，鼓励它们加紧技术改造，学习国外的先进技术，降低生产成本，提高产品质量，效率高的企业得到发展，效率低的、亏本的企业，如果不能改变这种不利的状态，就应当关、停、并、转。联合和竞争将不断提高本国工业技术水平，这样，就可以避免保护落后了。

此外，即使我们采取基本内向型开放经济的发展模式，我们同样需要建立知识密集型经济。无论是以国内市场为主要销售场所的产品，还是外销的产品，都应当成为知识密集型的产品，使它们体现我国的科学技术发展的新成果。这样，我们既可以避免基本内向型开放经济条件下易于产生的技术落后的缺点，又可以使我们在国际竞争中立于不败之地，使我们的对外贸易得到发展。

怎样发展知识密集型经济呢？这就涉及教育问题。不重视教育是近视的表现。任何一个国家从长远来说，要使本国经济稳定地、持续地发展，必须重视人才的培养，重视科学研究。在实行基本内向型开放经济的发展模式时，重视人才培养，在提高本国技术水平和经营管理水平的同时，还可以克服在这种情况下通常容易产生的另一个缺点——不注意经济效益。这是我们从经济发展的国际比较中所总结出来的一条经验。最后，我们还有必要说明一点：当我们说我国经济应当采取基本内向型开放经济的发展模式时，我们是就全国范围来谈的，是就整个国民经济来说的，但这并不是说我国个别地区或个别部门不能采取以国际市场为主要销售场所的做法。在动力、运输等方面得到保证的前提下，利用本地区或本部门的劳动力、设备或原料，加工制造，产品外销，以换取较多的外汇收入，这是可行的。对这一点，我们也不应当予以忽视。

四、社会主义经济模式的比较

关于社会主义经济模式，这里准备谈三种实际运行的模式（苏联模式、南斯拉夫模式、匈牙利模式）和三种纯理论模式（兰格模式、布鲁斯模式、奥塔·锡克模式）。

经济模式，通常是指一种经济的运行原则和运行方式。苏联的经济模式被称为中央集权模式，它的基本特征如下：①全部经济决策集中在一个层次即最高层次；②垂直领导，以纵向联系为主，企业间横向联系是不重要的；③计划有法令性质，完成计划的情况是对各级政府和企业的评价标准；④重财政，轻金融，银行作用很小，预算拨款是决定性的；⑤突出实物平衡（如在苏联 95% 以上物资由国家统一调拨，自由采购的不到 5%）；⑥非灵活的工资和物价体系。

这种模式，在理论上并未规定究竟是以条条为主，还是以块块为主，但实际上往往是以条条为主。这主要是因为，要有效地控制宏观经济，以条条为主似乎更为有利。

这种模式的优点是：①能在较短时间内按中央决策机构的意图达到一定目标；②宏观控制较严，可以避免生产上的大起大落的情况；③在严格宏观控制的条件下，可以使物价基本稳定。

这种模式的弊病是：①企业缺乏积极性，生产效率较低；②往往只重视新建企业，忽视老企业的革新，企业自身实现的技术改造很少；③消费增长慢于生产增长；④一旦发生比例失调，短期内很难纠正；⑤最严重的是，一旦中央决策失误，经济中缺乏内在的制约力量，将给经济造成难以挽回的损失。

关于这种模式，值得研究的问题是：在这种模式下，企业缺乏压力、活力，不能把微观经济搞活，这一点是大家都很清楚的。但它究竟能在多大程度上使宏观经济得到控制呢？应当说，在苏联，有三个特殊条件在起作用：一是有丰富资源，必要时可出口石油、天然气、黄金，换取所需的物资，应付需求的不足；二是农业人口占的比重不太大，农民自有经济占的比重又比较大，这就给经济一种"缓冲"的可能性，相对减轻了城市所经受的需求方面的压力；三是以强有力的党政领导系统为前提，地方分权力量较小，从而中央决策能够层层下达。

尽管这种模式在工业初期有较明显的优点，但随着经济的发展，特别是由于技术进步和技术推广的速度的加快，它承受的压力必将越来越大。同时，在人均国民收入提高的情况下，消费者的要求将越来越多，消费结构的变化也越来越显著，这种模式很难满足消费者日益增长的需要。

南斯拉夫的分散型模式的基本特征是：①生产资料社会所有；②实行企业自治，企业享有独立的自主权，重大问题由工人委员会决定；③企业收入除上缴税款外，由企业独立分配，自负盈亏，企业自己筹集扩大再生产资金；④企业之间互相提供产品，不经国家调拨，价格由供求决定；⑤国家用法律保证经济秩序，力求通过经济政策使企业按国家的要求进行生产；⑥在各级政府机构中，地方的经济权力大，中央的经济权力小。

这种模式的优点是：企业有灵活性，能充分发挥积极性。它的弊病是：①消费是同步型的（消费增长和生产增长同步），积累率低；②价格由供求决定，难以稳定；③企业间存在激烈竞争，扩大再生产由企业自身决定，使就业问题难以解决；④国民经济不但可能出现结构性失衡，而且有可能出现周期性失衡。

关于这种模式，值得研究的问题是：在这种模式下，宏观经济难以控制，这一点是可以理解的，但微观经济能真正搞活吗？也不能。这种分散型模式可能带来资本主义经济的某些弊病（通货膨胀、失业），但往往又难以达到资本主义经济中那样的经济效率。这是什么缘故呢？一是由于地方分权后，中央权力小，而主要资本主义国家仍然是运用中央的经济权力进行有力的调节的。二是由于在当前国际竞争加剧和技术迅速进步的条件下，一个国家的经济实力越强，越能享受到分散型模式的好处。而南斯拉夫在这方面的条件是不够的，它与资本主义世界的某些发展中国家一样，分散型模式反而给经济带来危害（积累率低、技术进步慢、国际收支逆差大、物价不稳定，等等）。我认为发展中国家的经济至少在相当长的时间内不宜忽视必要的集中。

匈牙利的集权与分散结合型模式的基本特征是：①中央决策机构主要解决有重大战略意义的问题，不直接给企业下指令性计划，企业根据市场情况制订自己的计划，国家起协调作用；②国家运用物价、税收、信贷、工资等经济手段使企业的生产符合国家计划要求；③实行三种价格，即国家计划价格、浮动价格和自由价格；④在一定限度内扩大企业自主权，即在国家指导下，企业有权制订本企业生产销售计划，根据混合价格制度决定价格，上交国家税利后有权支配其余收入，在法律规定范围内，制定工人的劳动报酬并可增雇和解雇劳动者；⑤经济实际上是中央、企业两级管理，地方的经济权力比较小。

这个模式的优点是：①消费介于滞后型和同步型之间，既可增加消费，又可增加积累；②企业有动力也有压力，对技术进步和提高经济效益有积极性；③国家基本上能控制全局。如果把苏联模式和南斯拉夫模式看成两个极端，那么匈牙利模式处于什么位置上？到目前为止，它并不是处于正中，而是"中间偏集权型"，即离苏联模式比离南斯拉夫模式稍近一些。

这种模式的弊病是：①当企业和国家计划发生矛盾时，虽然国家能通过行政管理和经济手段来影响企业，但过程较慢；②物价仍有可能失控，局部市场的不协调也不可避免。

关于匈牙利模式，有几个值得研究的问题：①匈牙利经济属于外向型开放经济。在这种经济模式下，匈牙利经济究竟能在多大程度上摆脱世界市场的影响，这一点是需要进一步观察的；②这种模式是否只适用于国内经济发展平衡的国家，如果一个国家，国内经济发展不平衡，能运用匈牙利模式到何种程度？③匈牙利之所以仍然基本控制宏观经济，是否有赖于以下条件：国家小、人口少，又处于东西方之间这样的地理位置，一旦产品供求不平衡，可以从国外进口，并且世界市场也有力量供应这方面的需要。如果它不具备这些条件，情况又将如何？

下面再谈谈三种纯理论模式。

兰格模式。兰格是波兰经济学家。他的经济理论模式有下述特点：①假定只有单一的国家所有制；②企业不以追求利润为目的；③不存在生产资料的市场，但存在消费品和劳动力市场；④投资是中央决定的，按比例分配；⑤价格是以中央制定的生产资料价格为基础，但在消费品和劳动力市场存在的条件下，消费品价格和工资按价值规律的作用而确定；⑥收入分配以不存在物质刺激为基础，工人只取得工资，不分红。

兰格的理论模式，实际上把不能调和的东西结合在一起了。在这个模式中，生产资料不是商品，但消费品和劳动力是商品，这样，价值规律必然冲击生产资料的生产，同时，不允许企业有利润留成，又没有工资以外的物质刺激，这样也就否定了企业和职工的积极性。

从理论上说，兰格的模式并没有越出中央集权型模式的范围，只是对它做了修改。但兰格的理论模式在比较经济学说史上是重要的，因为他较早地提出这样的理论，说明苏联模式是可以讨论的，苏联模式也不是唯一的社会主义经济模式。

布鲁斯模式。W.布鲁斯也是波兰经济学家，后来到西方国家去了。他的理论模式的特点有两个。①三级决策：中央决策主要解决根本性的问题；企业决策主要考虑盈利；个人决策主要是对消费品和就业的选择。三者发生矛盾时，要根据社会利益来协调。②宏观决策与微观决策分工。计划是宏观决策，目标是经济平衡。不应对宏观决策有更多的要求。微观决策是考虑市场机制的作用，目标是取得效益。二者分工不同，但无主次之分。

这种模式属于集权与分散相结合型模式，但又稍倾向子集权型模式，因为它重视宏观经济平衡。但也考虑到企业的营利性，重视价值规律在企业生产和销售中的作用，所以比兰格模式进了一步。匈牙利一些经济学家认为，布鲁斯模式与实际中的匈牙利模式有较多的相似之处。

奥塔·锡克模式。锡克是捷克经济学家，后来去了到西方国家。他的理论模式的特点是：① 所有权应当分散，企业职工应当成为企业所有者，拥有企业股票，拥有的股票数与在企业的工龄有关，可以据此分红。工人拥有的股票不能出卖，也不能继承，职工死亡，企业以一定价格把股票收回。因为股票是分散的，所以谁也控制不了企业。②组织企业管理委员会来管理企业。它们由工人、技术人员、管理干部三结合组成，委员会有权任命经理。③职工收入来自三个部分，即劳动报酬——工资、物质刺激——奖金、工人作为企业所有者的收入——股票分红。④计划与市场的关系，计划主要在三个方面起作用，投资方向、积累与消费比例、公共服务项目，其余由市场调节。市场能够比计划更好地满足消费者的需要。⑤经济中最主要的是价格问题，最后应实现自由市场价格，但应有个过渡。

奥塔·锡克模式接近分散型模式，但仍强调国家计划的一定作用，所以不能把它同南斯拉夫模式混为一谈。

通过以上比较，可以提出以下几点看法。

1.苏联模式的弊端现在越来越被人们所认识了。它的经济效率低、资源浪费大，不能充分发挥社会主义优越性。必须摆脱苏联模式的束缚。但究竟摆脱到什么程度，集权型与分散型相结合的程度究竟如何，各国应当有所不同。这里需要考虑几个因素：资源供求状况、国内经济发展的不平衡状况、现有生产力水平、经济管理干部队伍状况等。

2.社会主义经济中的计划管理方式可以是多种多样的。指令性计划不是唯一的形式，指令性计划不等于行政命令手段。指令性计划的范围也不是一成不变的，要根据各个国家的实际情况，研究指令性计划的范围。从我国的情况来看，若干关键产品的生产和分配指令性计划是必要的，但要研究它的数量界限，研究如何使指令性计划符合于客观经济规律的要求。

3.宏观经济稳定是个值得注意的问题，宏观经济不稳定就会有通货膨胀。南斯拉夫模式的经验教训是深刻的。但宏观经济稳定不应当与经济效益的发挥发生抵触。苏联模式在这方面提供了经验教训。缺乏经济效益，宏观经济最终仍然不能稳定。否则，为什么有些苏联领导人也想进行经济改革呢？匈牙利模式可能适合匈牙利的情况，但国情不同，其他国家生硬地搬用匈牙利模式，无疑是不妥当的。

4.我们的目的是建立有中国特色的社会主义经济模式。我们既要懂得外国的各种模式，又要了解中国的国情。外国的模式对我们有启发，建国三十多年来的经验和教训更可供我们参考。我们不要忽略其中任何一个方面。

结束语

应当承认，当代著名的西方经济学家罗斯托、库兹涅茨、S.登尼森、C.克拉克、H.钱纳里等人，在比较经济研究的理论和方法方面发表过一些重要著作，为比较经济学的发展做出了一定的贡献。特别是像罗斯托的《这一切怎么开始：近代经济的起源》、库兹涅茨的《各国经济增长》、登尼森的《为什么增长率不同》，都在西方经济学界有较大影响。此外，在比较经济制度和比较经济政策的研究中，如 L.雷诺兹的《经济学的三个世界》、A.格留奇的《比较经济制度》等书，也是值得重视的著作。《比较经济学杂志》上刊登的学术论文《经济史杂志》的《比较经济史专辑》上发表的文章，能够反映当前资产阶级比较经济学的一些研究动向。但总的说来，比较经济学这门学科还没有形成一个比较完整的理论体系。从 20 世纪 30 年代算起，比较经济学已经有半个世纪的历史了，但它与经济学中的其他某些分支学科不同，它至今还不曾产生一个被公认为学科的"领袖"或学术上最有"权威性"的比较经济学的代表人物，甚至还不曾出现一部堪称"标准的"或"经典型的"比较经济学著作。罗斯托是从经济理论或经济史学的角度来撰写他的著作的。库兹涅茨也是这样。登尼森和克拉克比较侧重的是经济学中的比较研究的方法论问题。钱纳里与此相似。至于雷诺兹和格留奇，着重的是制度或经济决策类型的比较，基尔森和林德白克，着重的是比较经济政策的研究。把不同的经济制度、不同的经济模式、不同的经济发展道路和不同的经济政策的研究从理论、历史和统计三方面结合在一起的全面的比较经济学著作，至今尚未问世。

为什么比较经济学产生已经半个世纪了，而至今还处于尚未定型的状态之中呢？可能主要是由于以下四个原因。

第一，比较经济学的研究要受到经济学一般理论的指导，各个学派有自己的一般理论，比较经济研究的观点和方法论上的分歧反映了一般理论上的分歧。这样，不仅不同学派的经济学家的比较经济学说不可能组合在一起，即使是同一学派的各个经济学家的比较经济学说也不尽一致，从而也难以组合在一起。当前，在资产阶级经济学家关于一般经济理论的争论如此激烈的条件下，要形成一种较有综合性的比较经济学理论体系，显然是不可能的。

第二，比较经济学是一个十分广泛的研究领域。各种不同的经济运行方式和经济增长模型、各种不同的国民经济管理和调节手段的比较，属于宏观的比较经济学研究范围；各种不同的资源配置和收入再分配方式、各种不同条件下的厂商活动和消费行为的比较，属于微观的比较经济学研究范围；各种不同的社会文化传统及其对经济的影响、各种不同的权力分配形式和价值判断准则的比较，则又属于制度的比较经济学研究范围。因此，要从理论上把宏观的、微观的、制度的比较经济学研究综合到一起，也不是一件容易的事。

第三，比较经济学不仅涉及经济学范围内的各个方面的研究，而且涉及经济学范围以外的许多其他学科的研究。只有对有关学科的研究取得了一定的进展，并在这些研究的基础之上进行比较经济学的研究，才能取得较有系统的成果。例如关于不同国家和地区的经济发展过程的比较研究，就与考古学、历史学、社会学、民族学，人类学等学科的研究有关。又如，关于不同的经济制度和经济决策类型的比较，除涉及政治、法律、社会学方面的问题外，还与对各国文化、宗教与思想史的研究有密切关系。这样，比较经济学的研究应当成为一个跨学科的、边缘性的学术研究领域，这个领域内的成就有赖于多种学科的研究者们的合作。

第四，就比较经济学研究的方法而言，目前存在的困难还是较多的。其中一个困难在于国民经济核算方面。不同国家的国民生产总值和国民收入如何进行比较，这个问题至今并未解决。即使不同的国家以同一种核算体系（如联合国颁布的国民经济核算体系或"经互会"国家实行的物质产品平衡体系）作为依据，但由于各国经济的产品结构不同、对外经济开放程度不同、市场经济与自给经济所占比重不同等原因，所以按同一种核算体系计算出来的各国国民收入，究竟有多大程度的可比性呢？它们的比较能在多大程度上说明实际情况呢？此外，运用规范法来进行经济的比较研究时，可能会遇到更多的困难。不同经济制度和经济政策的比较，特别是不同生活方式、福利程度和收入水平的比较，都与价值判断准则有关。从不同的价值判断准则出发，往往可以对同一个问题得出截然不同看法。因此，规范的比较经济学研究要比实证的比较经济学研究困难得多。

正因为如此，所以比较经济学作为经济学中的一门独立的分支学科，至今仍然处于充实内容和建立理论体系的过程中。指望近期内出现一部"标准的"比较经济学综合性著作，似乎是不现实的。但一些局部的、专题的比较经济学研究，以及方法方面的进一步探讨，必将为比较经济学的发展创造有利的前提。综合性的比较经济学研究必须建立在较扎实的、局部的、专题的比较经济学研究的基础上，必须以科学的方法论为依据。

要知道，西方经济学中的比较经济学的内容是庞杂的。在那里，庸俗的成分和比较合理的成分往往同时并存。对于那些为资本主义剥削制度辩护，粉饰资本主义现状，攻击社会主义制度，以及曲解马克思主义学说的内容，必须予以严肃的批判。例如有的西方经济学家在对不同的经济模式进行比较时，无论是主张"自由市场经济"的经济学家，还是赞成"计划经济"的经济学家，他们之间虽有分歧，但在这一点上则是一致的，即都颂扬资产阶级政治制度。他们之中，有人虽然赞成"计划经济"制度，但往往采取把政治与经济割裂开来的"纯经济的"分析方法，宣扬在保存资产阶级政治制度的前提下发展"社会主义计划化"。又如，有的西方经济学家在考察资本主义国家的不同失业率及其对策时，不管是主张实行财政政策的人，还是主张采取货币政策的人，全都否认失业的根源在于资本主义剥削制度本身，否认经济危机是资本主义不治之症，而把加强国家垄断资本主义说成是可以使资本主义经济维持稳定的手段。像这样一些比较经济学的研究结果，显然是庸俗的。

但与此同时，西方比较经济学中也有一些可供借鉴和参考的内容。只要我们不是采取简单化的方式来对待它们，而是根据具体问题进行具体分析，那么它们是可以被用来为我们的经济建设服务的。例如，从它们关于不同国家的经济发展过程的比较研究中可以了解到，一个国家要加速本国的工业化，引进国外的先进技术设备是完全必要的，但为什么有的国家在技术引进方面取得的成绩较为显著，有的国家在这方面却没有什么成效，甚至反受其害？关键在于技术引进是否量力而行，是否与国内的技术设备、制造业的发展相结合，是否重视本国技术队伍的建设，是否重视引进的技术的消化、吸收与管理？……，等等。又如西方经济学家关于不同国家工业化过程中积累与消费之间的比例关系的比较研究，也是很有启发性的。根据比较研究的结果，积累率的高低只不过是影响一国国民收入增长率的因素之一。对国民收入增长率起着重要作用的，还有投资经济效果的大小和投资的构成情况。世界工业化历史上，既有高积累率而低增长率的例证，也有稍低的积累率但经济持续与稳定增长的例证。各国工业化都有自己的特点，都提供了经验和教训，这些可以作为我们的参考。我们应当以马克思主义为指导，从西方比较经济学的研究中，吸收其中比较合理的成分，批判错误的、庸俗的部分，并结合我国现实的经济情况，对这些研究成果加以改造和利用。

马克思主义历来是重视比较经济研究的。马克思的《资本论》以英国作为典型来进行研究。马克思认为，把英国的情况与其他国家的情况进行比较，可以清楚地说明资本主义经济的产生和发展过程。马克思指出："问题本身并不在于资本主义生产的自然规律所引起的社会对抗的发展程度的高低。问题在于这些规律本身，在于这些以铁的必然性发生作用并且正在实现的趋势。工业较发展的国家向工业较不发达的国家所显示的，只是后者未来的景象。"① 恩格斯对家庭、私有制和国家起源的分析，对于近代民族国家形成过程的分析，以及对于资本主义各国工人运动开展的不平衡性的分析，等等，也是建立在广泛的比较研究的基础之上的。列宁采取比较研究方法，研究了农业中资本主义发展的不同道路，分析了各个帝国主义国家的经济上的特点，以及阐述了资本主义政治经济发展不平衡规律在帝国主义阶段的表现，等等。可见，以马克思主义作为理论指导的、科学的比较研究方法，是马克思主义用于分析社会经济现象的一种重要的方法。当前，重要的是，我们应当坚持以马克思主义为指导，对不同的经济制度、不同的经济发展道路、不同的经济管理方式等进行比较研究，结合我国现实的经济管理情况，建立马克思主义的比较经济学。我相信，通过我们大家的共同努力，这个任务是会完成的。

---

① 马克思：《资本论》，第 1 卷，载《马克思恩格斯全集》，第 23 卷。

西方经济学家关于长期就业趋势的论述

引自厉以宁、吴世泰合著的《西方就业理论的演变》，华夏出版社，1988 年版。

从长期考察来看，在经济增长过程中，总产量是不断增加的。但就业趋势又是如何呢？西方经济学家在讨论发达资本主义国家的就业问题时，对长期就业趋势进行了探讨。与长期就业趋势有关的一个重要问题是技术进步对就业的影响。关于这一点，本章第二节和第三节将评述西方经济学家的有关论点。而在本章第一节，先不涉及技术进步问题，仅就西方经济学家有关总产量的增长与就业之间的关系加以评论。

第一节　经济增长和就业趋势之间的关系

一、总产量增长与就业的关系

根据西方经济学家的论述，在一定的技术水平之下，如果有较高的投资率，就有较高的经济增长率。如果经济增长了，那么就业人数将是增加的。从历史资料来看，经济增长率较高时，失业率较低，而较高的就业率，以及工资的增长，又会促进经济增长，因此，经济增长率同就业之间的关系是明显的。换言之，要达到充分就业，最重要的是经济的增长率。总产量按充分就业所要求的比率增长，正是一条合乎理想的经济增长道路。这个问题，早在第二次世界大战结束后不久，就由美国经济学家多马做了表述。

多马在 1946 年 4 月号《经济计量学》杂志上所载《资本扩张、增长率和就业》一文中指出："本文的中心论题是增长率，这个概念在经济理论中还很少用过，对于这个概念我具有很大的信心，它可能作为经济分析的一个极其有用的工具。一个人并非必须是一个凯恩斯主义者，才会相信就业多少依赖于国民收入，而国民收入又与投资有一些关系。一旦投资流入，就不能舍弃增长，因为对于个别企业来说，投资可能意味着较多的资本和较少的工人，但对于整个经济（作为一般情况）来说，投资则意味着较多的资本而工人并不较少。假如两者都被有效地使用，则必然产生收入的增长。"[1]

接着，在 1947 年 3 月的《美国经济评论》上，多马在《扩张和就业》一文中写道，投资量可以保持不变，也可以上升或下降，但只要它是正数，生产能力就会增加，"但如果收入也同样上升，则仅投资那样的数量就不够了：收入的增加不是投资量的函数，而是投资增量的函数"，[2]"假如投资以及收入不能按照所要求的比率增长，则未利用的生产能力就会扩大。资本和劳工变为闲置"。[3]

从多马的分析中，可以清楚地了解到，就经济增长的总量分析的角度来看，就业与经济增长率之间被认为存在着这样一种关系，即为了保持高度的就业率，经济增长是必不可少的。但这样一种分析并没有涉及与收入分配有关的问题，而一旦把收入分配因素引入，就业与经济增长

---

[1]　多马著，郭家麟译：《经济增长理论》，商务印书馆，1983 年版，第 84 页。

[2]　同上，第 100 页。

[3]　同上。

之间的关系就不会如此简单，而会复杂得多。所以一些西方经济学家认为，有必要把这种关系的分析再深入一步，例如，需要通过收入分配对储蓄的影响来分析经济增长对就业的影响。他们认为，如果工资的增长在较长的时间内落后于利润的增长，那么这将引起工资在总收入中所占的比重缩小。由于利润收入的获得者具有较高的储蓄倾向，因此，当工资在收入中所占比例缩小时，收入中用于储蓄的部分就会扩大。根据古典派的假定，资源中用于生产资本品的份额与利润在收入中比重的大小有关。这样，一部分资源将从生产消费品的部门转移出去，用于生产资本品形式的那部分资源就同利润和储蓄一起增长，于是也就促进了经济增长。[①]在其他一切条件不变的情况下，经济的增长将有利于就业的增加。

但也有一些西方经济学家提出相反的论点。据罗宾逊夫人在《资本积累论》（1958 年出版）一书第 26 章《长期中的消费和积累》所归纳的，如果工资的增长长期落后于利润的增长，其结果决不会有利于经济的增长，而只能是经济的停滞。罗宾逊夫人认为有两类消费不足论。一是社会主义者的消费不足论，即"工资在产值中分取的份额会随着产量的增加而降低，因而停滞开始"。[②]另一类则可以称作"自由主义者的消费不足论"，它的论证是：只要工资在总产值中的比重不断下降，利润在总产值中的比重不断上升，那就意味着社会中食利者阶层的财富在增加。但在食利者阶层的财富增加的同时，他们的消费倾向不会不变，否则他们的支出水平就会不断提高。如果储蓄在收入中所占的比重日益增加，消费对投资的比率日益降低，经济停滞就会发生，失业人数就会增加。罗宾逊夫人认为，这就是凯恩斯在《就业、利息和货币通论》中早已阐明的思想。[③]

---

① 费利克斯：《利润膨胀和工业增长》，载《经济学季刊》，1956 年 8 月。

② 罗宾逊著，于树生译：《资本积累论》，商务印书馆，1963 年版，第 244 页。

③ 同上，第 245 页。

二、经济增长过程中的通货膨胀对就业的影响

西方经济学界的上述论述，是以物价不变为前提的。但他们又认为，经济增长过程中，物价不可能不变，并且从长期的趋势来看，物价的总的倾向是上升的，因此要研究总产量增长对就业的影响，必须着重分析经济增长过程中的通货膨胀对就业的影响。

假定不考虑经济增长问题，那么有关通货膨胀与失业之间的关系的讨论就是有关菲利普斯曲线关系的讨论。但菲利普斯曲线所分析的，主要是未考虑经济增长的条件下的通货膨胀同失业之间的关系。经济增长过程中的通货膨胀对就业的影响，要比菲利普斯曲线所分析的复杂一些。

夏皮罗在《宏观经济分析》（1978 年第 4 版）中指出，一些西方经济学家认为，从对 18 世纪和 19 世纪的历史考察可知，通货膨胀和经济增长之间存在着正比关系。这是因为，如果利润率持久性地较高，经济增长就会有动力，而要达到持久性的较高的利润率，那么必须使工资的增长大大落后于物价的增长，也就是说，通货膨胀造成实际工资下降，实际工资下降给经济增长带来动力。另一方面，也正如夏皮罗所指出的，有些西方经济学家认为，经济增长过程中，投资需求会增大，而只要存在着过度需求，就会造成需求与供给的缺口，结果将引起通货膨胀。无论是哪一种观点，都表明在经济学界存在着这样一种看法，即经济增长与通货膨胀可能是相伴而行的。

问题在于：假定社会上原来的失业人数是既定的，那么，经济增长中的通货膨胀会不会使失业人数增多？经济增长中的通货膨胀会不会使某些失业者重新就业？

根据夏皮罗的论述，这些都是尚未解决的经济学难题。他写道："如果说我们知道通货膨胀引起经济的产量和就业水平的短期变动，以

及经济增长率的长期变动，这也许是不正确的，但也很难相信通货膨胀不使这些受影响。但通货膨胀是否提高短期内的产量和就业，而不接着发生相等或大于这些增长的衰落，这个问题在经济学家之间意见不一致。可能没有普遍性的答案；答案将会根据不同的通货膨胀而有所不同。"夏皮罗本人的意见是："未被预计到的、从而无机会进行调整的迅速的通货膨胀率，无疑是有破坏性的。如果通货膨胀是按每年百分之几的温和速度进行，那么对于所提出的问题并无现成的答案。这样一种通货膨胀可能利大于弊，或弊大于利，或者在一种场合下是利，在另一种场合下是弊。"① 这种观点是比较有说服力的。

至于经济增长过程中的通货膨胀会不会使某些失业者重新就业，这并不取决于通货膨胀本身，而是取决于经济增长中是否增加了就业的职位。通货膨胀本身是创造不了就业机会的。假定失业者在经济增长过程中的通货膨胀条件之下就业了，表面上看，似乎他们受益于通货膨胀，实际上则是受益于经济增长。但必须注意到，经济增长中如果发生了通货膨胀，那么，通货膨胀有阻止资源最优配置的趋势。有些部门在通货膨胀期间扩大产量（指价格上升大于成本增长的行业），也有些部门在通货膨胀期间会收缩产量（指价格的上升受到限制的行业）。通货膨胀期间各部门价格上升程度的不一致和产量的增减，将引起资源配置的失调。这也会对就业发生影响。可见，经济增长过程中所引起的总就业量的增减要根据不同部门具体增减的就业人数而定。

问题不限于此。要知道，只要存在着通货膨胀，实际收入总是下降的，除非货币工资率能够及时调整。通货膨胀后货币工资率的调整落后于价格上升的时间间隔究竟有多大，这不仅关系到就业人员和失业人员的福利状况，而且关系到未来的经济变动和就业率的变动。货币工资率

---

① 夏皮罗著，杨德明等译：《宏观经济分析》，中国社会科学出版社，1985年版，第638页。

滞后时间短，调整比较及时，对就业率的影响比较轻微。货币工资率滞后时间较长，物价上升较为持久，企业将看到实际工资下降和利润增加的前景，从而会增加存货，增购设备，消费者也会增加购买量，积存易于保管的消费品。这些过度的购买可以促使失业减少，产量增加，直到购买的调整成为不可避免的事情时为止。这样，经济增长中通货膨胀对就业的影响问题就同经济的周期波动问题结合在一起了。经济中的周期波动必然使得失业率时高时低。而失业率究竟会维持在何种水平上，则又与政府对经济的干预措施的强度及其有效程度有关。

第二节　技术进步对就业的长期影响

一、关于技术进步对就业的影响的分析方法

关于技术进步对就业的影响问题，西方经济学界长期以来从不同的角度进行了研究。从研究分析的方法来看，大体上可以分为两类。一是从生产函数的角度来进行分析，即通过对不同的生产要素之间的比例关系的研究，判断技术进步之后对就业状况会发生何种作用。二是从产业结构的角度来进行分析，即通过对不同的产业部门之间的比例关系的研究来说明技术进步的就业效应。

新古典增长理论是通过生产函数关系来研究技术进步对就业的影响的一种有代表性的理论。它把技术进步看成是独立于劳动和资本要素之外的一个要素。如果在一段时间技术有了进步，那么在劳动和资本的数量不变条件下，同技术不变时相比，由于技术进步而引起的总产量的增长就可以归功于技术进步。新古典增长理论的这一表述的一个含义是：

只要有技术进步，那么劳动与资本的数量不变，也就是劳动与资本之间的比例关系不变，可以促使经济的增长。这也表明：如果经济增长了，技术进步不一定带来就业人数的减少，就业人数可以随着资本存量的增长而相应地增长。

结构的经济增长理论则不限于从生产函数关系来研究技术进步对就业的影响，它认为对于就业有更大影响的是产业结构的调整。根据库兹涅茨的论述，技术进步从两个方面影响产业之间的比例。一是技术进步导致对物品需求的变化，即某些产品的需求增加了，某些产品的需求受到了限制，从而对产业结构发生影响。二是技术进步不仅提高了旧产品的生产能力，而且还创造出新的产品，使新的部门得以发展，这样，产业结构也将发生变化。由于以上两方面的原因而引起的产业结构变化不仅会影响就业结构，而且也会通过不同产业的劳动与资本之间比例的差异而影响就业总量。库兹涅茨在对各国经济增长进行比较后得出这样的结论：各国 A 部门（主要是农业，还包括林业、渔业、狩猎业）的劳动力在劳动力总数中的比重是下降的，而 I 部门（包括采矿、制造、电力、煤气、水利、建筑、运输、电讯等行业）和 S 部门（包括商业、金融、保险、服务等部门）的劳动力在劳动力总数中的比重是上升的。正如库兹涅茨所述："在所有发达国家以及劳动力的 A 部门份额显著降低的那些欠发达国家中，劳动力在 I 部门和 S 部门份额都上升了。劳动力在 I 部门份额的升高是持续的，而且无论从绝对数字或相对数字来看，数量都颇为可观。"[1] "劳动力在 S 部门份额上升的情况十分普遍……甚至在某些欠发达国家，如哥伦比亚、埃及、菲律宾和斯里兰卡，S 部门份额的上升幅度也大于 I 部门。很明显，有一些重要因素在促使许多发达国家和欠发达国家中的劳动力大量移向 S 部门。就发达国

---

① 库兹涅茨著，常勋等译：《各国的经济增长》，商务印书馆，1985 年版，第 272 页。

家来说，可能是因为在 S 部门用资本来代替劳动力比较不易；而在欠发达国家，则 S 部门正好解决了劳动力就业不足的出路问题。"①

这两种分析方法都可以得出这样的结论：从长期趋势来看，技术进步对就业的影响不一定是消极的。

二、技术进步在增加就业方面的作用

美国经济学家、哈佛大学教授 H.布鲁克斯在《技术、竞争和就业》一文中，曾对技术进步的长期效果和即时效果进行了分析。他认为，在考察技术进步的效果时，不能只看到它的即时效果（这往往被夸大），而忽视它的长期效果（这往往被缩小）。在他看来，关于技术进步与长期就业之间的关系的悲观论调，是没有根据的。②

持有这种观点并在这个领域内进行了较详细论述的，绝不只是布鲁克斯一人。早在 1965 年第 6 期的《苏格兰政治经济学杂志》上，就刊载过 D.罗伯逊的《技术变革的经济影响》一文。文内是这样分析的：

采用新技术，只要它意味着能够节约生产成本，就会被认为是正当的。而在节约生产成本方面，通常只指节约劳动成本而言，而对于资本的节约，却被忽视。假定单就劳动成本来说，技术的进步似乎会引起失业，而且这是从企业的角度来考察的。从节约资本来说，技术的进步就不一定会减少对劳动力的需求，而很可能会增加社会的就业机会。在这个问题，可以做如下的考察：

第一，技术进步需要采用机器，也就是要生产机器，操作机器，维

---

① 库兹涅茨著，常勋等译：《各国的经济增长》，商务印书馆，1985 年版，第 273 页。
② 布鲁克斯：《技术、竞争和就业》，载《经济学译丛》，1985 年第 6 期。

修机器,这都会增加对劳动力的需求;

第二,技术进步中,所减少的主要是非熟练工人和半熟练工人,但熟练工人和职员的人数则是增加的;

第三,如果技术进步引起的社会总产量的增长大于社会人口的增长,那么实际收入将增加,同时工时也将缩短,从而导致服务业就业人数的增加。

当然,从采用新技术到增加社会的就业可能有一个时间间隔(包括工人的工种转移)。在这个过程中,原来受雇于一定的企业的工人可能是牺牲者,但技术进步毕竟为社会上更多的,特别是较年轻的人提供了就业机会。

应当承认,上述分析是有道理的。它反映了对技术进步的就业效应分析不能只就个别企业而言,而应当就全社会而言。其道理实际上与工资率变动对于就业的影响的分析相类似。比如说,工资率的降低,可能使个别企业增加所雇用的工人人数,以此代替资本设备的采用,但就全社会而言,却不一定能使就业人数增加;工资率的提高,可能使个别企业减少所雇用的工人人数,以便降低劳动成本,转而采用新的技术,促使劳动生产率的提高,但对全社会而言,就业人数却不一定减少。这一切都要依社会的产业结构、技术结构以及工人的技术适应状况而言。

布鲁克斯在论述技术进步有利于增加就业时,曾就技术进步可以给社会带来更大的资源节约问题进行分析。他认为:"如果劳动成本的节约会在产品的消费者价格中反映出来,此种节约就会导致购买力的解放,这反过来将对需求,对就业,以致对经济发生作用。与就业有关的问题不在于提高了生产率的公司或产业会失去多少工作岗位,而在于由此解放出来的购买力所提供的工作岗位比失去的工作岗位是更多还是更少,在于新创造的工作岗位比失去的工作岗位是更好还是更坏。"这里所说的"购买力的解放",是很有意义的。这表明,布鲁克斯是通过这样的论述方式来分析技术进步在增加就业中的作用的，即：

技术进步——投入物中劳动成本的节约——产品的消费者价格的下降——购买力的解放——需求的增加——就业的增加。

布鲁克斯还指出，由于在经济中采用了先进的技术，不仅节约了劳动，而且也节约了能源，节约了原材料。与劳动力价格相比，能源和原材料的价格要更高，因此节约能源和节约原材料，从长期来看，对经济的好处更大些。所节约下来的能源和原材料如果用到其他方面，能给社会带来更多的产值。而在增加社会总产值的过程中，就业量并不一定比过去少，而很可能比过去多。

第三节　人口增长、技术进步与就业三者之间的关系

一、关于人口增长、技术进步与就业之间关系的传统观点

按照西方经济学界的传统看法，人口增长与就业之间存在着这样一种关系，即人口增长将增加劳动力供给。具体地说，人口的增长虽然总的说来有逐渐放慢的趋势，但随着科学技术的进步和医药卫生事业的发展，今后死亡率的下降将更为明显，这将是人口增长的主要原因。比如说，假定自然增长率为 0.1%，即使出生率保持不变，只要死亡率下降 2%，就可以使自然增长率从 0.1% 上升到 2.1%，从而增加了未来就业的困难。不仅如此，人口增长还会引起储蓄和资本积累率的下降，这也会给生产的发展带来不利的影响，影响就业问题的解决。

如果说人口的增长增加了劳动力的供给，那么技术的进步则会减少对劳动力的需求，因此，在某些国家，如果人口以较快的速度增长，而

技术也以较快的速度变革，失业问题就会变得越来越严重。

二、对人口增长、技术进步与就业之间关系的另一种解释

正如在技术进步与就业之间关系的问题上，西方经济学家的传统观点是悲观的一样，在人口增长与就业之间关系的问题上，西方经济学家的传统的观点也是悲观的。但仍有一些西方经济学家持有不同的看法。如库兹涅茨认为人口增长对于经济增长有重要意义。他指出：死亡率降低既可以减少由于抚养大批在未对社会生产和人类福利做出贡献以前就死亡的婴孩所造成的巨大浪费，又意味着可以减少使人们暂时或永久失去劳动力的疾病，有助于生产力的提高。因此，人口增加不仅没有带来平均每人产值的减少，而且会由于总产值的增加，促进市场的扩大，给企业家提供有利的条件，刺激经济的发展，提供更多的就业机会。此外，人口增长意味着智力资源存量的增加，即"知识存量"的增加，这也是经济增长的一个积极因素。

当前，在乐观的人口增长论方面最有影响的代表人物之一是美国伊利诺伊大学教授 J. 西蒙。他在所著《人口增长经济学》（1977 年出版）、《最终的资源》（1981 年出版）以及其他著作中，就人口增长、技术进步、就业三者之间的关系做了较详细的分析。他认为，由于人口的绝对规模与技术变化率之间有一种正相关关系，所以人口增长有助于提高经济增长率。从长期来看，人口增长的影响是积极的，这是因为，"人口增长与技术进步的关系不是两种独立力量之间的竞争，而是一个系统，在此系统中，技术进步在很大程度上是人口增长的一种函数"。[①] 西蒙

---

① 西蒙著，彭松建等译：《人口增长经济学》，北京大学出版社，1984 年版，第 21 页。

解释道：从农业技术进步与人口之间的关系来看，有两种截然不同的假设。一是"发明拉力"假设，[①] 二是"人口推力"假设。[②]

"发明拉力"假设的论证过程，可以用下述图式表示：

```
┌─────────┐   ┌─────────────┐   ┌─────────┐   ┌──────────────────┐
│ 自发的发明 │─▶│ 粮食状况的改善 │─▶│ 死亡率下降 │─▶│ 人口增长率暂时上升 │
└─────────┘   └─────────────┘   └─────────┘   └──────────────────┘
```

"人口推力"假设错误的论证过程，可以用下述图式表示：

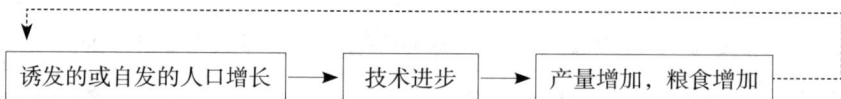

```
  ┌─────────────────────────────────────────────────────────────┐
  ▼                                                               ┊
┌────────────────────┐   ┌──────────┐   ┌──────────────────┐
│ 诱发的或自发的人口增长 │─▶│ 技术进步 │─▶│ 产量增加，粮食增加 │┄┄┄┘
└────────────────────┘   └──────────┘   └──────────────────┘
```

在这里，有两种导致技术进步的人口推力。第一，由于人口增长，家庭数量增多，平均每个家庭可利用的土地减少，迫使农业改进技术，以期求得较多的产量。第二，由于人口增长，家庭规模扩大（子女增多），平均每个家庭成员可以利用的土地减少，这也迫使农业改进技术，以期获得较多的产量。

再就一般技术进步而言，西蒙指出："工业革命以来发达国家的历史并不支持马尔萨斯的简单模式。人口增长和经济增长之间的负关系在奇闻轶事历史上，在过去几百年的时间序列上，或在当代多国横截面研究中，都是找不到的。"[③] "科学地说，最普通、最有吸引力的解释，是规模经济，新增人口对新的额外知识的创造和采用，以及新知识创造新资源这三者的关系。"[④] 这里所提出的规模经济的作用，是指人口多与人口少相比，在市场规模和企业规模上较容易达到比较合理的程度。同时，就社会基础设施的建设来说，人口的增长能够使这些设施得到更为合理的

① 西蒙著，彭松建等译：《人口增长经济学》，北京大学出版社，1984年版，第199—203页。

② 同上，第203—207页。

③ 同上，第99页。

④ 同上。

利用，比如说，"密集的人口使运输系统既更有必要，又更加经济。一个小村的人口增加一倍，就意味着多一倍人去使用大车道；还意味着一倍人去修筑道路，无论是义务劳动还是集中组织雇佣劳动甚至强迫劳动，都是这样"。①这些都是有利于生产率提高、产量和收入增长的规模经济。

西蒙除了论述了人口增长同技术进步之间存在着正相关关系而外，还认为人口增长和技术进步一样，都会引起收入的增加，而收入的增加又会导致就业的增加。他特别指出，人口增长和技术进步所引起的生产率提高的结果，一方面会使教育事业和为儿童服务的事业得到发展，这些领域内会增加就业者；另一方面，由于收入提高和闲暇时间的增加，社会的福利事业将发展，这也对就业的增加有积极作用。

应当指出，对于西蒙这些乐观的解释，至今在西方经济学界仍是有很大争议的。英国经济学家 J. 福利斯在 1983 年 2 月的《苏格兰政治经济学杂志》上所发表的《西方最近对人口经济学的研究》一文中，认为西蒙的许多观点不仅是一种经不起检验的臆测，而且持有这种"乐观的"态度会给经济和社会带来不利的后果。

第四节 机器人的使用与就业的趋势

一、与使用机器人有关的悲观论调

以上虽然已经提到了西方经济学界有关技术进步与就业之间的关系的一些有代表性的观点，但并没有专门涉及他们有关机器人的使用及其

---

① 西蒙著，彭松建等译：《人口增长经济学》，北京大学出版社，1984 年版，第 332 页。

对就业的后果等问题的论述。在一些西方经济学家看来，从对就业的影响而言，机器人的使用与一般意义上的技术进步还是有所不同的。机器人的使用固然也是技术进步的成果或技术进步的反映，但它与一般技术进步不同之处在于：机器人直接代替工人从事某些工作。因此，如果说一般的技术进步还有可能增加某些就业机会的话，那么机器人的使用却是直接裁减工人的。

换言之，在有关机器人的使用对就业的影响问题上，存在着一种悲观的论调，即"把机器人摆在与工人相对立的位置上"[①]，认为"机器人的高效率是对工人们人的积极性的挑战"[②]，"工人们要想防止大部分工作被机器人夺走，就只能是接受较低的工资，或者是提高自己的生产量，二者必居其一"[③]。

根据这种悲观的论调，在美国，有些人提出"美国政府应该制定有秩序地增加机器人并减轻其影响的政策"，并"主张强制希望使用机器人的公司提出'经济影响报告书'（类似'环境影响报告书'），经政府机构对报告书进行审查后方可安装机器人。同时，通过立法要求公司对于那些能证明其失业与使用机器人有关的人，付给一大笔解雇费"。[④]

二、使用机器人对于就业的积极影响

R. 维德在《机器人的使用与经济》一文中不同意上述悲观论调。他主要从三方面来说明使用机器人不仅不会减少社会的就业，甚至还有

---

① 维德：《机器人的使用与经济》，载《经济学译丛》，1984 年 9 月。
② 同上。
③ 同上。
④ 同上。

可能增加社会的就业。

　　首先，要注意到机器人所代替的工人和工作。"通常是那些从事单调劳动的工人，他们的工作对体力的要求多于对智力的要求。机器人有时所做的还是对人们有危险的工作。在这种情况下，被替换下来的工人最后会把机器人作为一种解放自己而去作高报酬工作的手段予以欢迎的。"①这样，从就业的角度来看，机器人的使用实际上是对人力资源使用方向的一种调整。即使在使用机器人之后，有的工人离开了某些工种的工作，但这意味着他们有机会去从事另一些工种的工作，比如说，使工作比较安全，对工人的健康比较有利，使工人的智力和才能能得到比较充分发挥的工作。这应当被看成是人力资源的较合理的配置。

　　其次，在当前国际商业竞争日益激烈的情况下，对美国来说，要维持现有的就业水平和扩大就业人数，必须以优质的产品取胜，必须不断增加美国产业在国外的销路。采用机器人，能够使产品的质量提高，使产品更符合标准。也就是说，"机器人能提高商品与劳务的数量和质量，因此，扩大使用机器人将使美国能够保住和扩大重要的出口市场，否则将会丢失这些市场"②。

　　再次，机器人的使用和一般技术进步一样，它对就业的积极的影响主要不是表现于初次就业效应，而是表现于二次就业效应。从初次就业效应来看，机器人的使用会使某些企业减少所雇用的工人人数，而从二次就业效应来看，由此所引起的工资、利润的变化，以及消费结构、就业结构的变化，会促使社会的就业水平的提高。维德曾举了这样一个假设的例子。他指出：假定一个工厂增加一个工人，每天可以增加 2 个单位产品。如果每个产品售价 30 美元，那么生产线上增加

---

① 维德：《机器人的使用与经济》，载《经济学译丛》，1984 年 9 月。
② 同上。

的这个工人就能给工厂每天增加收入 60 美元。假定增加一个机器人，每天可以增加 5 个单位产品。每个产品售价 30 美元，那么增加一个机器人，工厂每天可以增加收入 150 美元。现在，工厂使用了机器人。由于使用了机器人，工厂相应地增加了机器人修理工。所增加的工人（机器人修理工）的产值必然大大高于原来的工人的产值，于是，他所得到的报酬也必然会高于原来的工人的报酬。并且，即使如此，工厂仍会盈利。机器人使用的二次就业效应正是由此而产生的。

维德还指出，由于机器人的使用是逐步推广的，机器人替换下来的工人有的是退休工人，有的是离职工人，而且所替换下来的人还可以接受培训。因此，只要能够对工人继续培训，机器人的使用不会给社会的就业带来黯淡的前景。他用这样一些历史资料来证实自己的论点。例如，在 20 世纪初的美国汽车工业中，机器使 1920 年工人平均生产一辆汽车所用的时间比 1910 年缩短了 56%，而且劳动生产率每年提高 8.5%。这种生产情况允许工业部门降低汽车平均售价的 62%，结果使销售量增加 10 倍以上，使技术工人与工人的就业人数仅仅在 10 年内就从 3.7 万人增加到 20.6 万人。[1] 在美国，高技术的工业公司在增加就业方面超过了其他企业。1955—1976 年，5 种高级技术部门的就业增长了 20.7%，而其他行业仅增长 7.1%。与此同时，每个工人的实际产量也是高级技术部门比一般制造业提高得快。因此，"历史证据与机器人所创造的工作将多于减少的工作的观点是一致的"。[2]

---

① 维德：《机器人的使用与经济》，载《经济学译丛》，1984 年 9 月。
② 同上。

关于发展中国家就业问题的研究

引自厉以宁、吴世泰合著的《西方就业理论的演变》，华夏出版社，1988 年版。

　　20 世纪前半期，西方经济学家对殖民地半殖民地国家的就业问题很少注意。在有关印度、拉丁美洲国家、非洲国家的经济问题的一些著作中，就业问题通常是被放在农业问题和人口问题的讨论中附带论述的。西方经济学家在专门讨论就业问题时，无论从纯理论研究方面看还是从历史和统计研究方面看，他们都主要分析工业发达的资本主义国家的就业状况，解释这些国家中失业存在的原因，提出解决工业城市中失业问题的对策。只是从 20 世纪 50 年代以后，随着发展经济学的发展以及新独立的国家的工业化过程的进行，发展中国家的就业问题才成为西方经济学家所重视的课题之一。

　　本章准备从三个方面来评述西方经济学家关于发展中国家就业问题的学说，即先评述二元经济发展模式中关于就业的分析，接着评述 M.多德曼的劳动力转移和就业理论，最后评述西方经济学家关于发展中国家就业问题统筹解决的对策。

第一节　二元经济发展模式中的就业分析

一、刘易斯的二元经济发展模式

在西方经济学界，刘易斯于 1954 年发表的《劳动无限供给条件下的经济发展》一文曾受到高度重视，它被认为是最早系统地提出经济发展中劳动力由农村转向城市的模式的代表性的作品。

根据刘易斯的理论，发展中国家的经济是由两个不同的经济部门组成的：一是传统部门，一是现代部门。在传统部门中，主要是自给自足的农业，还有简单的、零星的商业和服务业，这里的劳动生产率很低，边际劳动生产率很低，甚至是零或负数，这里存在着大量"隐蔽失业"。发展中国家的大部分劳动力参加传统部门的劳动。非熟练劳动的价格是只能维持生存的最低工资，只要按这种价格提供的劳动超过对劳动的需求，劳动的供给就是无限的。现代部门包括采用比较先进技术的工矿业、建筑业、近代化的商业和服务业，还有大规模的农业。它的从业人数较少，但劳动生产率却比传统部门高得多。

从生产方式上看，传统部门经济是前资本主义性质的，现代部门是资本主义性质的。现代部门使用资本和劳动创造利润；传统部门的产品只是为了满足自身消费的需要，而不是为了创造利润，它也形成不了利润。如果现代部门资本积累增加，就能吸收传统部门的劳动力。但由于传统部门存在剩余劳动力，人均收入水平很低，这一水平决定了现代部门工资的下限。换言之，传统部门中大量"隐蔽失业"的存在使现代部门的工资水平基本上保持不变。在这里，资本主义工业的发展的有利条件是：它可以源源不断地获得来自传统部门的充裕的廉价劳动力；但它发展的不利条件则是国内储蓄来源有限，从而资本积累率很低。这是因为，在刘易斯看来，经济发展的关键在于资本家的剩余资本如何使用。在两部门中，只有资本主义部门是增长的动态部门，工业增长的动力来自资本积累，资本来自利润的再投资，利润又来自对剩余劳动的有效利用。如果国内储蓄来源有限，资本积累率低，那么现代部门就无力吸收全部剩余劳动，经济发展必将受到阻碍。

因此，根据刘易斯的二元经济模式，要使资本积累加速，必须使国民收入中利润或储蓄的份额在经济发展初期迅速提高。其具体方式，一是保证利润再投资，二是增加货币供给量，这样，就可以在传统部门存在大量剩余劳动力的条件下，即在现代部门的工资水平基本不变的条件下，实现总产量的扩大和就业量的增加。当然，在刘易斯看来，从全国水平看，平均工资仍然是提高的，因为现代部门支付的工资总要高于传统部门，否则也就吸引不了劳动力由传统部门转入现代部门了。但由于传统部门过于庞大，所以整个工资水平的上升始终是缓慢的。

此外，刘易斯还注意到，如果在经济发展过程中发生自然灾害和社会变革，或者由于农产品价格上升，工业贸易条件恶化，从而引起工资水平上升，利润率下降，最终将会迫使资本积累率降低，使经济发展速度放慢，于是劳动力从传统部门向现代部门的转移也就不得不停顿下来。刘易斯指出，李嘉图关于土地收益递减导致粮食价格上涨、地租和工资增加，造成积累停滞的看法是有道理的。为此，在经济发展中，要避免工业贸易条件恶化，防止利润减少，甚至可以用增加农业税或提高工业品价格的办法，把农业中的额外收入转化为工业的资本积累。

二、评刘易斯关于发展中国家就业问题的分析

刘易斯关于发展中国家就业问题的分析是他的二元经济发展理论

中的一个重要组成部分。他的中心论点是：发展中国家的就业问题以农业（传统部门）中存在大量"隐蔽失业"为特征，但随着资本积累的增加和经济的发展，农业中的过剩劳动力将不断地被吸收到工业（现代部门）中去；而随着过剩劳动力的被吸收，发展中国家的劳动供给曲线将逐渐趋于正常，即由水平线变为有正斜率的曲线，工农业最终将趋于均衡发展，农村和城市的工资水平都将提高，就业量也将继续扩大。很明显，他的这一研究是建立在对西方国家早期工业化过程的研究之上的，他把早期工业化过程作为自己理论的经验依据。

应当指出，刘易斯对经济发展过程中就业问题的分析，忽略了发展中国家经济发展的特点，他的论点是过于简单的。西方古典经济学的积累和增长理论，以及与此有关的就业理论，都以自由竞争的市场机制的存在作为前提。而在战后的发展中国家，由于缺乏自由竞争的市场机制，因此不可能照搬古典的经济发展模式。另一方面，在西方国家早期工业化过程中，农业实际上是消极的部门，它主要向工业输送劳动力和农产品，其现代部门（工业）则以国外较落后的国家作为重要市场。这种情况对于战后的发展中国家是不适用的。如果后者仍以牺牲国内农业的方式来发展工业，那么不仅就业问题难以解决，而且工业也无法真正得到发展。这一点已被许多发展中国家的经验所证明。

三、费－拉尼斯的二元经济发展模式

1961 年，费景汉和 G. 拉尼斯在《一种经济发展理论》一文中提出了以刘易斯古典假设为基础的二元经济发展模式。[①] 1964 年，他们写成

---

① 费景汉、拉尼斯：《一种经济发展理论》，载《美国经济评论》，1961 年 9 月。

《劳动过剩经济的发展》一书，对刘易斯的经济发展理论进行补充和发展。他们认为，在工业和农业两个部门的关系中，不能只强调工业的重要性一面，而忽略农业的重要性，也不能只注意到工业生产率的提高，而忽略农业生产率提高的可能性。但由于他们的二元经济发展模式是在刘易斯论述的基础上建立的，所以在一些西方经济学著作中把他们的模式同刘易斯的模式合称为刘易斯－费－拉尼斯模式。

费景汉和拉尼斯指出，二元经济的发展可以分为三个阶段：

第一阶段，农业中有大量过剩劳动力，工业部门吸收过剩劳动力。由于劳动边际生产率是零或接近于零，工业部门得到无限劳动供给。

第二阶段，工业吸收的劳动力达到一定数量，农产品开始出现短缺，工业贸易条件恶化，工资开始上升，于是工业吸收过剩劳动力的进程变慢。

第三阶段，在工业继续吸收农业中过剩劳动力的同时，农业中的劳动生产率在提高，农业的剩余劳动可以满足工业部门的需要，而且农业中的商品化过程也在加快。等到农业剩余劳动被吸收完毕，二元经济将不再存在。

同刘易斯一样，费景汉和拉尼斯也是把资本积累放在突出位置上的。他们同样认为，在发展中国家的工业化过程中，要使对劳动力的需求增加，使工业中的就业量增加，条件在于工业获得的利润不被消费掉，而被用于再投资，并且要保持实际工资率不变，这样，工业在获得利润后才愿意增加对劳动力的需求。这样，问题就很清楚了。发展中国家的就业问题实质上仍然是一个资本积累问题。费景汉、拉尼斯与刘易斯不同的是，刘易斯担心农业生产率提高会影响资本积累。费景汉和拉尼斯则认为，资本积累是工业利润和农业剩余劳动二者共同决定的。提高农业生产率和增加农业剩余劳动可以保证经济顺利发展，保证两部门均衡发展。

四、评费－拉尼斯关于发展中国家就业问题的分析

就发展中国家的就业问题的分析而言，费景汉和拉尼斯的二元经济发展模式提供了一种可以用来分析发展中国家工农业均衡发展和就业前景的方法，并且比刘易斯的分析要全面一些，但它仍然受到了一些怀疑。异议主要在于：这种分析未能就发展中国家的自由竞争市场机制是否存在这一问题进一步做出分析。

要知道，发展中国家的实际增长过程必定会偏离这些理想状态。即使通过政府干预，但只要市场机制不完善，仍难以完成趋向于均衡发展的调节过程。何况，上述分析是以劳动力数量为既定，城市中不存在失业，以及在农村剩余劳动力未被吸收完毕之前城市工资水平不变为前提的，如果考虑到人口的增长，考虑到城市中同样存在失业，以及考虑到由于其他因素而导致的城市工资水平的上升，那么社会的就业压力将更大。发展中国家的经济均衡发展就更是一个漫长而艰巨的过程。费景汉和拉尼斯也看到这种艰巨性，因此他们一再强调市场机制的作用，指望通过市场机制来调节工业和农业两大部门之间的发展速度，实现两个部门的均衡发展，同时提出在某些场合采取实物管制或直接配给方式，对保证资源的分配和经济的均衡而言是必不可少的。

第二节 多德罗的劳动力转移和就业理论

一、多德罗关于发展中国家的就业问题的分析

多德罗对发展中国家的经济发展和就业问题进行了研究，并针对刘易斯、费景汉、拉尼斯等人的二元经济发展模式中的弱点进行分析，提出了自己的劳动力转迁和就业理论。他的看法在发展经济学的研究者看来，是有特点的。

多德罗认为，在发展中国家，大量农村劳动力向城市的流动是经常发生的，甚至是不间断的。它之所以发生，既由于城市收入对农村的吸引力以及农村本身的贫穷和劳动力过剩，也由于农村劳动力有可能在城市中找到比较满意的工作。概括地说："由乡村迁往城市的决定与两个主要变量有关：（1）城乡实际收入的差异；（2）获得城市工作的可能性。"[①]但多德罗指出，以往的发展经济学研究者在考察这个问题时，往往把实际情况简单化了。这是因为，从历史上看，确实存在着人口由农村向城市转移的过程，劳动力的这一转移同经济发展的进程是不可分的，但是以往的研究者在分析发展中国家的劳动力转移时，"总是把它看作一种一个阶段的现象，即一个工人从低生产力的乡村直接转移到高生产力的城市工业工作。至于典型的没有技能的乡村移民是不是真能找到较高工资的固定的城市工作，这个问题就很少有人过问。普遍的和长期的城市失业和就业不充分的实际情况，证明这种迁移过程并不像想得

[①]　多德罗：《发展中国家的劳动力迁移模式和城市失业问题》，载《现代国外经济学论文选》，第 8 辑，商务印书馆，1984 年版，第 167 页。

这样简单"。① 因此，要对发展中国家就业问题进行符合实际的分析，就必须考察由农村迁移来的人口究竟能在多大程度上在城市中找到工作。

多德罗认为："发展中国家劳动力迁移更加真实的图画应该是把迁移看作两个阶段的现象。第一阶段是没有技术的乡村工人移居城市并开始在所谓'城市传统'部门中担任一定时期的工作。第二个阶段是终于获得一个较为固定的现代部门的工作。"② 只有按两个阶段进行分析，才能就发展中国家的就业问题得出较正确的结论。

同刘易斯、费景汉、拉尼斯不同的是，多德罗强调收入预期因素在劳动力迁移中的作用。城乡收入之间存在着差异，这固然是吸引农村人口前来的因素之一，但这种差异不能仅限于现实的差异，更重要的是预期的收入差异以及与迁移代价的比较。正如多德罗所指出的，"这里提出的一个重要问题是：平均起来一个迁移者必须等候'多长'时间才能真正获得一种职业。即使现行的实际工资高于预期的乡村收入，但是，要想在比如说一两年内获得一种现代部门的职业，其'可能性'很小。这一事实肯定会影响未来的迁移者关于是否离开农村的抉择。实际上，他必须在承担城市中一定时期失业或打零工的可能性和风险同有利的城市工资差别二者之间权衡轻重"。③ 比如说，一个农村来的劳动力，如果只有很少的可能性在城市里找到工作，那么即使城市的收入比农村的收入高出一倍，那么他未必认为迁入城市是合理的经济行为。

多德罗从城乡收入差异的预期和城市中寻找到工作的概率出发，对发展中国家的就业行为做了如下的概述：

他指出：假定发展中国家在工业化开始时，几乎全部人口住在农

---

① 多德罗：《发展中国家的劳动力迁移模式和城市失业问题》，载《现代国外经济学论文选》，第 8 辑，商务印书馆，1984 年版，第 166 页。

② 同上，第 167 页。

③ 同上，第 167 页。

村，工业化开始后，城市失业人数较少，因此由农村迁入城市后获得就业的概率较大，并且城市预期实际收入比农村要高，那么城市对农村人口转移就有足够的吸引力。于是，在一段时间内，城市劳动力增长速度会超过城市中职位创造的速度。

但城市中劳动力数量的较快增长给以后的就业状况带来了不利影响，即下一时期农村人口到城市里寻求工作的概率下降了。假定城乡实际收入差异的比率不变，假定城市职位创造速度不变，那么，在城市中找到工作的较低的概率就会使农村人口向城市迁移的速度放慢下来，使城市劳动力增长率放慢下来。最后，城市的失业率将稳定在某一个水平之上。

应当指出，多德罗的这种分析要比刘易斯等人的分析更符合发展中国家的实际。他不像刘易斯对解决发展中国家的就业问题持有那样乐观的态度，他对发展中国家解决就业问题的艰巨程度的认识甚至超过了费景汉和拉尼斯。尽管多德罗关于城乡实际收入差不变的假设和城市职位创造速度的假设都可以重新加以考虑，但无论如何，他指出了发展中国家城市中失业人口存在和农村过剩劳动力存在的长期性。

二、多德罗关于发展中国家就业问题的政策建议

多德罗接着提出了自己的解决发展中国家就业问题的政策建议。对于某些发展中国家推行的加速农村经济发展的农村发展规划，他是采取支持态度的。他认为，可以通过发展农村的工业来充分利用农村的资源和提高农民收入水平，减少城市的向心力。他的理论依据是：在城乡预期实际收入差异存在并有可能增大的情况下，如果不设法减少这种收入差异，那么农村的过剩劳动力会日益涌入城市，而他们在城市中又不易找到工作，结果，农村的"隐蔽失业"必将转化为城市的非隐蔽失业，

并由此带来整个经济的混乱，阻碍经济的发展。

为此，多德罗写道："不将有限资金分配给城市低成本住房工程，从而有效地提高城市实际收入并因而导致住房问题更严重，如果发展中国家的政府将这些资金用来改进乡村生活条件，则情况就会更好些。事实上，将'城市光明'带给乡村的纯利益，会大大超过因增加城市生活条件的吸引力而引诱农民流入城市所产生的纯利益。"[①]他还描绘了不改善农村生活而可能导致的前景，即大量农村劳动力挤进城市中日益拥挤的贫民窟，加入城市的失业大军，而农村则缺乏青壮年，农业生产陷入困境。也就是说，"假如许可城乡实际收入之间的缺口进一步扩大，那么，同时提高劳动生产率和降低城市失业率的可能性看来的确很小"。[②]这的确是值得注意的问题。

多德罗认为，调整发展中国家政府投资的结构，对于解决这些国家的就业问题是有重要作用的。除了适当抑制提高城市生活设施的投资而外，政府投资还可以从两方面来扭转城乡收入差异的格局。一是为工业的分散提供有利条件，二是增加农业地区的建设投资，以保证国内各地区间的经济发展平衡。

第三节　对发展中国家就业问题统筹解决的对策

目前，实际上对发展中国家的政府制定就业政策时有较大影响的，不是某一个西方经济学家提出的某种经济发展模式或某种就业理论，而

[①]　多德罗：《发展中国家的劳动力迁移模式和城市失业问题》，载《现代国外经济学论文选》，第8辑，商务印书馆，1984年版，第177页。

[②]　同上，第176页。

是综合了多种不同的就业分析（总量分析和各种劳工市场的结构分析）以及有关的政策建议的结果。对发展中国家就业问题的统筹解决的对策，就是由此逐渐形成的。

下面，从失业原因的综合分析、一揽子就业政策以及就业政策中的两种基本倾向三个方面加以概述。

一、关于发展中国家失业原因的综合分析

发展经济学研究者普遍承认，发展中国家与发达国家相比，其非熟练劳动力资源丰富，工资低廉，因此，在发展中国家发展需要大量非熟练劳动力的工业被认为是有利的。这也是增加发展中国家的工业就业人数的有利条件。但只要工业发展起来了，发展中国家的失业就不再仅仅是隐蔽失业，而是隐蔽失业（主要在农村中）和非隐蔽失业（主要在城市中）的并存。

在发展中国家，非隐蔽失业的产生有各种原因。其中，最经常出现的是由于城市中劳动力增长率过快（包括城市人口自然增长和由农村迁入城市的劳动力的增长）而导致的就业职位的不足。这在某种程度上恰恰又是低工资带来的意想不到的结果，即低工资固然可能使新建的工业部门容纳较多的就业者，但低工资却同低劳动生产率联系在一起。低劳动生产率妨碍经济的发展，实际上也就妨碍了城市就业职位的增加。

此外，在发展中国家，季节性的失业和结构性的失业也是经常存在的。在建筑、收摘水果、旅游服务等行业中，对劳动力的需求随季节而变化，从而使就业带有季节性。这种失业无法避免。而劳动力的缺乏流动性（包括因社会因素造成的流动性缺乏和心理因素造成的对工人流动的阻碍），使得某个地区的某一类职业的工人找不到工作，而在另外一

些地区却又缺乏这种相同类型的工人。

发展经济学的研究者在对发展中国家的失业原因进行分析时，十分重视国际贸易因素对国内失业的影响。这是因为，不少发展中国家由于历史形成的各种原因，成为依靠少数初级产品出口来维持国内经济和就业的国家。如果因世界市场的情况的变化而引起出口量的下降，那就会导致国内的失业人数的较大增加。产生这种情况的一个因素是：那些从发展中国家进口初级产品的国家的收入下降，而它们对发展中国家某些出口商品的需求具有较高的需求的收入弹性，于是导致发展中国家出口额的下降。虽然发展中国家出口的某些初级产品是由农业提供的，出口量下降后，在直接引起农业中的收入下降的同时，农业中的就业状况表面上没有什么变化（农业中的失业一直是隐蔽失业），但农业收入下降不仅必然会引起城市中的经济衰退和城市失业率上升，而且还可能导致一些农村劳动力离开农村，到城市中去寻找工作，从而加剧了城市中的失业问题。

以上有关发展中国家失业原因的分析中，还不包括由于人口增长率过快而引起的就业困难。但几乎所有的发展经济学研究者都注意到这一点。他们认为，只要人口增长率过快的问题未能解决，发展中国家的就业压力是难以消除的。

二、关于发展中国家就业问题的一揽子政策

由于当前发展中国家的失业是多种因素所造成的，因此，在发展经济学的研究者看来，就不能不采取一揽子的就业政策来缓和失业现象。特别是不同原因所引起的失业往往交织在一起，对现实经济生活中某一具体失业现象，难以判断失业的性质，或者说，难以判断哪一种原因是主要的，哪一种原因是次要的。比如说，某一发展中国家的城市中，存

在着非熟练工人的失业，很难判断这是不是主要由季节性的原因造成的，还是因工人本身缺乏技术和职业流动适应性造成的，或者是由于出口不振所造成的。只能认为，所有这些因素都在起作用，各种就业措施在缓和失业现象时都有一定的效果。这些失业很大程度上是各种因素交叉地起作用的结果。

在一揽子解决发展中国家就业问题的政策中，凯恩斯主义的主张，即增加财政支出，提高社会总需求，刺激生产，扩大就业的主张，仍有影响。尽管发展经济学的研究者已经认识到，发展中国家的情况不同于西方发达国家，凯恩斯主义的刺激需求的政策未必适用，但在失业现象较为严重，而其他政策措施又不易很快取得成效时，作为稳定社会秩序的措施，增加财政支出以减少失业人数的措施不是不可以采用的。应当注意的主要是：为了减少失业人数而采取的增加财政支出措施不能被当作经常性措施，而只能被当作临时的、应急的措施，否则不仅会给国家带来沉重的财政负担，增加通货膨胀压力，而且会妨碍劳动力供求的市场机制发挥作用，不利于劳动力自由流动，不利于消除职位空缺与劳动力过剩并存现象，也不利于改善劳动力质量，使其符合空缺岗位对劳动力质量的要求。

就产业部门的发展与就业之间的关系而言，发展经济学研究者日益重视产业结构调整以及各个部门之间的比例关系的协调对于解决发展中国家就业问题的重要意义。以往曾经流行过一种看法，即以为只要制造业发展了，发展中国家农村中的过剩劳动力就有了去向，现在这种看法已被认为是不符合实际的。但正如 D.摩拉维茨所指出的，在解决发展中国家就业问题时，既不能过于强调制造业的作用，也不能轻视这种作用。他写道："不能期望单靠制造业的增长就能解决大多数发展中国家的就业问题，如果人口继续 25 年增加一倍的话，那就肯定是不可能的。但是，它能够作为一揽子发展措施中的一个重要因素，特别是当随后实行一种逐步扩大需求的政策时，它可以帮助缓和支付平衡问题。"①摩拉维茨还指出：发展中国家就业的增加可能主要在建筑业和服务业方面，如果制造业的产量没有适当增长，建筑业和服务业就不能发展，就业人数实际上也难以增加。②

发展经济学研究者认为提高劳动力的职业流动性的措施对于解决发展中国家的就业问题同样有着重要的作用。他们指出，发展中国家的政府有必要认识到这样一点，即劳动力职业流动性的提高是与劳工市场机制的完善结合在一起的。除非在必不可少的场合，一般情况下，政府应当取消职业选择的封闭性，鼓励劳工市场上的自由进出，保护劳工市场上的竞争。此外，增加劳动力职业流动性的措施还有：政府为增加工人的就业能力而设立就业训练中心，为失业者提供技术训练课程；政府帮助工人得到就业的信息，帮助学生为适应经济和技术需要而选择专业；政府对工人及其家庭的迁移进行帮助等。

在解决发展中国家就业问题的一揽子政策中，还包括适当的技术政策的制定。一种目前基本上已被学术界所接受的思想是，在发展中国家工业化的过程中，十分先进的技术对于扩大就业是没有好处的。K.马斯顿在《适用于发展中国家的进步技术》一文中指出："多余的工人可能不会被新的工厂所吸收，因为工厂在使用机器代替人力，而且生产率的差异又如此之大。某些消费者可能会因降价而获取一些好处，但可能被整个社会平均实际收入的下降所抵消。这种现象会出现于下述情况之下：

（1）新的替代产品所用进口材料和零件的比例大于旧产品；

（2）因为剩余资本冻结于专业化设备，同时失业劳动者缺乏教育背景或者新职业所要求的社会机动性，所以，不能轻易地转移各种资源用

---

① 摩拉维茨：《评述发展中国家工业化的就业含义》，载《现代国外经济学论文选》，第8辑，商务印书馆，1984年版，第164页。

② 同上。

以满足其他产品更高的货币需求。"[1]

因此，发展中国家引进先进的技术的产品之一将是本国失业的增加。只有引进适合本国国情的技术（即使它们不很先进），才能在维持经济增长的同时，增加本国的就业人数。

马斯顿还提出了一个重要的论点，即为了更好地解决发展中国家的就业问题，"在资本稀罕、劳动失业或就业不足的国家里（即大多数发展中国家里），重点应该放在使资本生产率而不是劳动生产率最大化。在生产一定产品有数种方式可供选择的场合，应该（在其他因素不变时）选择那种用一定资本费用可以达到最高产量的方式"。[2]他的这一思想的理论依据，可以用这样一句通俗的语句来表示，这就是："最经济地使用你最稀罕的配料（资本），你就能制造出最大的'蛋糕'供人民分享。"[3]根据这种观点，既然发展中国家最缺乏的是资本要素，那么在建立新工业时，与其耗资很多去建立合成纤维工业，不如选择轧棉工业和精纺工业，这将是更合理地利用现有资源的途径，也是有助于解决就业问题的途径。

总之，发展经济学研究者从战后发展中国家的经济发展经验出发，越来越强调统筹解决就业问题的必要性。对于各种与就业有关的政策措施，应当注意它们之间的相互约束性，在实施时要力求使它们彼此配合，要防止由于单纯强调某一政策措施而带来的不利后果。关于这一点，摩拉维茨的下述看法是有道理的。他写道："单独改变一种政策表面上有好处，实际上使总就业的状况恶化，这是非常可能的。例如，在过去 10 年中，只刺激现代工业部门而不消除要素价格的异变，使许多

---

① 马斯顿：《适用于发展中国家的进步技术》，载《现代国外经济学论文选》，第 8 辑，商务印书馆，1984 年版，第 180—181 页。

② 同上，第 187 页。

③ 同上，第 188 页。

国家的工业就业只有很少或没有增加，甚至绝对下降。成长起来的现代企业都不像它们所取代的传统企业那样劳动密集。实行出口津贴有助于纠正关税制度带来的对进口替代有利的偏差，但是如果不对要素价格的异变进行调节，则其最后结果便是这个国家只增加非劳动密集型物品的出口，对就业和增长都没有好处。"[1]这就清楚地说明了发展中国家的就业问题必须统筹解决。

三、发展中国家就业对策研究中的两种基本倾向

正如西方经济学界在讨论发达资本主义国家的就业对策时大体上可以划分为经济自由主义和国家干预主义两个基本倾向一样，发展经济学研究者关于发展中国家就业对策的研究中，也大体上可以分为这样两个基本倾向。主张经济自由主义的发展经济学研究者认为，要解决发展中国家的就业问题，建立和完善自由竞争的市场机制是增加产量和扩大就业的基础；而主张国家干预主义的发展经济学研究者则认为，要增加产量和扩大就业，政府的经济计划和经济调节是主要的。

摩拉维茨曾把发展战略的研究分为三个学派，即"价格－刺激学派""经济计划学派""激进改良学派"。[2]"价格－刺激学派"属于经济自由主义倾向。"经济计划学派"和"激进改良学派"则属于国家干预主义倾向，它们二者的区别在于：前者限于用经济措施来促进经济发展，后者则认为必须进行"政治－经济制度的改革"才能扩大就业。

在摩拉维茨看来，"价格－刺激学派"把发展中国家的经济环境理

---

① 摩拉维茨：《评述发展中国家工业化的就业含义》，载《现代国外经济学论文选》，第8辑，商务印书馆，1984年版，第164页。

② 同上，第161—163页。

想化了。他写道:"认为'使价格正确'将解决就业问题这种说法,包含一个假定,就是市场完美无缺。也就是说,每个生产者都能按现行价格想卖多少就卖多少,并按现行工资想雇用多少熟练工人就能雇多少。"[1]这样的假定被认为是脱离发展中国家的现实的。他接着指出:"还有,'价格 – 刺激学派'所暗含的假设是既假定现期价格(加上一个完美市场的假设)足以供人做出关于未来的决定,又假定私人生产者能够轻易得到关于未来的需求、供给和价格的精确的信息。"[2]这同样是一个不切实际的假设。因此,摩拉维茨得出了如下的论断:"由于上面的假定没有一个可能是正确的,私人生产者不可能有做出合乎逻辑的基本的投资决定所必需的信息,这样,政府干预便是可以供人参考的了。"[3]

但国家干预主义是否一定比经济自由主义更好呢?摩拉维茨并不这样看。对于价格 – 刺激、经济计划还是激进的政治 – 经济改革三者的选择,他认为:必须根据每一个国家的具体条件才能决定。他认为:"对于小的半工业化国家来说,收入分配不过于不平等,也没有过量的管理和工程才能的储蓄,只要使要素、产品和外汇价格较为合适,大概就足以使对劳动的吸收大大增加。没有足够人力资本存量的最不发达的小国,或许需要政府进行一些干预。在少数人为自己谋利的社会里,除了革命可能别无他法。"[4]这种看法比较符合实际。

---

① 摩拉维茨:《评述发展中国家工业化的就业含义》,载《现代国外经济学论文选》,第 8 辑,商务印书馆,1984 年版,第 162 页。

② 同上。

③ 同上。

④ 同上,第 163 页。

第三编

国际金融学说

《国际金融学说史》导言

引自《国际金融学说史》，陈岱孙、厉以宁主编，中国金融出版社，1991 年版，导言。

一

　　本书以国际金融学说的产生和发展作为考察对象。从时间上说，本书的叙述从重商主义者关于国际金融的分析开始。在第一章第一节中，我们对此做了一些说明："早期国际金融学说是整个国际金融学说的源头，现代国际金融学说的许多理论都要从这里追溯起，""早期国际金融学说是在西欧封建主义解体和资本主义兴起时期内，为适应国际经济往来的日益发展而形成的资产阶级国际金融学说。"但应当指出的是，与国际金融活动有关的论点在重商主义以前就出现了。尽管这些观点不是系统的，而是零散的；不是较深刻的，而是较肤浅的，然而我们不得不承认，姑且把古代希腊、罗马的作家们的看法略去不谈，至少从十三四世纪起，伴随着西欧城市的兴起和集市贸易的发展，随着国际金融活动逐渐引起人们的注意，在货币兑换和融资这样两个方面也有了一些较重要的论述。

　　在中世纪的西欧，城市的兴起和发展过程也就是市场的发育过程。每一个参加市场活动的人，不管他是不是城市中的居民，只要他在市场上买进了自己所需要的商品，或者在市场上出售了自己所生产的产品，他就对市场的发育过程起到了某种促进作用。市场的发展是一个自然发育的过程，市场正是在无数个商品交换者的无数次交易行为中，不知不觉地发育起来的。城市充分利用了市场的作用，使自己在经济和社会生活方面的各种要求得到满足。当然，城市在经济中也处于相互竞争的地位，一些城市兴起了，另一些城市衰落了，这是正常的现象。但历史清楚地表明，既然西欧中世纪城市的繁荣是与对市场的利用程度分不开的，所以只有那些始终利用市场、充分利用市场的城市，才逐渐成为真正的经济中心，否则，即使城市的手工业和商业已经发展到了某种地步，只要没有突破对市场的限制，那么城市经济依然会由兴旺转为萎缩，由发展转为停滞。这一点不依城市主管当局的意志为转移。

城市的发展、市场的繁荣都离不开货币的使用和货币数量的充足供给。这是西欧中世纪历史上的一个重要问题。比如说，当时的货币供给是不充足的，对货币的需求却很大。封建主需要货币，商人需要货币，手工业者需要货币，城市管理当局也需要货币。没有货币，市场的交易难以进行；没有货币，城市的经济也就运转不起来。在这种情况下，封建主们就利用自己手中的铸币权，铸造货币，投入流通。封建主割据的政治格局，必然导致了货币类别的众多。不仅如此，封建主们为了牟取利益，还不断铸造重量较轻、成色较差的劣质货币，并且定期收回流通的货币，加以重新铸造，每改铸一次，重量就减少一些，成色也降低一些，银币的含铜量越来越大，以至于经过多次改铸，银币大都不再是银白色的，而变成黑色的了。货币类别的众多和货币质量的下降，给城市间的交易活动带来了巨大的困难，尤其是给当时的国际性的贸易集市上的交易活动带来了巨大的困难。西欧中世纪的商人们之所以对不同类别、不同成色的货币之间的兑换状况感兴趣，正是由于这种兑换关系到城市经济生活能否正常进行，关系到当时的国际贸易能否继续开展。

在西欧中世纪，由于交通运输不便，无论陆路交通还是海上交通都缺乏安全性，因此在国际贸易中，货币的运送问题亟待解决。于是在一些重要的经济中心之间，货币的易地兑换，即汇兑业务发展起来了。在这里，应当提到犹太人所起的作用。11世纪以后，西欧各地的犹太人普遍经营典当业，他们不受基督教的高利贷禁令的束缚。因此，犹太人也经营放债业务、融资业务。犹太人之间由于民族、宗教、文化等方面的关系，彼此结成紧密的团体，有时，一家犹太人分居几个国家、几个城市之中。他们的财力和他们的地理分布情况，使他们在汇兑和融资业务上也越来越显得重要。在犹太人当中，出现了西欧中世纪城市里最早的金融家。除犹太人以外，意大利一些发达城市中，也产生了最早的经营货币兑换、借贷和汇兑业务的金融家。他们同犹太金融家一起，在当时的工商业发展中起着不可忽视的作用。以海上贸易的开展来说，如果没有金融业的支持，商人们无法筹集到巨款建造较大型的航海船只，无法垫支货币购买大宗货物，也无法把赚得的利润源源投入再生产之中。再以佛罗伦萨的毛纺织业的发展来说，这也是与意大利和英国两地金融界的支持分不开的，正是由于有了国内和国际的融资活动，羊毛商人才有可能把英国的优质羊毛输入佛罗伦萨，并把毛纺织品从佛罗伦萨运往欧洲各地。在西欧中世纪，汇率中包含了利率。当时的市场汇率并不仅仅是铸币平价，而是铸币平价加减利率。这体现了国际融资活动的意义以及这种活动已经受到商业界、金融界重视的状况。

以上从两个方面——货币兑换和融资——说明了西欧中世纪城市经济发展过程中的金融活动或国际金融活动的开展。重商主义以前西欧作家有关货币兑换和融资的论述，就是在这种背景之下产生的。

二

14世纪法国学者、教士尼科尔·奥雷斯姆（Nicole Oresme，1320—1382），大概在1360年前后写了《论货币的最初发明》一文。文内针对着当时货币成色恶化等不利于货币兑换和商业发展的事实发表了如下看法。

奥雷斯姆指出，改变货币的重量和成色是一种欺诈行为。他写道："作为一位国王，如果降低附有他自己图像的货币的重量或成色，还有谁信任他？……如果在这上面弄虚作假，那还有什么是比此更恶劣的罪行？"[①]当然，在封建时代，拥有铸币权的君主既可能明目张胆地改铸货币，使货币质量下降，也可能以"公益"或"国民福利"作为借口来这样做。奥雷斯姆认为，即使是后一种情况，也是决不允许的。他写道："专制君主往往会伪称他是用这项所得为大众谋利益，这种说法并不足信；根据同样理由，他也可以把我的大衣或别的什么拿走，说他所以需要这个，是为了大众的福利。……任何人决不可以用慈善事业作为借口而获取不义之财。"[②]

奥雷斯姆把当时盛行的减少货币重量和降低货币成色的行为同高利贷行为做了一番有趣的对比。他说："高利贷者把钱交给对方，是得到后者的同意的，后者可以用这笔钱应付急需。后者于归还时所付出的超过他原借数额的那个部分，是属于双方都满意的一个固定契约的问题。但是，作为一位国王，于不必要地改变货币的内容时，是在违反其臣民意愿的情况下夺取他们财产的行动。"[③]因此，必然得出下列论断：这种做法比高利贷更糟。

---

① A.E.门罗编，蔡受百等译：《早期经济思想》，商务印书馆，1985年版，第82页。

② 同上，第84页。

③ 同上，第85页。

奥雷斯姆分析了货币质量下降对于经济的危害性。据他的看法，货币质量下降除了会造成国内经济的不稳，即导致"应当高度稳定的东西陷于极其不稳定和混乱状态"[1]而外，还会直接危害国与国之间的经济往来，其原因就在于：

第一，良币或贵金属会流往国外，劣币会流入货币质量下降的国家，甚至在外国有人会伪造这种低值货币，把它们运到通用这种货币的国家。这是因为，伪造低值货币总是有利可得的。

第二，货币质量的下降，使得"国外的商人既知那里通用的是劣质货币，将相戒裹足不前，不再以他们的优质商品和优质货币运往这个国家，因为最足以鼓励商人把自然资源和优质货币运往一个国家的是在那里使用的货币质优而价格稳定这一事实"。[2]

第三，由于货币质量的下降，一切借贷事业，包括国内的和国际的借贷事业，都会停止下来，以至于"无法以货币安全地贷给任何人"。[3]

可见，奥雷斯姆已经察觉到货币质量下降对于国际贸易和国际金融活动的干扰，所以他强调要制止这些减少货币重量、降低货币成色的行为，使货币尽快恢复正常状态，以利于货币兑换的正常进行和经济生活的正常发展。

在西欧中世纪社会中，与汇兑、融资等国际金融活动的开展密切相关的一个理论问题是如何看待利用货币交易或货币收付以盈利的行为。这个问题的产生具有当时特殊的意识形态背景。这是因为，根据基督教的教义，放款取息是被禁止的。中世纪西欧的经院哲学家托马斯·阿奎那（Thomas Aquinas，1225—1274）在《神学大全》中表述了下述看

---

[1] A.E. 门罗编，蔡受百等译：《早期经济思想》，商务印书馆，1985 年版，第 86 页。

[2] 同上，第 88 页。

[3] 同上。

法："贷出金钱以收取高利，就其本身来说是不公正的，因为这是一种把并不存在的东西去出卖的行为，由此，那种违背公正原则的不均等就明显地产生出来了；"[1] "支付高利的人并不是真正地出于自愿，而是在某种强迫之下进行的。因为他很需要得到贷款，而有钱的那个人没有高利就不肯贷出。"[2] 但即使如此，阿奎那也对借贷收息行为做了一定程度的变通处理，或者说，对于实际上已经存在于当时西欧经济生活中的某些直接或间接的借贷收息行为做了某种解说，这也就为融资（包括国内和国际的融资）活动找到了可以存在的理由。

例如，他指出，虽然放款者不应当索取较原数为多的金钱，"但是，一个用某种合伙的方式把他的金钱委托给一个商人或匠人的人，并没有把金钱的所有权转让给后者，而是保留在他自己手里；这样，那个商人或匠人是在由金钱的所有者自担风险的情况下，来从事贸易或使用它的。因此，他可以合法地对从金钱的利用中所产生的利益的一部分提出要求，因为这是来自他自己的财产的"。[3] 这意味着，即使根据基督教教义，以融资的方式或合伙的方式而从货币使用中获得追加的收入，仍是可以容许的经济行为，不应对之谴责。

又如，"如果一个人为了节约而把钱存在另一个有余款来放高利贷的人那里，那他就没有犯罪，只是为了一个好的目的，而利用一个犯有罪行的人罢了。"[4] 这就是说，尽管高利贷者是有罪的，但那些把钱存到高利贷者那里去的人，只要是出于节约的目的，那么他们本身就无罪可言，因为节约的目的是一种良好的目的。从这里可以看出，无论是国内的还是国际的融资活动，只要出资人声称这是一种节约，那么他们就可

---

[1] A.E. 门罗编，蔡受百等译：《早期经济思想》，商务印书馆，1985年版，第58页。

[2] 同上，第62页。

[3] 同上，第65页。

[4] 同上，第70页。

以把节约下来的货币投入金融事业，而由金融业者去经营、使用。

后来，在 16 世纪，曾担任法国宫廷和议会法律顾问的卡罗律斯·莫利诺斯（Carolus Molinaeus，1500—1566）在《论契约与高利贷》（1546）一文中，就借贷和融资问题发表了新的观点。这些观点与基督教教义有很大不同。

莫利诺斯首先指出，经院学者之所以一直谴责借贷收息行为，据说是以《圣经》中的若干段落为依据的，但《圣经》中只是说，违背仁爱的活动应被禁止，而借贷活动的方式却是多种多样的。因此，至多只能说违背仁爱原则的借贷收息是违背《圣经》的，不能一概认为借贷收息与《圣经》相抵触。何况，客观上还存在这样一种情况，即把钱借给对方，对方不仅没有受损失，反而获得利益，这又何尝违背基督教教义呢？莫利诺斯写道：如果"债务人是有力量归还本金和利息的，并且是可以方便地保留其所得收益中的大部分的，这就表明，这种利息对他并无损害，其间也不含欺诈性，情况相反，对他倒是有很大好处的。它与仁爱或与周围之人和睦相处的原则绝无任何抵触，也不违背神的或自然的律法，进行时尽可以心安理得"。[①]

莫利诺斯接着把借贷收息与商业经营取利结合在一起进行分析。他认为，"从事经商的人，往往需要用别人的钱，合伙经营也不是处处相宜的，于是发生了由个人经营的业务，但是没有人会愿意无偿地借出资金"，[②]这样，就发生了经营资金的不足，这对于商业显然是不利的。这种资金不足的情况如果得不到妥善的解决，就会导致如下的结果，即经商者在手头拮据时不得不忍痛变卖一部分资产。所以解决的方式最好是把无偿借出资金改为有偿借出资金，这里并不含有不公正的因素。莫利

---

① A.E. 门罗编，蔡受百等译：《早期经济思想》，商务印书馆，1985 年版，第 95 页。

② 同上，第 193 页。

诺斯由此表述了他对货币使用的独到的看法："货币本身对任何人不存在欺骗作用或损害作用，使用者所取得的不是对等的利益，就是较大的利益，是富有公平因素和值得赞扬的。"[1]

在借贷、融资活动中，利息如果是被容许存在的话，那么利息率应当以多高为合适呢？这又是一个有争议的问题。莫利诺斯写道，利率本是无所谓公平或不公平的问题，这应当结合具体的情况进行分析。他说："在这个问题上最适度、最合情合理的解决办法是，把债权人的所得，规定由债务人用借入本金购买资产后，按照通常的和公道的估计所应当取得的收益或收入为限。"[2]但莫利诺斯认为，在这里还应当注意以下三点：

第一，债权人的所得不应以资产收益的最低额为限，否则，越是延期还款就越有利；

第二，除非对延期还款的行为实行一种惩罚（例如令其负担高利息），不然的话，即使规定给债权人以平均收益额作为限度也是不适当的；

第三，由于商业上的交易千变万化，所以对借贷利息率不必规定一种绝对的限度，而是应当容许存在例外，在某些例外场合，利息率再高一些也是不要紧的。

总之，莫利诺斯的论述为借贷和融资活动的开展提供了理论上的依据，它们为金融业的发展准备了理论的前提。

正如在前面已经指出的，国际金融学说作为考察国际金融领域内的基本问题的一种学说应当从重商主义追溯起，在重商主义以前，比如说在西欧中世纪，虽然一些作家考察了货币兑换问题、借贷和融资问题，等等，

---

① A.E.门罗编，蔡受百等译：《早期经济思想》，商务印书馆，1985年版，第104页。

② 同上，第106页。

但依然是零散的、非系统的。因此，我们只是在本书导言中提到这些方面的论点，可能这就够了。

三

本书共分为三编。第一编是早期国际金融学说，包括从重商主义到古典学派政治经济学这段时期内的国际金融学说（第一至七章）。第二编是从早期国际金融学说向现代国际金融学说的过渡，从时间上说，大体上是从 19 世纪后半期到 20 世纪 30 年代（第八至十五章）。第三编是现代国际金融学说的发展，包括第二次世界大战开始后西方国际金融学说的演变与发展（第十六至三十六章）。

现代国际金融学说有三个基本的组成部分，即汇率决定理论、国际收支调节理论、国际通货膨胀理论。这三个基本的组成部分，如果追根溯源的话，全都可以从重商主义和古典政治经济学的代表人物那里找到最初的依据。但这三个基本的组成部分的理论的体系化和充实，则都是在第二次世界大战开始以后。从 19 世纪后半期到 20 世纪 30 年代，既可以被看成是从早期国际金融学说向现代国际金融学说的过渡期，又可以被看成是现代国际金融学说的准备阶段。本书从经济学说史的角度，在论述国际金融学说的产生与发展过程时，着重阐明汇率决定理论、国际收支调节理论、国际通货膨胀理论的形成与发展的历史。

1.本书对汇率决定理论的论述主要见于第十一章（《卡塞尔的购买力平价理论》）、第十三章第三节（《凯恩斯的古典利率平价理论》）、第三十二章（《购买力平价理论的新阶段》）、第三十三章（《现代利率平价理论》）、第三十五章第一节（《汇率决定的流量分析与存量分析》）和第二节（《发展中国家的汇率决定》）。这些章节评述了汇率决定理论的三个分支——购买力平价理论、利率平价理论、综合平价理论——的历史、基本论点与是非得失。

为了更好地说明汇率决定理论的演变过程，本书的另一些章节也对此有所阐述。例如，第二章第二节论述了重商主义者关于汇率决定的观点；第三章第二节，论述了孟德斯鸠关于货币兑换比率的观点；第九章第二节，论述了瓦尔拉关于汇率决定的观点。这些都可看成是贵金属本位制（包括单本位制和复本位制）下的汇率决定理论，尽管它们是相当简单的。又如，第三十四章（《合理预期与汇率理论》）着重讨论预期概念的变化对汇率理论的影响。这个问题之所以具有重要意义，是因为现代利率平价理论和综合平价理论的发展在很大程度上与预期概念的变化有关。

2.本书用了较多的篇幅来论述国际收支调节理论的形成与发展的历史。传统的国际收支调节理论是 D.休谟于 18 世纪提出的价格 – 现金流动机制，第四章（《休谟的国际收支调节理论》）就此进行了论述。

以后，国际收支调节理论先后形成三个分支，即国际收支调节的弹性理论、吸收理论和货币理论。

关于国际收支调节的弹性理论，第十章（《马歇尔的国际收支理论》）、第十七章（《勒纳关于国际金融的论述》）、第十九章（《琼·罗宾逊的国际收支与汇率理论》）、第二十二章（《国际收支调节的弹性理论》）中做了分析。

关于国际收支调节的吸收理论，第十三章（《凯恩斯的国际金融理论》）、第十四章（《哈罗德的国际收支均衡理论》）、第十八章（《马柯洛普的国际投资乘数理论》）、第二十三章（《国际收支调节的吸收理论》）中做了分析。

关于国际收支调节的货币理论，除第二十四章（《国际收支调节的货币理论》）中专门进行论述以外，第五章（《桑顿的汇率学说和 19 世纪初年英国的"金块论战"》)、第六章(《李嘉图的金本位制理论和英国"金块论战"的继续》)、第二十五章(《固定汇率理论和浮动汇率理论》)中也都涉及并讨论了这一问题。

3.国际通货膨胀理论是现代国际金融学说的基本组成部分之一,它在很大程度上与国际资本流动有密切关系。第七章(《西斯蒙第关于国际金融的论述》)中对 J.西斯蒙第关于通货膨胀国际传递问题的观点做了介绍。第十二章第二节(《俄林关于国际金融的论述》)中,又评述了俄林关于国际资本流动及其货币机制的观点。而在第十五章(《金德伯格的国际短期资本流动理论》)则专门讨论了 C.金德伯格在这个领域内的研究成果。

在现代的国际通货膨胀传递理论中,基本上有两个分支或两种分析方法,一是结构派或结构分析方法,二是货币派或货币分析方法。第二十一章(《缪尔达尔和林德白克关于国际金融的论述》)所讨论的是结构派观点和他们所使用的结构分析方法。第二十七章(《通货膨胀国际传递的货币分析》)所讨论的则是货币派观点和他们所使用的货币分析方法。

4.现代国际金融学说的三个基本组成部分——汇率决定理论(包括购买力平价理论、利率平价理论、综合平价理论)、国际收支调节理论(包括国际收支调节的弹性理论、吸收理论、货币理论)、国际通货膨胀理论(包括结构派的分析、货币派的分析)的形成与发展过程构成本书的基本内容。除此以外,本书还讨论了下述三个方面的问题:

①发展中国家的国际金融问题

第二十章(《讷克斯关于国际资本流动的论述》)着重探讨了讷克斯有关发展中国家资本形成与国际资本流动的关系以及发展中国家外债清偿能力的观点。

第二十六章(《蠕动钉住汇率理论》)针对发展中国家的汇率制度选

择，就一种介于固定汇率制与浮动汇率制之间的汇率制度（蠕动钉住汇率）的形成与发展进行了分析。

第二十九章（《金融深化理论》）以肖和麦金农的金融深化理论为主线，讨论了发展中国家摆脱国际收支困境和充实资金的途径。

②金融创新问题

第三十六章（《金融创新的理论与实践》）除了评述现代经济学界有关金融创新成因与影响的各种有代表性的观点外，还着重阐释了金融创新与金融管制之争，以及金融创新与货币政策之间的关系。

③国际货币改革问题

第二十八章（《米德关于内外均衡协调与国际经济理想秩序的理论》）所涉及的内容较多。其中，一部分是与国际收支调节理论有关的（该章第一至二节），另一部分则是米德关于理想的国际经济秩序的论述，它涉及了国际货币制度的改革设想。

第三十章（《特里芬的国际货币改革理论》）专门就特里芬关于国际货币体系改革的理论与方案进行论述。

第三十一章（《特别提款权与有关国际储备资产的讨论》）论述了关于国际货币改革的某些最新研究状况。

5. 在国际金融学说史上，西方经济学家的理论与政策主张不仅有承上启下的学术渊源关系，而且就一个具体的经济学家的著作来看，正确的与错误的成分往往并存。因此，我们既要了解他们之间的学术渊源关系，又要对他们的理论与政策主张进行分析，辨明哪些较为科学与合理，哪些则是不科学的、庸俗的。

第一章第二节（《马克思对早期国际金融学说的评论》）、第八章第二节（《马克思对西方有关汇率、国际收支、国际信用危机的观点的评论》）、第八章第三节（《列宁对西方有关国际资本流动的观点的评论》），介绍了马克思和列宁对西方经济学界关于国际金融问题的观点的评论。

关于汇率决定理论，第十一章、第三十二章、第三十三章、第三十五章中均有专门一节进行评论。

关于国际收支调节理论，第二十二章、第二十三章、第二十四章，也各有专门一节进行评论。

关于国际通货膨胀理论，对它的评论主要见于第二十七章第三节（《对国际传递货币论的评价》）。

本书写作的特点是，在系统阐述了国际金融学说史上某一流派、某一理论、某一方案的内容之后再予以评论，而不采取夹叙夹议的写法。这是因为，考虑到本书是一部国际金融学说史的著作，首先应当让读者了解国际金融学说三个基本组成部分的形成与发展过程，只有在此基础上再给予评价，才能使读者有较多的收益。

6.本书是一部关于国际金融学说史的著作，因此，假定读者在阅读本书时已经具备三方面的基本知识：

a.国际金融的基本知识，

b.经济学说史的基本知识，

c.现代西方宏观经济学的基本知识。

有关国际金融、经济学说史、现代西方宏观经济学的若干基本概念与方法，都不是本书的内容，因此也就没有把它们包括在内。

本书的大部分内容在北京大学经济学院本科高年级学生和研究生的课堂上曾以"国际金融学说史专题"和"现代西方国际金融理论专题"名称讲授过（本科高年级学生作为选修课，部分专业的研究生作为必修课）。实践表明，学生们对这两门课程很感兴趣，学习成绩普遍较好。所以本书适宜作为高等财经院校有关专业的教材。

早期国际金融学说的性质和特征

引自《国际金融学说史》，陈岱孙、厉以宁主编，中国金融出版社，1991 年版，第一章第一节。

一、早期国际金融学说的性质

本编所考察的早期国际金融学说，包括从重商主义到古典学派政治经济学这段时期内的国际金融学说，从时间上看，大约是从 17 世纪或更早一些到 19 世纪前半期。

早期国际金融学说在国际金融学说史上的地位是不容忽视的。这主要不是由于早期国际金融学说本身有多么大的成就，而是由于它同此后的国际金融学说，直至现代国际金融学说之间有理论上的渊源关系。早期国际金融学说是整个国际金融学说的源头，现代国际金融学说的许多理论都要从这里追溯起。

可以把现代国际金融学说分为三个基本的组成部分，即：汇率决定理论、国际收支调节理论和国际通货膨胀理论；并且再根据其中每一个基本的组成部分所研究的课题和主要论点，做如下的区分：

$$
现代国际金融学说
\begin{cases}
汇率决定理论
\begin{cases}
购买力平价理论 \\
利率平价理论 \\
综合平价理论
\end{cases} \\[2em]
国际收支调节理论
\begin{cases}
弹性理论 \\
吸收理论 \\
货币理论
\end{cases} \\[2em]
国际通货膨胀理论
\begin{cases}
结构分析 \\
货币分析
\end{cases}
\end{cases}
$$

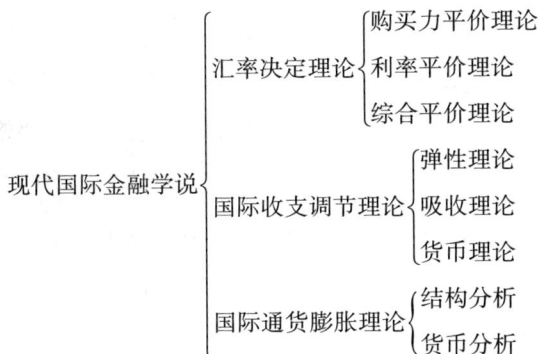

当然，这只是一种十分简略的区分。有关国际收支核算的研究、有关世界货币制度的研究等未包括在里面，而且，即使在现代国际金融学说的三个基本的组成部分中，也只是把每一方面的最重要的理论纳入其中，而略去较次要的或影响较小的理论（例如，在汇率决定理论中略去了心理理论或主观评价理论，而认为在现代利率平价理论和综合平价理论中都充分考虑了预期因素，即心理因素的作用；又如，在国际通货膨胀理论中略去了示范效应理论，即那种认为通过国际间的示范效应而造成通货膨胀国际传递的理论）。但无论如何，上述这种简略的区分是有助于了解现代国际金融学说的基本框架的。既然如此，在谈到现代国际金融学说的渊源时，我们就需要回答这样一个问题：早期国际金融学说在哪些方面可以被认为是源头？

在回答这个问题之前，应当首先指出，从重商主义者研究国际金融问题之时起，到19世纪前半期为止，即在本编所考察的这段时期内，通用的货币是贵金属（金或银）。并且可以说，直到20世纪初年，贵金属仍然是通用的货币。这就决定了早期国际金融学说的研究范围和早期国际金融学说的性质。早期国际金融问题的研究者主要研究的是贵金属本位制下的汇率和国际收支差额问题，他们不可能超越自己的时代去分析当时尚未出现的国际金融活动和国际金融现象。

就汇率决定问题来说，它在早期国际金融学说中实际上不被看成是重要的问题。这是因为：既然通用的货币是贵金属或铸币，那么汇率决定的基础就只可能是铸币的含贵金属量的多少；只要银行券是可以兑换成金币或银币的，那么汇率决定的基础仍然是金币或银币的重量和纯度。加之，当时的国际经济往来绝大部分是国际贸易，资本的国际流动不占重要地位，所以，适应于后来不兑换纸币制度下的汇率决定理论（如购买力平价理论），以及适应于后来资本国际流动背景下的汇率决定理论（如利率平价理论），都不可能在早期国际金融学说中出现。至多只能说，个别经济学家在研究国际金融问题时曾经提出过这些方面的见解而已。

在早期国际金融学说中占有重要位置的是国际收支调节理论。这时有关国际收支调节的论述是同金本位制的实行紧密联系在一起的。现代国际金融学说中的国际收支调节的弹性理论、吸收理论和货币理论，虽然都是 20 世纪的产物，但是，如果要真正了解现代国际收支调节理论的渊源，那就必须从早期国际金融学说中的休谟的价格 – 现金流动机制谈起。休谟的价格 – 现金流动机制是一种关于国际收支自动调节的理论，尽管休谟以货币数量论作为基础，从而有错误的成分，但这一国际收支调节理论对以后的国际收支调节理论的影响却是深刻的。关于这些，在本编和以后两编的有关章节中都有较详细的论述。

在金本位制度下，国际通货膨胀问题同国内通货膨胀问题一样，都不可能成为早期国际金融的研究者（甚至第二次世界大战前的国际金融的研究者）所关心的课题。在本编中，虽然在谈到重商主义者的学说和西斯蒙第的学说时也曾涉及类似的问题，但从性质上看，这与现代国际通货膨胀理论所探讨的问题是很不一样的。

根据以上的考察，可以对早期国际金融学说的性质做如下的概括：早期国际金融学说是在西欧封建主义解体和资本主义兴起时期内，为适应国际经济往来的日益发展而形成的资产阶级国际金融学说。它与当时的贵金属本位制度密切有关；它作为现代国际金融学说的源头，主要在国际收支调节的研究中形成了对后来较有影响的理论。

二、早期国际金融学说的特征

从理论上说，早期国际金融学说，即使是它的国际收支调节理论，也是不成熟的、简单的和破绽较多的。从方法论上说，早期国际金融学说的研究者着重于规范分析和演绎分析，这同当时经济学的发展水平相适应。至于早期国际金融学说的特征，大体说来，有以下两个方面：

第一，早期国际金融学说的若干理论观点，并不是当时的研究者纯粹从理论的角度进行研究所得出的结果，而主要是在围绕经济政策问题展开的争论中所得出的结果。也就是说，早期国际金融学说具有强烈的政策性，它们明显地为一定的经济政策的制定服务。

本编中关于重商主义者的论述的一章，尤其是关于19世纪初年英国"金块论战"的两章，充分表明了早期国际金融学说的上述特征。重商主义者的争论有助于保护贸易政策的制定，而李嘉图在"金块论战"中为恢复金本位制而进行的辩论则有助于金本位制的确立。

第二，由于在我们所考察的这段时期内各国通用的是贵金属货币，而贵金属货币既是国内货币，又是世界货币，所以早期国际金融学说也可以被认为是早期货币金融学说。换言之，早期国际金融学说的研究者在论著中通常把国际金融问题同货币问题结合在一起，而不像后来的国际金融研究那样把国际金融作为一个不同于国内货币金融的问题进行专门的考察。

重商主义者的著作在涉及国际金融问题（如货币输出与输入等）

时，总是把国内货币金融同国际金融结合在一起进行阐述。J.斯图亚特的观点既是重商主义的发展，又代表着从重商主义向古典派的转变，但他同样从国内货币金融的角度来论述国际金融问题。在古典经济学家的著作中，这种倾向也是相当明显的。亚当·斯密虽然不曾专门分析国际金融问题，但他有关黄金、铸币、纸币之间关系的论述，以及有关银行作用的论述，仍是把国内货币金融同国际金融联系起来考察。甚至在李嘉图那里，这种倾向也存在着。李嘉图就金本位制度发表的一系列观点，既是他对于国内货币金融问题的见解，同时又是他对于国际金融问题的见解。

早期国际金融学说的地位不可忽视，而它的缺陷或错误也应当被指出，这样才能对它做出科学的评价。本章第二节将使读者正确认识早期国际金融学说的得失。

19世纪后半期至20世纪30年代西方的国际金融研究

引自《国际金融学说史》，陈岱孙、厉以宁主编，中国金融出版社，1991年版，第八章第一节。

一、研究的重点

19世纪后半期至20世纪30年代的西方国际金融学说，是在继承休谟、李嘉图等人理论的基础上的进一步发展。从研究的重点来看，这一时期讨论较多的是汇率、国际收支调节和资本的国际流动问题。值得注意的是：

第一，这几十年是金本位制逐渐崩溃（以至于最终结束）和不兑换纸币制度逐渐被各国所接受的时期，因此经济学界在研究国际金融时，都结合了从金本位制向不兑换纸币制度的实际进行探讨。关于汇率的研究之所以成为重点，与此有密切关系。

第二，这一时期的资本主义经济大体上经历了两个阶段，前一段是经济持续增长阶段，即从19世纪后半期到第一次世界大战为止，其间虽然发生过一些资本主义经济危机，但相对说来，对各国经济的震动还比较小，后一段是两次世界大战期间这个阶段，其间经过第一次世界大战结束之后不久所发生的危机，然后是几年的相对稳定，接着就是1929年爆发的资本主义经济危机和萧条。因此，怎样解决国际收支平衡问题自然而然地成为国际金融研究的另一个重点。

第三，这几十年也正是资本主义由自由竞争阶段向垄断阶段的过渡和垄断资本主义确立的时期，资本输出成为这一时期资本主义经济的特征之一。同资本输出联系在一起的若干问题，如国际资本流动的机制、国际债务清偿能力、国际资本流动与经济周期的关系，也就成为西方经济学界关心的问题。因此，这一时期国际金融理论的第三个研究重点，就是资本的国际流动。

二、汇率的研究：从金本位制到不兑换纸币制度

这一时期关于汇率的研究中，有五位西方经济学家是需要重视的。他们是 G.戈申、瓦尔拉、A.阿夫塔里昂、卡塞尔、凯恩斯。戈申对金本位制条件下的汇率取决于供求的原理做了系统的阐释。瓦尔拉运用一般均衡方法分析了汇率的决定问题。阿夫塔里昂强调汇率决定中的个人主观评价的作用。卡塞尔从货币数量论出发，提出了较完整的购买力平价理论。凯恩斯则是古典利率平价理论的主要代表人物。这五人中，关于瓦尔拉的一般均衡的汇率分析、卡塞尔的购买力平价理论、凯恩斯的古典利率平价理论，在本编内均有专章予以阐述。关于戈申和阿夫塔里昂的论点，虽然本编内没有专章来说明，但这只是由于篇幅所限，而并非由于它们在国际金融学说史上不重要。因而有必要在本章的这一节中把他们的基本论点做一下概述。

乔治·约阿西姆·戈申（George Joachim Goschen，1831—1907）是英国经济学家。《外汇理论》（1861）一书是他自牛津大学奥里尔学院毕业后不久任英格兰银行董事时撰写的。以后，他在政府中任职，曾任财政大臣、海军大臣等。戈申在《外汇理论》中所表述的主要观点是这

两点：

1.汇率取决于对外币的需求和外币的供给的比例关系。如果一国对外收入增加，对外支出减少，那么外币的供给将超过对外币的需求，于是本国货币将升值；反之，如果一国对外收入减少，对外支出增加，那么对外币的需求将超过外币的供给，于是本国货币将贬值。

2.外币的供给和对外币的需求都受到一国的国际借贷关系的支配。国际借贷包括债权和债务两个方面。如果一国已经到期的债权超过已经到期的债务，那么对外收入将大于对外支出，本国货币将升值；反之，如果一国已经到期的债务超过已经到期的债权，那么对外支出将大于对外收入，本国货币将贬值。戈申在这里所谈到的国际借贷的内容是广泛的，它们包括商品的输出和输入、有价证券的买卖、非贸易的收入和支付、资本及其利息的收入和支付等。

可以看出，戈申的汇率理论是在休谟和李嘉图等前人论述的基础上的系统表述。他的贡献也正在于把金本位制度下汇率变动的原因归结为国际借贷关系中债权与债务的变动。但他并没有做更深入一步的分析，即没有说明汇率决定的基础究竟是什么。汇率的变动虽然可以像戈申所解释的那样归结为国际债权与债务的变动，然而，汇率的变动是不是围绕着某一中心呢？这个中心又是什么呢？戈申没有就此做出说明。正如本编中有关购买力平价理论一章所指出的，卡塞尔的贡献在于他试图以两国货币的购买力作为汇率决定的基础。

卡塞尔的购买力平价理论是在 20 世纪 20 年代初提出的（详见本书第十一章）。在 1927 年，法国巴黎大学教授阿夫塔里昂在《货币、物价与汇兑》一书中，根据边际效用价值论的观点对汇率的决定及其变动的原因做了另一种解释，即既不同于戈申，又不同于卡塞尔的解释。阿夫塔里昂主要的研究领域是在经济周期理论方面，但他关于汇率的研究也是很有代表性的。他认为：汇率取决于外币的供给与对外币的需求，而个人对外币的需求则出于个人对国外商品和劳务的某种欲望,而后者又是由个人的主观评价决定的。这就是汇率决定的效用原理。正如商品的均衡价格所取决的供给和需求都不是个别的供给和需求,而是市场的供给和需求一样,外汇的均衡价格所取决的供给和需求也不是个别的供给和需求,而是市场的供给和需求。市场需求是个人需求的综合。既然个人需求由个人的主观评价所决定,那么市场需求作为个人需求的综合、市场的评价作为个人的评价的综合也必然对均衡价格起着重要的作用。因此,阿夫塔里昂关于汇率的理论被称为汇率的心理理论,或被称为汇率的主观评价理论。

凯恩斯关于汇率决定的论点主要反映于他在 1923 年出版的《货币改革论》一书中。他的理论被认为是对汇率决定的又一种解释,即通过即期汇率与远期汇率之间关系来确定汇率的位置及其变动的原因。尽管凯恩斯所表述的还只是利率平价理论的简单形式(古典形式),但他的研究为现代利率平价理论的发展提供了条件。关于现代利率平价理论,本书的第三编将有专章阐述。

戈申关于汇率的研究,是适应于金本位制条件的。在金本位制度下,货币兑换的比率以含金量为依据,也许,黄金输送点已经可以用来说明汇率上下摆动的限界了,所以戈申的研究仅限于用国际债权与债务关系来解释汇率变化的原因,而不再去深入探讨汇率决定的基础。卡塞尔、阿夫塔里昂、凯恩斯三人有关汇率的著作都出版于 20 世纪 20 年代,这时金本位制已解体或者以被修改了的形式采用,而纸币的不兑换则成为通货的一个特征。于是他们就感到汇率决定的基础这一问题的重要性,并分别从购买力平价、心理因素、利率平价的角度来进行说明。他们的研究虽然较为简略,但却是在汇率决定理论方面迈出的有意义的一步。

三、国际收支调节的研究：弹性理论和吸收理论的提出

正如前面已经指出，关于国际收支调节问题的研究同我们所考察的这段时期内经济的不稳定有关。马歇尔和凯恩斯的著作是值得注意的，因为它们代表了国际收支调节理论发展中的一个阶段——从早期国际收支调节理论向现代国际收支调节理论的过渡阶段——的研究成果。

在上一编中，曾经谈到早期国际收支调节的基本理论，即休谟的价格 – 现金流动机制。休谟的分析显然是初步的。这是因为，根据休谟的观点，货币量变动导致物价变动，再导致进出口贸易差额的变动，将成为国际收支的一种自动调节机制。但是，一方面，这些变动需要一定的过程，即从货币量变动到国际收支差额的调整有一定的时间间隔；另一方面，价格 – 现金流动机制的作用是需要基本的既定条件的，例如，进出口弹性如何，国内市场的容量如何，等等。在下一编中，将有专章分别对现代国际金融学说中的三种有影响的国际收支调节理论（弹性理论、吸收理论、货币理论）进行阐述，它们所阐述的实际上就是国际收支调节的机制问题。当然，在下一编将会指出，这三种有影响的国际收支调节理论的系统化和完整化分别是 20 世纪 50 年代、60 年代和 70 年代的事情。因此，在我们所考察的这段时期内，马歇尔和凯恩斯的论点只能以"弹性理论和吸收理论的提出"来加以概括。

国际收支调节的弹性理论的提出，是马歇尔在国际金融学说史上的一个贡献。马歇尔分析方法的特点，主要表现于他采用微观经济分析和局部均衡分析。他在研究国际收支差额的产生和消除的原因和过程时，采用了进出口变动的弹性概念。这样，他奠定了国际收支调节的弹性理论的基础。在下一编中将提到的勒纳、罗宾逊等人的理论都是在马歇尔所奠定的基础之上的进一步发展。

国际收支调节的吸收理论是以凯恩斯的国民收入均衡公式为基础的。这是凯恩斯在国际金融学说史上的两个主要研究成果之一（另一主要研究成果就是前面提到的古典利率平价理论）。但凯恩斯的论述仍然只能被认为是国际收支调节的吸收理论的基础。现代国际收支调节的吸收理论在凯恩斯理论的基础上有很大的发展，关于这一点，下一编将会专门论述。在这里，从国际金融学说史的角度来看，还有必要对哈罗德的论点做一些说明，因为哈罗德虽然不是国际收支调节的吸收理论的奠基者，但却是在这一研究领域内有贡献的经济学家之一。

哈罗德出版于1933年的《国际经济学》一书，实际上是哈罗德关于国际收支动态均衡理论的较早的表述。他认为，国际收支调节的途径，从国内因素分析，那么无非是调节生产要素报酬或调节生产要素使用率（即调节生产要素的闲置程度）。这两种调节途径都将影响国内的就业水平和收入水平，进而影响国内的消费与投资。这样，哈罗德就把国际收支均衡问题同国内收入均衡问题结合在一起了。他的分析方法和通过分析所得出的结论，在很多地方与以后发展起来的国际收支调节的吸收理论是一致的。在本编关于哈罗德的国际收支均衡理论一章中，对这个问题将有专门的阐释。

四、资本国际流动的研究：经济周期同步性问题的探索

在下一编，现代国际金融学说的三个基本组成部分——汇率决定理论、国际收支调节理论和国际通货膨胀理论——被作为重点得到考察。这三个基本组成部分中的前两个部分，即汇率决定理论和国际收支调节理论，都是在我们所考察的这段时期内奠定基础的，这些前面已经提到了。这三个基本组成部分中的国际通货膨胀理论，在下一编将会指出，

主要是在第二次世界大战结束以后发展起来的。第二次世界大战以前，还谈不上经济学的研究成果已经为国际通货膨胀理论（包括其中的结构理论或货币理论）奠定了基础，而只能说有些经济学家在类似的或相关的领域内做了探索。在本编中提到的俄林、金德伯格，就是这方面的代表人物。

俄林对国际金融进行过广泛的研究。在本编的有关章节中将会指出，他侧重于短期汇率的决定问题，但不同意购买力平价理论，而认为外汇供求决定汇率的观点是有道理的，价格体系只不过间接地对汇率发生影响。俄林的这一看法与维克赛尔一致，而维克赛尔的论述又是与戈申相近的。但俄林主要研究资本的国际流动及其对各国经济的影响。俄林认为，资本的国际流动实质上就是借贷两国生产的调整，流动的结果必定导致两国生产和收入的变化。不仅如此，伴随着资本的国际流动，借贷两国的贸易条件也会发生相应的变化，一般地说，资本流入国的价格将上升，资本流出国的价格将下跌，于是前者收入增长，后者收入减少，于是就会影响到两国的出口商品价格。资本流入国的出口商品价格的上升和资本流出国出口商品价格的下降，既反映了贸易条件的变化，又会促使两国的资源配置发生变化。俄林认为，两国资源配置的变化很可能引起某种程度的经济混乱（如失业等），这样，也就有可能把经济周期的变化同资本在两国间的流动直接或间接地联系在一起。

金德伯格在 1937 年出版的《国际短期资本流动》一书，在资本的国际流动（短期流动）方面提出了不少新颖的见解。他除了分析了国际短期资本流动对货币供给的影响和对一国国际收支调节的影响而外，还着重考察了经济周期的同步性与国际短期资本流动的关系。根据金德伯格的论述，短期资本流出国的利率将会因资本的流出而提高，而短期资本流入国的利率则会因资本的流入而降低，这就是说，事实上，短期资本流出国的经济将趋于紧缩，而短期资本流入国的经济将趋于膨胀，这种情况将持续到两国利率大体上相等之时为止。在各国经济相互联系的格局中,只要一国的经济首先繁荣,即它的经济首先趋于膨胀,那么通过利率的变化和各国利率的持平,也会导致其他国家的繁荣或膨胀;反之,只要一国的经济首先萧条,即它的经济首先趋于紧缩,那么通过利率的变化和资本的国际流动,同样会导致其他国家的经济趋于紧缩。这就是经济周期同步性的一个重要原因。

应当指出,上述经济周期同步性的研究与第二次世界大战以后的国际通货膨胀问题的研究虽然有联系,但还不能等同起来。这是因为:第一,经济周期同步性的研究的重点不在于通货膨胀的同步性,而在于经济萧条的同步性,这是与第二次世界大战前的实际情况有关的,在当时的条件下,国际性的通货膨胀并未成为普遍的问题,从而也没有引起经济学界更多的关注;第二,第二次世界大战以后的国际通货膨胀问题的研究,着重于通货膨胀的国际传递机制及其效应,而第二次世界大战以前的经济周期同步性的研究虽然涉及了资本国际流动的效应问题,但远不如现代国际通货膨胀理论对这些问题的研究那样深入和系统。因此,正如本编的标题"从早期国际金融学说向现代国际金融学说的过渡"所示,20世纪30年代的资本国际流动研究同当时有影响的购买力平价理论、古典利率平价理论和国际收支调节理论(马歇尔的理论与凯恩斯的理论)一样,都代表着向现代国际金融学说的过渡。

现代国际金融学说概述

引自《国际金融学说史》，陈岱孙、厉以宁主编，中国金融出版社，1991 年版，第十六章。

　　以上已经就 19 世纪后半期至 20 世纪 30 年代的西方国际金融学说的发展进行了阐述。无论是马歇尔的国际收支理论、卡塞尔的购买力平价理论、凯恩斯的国际金融理论还是哈罗德的国际收支均衡理论、金德伯格的国际短期资本流动理论，都属于从早期国际金融学说向现代国际金融学说过渡阶段的研究成果，它们起着国际金融学说史上承上启下的作用。它们既在一定程度上反映了当时国际商品流动和国际资本流动的实际情况，表明了西方经济学界对当时发生的种种国际经济现象的看法或政策设计，同时也为现代西方国际金融学说的发展做了理论上的准备和方法论上的准备。这就是说，在对现代国际金融学说进行考察时，我们不应当割断现代国际金融学说同过去的联系，尤其是同 19 世纪后半期至 20 世纪 30 年代的国际金融学说的联系。

　　在本编内，各章所阐述的是第二次世界大战以来的西方国际金融学说，所涉及的内容是相当广泛的，从国际收支调节的弹性理论、吸收理论、货币理论到通货膨胀国际传递机制的研究，从现代利率平价理论到外汇政策理论，从理想国际经济秩序的探讨到国际储备资产的争论，以及从发达国家内外均衡的协调到发展中国家的金融深化，等等，可以说，除了由于篇幅所限而未能专门涉及欧洲货币体系的理论研究史，以及国民核算体系中有关国际经济核算的演变过程外，本编大体上包括了现代国际金融学说史的基本内容。本编之所以未把欧洲货币体系的理论研究史和国民核算体系中有关国际经济核算的演变过程包括在内，主要是由于它们的专业性较强，而本书的篇幅又有限，因此，本编仍然只限于从一般理论的角度对现代国际金融学说的发展进行阐述。

以下准备分两节来概述现代西方国际金融学说的发展简况和特征。

第一节　现代国际金融学说的发展简况

一、现代国际金融学说的基本内容

正如前面已经指出的，现代国际金融学说所包括的内容相当广泛，大体上，可以把现代国际金融学说分为以下三方面：

第一，汇率决定理论。汇率决定理论是用以说明一国货币与另一国货币的兑换比率如何决定的理论。

为了解释两国之间的货币兑换比率的决定问题，现代国际金融研究者们主要从影响这种兑换比率的因素进行分析，并在若干个有影响的因素中选择最有影响的因素来加以说明。

与汇率决定问题联系在一起的，有汇率波动原因的分析、消除汇率波动和维持汇率基本稳定的对策的分析以及汇率升降的经济效应的分析，等等。对这些问题的研究通常也包括在汇率决定理论之内。

第二，国际收支调节理论。国际收支调节理论是用以说明一国的国际收支如何进行调节的理论。

为了说明一国国际收支的调节过程和调节原因，现代国际金融研究者们主要从国际收支调节的内在因素和外部因素进行分析，并在若干个有影响的因素中选择最有影响的因素来加以说明。

与国际收支调节问题联系在一起的，有国际收支均衡与失衡的原因的分析、国际收入均衡与失衡的效应的分析以及国际收支从失衡到均衡的对策的分析，等等。对这些问题的研究通常也包括在国际收支调节理论之内。

第三，国际通货膨胀理论。国际通货膨胀理论是用以说明国际上的通货膨胀如何发生、通货膨胀如何从一国传递到另一国的理论。

为了说明国际上通货膨胀产生的原因和传递的过程，现代国际金融研究者们主要从导致国际上产生通货膨胀的因素，以及通货膨胀国际传递的机制方面进行分析，并在若干个有影响的因素中选择对国际上产生通货膨胀最有影响的因素，在通货膨胀国际传递机制中选择最能说明问题的机制，作为基本的解释。

与国际通货膨胀问题联系在一起的，有不同国家和地区通货膨胀率差异的原因的分析、应付通货膨胀从国外传递到本国的主要对策分析、消除国际通货膨胀对本国的不利影响的主要对策分析，等等。对这些问题的研究通常也包括在国际通货膨胀理论之内。

汇率决定理论、国际收支调节理论、国际通货膨胀理论以及它们包括的各个相关问题的研究，就是现代国际金融学说的基本内容，也就是本编各章所要考察的课题。在本编内，没有单独把发展中国家的国际金融问题列出来进行探讨。这是因为，任何一个国家，包括发展中国家，虽然由于本国历史的特点和现实经济的特点而存在这种或那种特殊性质的国际金融问题，但只要对这些问题做深入一层的分析，就可以发现，它们或者与汇率有关，或者与国际收支及其调节有关，或者与国际经济对本国的影响（通过贸易渠道发生的影响或通过资本流动渠道发生的影响）有关，或者与国际通货膨胀的传递和反传递有关。因此，本编各章关于汇率、国际收支、国际通货膨胀的理论分析，基本上是适用于发展中国家的。

二、现代汇率决定理论的发展简况

前面，已经就卡塞尔的购买力平价理论和凯恩斯的古典利率平价理论做了阐述。在 20 世纪最初三四十年内，这是汇率决定理论中最有影响的两种。第二次世界大战以后的汇率决定理论基本上循着购买力平价理论和利率平价理论这样两个思路发展。

在阐述卡塞尔的购买力平价理论和凯恩斯的古典利率平价理论时，也曾说明了这两种汇率决定理论的局限性，以及在应用方面存在的缺陷。现代汇率决定理论在卡塞尔购买力平价理论和凯恩斯古典利率平价理论的基础上发展起来，它力求消除二者各自具有的局限性，克服它们的缺陷，甚至还试图把购买力平价理论和利率平价理论综合在一起，形成新的综合平价理论。此外，正如上一编所提到的，在西方关于汇率决定问题的研究中，与购买力平价理论和利率平价理论并列但影响相对小一些的是有关心理因素在汇率决定方面的作用的研究，或称为汇兑心理论，它以法国经济学家 A.阿夫塔里昂为主要代表人物。但在第二次世界大战以后关于汇率决定的研究中，汇兑心理论已经不再以一种独立的汇率决定理论出现，而是以心理因素分析的形式同购买力平价理论和利率平价理论的发展结合在一起。随着 70 年代内合理预期理论的产生和发展，预期因素在汇率决定理论中的重要性被突出，并成为现代汇率理论的一个有机的组成部分。这一点在本编有关的章节内曾多次被提到。

在本编中，着重论述的是现代利率平价理论和综合平价理论。它们可以被看成是现代汇率决定理论的主要代表。综合平价理论中实际上已经把购买力平价理论的要点包含在内了。

现代利率平价理论在充分考虑到预期因素的作用的前提下，研究国际货币市场上利差和远期汇率之间的关系，它得出的一个重要论点是：两种货币的利差等于预期汇率的变化率，从而利差也必然等于预期通货膨胀率的差额。

现代利率平价理论考虑到古典利率平价理论的某些缺陷，因此，它在发展过程中就以下问题进行了较大的补充。一是把套利资金的供给弹性纳入现代利率平价理论之内，从而修改了以往关于套利资金供给弹性无穷大的假设。二是考虑到投机者行为、套利者行为对远期汇率和利率平价的影响，即认为远期汇率之所以会偏离利率平价，同市场上的投机活动、套利活动密切有关，而投机者、套利者之所以要在远期外汇的买卖中投入资金，又同他们的汇率预期有关，这样，预期因素也就被纳入了现代利率平价理论之内。

现代利率平价理论的代表者，如 J. 弗兰克尔、J. 比尔森等人，在考察汇率变动与利率变动之间的关系时，都是强调预期因素的作用的。没有预期，就不会有国内外通货膨胀率的实际差额，也就不会有汇率的决定，这是现代利率平价理论的一个显著特点，也是利率平价理论在第二次世界大战结束以后根据国际市场的现实状况的发展。

综合平价理论是现代汇率决定理论的又一成就。它把购买力平价理论、利率平价理论、汇兑心理论的要点综合到一起，多方面地考察影响汇率决定的有关因素。但综合平价理论并不是一种统一的汇率决定理论，不同的学者从不同的角度出发，采用不同的综合方法，所得出的是不同的综合平价理论。本编着重考察的是布莱克的综合平价理论，可以把它作为现代汇率决定理论中的一种有代表性的综合平价理论。

F. 布莱克区分了外汇市场的长期均衡与短期均衡。他认为，在长期均衡中，汇率的主要决定因素是两种货币的购买力，这种均衡被称为购买力平价均衡。但在考虑购买力平价均衡时，不应当仅仅考察两国的商品价格及其上涨幅度的差异，而且还应当分析两国贸易商品和非贸易商品价格的差异、资源分配状况、运输成本和关税，等等。此外，在考察购买力平价决定外汇市场的长期均衡时，也要把需求偏好变化、生产率变化、利率变化、实际收入变化考虑在内，而不能单独分析货币供给的变化。这样，布莱克在探讨外汇市场的长期均衡时，他所考虑的购买力平价已经不是传统的购买力平价，而成为一种购买力综合平价。

在外汇市场短期均衡的决定上，布莱克倾向于突出利率平价的作用，也就是突出资本流动和资产存量变化的作用。他认为，资本流动和资产存量的变化都与两国利率的变化及其差异有关。而预期因素的作用，则同样不可忽视，因为预期不仅影响实际的通货膨胀率，并且也影响资本的国际流动。

布莱克的综合平价理论在他用以分析发展中国家的汇率决定和外汇政策选择时，也表现得很明显。他提出了贸易加权的有效汇率概念。贸易加权的有效汇率是指一国对其贸易伙伴国的贸易额的加权平均汇率，但由于布莱克是把商品市场和资本市场同时考虑在内的，所以这种有效汇率不是购买力平价决定的汇率，而是购买力平价（尽管它的比重大一些，因为发展中国家的资本市场不发达）与利率平价共同决定的汇率。

三、现代国际收支调节理论的发展简况

上一编曾分别就马歇尔、维克赛尔、凯恩斯、俄林、哈罗德、金德伯格等人关于国际收支的调节机制的论点做了阐述。从这些西方经济学家的论点可以了解到，尽管他们在某些领域有比较精密的分析或发表过有见地的看法，但总的说来，在第二次世界大战以前，国际金融学说中

的国际收支调节理论仍然是不系统的、不完整的，这种不系统性、不完整性不仅反映于国际收支调节的吸收理论和国际收支调节的货币理论方面；甚至在国际收支调节的弹性理论方面，同样反映了这种不系统性、不完整性。

大体上可以这么说，国际收支调节的弹性理论到了20世纪50年代，才趋于系统和完整；国际收支调节的吸收理论和货币理论，大约分别在20世纪60年代和70年代才趋于系统和完整。因此，在本编中，用了三章的篇幅分别考察国际收支调节的这三种理论。

国际收支调节的弹性理论的发展与勒纳、罗宾逊的研究直接有关。虽然勒纳和罗宾逊二人在国际金融领域内的研究不限于汇率弹性问题，尤其是罗宾逊，她关于国际收支调节的研究也同国际收支调节的吸收理论的发展有关，但不管怎样，弹性理论之趋于系统和完整，是同他们的努力分不开的。在经济学文献中，人们通常把弹性理论同马歇尔、勒纳、罗宾逊的名字联系在一起。

国际收支调节的吸收理论与弹性理论的重要的区别在于：弹性理论侧重于从微观经济的角度对货币贬值的效应进行考察，而吸收理论则侧重于从宏观经济的角度对货币贬值的效应进行考察；弹性理论侧重于外贸市场的分析，吸收理论则侧重于国民收入的分析；弹性理论从马歇尔的论述出发，吸收理论则从凯恩斯的论述出发。在第二次世界大战结束以后，S.亚历山大、F.马柯洛普和罗宾逊等人对国际收支调节机制的研究，都有助于吸收理论的系统化和完整化。此外，讷克斯关于资本的国际流动机制和外债清偿能力的研究，也从不同的角度促进了吸收理论的发展。

国际收支调节的货币理论的发展较晚。它是随着西方经济学中货币学派的兴起而发展起来的。货币学派的一般理论成为国际收支调节的货币理论的基础。美国的芝加哥大学、英国的曼彻斯特大学以及国际货币基金组织的一些倾向于货币主义的经济学家在发展国际收支调节的货币理论方面起了重要的作用。从总的理论倾向上来看，国际收支调节的货币理论也是侧重于宏观经济的分析的，但它与吸收理论的不同之处在于：一方面，它着重的是货币存量的分析，而并非像吸收理论那样着重国民收入流量的分析；另一方面，它强调经济自身的内在调节机制的作用，认为市场的自发调节优于政府的调节。

国际收支调节的弹性理论、吸收理论和货币理论作为三种独立的国际收支调节理论，各有与自己的理论相适应的对外经济政策主张，其中包括了汇率制度与汇率政策的主张。于是，在国际收支调节理论之间争论的同时，有关汇率制度与汇率政策的争论也一直没有停止。这是第二次世界大战结束以后国际金融学说发展中的一个值得注意的情况。本编中关于固定汇率理论和浮动汇率理论的一章，以及关于蠕动钉住汇率理论的一章，都以较大的篇幅阐述了学术界的争论。争论的问题之一就是什么样的汇率制度与汇率政策有利于国际收支调节机制发挥作用。

国际收支调节理论中的弹性理论、吸收理论、货币理论各有适用的范围，并且全都离不开各自所给定的前提条件；同样的道理，固定汇率制度、浮动汇率制度、蠕动钉住汇率制度，等等，也各有适用的范围，也都不可能脱离它们得以发挥作用的前提条件。正是从这个意义上说，简单地做出哪一种国际收支调节理论最优或最劣的判断，是不科学的；简单地断言这一种汇率制度绝对地优于另一种汇率制度或不如另一种汇率制度，也不符合实际情况。

四、现代国际通货膨胀理论的发展简况

国际通货膨胀理论是第二次世界大战结束以后，确切地说，是在20世纪60年代内出现的关于通货膨胀在国际上产生的原因、传递的机

制和效应的分析的一种理论。它主要有两种不同的解释，即国际通货膨胀的结构理论和国际通货膨胀的货币理论。

国际通货膨胀的结构理论的早期代表作，被认为是 1962 年 P. 斯特里滕在《吉克罗斯》杂志上发表的《工资、物价和生产率》一文、1964 年 G. 奥利维拉在《牛津经济文汇》上发表的《论结构性通货膨胀和拉丁美洲结构主义》一文以及 1967 年 W. 鲍莫尔在《美国经济评论》上发表的《不平衡增长的宏观经济学》一文。在著名的西方经济学家当中，缪尔达尔、林德白克、希克斯、R. 舒尔茨等人，也都是同意国际通货膨胀的结构理论的。

在本编，只对国际通货膨胀的货币理论做了专门的阐述，而没有单独列出一章来考察结构理论。这主要是因为：国际通货膨胀的货币理论较多地涉及国际金融领域内的问题，而国际通货膨胀的结构理论则较多地涉及国际贸易领域内的问题。这可以从货币理论与结构理论的区别得到反映。

国际通货膨胀的货币理论同结构理论的区别之一是：关于国际通货膨胀的起因，货币理论主要归结为世界货币供应量的变化，即世界货币供应量等于各国货币供应量的总和，从而各国货币供应量的增长将引起世界货币供应量的增长，而世界货币供应量的增长则可能导致国际通货膨胀的产生。结构理论与此不同，它把国际通货膨胀的起因主要归结为产品供求结构的变化，即某些国际贸易商品的稀缺引起市场供求结构的变化，并由此推动物价的变动，导致国际的通货膨胀。

国际通货膨胀的货币理论同结构理论的区别之二是：货币理论一般认为，通货膨胀主要是通过国际资本流动渠道而传递的，例如，通过资本流动而影响利息率的变化，从而使国内的利息率适应国际金融市场的利息率水平，使国内的通货膨胀率适应国际的通货膨胀率，等等。结构理论一般认为，通货膨胀主要是通过国际贸易渠道而传递的，例如，一国开放经济部门的产品接受世界市场价格，它们的价格水平随世界市场价格水平的上升而上升，然后，通过国内的开放经济部门对非开放经济部门的影响，带动了国内非开放经济部门的价格水平上升，这样，国际的通货膨胀就传递到国内来了。

国际通货膨胀的货币理论同结构理论的区别之三是：在怎样防止通货膨胀的国际传递这一问题上，货币理论倾向于如下的对策，即各国自行约束本国的货币供应量，以免影响世界货币供应量，为此就应当实行弗里德曼的单一规则，但是，由于各国难以采取协调一致的政策，这种做法实际上是行不通的，剩下的办法就只有采用浮动汇率制度了，因为浮动汇率即使不可能使得国际通货膨胀不再发生，至少可以减轻国际通货膨胀对实行浮动汇率制的国家的冲击力。结构理论所提出的对策要比这具体得多，而且涉及面也广得多。例如，有的结构理论的支持者倡议重新制定国际经济秩序，以新的、有助于消除国际间贸易不平等和价格歧视的国际经济秩序代替现存的国际经济秩序；有的结构理论的支持者则主张各国采取协调一致的需求管理措施，包括利用财政政策、金融政策、汇率政策，以消除国际通货膨胀和减轻国际通货膨胀对某一国家的冲击力；还有的结构理论的支持者强调各国国内结构调整的意义，认为只有国内经济的平衡发展才能既防止国外的通货膨胀对本国的传递，又不至于使本国出现通货膨胀，从而对其他国家的经济发生影响。

从以上所谈到的三个区别可以了解到，尽管国际通货膨胀理论是现代国际金融学说的组成部分之一，但同国际金融活动和国际金融现象的关系更为密切的，是国际通货膨胀的货币理论，而不是结构理论，因此在本编中，对货币理论做了较多的分析。

第二节　现代国际金融学说的特征

一、理论上的特征

现代国际金融学说在理论上具有两个明显的特征：一是带有较大程度的西方一般经济理论的学派色彩；二是同第二次世界大战以来国际金融活动的实践有着比较紧密的联系。

第一个特征，即虽然在汇率决定理论方面，一般理论的学派色彩并不明显，但在国际收支调节理论和国际通货膨胀理论方面，一般理论的学派色彩却是比较明显的。例如，国际收支调节的弹性理论带有新古典学派的色彩，国际收支调节的吸收理论带有凯恩斯学派的色彩，而国际收支调节的货币理论则带有货币学派的色彩。再如，国际通货膨胀的货币理论带有货币学派的色彩，而结构理论或者带有制度学派的色彩，或者带有凯恩斯学派的色彩。[①]这些都是在研究现代西方国际金融学说时需要注意的。

当然，在谈到现代国际金融学说带有一般理论的学派色彩时，还应当注意这样三点：

第一，并非所有的现代国际金融学说都带有学派的色彩。前面已经指出，汇率决定理论的学派色彩就不明显。除此以外，若干与国际金融实务关系密切的论点，如国际金融风险分析、国际金融创新研究等，也不能被认为带有学派色彩。我们只能说，在现代国际金融学说中，最有影响的和争论最多的是国际收支调节理论和国际通货膨胀理论，这两个

[①]　国际通货膨胀的结构理论中的小国开放模型是瑞典学派（或北欧学派）的研究成果。它的学派色彩同样是鲜明的。

理论中的不同观点反映了一般经济理论的不同学派的特色。

第二，现代国际金融学说中的带有学派色彩的部分，如国际收支调节理论和国际通货膨胀理论，通常被认为是一般经济理论的组成部分，一般经济学家都对这些理论感兴趣，因此，它们的学派色彩就突出了。那么，为什么一般经济学家会对国际收支调节理论和国际通货膨胀感兴趣并从事这些方面的研究呢？这主要因为国际收支调节研究的核心问题是开放经济条件下的经济运行机制，国际通货膨胀研究的核心问题是通货膨胀的国际传递机制和国内经济运行机制。由此可见，经济机制在现代国际金融研究中是一个十分重要的问题；不深入到经济机制这个层次来分析国际金融问题，是难以在这个领域内取得成就的。

第三，无论是国际收支调节理论还是国际通货膨胀理论，都包括了政策研究。既然国际收支调节理论和国际通货膨胀理论带有一般经济理论的学派色彩，那么不可避免的是，它们所包括的政策研究也带有相应的学派色彩。理论上的学派倾向与政策主张方面的学派倾向是一致的。

第二个特征，即现代国际金融学说同第二次世界大战以来国际金融活动的实践有着比较紧密的联系。这里所涉及的是第二次世界大战以来的一系列发生在国际金融领域内的变化，如资本的国际流动数量的大为增加，资本的国际流动与投放形式的巨大变化，布雷顿森林体制的产生、发展与崩溃，美元、英镑、西德马克、日元、法郎等货币的相对地位的变化，多次发生的资本主义世界性的货币金融危机，国际货币基金组织和世界银行所发挥的重要作用，特别提款权制度的建立，发展中国家吸收外国资本的多种形式和外国资本在发展中国家经济中的作用，等等。汇率决定理论、国际收支调节理论、国际通货膨胀理论的发展，都同上述这一系列变化有关。正因为如此，所以现代国际金融学说的应用性质是很强的。它们成为各国制定对外经济政策的依据，也成为国家与国家之间建立经济合作关系的依据。虽然某些国际金融理论具有明显的学派色彩，某些政策主张的学派色彩也比较鲜明，然而任何一个国家的政府在根据某些国际金融理论制定对外经济政策时，主要不是考虑这些国际金融理论的学派倾向，而是考虑它们对本国的适用性，考虑它们在本国的经济实践中的效应。这就是说，现代国际金融理论的学派倾向是理论界考虑的事情，现代国际金融理论的适用性则是政府所考虑的事情。

二、方法论上的特征

从方法论上看，现代国际金融学说是不同于第二次世界大战以前的国际金融学说的。具体地说，这种区别有以下四点：

第一，充分注意宏观经济运行问题，把国际金融活动尽可能纳入宏观经济运行的范围内进行分析，从而大大加强了现代国际金融学说同一般经济理论之间的联系。

关于现代国际金融学说这一方法论上的特征，前面在谈到它的理论特征时，即在谈到现代国际金融学说中的某些理论的学派色彩时，实际上已经做了说明。要知道，第二次世界大战以后对西方经济学有影响的凯恩斯主义和货币主义，都以宏观经济运行分析为基本内容。它们或者着重于国民收入均衡分析，或者着重于货币均衡分析。因此，在现代国际金融学说中，特别是在国际收支调节理论中，宏观经济运行分析所占的位置是十分突出的。现代国际金融的研究者们，如果不是在一般经济理论、宏观经济运行理论的研究中有较深入的分析，就难以从理论上阐明现代国际金融活动的过程与效应。

第二，突出预期因素的作用，使心理分析同经济运行分析紧密地结合在一起。

现代国际金融学说这一方法论上的特征，在 20 世纪 70 年代以来尤为明显。这是与合理预期理论的发展分不开的。在汇率决定理论中，研究者们固然要强调预期因素的作用；在国际收支调节理论和国际通货膨胀理论中，预期因素也是同样得到重视的。价格预期、汇率预期、利率预期、市场前景预期，等等，归结到一点，就是收入（盈亏）预期。在结合预期因素来分析国际金融问题时，尽管与第二次世界大战以前相比，在这方面已有较大发展，但仍然有不少问题未能解决。例如，究竟怎样判断预期因素在即期汇率和远期汇率决定中的作用，浮动汇率与预期之间究竟存在什么样的关系，预期因素在通货膨胀通过贸易渠道的国际传递中的作用与通过资本流动渠道的国际传递中的作用的比较，等等，都有待于进一步探讨并需要有更多的实证材料来加以说明。

第三，在国际金融的研究中，存量分析日益受到重视，存量分析与流量分析的结合也日益成为经济学家所采用的分析方法。

这种研究方法上的特征是与现代西方经济学一般理论在研究方法上的进展分不开的。在现代西方经济学的一般理论中，由于资产选择理论的发展，存量分析很自然地被认为是一种有用的方法，而货币学派关于货币存量在经济运行中的作用的分析，同样表明了存量分析的重要性。这样，在现代国际金融研究中，当人们涉及国际通货膨胀问题时，不可避免地要涉及各国的货币存量，当人们涉及汇率变动的国内效应问题时，也不可避免地要涉及货币存量和市场商品存量，于是存量分析及其与流量分析的结合作为一种分析方法，在这种场合就显得比单纯的流量分析有用得多。

第四，在现代国际金融研究中，另一个方法论上的特征是大量采用数量分析方法，并强调实证分析的意义。

这一方法论上的特征是与现代经济分析手段的发展和经济计量学的发展有关的。采用数量分析方法的好处是有助于使复杂的国际金融现象变得比较清晰，并且有助于对国际金融活动的前景做出分析。但缺点也是不容忽视的。例如，过于抽象的数学公式在概括复杂的国际金融现象时，有时会使得问题简单化，或者，假设的前提条件同实际情况有较大的差距，从而很难作为国际金融分析的依据。这种缺点不仅存在于现代西方国际金融学说中，而且同样存在于现代西方一般经济理论中。

宏观经济与微观经济协调的理论对我国经济体制改革的参考意义

引自《社会科学辑刊》1985年第4期。

一

　　《凯恩斯经济学的危机》一书仅五万多字，但内容丰富，涉及范围广泛，对于经济理论面临的挑战以及宏观经济与微观经济协调中的困难等问题的论述极有启发性，应引起特别注意并进一步加以探索。

　　这里不准备讨论该书的基本观点，主要从宏观经济与微观经济如何协调的角度，看看希克斯在批评凯恩斯的宏观经济学体系时，发现了哪些问题，这些问题是否具有普遍意义，特别是对于我国社会主义经济改革是否具有一定参考意义。

　　首先，宏观经济与微观经济的协调，涉及经济中流量与存量之间的关系。宏观经济分析着重的是流量分析，如对国民收入的变动、投资总额的变动和消费总额的变动等的分析。然而，对每一个微观经济单位（企业）来说，主要考虑的却不是流量而是存量问题。诸如，现有的存货水平、现金的实际余额、本单位实际存货量与作为目标的合意存货量之间的差额，等等。不仅如此，当国民经济中投资增加或消费支出增加后，每一种具体商品的市场存货将会随之变动，而后者又是微观经济中的问题。正如希克斯所指出，由于经济单位中往往有些存货充裕，有

573

些存货不足；一个部门的存货不足又必然会干扰其他一些部门的经济活动，结果一旦发生了投资增加以及由此引起的消费支出增加，则存量上的不均衡就会变得十分突出；宏观经济与微观经济之间的不协调也就会明显地暴露出来。希克斯的本意是批评凯恩斯在分析投资时局限于对收入流量关系的考察，忽略了存量的均衡与不均衡问题。但从希克斯的论述中，我们可以看到，他对流量与存量之间关系的考察对于我们也是有参考价值的。可以这样理解：如果宏观经济的理论分析和政策制定仍然以收入流量的分析为主，如果不考虑国民经济中的流量（总收入与总支出）同个别市场与个别企业中的存量（不同的实际存货水平与不同的存货变动额）之间的关系，那么也就不可能考虑实现流量意义上的均衡和存量意义上的均衡，从而整个关于宏观经济与微观经济协调的研究也就无从谈起。因此，宏观经济分析有必要至少把存量分析同流量分析放在同等重要的位置上。

其次，宏观经济与微观经济协调的问题与经济中实际存在的两种市场——固定价格市场与弹性价格市场——有关。但是，按照希克斯的看法，凯恩斯在进行分析时并没有两种价格、两种价格市场的概念。而且，凯恩斯在讨论收入和投资等宏观经济问题时，虽然也曾考虑市场上价格变动的作用，但他却假定价格变动的原因处于收入决定模型之外。这样，实际上根据这种体系制定的经济政策也就无从实现宏观经济与微观经济的协调。具体地说，希克斯认为现实世界中存在着两种价格、两种价格市场。在固定价格市场上，价格由生产者规定，而不取决于供求。存货归专门经营该种商品的厂商所拥有，实际存货量与合意存货量往往不一致。因此，总需求的扩大对存货变动和价格变动的影响有限。弹性价格市场上的情况则与此截然不同。在这里，价格取决于供求，实际存货量与合意存货量总是趋于一致。当剩余存货维持在一定水平以上时，总需求扩大对存货变动和价格变动的影响将是明显可见的。由此可以得到一个重要的启示：要使宏观经济与微观经济协调，不仅应当先在理论上做某种调整，即把价格理论，尤其是关于两种价格的理论纳入宏观经济学体系之中，而且应当针对两种价格市场的不同情况研究调节总需求的不同措施及其不同效应。假定这两种价格市场的相互影响是客观存在的，那么，就有必要把这种相互影响以及与此有关的总收入变动对存货变动的作用等问题，作为宏观经济学的课题加以研究。

再次，在考察宏观经济与微观经济的协调时，应当在分析资产选择问题的同时，再对"灵活性"问题进行分析。为什么希克斯会提出这样一个问题呢？这是因为，在希克斯看来，货币市场是一个不完全竞争的市场。借贷双方（即各种证券的持有者）都有一定的独占性。这种独占性影响着各种证券之间的替换率。利息就是证券不完全性的报酬，也就是放弃某种"灵活性"的代价。但各个企业对于"灵活性"的需要程度是不一样的。它们对待"灵活性"的方式也不一样。这些将影响货币在现代经济中作用的大小，影响到宏观货币政策实际效应的大小。[①]比如，在生产部门中，每个企业的资产都可以分为"自有部分"和"透支部分"两个领域。"自有部分"是指企业所拥有的自己的金融储备资产（储备的流动资产），企业靠它提供"灵活性"，以满足自身对"灵活性"的需要；"透支部分"是指企业通过向银行借款或透支以保证企业对"灵活性"需求的部分。对于"自有部分"，企业的活动实际上是在一个类似于封闭体的环境中进行，货币政策的作用不是重要的。即使中央银行降低利息率，企业也不一定动用自己保留的货币去进行投资。因为从短期来看，投资意味着金融储备资产的减少，意味着"灵活性"的损失。对于"透支部分"，企业实际上处于开放状态。企业的"灵活性"将视商业银行可用于贷款或透支的金额而定，而这又将取决于中央银行

---

① 厉以宁：《希克斯的货币理论》，载《金融研究》，1982年第9期，署名季谦。

的货币政策。于是，货币政策对投资和收入的影响就会相当大。希克斯认为凯恩斯不曾考察过这些问题。所以，根据凯恩斯理论设计的宏观货币政策，企图以调整利息率的办法来调节宏观经济是远远不够的。希克斯的这一论述使我们进一步了解到，宏观经济与微观经济协调的症结也反映于宏观经济稳定程度与不同企业对待"灵活性"的不同态度的关系中。由此便产生了这样的问题：一个完整的宏观经济学体系，是否应当包括反映现实经济状况的资产选择理论和有关"灵活性"的理论？要使宏观经济与微观经济处于协调之中，是否还必须使货币供应当局了解企业对于"灵活性"的需要程度以及它们对待"灵活性"的方式，并使货币供应和信用管理与之相适应？

最后，宏观经济与微观经济协调的问题也同两种就业和两种工资制度的分析联系在一起。希克斯关于两种就业和两种工资制度的论述，以他关于两种价格、两种价格市场的论述为基础。他所说的两种就业，是指工资非自由浮动的正规就业和工资具有较大伸缩性的非正规就业；他所说的两种工资制度，是指不依存于市场失业状况的黏性工资制度和依存于市场失业状况的弹性工资制度。从性质上看，正规就业和黏性工资制度类似于固定价格和固定价格市场上的情形；而非正规就业和弹性工资制度则类似于弹性价格和弹性价格市场上的情形。从工资变动的效应来看，在弹性价格市场上，具有较大伸缩性的工资的上升会引起价格的上涨，但各种实际的价格比率并不会发生变化，因为这是一种工资与价格的全面调整。而在固定价格市场上，一方面，价格取决于生产者，另一方面，工资并不依赖于市场失业状况。因此，即使工资上升，各种价格上涨的程度也不会一致，而且，对社会经济各个方面的影响也将很不相同。于是经济中就很可能出现混乱。希克斯的这些论述，实际上表明了这样一个道理：凯恩斯的宏观经济学体系所考察的只是单一的就业和单一的工资制度（这是与凯恩斯只考虑单一的价格和单一的价格市场相

适应的)，所以，他显然解释不了现实经济中总需求的扩大为什么不一定会引起产品价格的普遍上涨，也不一定会引起就业量的增加，从而总需求的扩大不一定发生刺激经济扩张的作用。同时，他也无法说明为什么价格在现实经济中未能发挥它本来可以发挥的有效分配资源的职能，来促进经济效率的提高。根据希克斯的论述，是否可以这样设想：即一个符合现代经济实际的，既能对宏观经济现象做出解释，又能对微观经济现象做出解释的经济学体系，应当把两种就业与两种工资的理论包含在内，而不能以单一的就业和单一的工资制度作为分析的前提。也就是说，要使宏观经济与微观经济相协调，就有必要从两种就业和两种工资制度并存的经济事实出发，考虑到这种事实对于资源配置和经济稳定可能产生的影响，并据以采取相应的措施。

二

虽然，现代资本主义社会中宏观经济与微观经济协调的问题，实际上比希克斯所分析的要复杂得多，但这一分析仍具普遍意义。在理论上它涉及西方经济学中有关整个国民经济运行同各个私人资本主义企业的经济活动如何协调，也就是政府调节同市场经济二者如何衔接的问题。在现实中则涉及国家垄断、私人垄断、市场竞争三者之间的矛盾问题。固然，同其他资产阶级经济学家一样，希克斯既不可能揭示这一问题的实质，也未能提出足以协调资本主义宏观经济与微观经济的有效办法。但希克斯指出的有关存量与流量、固定价格与弹性价格、"灵活性"以及两种就业和两种工资制度等问题，则不仅在一定程度上对现代资本主义宏观经济与微观经济的不协调现象有所解释，而且，对于研究社会主义宏观经济与微观经济协调问题也很有参考价值和启发性。

对于社会主义经济，其参考意义在于：社会主义经济是一种建立在公有制基础上的商品经济。在这种商品经济中，社会主义企业应该是相对独立的经济实体；应该是自主经营、自负盈亏的社会主义商品生产者和经营者。根据社会主义条件下所有权同经营权可以适当分开的原则，企业在服从国家计划管理的前提下，有权选择灵活多样的经营方式；有权安排自己的产供销活动；有权拥有和支配自留资金；有权依照规定自行任免、聘用或选举本企业的工作人员；有权在国家允许的范围内确定本企业产品的价格，等等。因此，社会主义企业之间必定存在着竞争。在竞争中，企业的经济活动将直接接受广大消费者的评判。企业的缺点和弱点可以及时暴露出来，产品质量低劣和长期亏损的企业将不可避免地在竞争中被淘汰。在这种情况下，要使宏观经济与微观经济相协调，就必须把价值分析与实物分析结合起来，研究企业的存货调整问题，不仅研究企业的进货和销货方式，而且要研究企业对待实际存货量与合意存货量之间差额的态度。这样，从宏观经济的角度来看，就正如希克斯所指出，仅仅分析收入的流量与均衡，或者仅仅分析总收入、总投资、总消费之间的关系是远远不够的。流量意义上的均衡与存量意义上的均衡有所不同，流量意义上的均衡或不均衡，主要是一个价值分析的课题；而存量意义上的均衡或不均衡，除了需要进行价值分析外，还必须进行实物分析。实物分析本身就是一个结构问题，因为抽象的产品（无论是生产资料还是消费资料）是不存在的，存在的只有具体的产品和具体的产品类别。只有对它们的市场供求关系和企业具体存货量的变动进行分析，才能说明存量意义上的均衡与否，才能说明不均衡的程度及其原因。看来，在社会主义经济理论中，如何把存量分析作为宏观经济分析的重要组成部分，使价值分析与实物分析不仅在微观方面相结合，而且也在宏观方面相结合，仍然是一个有待研究的课题。

应该说，关于两种价格和两种价格市场并存的问题，在社会主义经济中不仅存在着，而且比在现代资本主义经济中更为突出。价格改革是社会主义经济改革的一项重要内容，它包括：改革过分集中的价格管理体制；逐步缩小国家统一定价的范围；适当扩大一定幅度内浮动的价格和自由价格的范围。同时，不同商品之间极不合理的比价必须调整，价格必须较灵敏地反映出社会劳动生产率和市场供求关系的变化。然而，即使我们做到这些，仍会存在与希克斯提到的价格问题相似的价格问题。因为社会主义经济中仍旧同时存在着计划价格和计划外价格，或统一价格、浮动价格、自由价格（虽然我们不采用固定价格或弹性价格这样的分类法）。因而在考虑宏观经济与微观经济之间协调时，一个十分重要问题，仍是了解非单一的价格和市场上的价格变动等因素将怎样影响企业关于存货调整的决策。这种决策又将影响社会剩余存货量，并通过社会剩余存货量的变动影响总收入和总投资的实际变动幅度。当然，改革过分集中的价格管理体制和建立合理的价格体系的结果，会使得上述问题变得比较易于解决，但由于企业自主经营和自负盈亏的性质加强，企业对存货的调整方式，甚至对实际存货量与合意存货量之间差额的态度，也会随之发生变化。这些影响是复杂的，对它们进行了解的困难程度并不会减少。但不了解这些影响，就无从找到相应的对策，而没有有效的对策，则社会上出现剩余存货量过大或剩余存货量过少的情况就是完全可能的。这两种情况中无论出现哪一种情况都应当被看成是宏观经济与微观经济尚未处于协调状态的表现。所以，非单一价格存在的事实及其对企业经济活动的影响，以及因此发生的存货调整给国民经济带来的可能后果等，都是有待社会主义经济研究工作者进一步探讨的课题。

下面让我们再考察一下社会主义经济中的"灵活性"问题。这是一个既涉及企业的自主经营、自负盈亏，又涉及国家如何运用利息率和信贷等经济杠杆来调节宏观经济和社会资金流向的问题。只要每一个社会主义企业确实拥有，并有权支配自留资金，可以利用自留资金进行投资，那么，由于有差别的利润率和利息率的存在，企业必将根据自身对于"灵活性"的需要，采取不同的提供"灵活性"的方式。尽管在社会主义经济中不一定会出现资本主义经济中那么多样化的资产选择形式（即社会主义企业不一定能够把资金自由转为各种预期利润率较高的资产形式），但企业至少可以根据自身对"灵活性"的需要，在诸如保留现金、存入银行、扩大再生产或其他合乎规定的处理自留资金的方式中选择一种。在这种选择中，利息率并不是主要因素，更不可能成为唯一因素。所以，社会主义经济的宏观管理部门除了有必要认识利息率和信贷杠杆在经济调节中的作用外，还应当了解这种杠杆的局限性。否则，就不可能使宏观意义上的对货币供应量的管理同微观意义上的企业对自留资金的处置方式保持协调。

对两种就业（正规就业和非正规就业）和两种工资制度（黏性工资制度和弹性工资制度）的分析，以及这种分析对于说明宏观经济均衡与不均衡的意义，是希克斯对现代资本主义经济特征的说明和对凯恩斯经济学体系的批评的一个重要方面。尽管社会主义就业制度和工资制度的性质不同于资本主义，但是，两种就业并存和两种工资制度并存的现象都同样存在着。这些现象的存在对社会主义宏观经济与微观经济相协调的影响，主要不在于由此造成的人们对于就业选择的考虑和对于工资差别的计较。虽然这是事实，也可能产生某种影响，但这毕竟只是个人决策，在社会主义经济的各个决策层次中，相对而言还是次要的。主要的问题依然是总需求变动同就业量变动之间的关系，是工资变动趋势同价格变动趋势之间的关系。为什么要这样来理解呢？这是因为，假定社会主义社会中一部分人的就业和工资是固定性质的（就业不受国民经济停滞或总需求下降影响；工资收入不因总收入的减少而减少），又假定社会主义社会中一部分商品的价格是按一定幅度浮动的价格或自由价格，那么，在这种条件下，宏观经济与微观经济之间就存在着不协调的可能，因为并不只是非固定性质的就业者或弹性工资收入者所在的部门或企业才生产非固定价格的商品，也并不只是固定性质的就业者或黏性工资收入者所在的部门或企业才生产固定价格的商品。可见，两种就业、两种工资和两种价格之间存在着交叉的、错综复杂的关系。是否可以设想，由于这些关系的存在，对总需求的调节会同样达不到预定的稳定宏观经济的目标，一部分商品价格的变动与工资成本的变动同样会不一致，并从而不断引起商品价格之间的比例关系失调？如果出现这些情况，至少表明资源配置的机制不是那么灵活，或经济效率提高的内在动力不是那么充足。说得更确切些，如果出现这些情况，除非针对两种就业和两种工资制度分别采取措施，使得它们既符合资源有效配置的要求，又无碍于宏观调节手段发挥作用，否则，社会主义宏观经济与微观经济间的协调是困难的。假定客观上存在的是单一就业和单一工资制度，宏观经济与微观经济的协调固然也会遇到困难，但困难肯定会小一些。然而，单一就业和单一工资制度的假定是不现实的，所以，社会主义经济的研究者只有从现实出发，分析现实中存在的复杂关系和估计到可能出现的问题，进而探讨可行的对策。

前面已经说明，我在这里并不是想评论希克斯有关凯恩斯经济学危机的论点，也不准备评论希克斯就现代资本主义经济运行所发表的看法。但我感觉到，当前对于西方经济学，一个重要课题是宏观经济与微观经济的协调问题，以及与此密切相关的、建立一个把宏观经济分析与微观经济分析有机地综合在一起的经济理论体系的问题。因此，希克斯，还有其他某些著名资产阶级经济学家，都对这些问题感兴趣，并且从不同的角度提出了各自的见解。尽管问题至今仍未解决，但包括希克斯在内的资产阶级经济学家的观点和分析的途径，对社会主义经济的研究者来说，是可供参考的。当然，如前所述，总的说来，社会主义社会

与资本主义社会存在的问题性质不同；但就宏观经济与微观经济的协调
而言，不仅问题同样存在着，而且所遇到的某些困难也相似。前面谈到
的这些就是例证。承认困难存在并发现困难之所在，是解决困难的前
提。如果根本不承认社会主义宏观经济与微观经济之间存在着协调的问
题，或即使承认存在协调问题，但却不承认这种协调中存在着一些困
难，那就既谈不到通过研究去发现困难之所在，更谈不到为解决困难而
在理论上进行探索并据以设计出可以付诸实践的对策。

后记

　　1978 年，停止多年的高校招生重新开始，北京大学经济学系 77 级、78 级新生相继入校。当时北京大学经济学系主持教务工作的是胡代光先生。他找我商量如何提高教学质量。会后，他提出以下三个重要的建议：一是除恢复政治经济学教学以外，还应开设"当代西方经济学"课程，包括微观经济学和宏观经济学两部分内容；二是增设选修课"西方经济学各流派"，提高学生对当代西方经济学不同流派的识别能力；三是继续办好国外经济学家的著作介绍（油印资料集），充实经济学系教师的知识，跟上国外经济学的动向。

　　从 77 级起，我连续几年都讲授"西方经济学"课程，并同胡代光、范家骧两位先生一起合讲"当代西方经济与流派"课程。此外，我还和陈岱孙先生一起讲"国际金融学说史"课程。20 世纪 80 年代，我在备课的过程中，写了不少读书笔记，其中有些在杂志上发表了，有些编入教材或参考材料之中。这些距今已经 30 多年。陈岱孙、罗志如、胡代光先生先后去世。我在编辑这本有关西方经济学说的文集时，回忆当时的情况，再次对陈岱孙、罗志如、胡代光先生表示感谢。同时，我也对学生傅帅雄博士、陈骐博士、王福晗博士致谢，因为他们为这本读书笔记的及早交稿投入不少精力和心血。

2017 年 12 月

"纵横百家"丛书书单

"纵横百家"是中国大百科全书出版社旗下的社科学术出版品牌。"纵横百家"丛书主要出版人文社科通识读物和有思想、有创见的学人专著。

01 《我的父亲顾颉刚》 顾潮著 88.00 元

02 《沈尹默传》 郦千明著 88.00 元

03 《梁启超和他的儿女们》（增订本） 吴荔明著 88.00 元

04 《但有温情在世间：爸爸丰子恺》 丰一吟著 98.00 元

05 《九十年沧桑：我的文学之路》 乐黛云著 79.00 元

06 《字字有文化》 张闻玉著 69.00 元

07 《一个教书人的心史：宁宗一九十口述》 宁宗一口述，陈鑫采访整理 99.00 元

08 《乾隆帝：盛世光环下的多面人生》 郭成康著 118.00 元

09 《但愿世界会更好：我的父亲梁漱溟》 梁培恕著 88.00 元

10 《中国的人文信仰》 楼宇烈著 68.00 元

11　《"李"解故宫之美》　李文儒撰文，李少白摄影　88.00 元

12　《法律、立法与自由》（全三册）　［英］弗里德利希·冯·哈耶克著，
　　　邓正来、张守东、李静冰译　258.00 元

13　《戴逸看清史 1：破解三百年历史谜团》　戴逸著　59.00 元

14　《戴逸看清史 2：探寻历史走向与细节》　戴逸著　59.00 元

15　《太和充满：郑欣淼说故宫》　郑欣淼著　108.00 元

16　《变局之下：晚清十大风云人物启示录》　迟云飞著　88.00 元

17　《我的老师启功先生》（增订本）　柴剑虹著　78.00 元

18　《林徽因集》（增订本）　林徽因著　356.00 元

19　《中国经济改革进程》（第 2 版）　吴敬琏著　88.00 元

20　《中国的智慧》　楼宇烈著　79.00 元

21　《巴金：激流一百年》　林贤治著　108.00 元

22　《杨度与梁启超：我们的祖父和外祖父》（增订本）　杨友麒、吴荔明
　　　著　99.00 元

23　《论禅宗与人文》　杨曾文著　88.00 元

24　《经济学读书笔记》　厉以宁著　128.00 元

纵横百家视频号，欢迎关注！